INVENTAIRE SOMMAIRE
DES MANUSCRITS GRECS
DE LA
BIBLIOTHÈQUE NATIONALE

III

ANGERS, IMPRIMERIE BURDIN ET Cie, RUE GARNIER, 4

INVENTAIRE SOMMAIRE

DES

MANUSCRITS GRECS

DE LA

BIBLIOTHÈQUE NATIONALE

PAR

Henri OMONT

SOUS-BIBLIOTHÉCAIRE AU DÉPARTEMENT DES MANUSCRITS

TROISIÈME PARTIE

ANCIEN FONDS GREC

BELLES-LETTRES

COISLIN — SUPPLÉMENT

PARIS ET DÉPARTEMENTS

PARIS

ALPHONSE PICARD, LIBRAIRE

82, RUE BONAPARTE, 82

—

1888

INVENTAIRE SOMMAIRE

DES

MANUSCRITS DU FONDS GREC

2542. Vita Dionysii Thracis (1); — Dionysii Thracis fragmentum de inclinatis dictionibus (2); — Maximi rhetoris liber de objectionibus insolubilibus (3); — Porphyrii liber de grammatica (11); — ejusdem opusculum de spiritibus (29); — Stephani grammatici opusculum de punctuatione (89 v°); — Diomedis excerpta commentarii in Dionysii Thracis artem grammaticam, περὶ τῶν κωμῳδοποιῶν καὶ λυρικῶν (40 v°).

XVI s. (Copié par Constantin Palæocappa.) Pap. 41 fol. (Colbert. 1212.) G.

2543. Herodiani partitiones, Β-Ψ' (1); — ejusdem partitiones aliæ, alphabet. (45); — ejusdem partitiones aliæ : Ἴξ, ἰχθς, καὶ ἴψ... (79).

XVI s. Pap. 85 fol. (Colbert. 2230.) M.

2544. Aristarchi junioris canones grammatici (1); — Alexandri Aphrodisiensis ethicorum problematum excerpta de fato, etc. (104); — Michaelis Pselli demonstratio de anima syllogistica (114 v°); — Plethonis fragmentum de fato (120); — Severi Alexandrini ethopoiæ (123).

XVI s. Copié (en partie) par Zacharie Scordillis. Pap. 127 fol. (Hurault.-Reg. 2619.) M.

2545. Theodori Gazæ grammaticæ libri IV.

XVI s. Pap. 140 fol. (Colbert. 2154.) M.

2546. Dionysii Thracis [Manuelis Moschopuli] erotemata grammatica (1); — Manuelis Moschopuli schedographia, fine mutila (113); — Verborum conjugationes (154): — S. Joannis Damasceni fragmentum (190); — De S. Symeone presbytero (190 v°); — Lexicon vocabulorum quæ in dierum festorum hymnis occurrunt (191); — Excerpta e canonibus SS. apostolorum et conciliorum, SS. Basilii et Joannis Chrysostomi (194 v°); — Fragmenta de re grammatica (198).

XIV-XV s. Parch. et pap. 205 fol. (Fontebl.-Reg. 3228.) P.

2547. Apollonii Alexandrini de constructione orationis libri IV.; præmittitur Apollonii vita duplex, una anonymi : Ὁ Ἀπολλώνιος οὗτος..., altera ex Suida.

Copié en 1495 par le hiéromoine Joachim. Pap. 204 fol. (Fontebl.-Reg. 3245.) P.

2548. Apollonii Alexandrini de constructione orationis libri IV., cum scholiis (1); — ejusdem liber de conjunctionibus (92); — ejusdem liber de adverbiis (114); — ejusdem liber de pronominibus (184).

XI s. Parch. 194 fol. (Medic.-Reg. 3243.) P.

2549. Apollonii Alexandrini de constructione orationis libri IV. (1); — inseruntur Manuelis Bryennii harmonica (43 et 75 v°).

XIV s. Bombyc. 78 fol. (Medic.-Reg. 3222.) P.

2550. « Fragmenta ex poetis græcis » et Apollonio Alexandrino (1); — « Ex libro Constantini Porphyrogennetæ περὶ ἀρετῆς καὶ κακίας » (17); — « Excerpta ex Diodoro Siculo, ex libro Constantini Porphyrogennetæ » (22); — Excerpta ex Dione Cassio et Joanne Malala (46), — Theophilo (94), — Joanne Damasceno (96); — Excerpta varia (98 et 120); — Joannis Pediasimi geodæsiæ excerptum (117); — Excerpta arithmetica (117).

XVII s. (Copié par Cl. Saumaise.) Pap. 134 fol. (Delamare.-Reg. 3304, 3.) P.

2551. Septem Græcorum prophetiæ de J. C. (1); — Herodiani opusculum de figuris orationis (2); — Anonymi regulæ grammaticæ de verbis : Ὧν τὸ ῥῆμα βαρύνεται... (20); — Actorum apostolorum cap. XXXVII. (22); — S. Gregorii Hieroso-

lymit. antirrheticorum adversus Beccum cap. xxxvi. (23 v°);
— Georgii Scholarii ad Machumetem epistola de fide (32); —
Euclidis epigramma geometricum : Ἡμίονος καὶ ὄνος... et Palladæ
epigramma [Anthol., IX, 168] (33); — Tryphonis grammatici
fragmentum de tropis (34); — Anonymi opusculum de colis,
strophis et antistrophis Pindari Olympiorum : Ἰστέον ὅτι οἱ λυ-
ρικοί... (37); — Pindari Olympionicæ : Ἐπειδὴ λυρικός ἐστιν ὁ Πίνδαρος... (39); — Phranudi [Phurnuti] commentarius de natura
Deorum, fine mutilus (47); — Dionysii Halicarnassei liber de
verborum compositione (57); — Aristotelis poetica (69); —
Anonymi opusculum de figuris rhetoricis : Ἀντίθετον ἐστὶ σχῆμα...
(77); — Anonymi de eodem : Στρογγύλον σχῆμα ἐστι... (85); —
Aristotelis œconomicorum libri II. (93); — Anacharsidis
epistolæ (103); — Aristotelis ad Philippum, Alexandrum,
Olympiadem et Theophrastum epistolæ (103); — Anonymi declamatio de Helene : Κόσμος πόλει μέν... (107); — Palæphati
de incredibilibus historiis fragmenta (109); — Philostrati de
epistolico charactere fragmentum (117); — Varia epistolarum
genera (118); — Procli Diadochi de epistolico charactere
fragmentum (119); — Michaelis Pselli grammatica, versibus
politicis (124); — Anonymi explicatio vocum difficiliorum in
S. Pauli epistolis occurrentium : Ἀπαύγασμα ὅς ὤν... (132 v°);
— Lexicon Hesiodi (135 v°); — Michaelis Pselli versus (136);
— Anonymi lexicon, A : Ἀϊδῶς, ἀκαταλίπτως... (136 v°); —
Hesiodi scutum Herculis (149); — Moschi idyllion IV. (153);
— Moschi pars Bionis epitaphii (153); — Hesiodi scuti ar-
gumentum (154); — Septem sapientum apophthegmata (154);
— Sibyllæ Erythreæ versus, apud Eusebium (155 v°); —
Anonymi poema de iambico metro : Εἰ γοῦν θελήσης... (156);
Vita Theocriti, cum Artemidori grammatici epigrammate, et
varia de bucolicis (156 v°); — Theognidis sententiæ (157); —
Hesiodi theogonia (168); — Pythagoræ versus aurei (177);
Phocylidis poema, et versus in eum (177 v°); — Nonni expli-
catio historiarum quarum meminit S. Gregorius Nazianzenus
in oratione funebri in S. Basilium (180).

XV-XVI s. Pap. 203 fol. (Fontebl.-Reg. 3233.) P.

2552. Polybii [Herodiani] opusculum de barbarismo et solœcismo (1); — Anonymi opusculum de eodem : Βαρβαρισμὸς ἐστι ἁμάρτημα... (3); — Herodiani Philetærus (3 v°); — Gregorii Corinthii liber de dialectis (7); — Harpocrationis lexicon in epitomen decem rhetorum (24); — Origenis vita (89).

Copié en 1495 par le moine Hilarion. Pap. 90 fol. (Colbert. 4898.) P.

2553. Theodosii Alexandrini grammatica (1); — ejusdem tractatus de octo orationis partibus (49); — Anonymi parva schedographia Ἀρχὴ σοφίας φόβος Κυρίου... (115); — Agapeti diaconi admonitiones ad Justinianum imp., cum interpretatione, accedit versio latina (153); — Hesiodi opera et dies, cum scholiis (201); — De mense Atticorum (228).

XV s. Pap. 228 fol. (Fontebl.-Reg. 3230.) P.

2554. Theodosii Alexandrini canones grammatici (1); — Georgii Chœrobosci tractatus de orthographia (87); — Agathemeri hypotyposis geographiæ (109 et 135); — Dionysii Byzantii fragmentum de Bospori navigatione (130 et 158 v°).

XVI s. Copié (en partie) par Bernardin Sandros. Pap. 159 fol. (Fontebl.-Reg. 3231.) M.

2555. Theodosii Alexandrini grammatica (1); — ejusdem tractatus de octo orationis partibus (82).

XVI s. (Copié par Constantin Palæocappa.) Pap. 197 fol. (Colbert. 4959.) P.

2556. Michaelis Syncelli Hierosolymitani tractatus de orationis constructione (1); — Anonymi allegoricæ explicationes historiarum librorum I-XII. Homeri Iliadis, præcedit duplex Homeri vita : Ὅμηρος ὁ ποιητὴς υἱός... (29); — Nicetæ Eugeniani versus de Jona et Ninivitarum pœnitentia (79); — Anonymi versus de præsentatione beatæ Mariæ : Μικρόν σοι καὶ νῦν... (80); — Monodia in S. Georgium (81); — Versus in S. Joannem Chrysostomum (82); — Joannicii monachi, Nicetæ Scutariotæ, Theodori Prodromi, Marci (?) Camateri versus et excerpta varia (82).

XIV s. Bombyc. 88 fol. (Fontebl.-Reg. 3250.) P.

2557. Michaelis Syncelli Hierosolymitani tractatus de orationis constructione (1); — Fragmentum de ventis (52 v°); — Isocratis ad Demonicum oratio (53); — Palæphati liber de incredibilibus historiis (65); — Anonymi opusculum de tropis : Φράσις ἐστὶ λόγος... (81); — Theodori Gazæ grammaticæ liber I.

(98); — Alphabetum vetus Atticorum (116); — Alphabeta antiqua Græcorum (116); — Anonymi verborum conjugationes : Λείβω, λείβεις, λείβει... (118).

XV s. (Copié, en partie, par Michel Apostolios.) Pap. 182 fol. (Fontebl.-Reg. 3242.) P.

2558. Michaelis Syncelli Hierosolymitani tractatus de orationis constructione (1); — Joannis Characis libellus de encliticis (39); — Selenodromium (41); — Niphonis monachi tractatus de octo orationis partibus (42); — Nicetæ Heracleensis versus ecclesiastici (55); — ejusdem, vel Michaelis Pselli, versus de grammatica (80); — Georgii Chœrobosci opusculum de verborum difficiliorum thematibus (86); — Anonymi tractatus de variis metrorum generibus : Ποὺς ἐστὶ μετρικόν... (106); — Michaelis Syncelli Hierosolymitani tractatus de orationis constructione (115); — Tryphonis opusculum de tropis (160); — Pythagoræ aurea carmina (165); — Phocylidis versus (167).

XIV-XV s. Parch. 168 fol. Palimps. (Fontebl.-Reg. 3232.) P.

2559. Michaelis Syncelli Hierosolymitani tractatus de orationis constructione.

XVI s. Pap. 54 fol. (Colbert. 3858.) P.

2560. Christoduli [Thomæ Magistri] tractatus de verborum constructione, alphabet. (1); — Maximi Planudis tractatus de eodem (32); — Anonymi tractatus de eodem : Τὸ ῥῆμα τὸ τὴν σύνταξιν... (72); — Anonymi opusculum de verbis synonymis, alphabet : Τοῦ Ἀρμενοπούλου. Ἀγαπῶ, φιλῶ... (80); — Constantini Lascaris tractatus de verborum constructione (96).

XVI s. Pap. 112 fol. (Medic.-Reg. 3524.) P.

2561. Theodori Prodromi grammatica, fine mutila (1); — Michaelis Syncelli Hierosolymitani tractatus de orationis constructione (26); — Anonymi opusculum de versu iambico, heroïco, elegiaco et anacreontico : Τὸ ἰαμβικὸν μέτρον ἔστι μέν... (81 v°); — Anonymi opusculum de rebus astronomicis, initio mutilum (88); — Michaelis Pselli solutiones astrologicæ, fine mutilæ (90 v°); — Georgii Trapezuntii ad Nicolaum epistola et excerpta theologica varia (97).

XV-XVI s. Pap. 107 fol. (Fontebl.-Reg. 3236.) P.

2562. Joannis Glycis tractatus de orationis constructione (1); — ejusdem pro Andronico imp. precatio (38 v°); — ejusdem abdicatio patriarchicæ dignitatis (41); — ejusdem ad imperatorem oratiuncula commonitoria (43); — Maximi Planudis observationes grammaticæ (44); — Philostrati icones, cum scholiis (54); — Pauli Silentiarii thermæ Pythiæ, cum scholiis (95); — Epigrammata varia Anthologiæ librorum IX.-XI. (97 v°); — Maximi Planudis dialogus de grammatica (111); — ejusdem de constructione partium orationis (129); — Fragmentum de epistolari charactere (140 v°); — Aristidis monodia in Smyrnam (142); — Thomæ Magistri collectio vocum Atticarum (143); — Anonymi lexicon, fine mutilum, A-Σ: Ἀρέτης, ὁ ἀροτριῶν. Γεωργός... (200 v°); — Anonymi tractatus de corporis humani partibus: Τοῦ ἀνθρωπίνου σώματος... (247); — Anonymi lexicon: Ἀγαθὸν μόνον λεγόμενον... (239 v°); — Rhodi insulæ cleri epistola ad patriarcham (?) (248 v°); — Dionysii Halicarnassei [Alexandrini] orbis descriptio (249).

XIV-XV s. Bombyc. 269 fol. (Medic.-Reg. 3229.) *P.*

2563. Joannis Glycis tractatus de orationis constructione.

XV s. Pap. 56 fol. (Medic.-Reg. 3234.) *P.*

2564. Joannis Glycis tractatus de orationis constructione.

XV s. (Copié par Georges Hermonyme.) Pap. 59 fol. (J.-A. de Thou.-Colbert. 3794.) *P.*

2565. Manuelis Calecæ tractatus de pronominibus.

XVI s. (Copié par Constantin Palæocappa.) Pap. 12 fol. (Colbert. 5060.) *P.*

2566. Manuelis Moschopuli erotemata grammatica (1); — accedunt grammatici canones (113); — Fragmentum de Lazaro (176).

XIII s. Parch. 176 fol. (Fontebl.-Reg. 3504.) *P.*

2567. Manuelis Moschopuli erotemata grammatica.

XV s. Pap. 82 fol. (Colbert. 5978.) *P.*

2568. Manuelis Moschopuli erotemata grammatica (1); — Phocylidis versus (56).

XV s. Pap. 58 fol. (Fontebl.-Reg. 2755.) *M.*

2569. Manuelis Moschopuli erotemata grammatica.

XVI s. Pap. 184 fol. (Medic.-Reg. 3252.) *P.*

2570. Manuelis Moschopuli erotemata grammatica (1); — [Herodiani] partitiones, B-E (127).

XVI s. Pap. 134 fol. (Fontebl.-Reg. 3226.) P.

2571. Anonymi schedographia : Ἀρχὴ σοφίας φόβος Κυρίου... (1); — Dionysii Catonis sententiæ, cum interpretatione, a Maximo Planude græce versæ (104); — Boetii de consolatione philosophiæ liber I., fine mutilus, a Maximo Planude græce versus (125 v°); — Homeri batrachomyomachia, cum glossis (128); — Homeri Iliadis loca varia, cum glossis (143); — Metrodori sententiæ, cum glossis (148); — Historiæ quarum meminit S. Gregorius Nazianzenus in oratione in sancta lumina, fine mutilæ (153 v°); — Gabriæ fabulæ, cum glossis (160); — Tabulæ ventorum (167 v°); — Maximi τοῦ Μάζαρι cantica ecclesiastica duo (168).

XV s, Pap. 172 fol. (Colbert. 4343.) P.

2572. Manuelis Moschopuli schedographiæ libri IV.

Copié en 1296 par Georges, fils de Léon. Parch. 120 fol. Palimps. Medic.-Reg. 3386.) P.

2573. Manuelis Moschopuli schedographia.

XIV s. Parch. 124 fol. Palimps. (Fontebl.-Reg. 3225.) P.

2574. Manuelis Moschopuli schedographia.

XIV s. Parch. 150 fol. Palimps. (Fontebl.-Reg. 3227.) P.

2575. Manuelis Moschopuli schedographia, intermixto foliorum ordine.

Copié en 1424. Parch. 69 feuillets. Palimps. (Teller. Rem.-Reg. 3261, 2.) M.

2575 A. Manuelis Moschopuli schedographia.

Copié en 1428. Parch. 128 fol. Palimps. P.

2576. Manuelis Moschopuli schedographia.

XVI s. (Copié par Constantios.) Pap. 341 pages. (Colbert. 1386.) P.

2577. Manuelis Moschopuli schedographia (1); — Michaelis Syncelli tractatus de verborum constructione (69).

XVI s. Pap. 173 fol. P.

2577 A. Manuelis Moschopuli schedographia (1); — Vita Libanii, ex Eunapii sophistarum vitis (101); — Libanii descriptiones variæ (102); — ejusdem monodia in Julianum imp. (114); — ejusdem epistolæ cdxv. (117 v°); — ejusdem orationes duæ ad Julianum imp. (248 v°); — Psalmorum explicatio brevis : Τὸ μακάριος ἀνὴρ ὄνομα... (255); — SS. Maximi et Joannis Damasceni excerpta (260); — Georgii Gemisti Plethonis opusculum de virtute (264).

XVI s. Copié par Nicolas ὁ 'Ελιάδουρκος. Pap. 269 fol. P.

2578. Anonymi schedographia : Ἀρχὴ σοφίας φόβος Κυρίου...: fine mutila.

XVI s. Pap. 86 fol. (Colbert. 6175.) P.

2579. Manuelis Moschopuli schedographia.

XV s. Pap. 195 fol. (Medic.-Reg. 3224.) P.

2580. Maximi Planudis dialogus de grammatica.

XVI s. (Copié par Jacques Diassorinos.) Pap. 175 fol. (Fontebl.-Reg. 3241.) P.

2581. Georgii Scholarii tractatus de octo partibus orationis.

XV s. Pap. 63 fol. (Colbert. 3584.) P.

2582. Theodori Gazæ grammaticæ introductionis libri IV., initio mutili (1); — Lexicon botanicum (85); — Anonymi grammaticæ compendium : Τί ἐστιν εἰσαγωγή; ὁδήγησις... (86 v°); — Manuelis Moschopuli erotemata grammatica (89 v°).

XVI s. Copié par Jacques. Pap. 134 fol. (Fontebl.-Reg. 3235.) P.

2583. Theodori Gazæ grammaticæ introductionis libri IV.; accedunt Francisci Foscari, Venetiarum ducis, epistolæ duæ ad Johannem Lauredanum, bajulum Corfoi, 1450. (A v° et 192); — præmittitur fragmentum de encliticis (D).

XV s. Pap. 192 fol. (Medic.-Reg. 3238.) P.

2584. Theodori Gazæ grammaticæ introductionis libri IV.

XV s. Pap. 125 fol. (Medic.-Reg. 2756.) M.

2585. Theodori Gazæ grammaticæ introductionis libri IV.

XV s. (Copié par Jean Rhosos.) Pap. 201 fol. (Medic.-Reg. 3237.) P.

2586. Theodori Gazæ grammaticæ introductionis liber I.

XV s. (Copié par Georges Hermonyme.) Pap. 55 fol. (Reg. 3240.) P.

2587. Theodori Gazæ grammaticæ introductionis liber I.

XV s. (Copié par Georges Hermonyme.) Pap. 58 fol. (Colbert. 4924.) P.

2588. Theodori Gazæ grammaticæ introductionis liber II. (1); — præmittuntur Maximi Planudis fragmentum (2), — et Pythagoræ carmina aurea, fine mutila (2); — Herodiani fragmentum de numeris (69 v°); — Georgii, Alexandrini presbyteri, epistola (71 v°).

XV s. Copié par Emmanuel Atramyttenos. Pap. 72 fol. (Colbert. 4910.) P.

2589. Theodori Gazæ liber de mensibus.

XVI s. Pap. 33 fol. (Medic.-Reg. 3218.) P.

2590. Constantini Lascaris epitome de octo partibus orationis; præmittitur epistola latina ad Hippolytam Estensem.

XVI s. Pap. 44 fol. (Colbert. 4897.) P.

2591. Constantini Lascaris grammaticæ libri III. (1); — Pythagoræ aurea carmina (154); — Phocylidis versus (156).

XV s. (Copié par Const. Lascaris.) Pap. 163 fol. (Medic.-Reg. 3373.) P.

2592. Nicolai Sophiani grammatica; præmittitur epistola ad cardinalem Lothoringium.

XVI s. (Copié par Nicolas Sophianos.) Pap. 39 fol. (Reg. 3256, 2.) P.

2593. [Demetrii Chalcondylæ] grammatica.

XVI s. Pap. 56 fol. (Reg. 3253.) P.

2593 A. Anonymi grammatica, initio mutila (1); — Manuelis Moschopuli schedographia, fine mutila (34).

XIV s. Pap. 134 fol. P.

2594. Anonymi methodus inveniendi primum diem cujusque mensis (2); — Anonymi excerpta grammatica : Ἐκ τῶν μικρῶν σχεδῶν. Ὀρθὰ γράφε... (2 v° et 173); — Donati Romani grammatica synoptica (6 v°); — Dionysii Catonis sententiæ, a Maximo Planude græce versæ, cum scholiis (46 v°); — Anonymi opusculum de orthographia et prosodia : Πᾶσα πρόθεσις ἀπὸ φωνήεντος... (63); — Vita Apollonii Alexandrini : Ἀπολλώνιος οὗτος... (75 v°); — Michaelis Syncelli Hierosolymitani tractatus de orationis constructione (76); — Georgii Chœrobosci grammatica (105); — Joannis Tzetzæ versus politici de verbis αὐθυποτάκτων et ἀνυποτάκτων (120 v°); — Anonymi opuscula de figuris dictionum, de syntaxi (alphabet.), de tropis, de dialectis, de encliticis : Πάθη λέξεων εἰσὶν ἑπτά... (123); — Michaelis Pselli expositio de octo orationis partibus (155 v°); — Theodori

Prodromi præcepta grammatica (167 v°); — ejusdem iambi xxii. acrostichi (168 v°); — Anonymi etymologia hominis : Τί ἐστιν ἄνθρωπος:... (169); — S. Anastasii Sinaïtæ etymologia de nominibus (170); — Anonymi schedographia : Ἀρχὴ σοφίας φόβος Κυρίου (175); — Agapeti diaconi expositio capitum paræneticorum ad Justinianum imp. (187); — accedit horum etymologia grammatica : Ὑπέρτερον λέγεται τὸ κρεῖττον... (197); — Anonymi opusculum de constructione et significatione quarumdam vocum : Ταῦτα λέγονται... (220); — S. Gregorii Nazianzeni fragmentum orationis II. in Pascha (227); — Anonymi explicatio historiarum quarum meminit S. Gregorius Nazianz. in orationibus (228); — Prophetiæ septem sapientum de incarnatione Christi (231); — Septem sapientum Græciæ gratiarum actiones (232); — Sententiæ morales, mutilæ; cf. ms. 3048. (233 v°).

XV s. Copié par Michel Souliardos. Pap. 233 fol. (Reg. 3380.) P.

2595. Anonymi opusculum de spiritibus : Πρὸ τοῦ λεξικοῦ τῶν πνευμάτων... (1); — Aristotelis physicæ auscultationis libri VIII. cum scholiis (7); — ejusdem de cælo libri IV., cum scholiis (160).

XIII-XIV s. Bombyc. 249 fol. (Fontebl.-Reg. 3080.) P.

2596. Anonymi opusculum de grammatica, initio mutilum (1); — Manuelis Moschopuli tractatus de orationis constructione (45); — Philostrati heroïca (58); — ejusdem icones, cum Manuelis Moschopuli epimerismis (98 v°); — Pauli Silentiarii versus iambici in thermas Pythias, cum scholiis (135 v°); — Plutarchi excerpta de virtutibus et vitiis, de puerorum educatione (138 v°); — Maximi Planudis ars grammatica de syntaxi (152); — Hippocratis vita, auctore Sorano (184); — Hippocratis jusjurandum (185 v°); — Anonymi versus in Hippocratem : Φρενῶν καθαρότητα... (186); — Isocratis oratio ad Demonicum (187); — Hippocratis aphorismorum sectio I. (194); — Demosthenis Olynthiaca I. (198); — Anonymi grammaticæ elementa: Τῶν τεσσάρων καὶ εἴκοσι γραμμάτων... (205); — Anonymi græcæ grammaticæ elementa, lat. (221); — « Theodori grammatice introductionis eorum que sunt in quatuor primus », lat. (229); — Theocriti idyllia xv.-xviii. et i. (239).

XIV s. et copié en 1475. Bombyc. et pap. 250 fol. (Fontebl.-Reg. 3247.) P.

2597. Anonymi fragmentum de nominum declinatione (1);
— Anonymi lexicon : Ἀάσχετος, ἀκράτητος. Ἄαπτος, ὁ ἀπροσπέλαστος... (7).

XV s. Pap. 226 fol. P.

2598. Anonymi erotemata grammatica : Πόσα στοιχεῖα λόγου; Εἰκοσιτεσσάρα... (1); — Aristophanis Plutus, cum glossis (25); — ejusdem Nubes, cum glossis (61 v°); — Euripidis vita (124); — ejusdem Hecuba (127), — et Orestes, cum scholiis (186); — Sophoclis vita (265); — ejusdem Ajax flagellifer (269), — et Electra, cum scholiis (331).

XV s. Pap. 400 fol. (Medic.-Reg. 3307.) P.

2599. Anonymi compendium de octo orationis partibus : Δεῖ δέ σε γινώσκειν, ὦ παιδίον... (1); — VII. dona Spiritus sancti, fidei mysteria, dona Adami et Eliæ prophetæ miracula (2 v°); — Anonymi grammatica : Πρὸς παῖδα σεμνὸν εὐγενῇ... (4); — Manuelis Moschopuli schedographia (35); — Anonymi fragmentum de solœcismo : Ὁ περισσὰ λέγων... (180 v°); — De partibus animæ, secundum Platonem : Τῆς ψυχῆς κατὰ Πλάτωνα... (181 v°); — Anonymi capita de re grammatica et metrica : Ἰστέον ὅτι τὸ ἰαμβικόν... (182 v°); — Michaelis Pselli interpretatio quarumdam vocum Homericarum (194 v°); — Lexicon vocum epistolarum S. Pauli (197); — Nicetæ Serrensis antisticha (203 v°).

XVI s. Pap. 235 fol. (Mazarin.-Reg. 3251.) P.

2600. Anonymi de verbis anomalis opusculum, alphabet. (5); — opusculum aliud de verbis : Ἰστέον ὅτι εἰσί τινὰ ῥήματα... (10); — Tryphonis excerpta de vocabulorum affectibus (50); — Coluthi poema de raptu Helenæ (62); — Tryphiodori carmen de excidio Trojæ (73); — Musæi carmen de Herus et Leandri amoribus (92); — Pythagoræ aurei versus (104); — Phocylidis versus et vita (107); — Solonis elegia (115); — Dionysii Catonis sententiæ, a Maximo Planude græce versæ (120); — Homeri batrachomyomachia (130); — « Omeri poete batrachomiomachia per Karolum Aretinum traducta », præcedit « Karoli Aretini ad Marassium Siculum » epistola, lat. (152); — Luciani epistolæ saturnales (168); — Veterum Græcorum et Sibyllarum prophetiæ de Christo : Παρὰ δὲ τῶν Ἑλληνικῶν μαντείων... (179); — Septem Græciæ sapientum prophetiæ de incarnatione Christi (181 v°); — Notitiæ clarorum virorum in Creta natorum e Diogene Laertio et Suida (184); — Eusebii chronicorum fragmenta [Cramer, *Anecd. Paris.*, II, 118-163] (193); — S. Joannis Damasceni opusculum de hæresibus (220); — Anonymi epitome de synodis : Τῶν κανόνων οἱ μὲν... (245 v°); — Anonymi dialogus de fide, versibus politicis, et excerpta de processione S. Spiritus : Ὁ πάπας Πέτρου τοῦ ἀποστόλου διάδοχος... (247); — S. Athanasii excerpta de incarnatione (257); — S. Hippolyti Thebani chronicorum excerpta de genealogia matris Domini (259); — S. Gregorii Nazianzeni tragœdia Christus patiens (264).

XV s. (Copié par Michel Souliardos.) Pap. 304 fol. (Fontebl.-Reg. 3244.) P.

2601. Anonymi tractatus de grammatica : Δύο σημαίνει τὸ τῆς ὀρθογραφίας...

XVI s. (Copié par Jacques Diassorinos et Constantin Palæocappa.) Pap. 21 fol. (Colbert. 3732.) P.

2602. Anonymi dialogus Athenodorum inter et Theodorum de cotidiano sermone : Τί σκυθρωπάζεις...

XVI s. Pap. 8 fol. (Colbert. 5064.) P.

2603. Theodosii Alexandrini grammaticæ institutiones (1); — Arcadii grammaticæ libri XIX. (17); — Theodoreti (vel Georgii Chœrobosci) tractatus de spiritibus (65); — Theodosii opusculum de grammatica (73).

XVI s. Pap. 81 fol. (Colbert. 4438.) P.

2604. « Grammatica linguæ græcæ vulgaris communis omnibus Græcis, ex qua alia artificialis deducitur peculiaris eruditis et studiosis, per Patrem Romanum Nicephori, Thessalonicensem Macedonem; » latine.

XVII s. Pap. 80 fol. (Colbert. 3663.) P.

2605. Manuelis Calecæ grammatica.

XV s. Parch. 140 fol. (Fontebl.-Reg. 3508.) P.

2606. Maximi Planudis dialogus de grammatica.

XVI s. (Copié par Antoine Episcopopoulos.) Pap. 94 fol. (Colbert. 6466.) P.

2607. Manuelis Moschopuli schedographia (1); — Anonymi

explicatio historiarum quarum meminit S. Gregorius Nazianz. in orationibus, fine mutila (130).

Copié en 1385 par Costin Argyrodontas. Bombyc. 140 fol. (Colbert. 6401.) *P.*

2608. Manuelis Moschopuli erotemata grammatica.

XV s. Pap. 143 fol. (Fontebl.-Reg. 3505.) *P.*

2609. Manuelis Chrysoloræ erotemata (1); — Joannis Calceii Montebrisonei carmina latina (120 v°).

XV s. (Copié par Georges Hermonyme.) Parch. 122 fol. (Colbert. 6441.) *P.*

2610. Manuelis Chrysoloræ erotemata grammatica (1); — S. Cyrilli Alexandrini lexicon (49); — De diebus hebdomadæ, XXII. Dei operibus, de semine mulieris (194); — Etymologicon ex Orione Thebano : Ἐτιμολογία ἐστὶ τὸ ἐξ αὐτῆς... (194 v°); — Lexicon CL. Psalmorum (202); — Lexicon IV. Evangeliorum (206 v°); — Lexicon Actuum apostolorum (209); — Lexicon epistolarum S. Pauli (210 v°); — Nomina XII. apostolorum, IV. fluviorum, etc. (217); — Lexicon Canticorum (217 v°); — S. Cyrilli lexicon in epitome (220); — Lexicon vocum Homericarum (231); — Explicatio nominum lapillorum summi pontificis hebraïci (231 v°); — Josephi antiquitatum excerptum (232); — Fragmentum de generatione et interitu hominis : Οἱ τὴν φυσικὴν ἱστορίαν... (233 v°).

XVI s. Pap. 234 fol. (Medic.-Reg. 3507.) *P.*

2611. Manuelis Chrysoloræ erotemata grammatica.

XVI s. Parch. 69 fol. (Delamare.-Reg. 3504, 2.) *P.*

2612. Constantini Lascaris grammatica.

XVI s. Pap. 43 fol. (Trichet Dufresne.-Reg. 3509.) *P.*

2613. Manuelis Chrysoloræ erotemata grammatica.

XVI s. Parch. 61 fol. (Gaignières.) *P.*

2614. Erotiani lexicon vocum Hippocraticarum.

XVI s. Pap. 27 fol. (Colbert. 2228.) *M.*

2615. Erotiani lexicon vocum Hippocraticarum (1); — Macarii Maximi opusculum de anima (9).

Copié en 1553 et 1584. Pap. 16 fol. (Baluze.-Reg. 2145, 3.) *M.*

2616. Philemonis lexicon technologicum, de nominibus. A-Ω, et de verbis, A-B, fine mutilum.

XVI s. (Copié par Jacques Diassorinos.) Pap. 69 fol. (Colbert. 1266.) G.

2617. S. Athanasii [Cyrilli(?)] Alexandrini, patriarchæ lexicon (1); — Lexicon librorum V. Testamenti (69); — Decem Dei nomina apud Hebræos (80); — Nomina XVII. episcoporum qui Nicænæ synodo subscripserunt (80); — Confessio fidei a Damaso papa ad Paulinum episcopum, in Macedoniam, missa (80 v°); — Anonymi lexicon : Ἄπτος, ὁ ἀπροσπέλαστος... (83); — Nicetæ Heracleensis scholia in quædam S. Gregorii Nazianz. carmina (177 v°).

XIV s. Bombyc. 186 fol. (Colbert. 4124.) P.

2618. S. Cyrilli Alexandrini (?) lexicon (1); — Joannis Philoponi collectio vocum quæ pro diversa significatione accentum diversum accipiunt (92); — Anonymi lexicon vocum quæ in Demosthenis orationibus occurrunt : Τὸ μέλλον, τὸ γενησόμενον... (96 v°); — Lexicon vocum V. et N. Testamenti, ex Stephano, Theodoreto, Cassiano et Longino (106); — Anonymi lexicon hebraïco-græcum : Ἀηδείς, ἐξεκένωσεν... (129).

XVIII s. Pap. 181 fol. M.

2619. S. Cyrilli Alexandrini (?) lexicon (1) ; — Anonymi interpretatio vocabulorum quorumdam quæ in S. Gregorii Nazianz. carminibus, S. Dionysio, Homero, Hesiodo, et S. Pauli epistolis occurrunt : Ὀπάζειν, παρέχειν... (217).

XIV s. Bombyc. 221 fol. (Mazarin.-Reg. 2360.) M.

2620. S. Cyrilli Alexandrini (?) lexicon (1); — præmittuntur VII. miracula mundi (A v°); — Michaelis Pselli ad Constantinum Monomachum versus politici de grammatica (208 v°) : — S. Joannis Chrysostomi homilia de filio prodigo (228 v°) : — ejusdem homilia de latrone [de precatione] (233); — ejusdem homilia de Lazaro et divite (234); — S. Gregorii Nazianzeni oratio in Pascha et in tarditatem (236).

XV s. Pap. 238 fol. (Reg. 2360, 2.) M.

2621. Photii, CP. patriarchæ, lexicon.

Copié en 1699-1700 par Dodwel et Lud. Kuster. Pap. 136 pages. (Reg. 1849, 2.) G.

2622. Suidæ lexicon (1); — præmittuntur tabula musica [Ptolem. Harmon., II, 11], varia de mensuris (A), — expositio loci Proverbiorum Salomonis (A v°); — etymologia nominum ix. Musarum (B), — et nota de Manuelis II. imp. profectione in Italiam et Franciam. a. 1400. (D v°); — accedunt notæ chronologicæ a. 1415-1447. de examilio instaurato et diruto, etc. (599 v°).

XIII s. Bombyc. 600 fol. (Fontebl.-Reg. 2745.) *M.*

2623. Suidæ lexicon.

XV s. (Copié par César Strategos.) Pap. 284 fol. (Medic.-Reg. 1851.) *G.*

2624. Suidæ lexicon.

XV. s. Pap. 396 fol. (Colbert. 992.) *M.*

2625. Suidæ lexicon, pars prior, A-Θ.

XIII-XIV s. Bombyc. 305 fol. (Medic.-Reg. 1852.) *G.*

2626. Suidæ lexicon, pars posterior Κ-Ψ'.

XII s. Parch. 291 fol. (Medic.-Reg. 1803.) *G.*

2627. Anonymi lexicon græco-latinum : Ἀβαρής. Non gravis...

XV s. Parch. 111 fol. (Teller. Rem.-Reg. 2752, 2.) *M.*

2628. Anonymi lexicon græco-latinum : Ἄαπτος, Intangibilis, innocuus.

XV s. (Copié par Georges Hermonyme.) Parch. 395 fol. (Fontebl.-Reg. 2181.) *M.*

2629. Manuelis Moschopuli ecloge vocum atticarum (1); — ejusdem grammaticæ observationes de nominibus, verbis, etc. (32); — Theoduli [Thomæ Magistri] ecloge vocum atticarum (36 v°); — Synesii encomium calvitiei (65), — Dion (72 v°), — de providentia libri II. (79), — de regno (89), — laus Anysii (96 v°), — homiliæ duæ (96 v°), — ad Pæonium, de dono astrolabii (97), — de insomniis, cum Nicephori Gregoræ commentario (99); — Theoduli [Thomæ Magistri] declamationes duæ (122); — ejusdem oratio ad Thessalonicenses (127); — ejusdem encomium S. Joannis Baptistæ (131); — ejusdem orationes ad magnum stratopedarcham Angelum (136 v°), — ad magnum logothetam Theodorum Metochitam (137), — ad Niphonem, CP. patriarcham (138); — ejusdem epistolæ ad

Josephum philosophum de Italorum et Persarum irruptione (139), — ad Hierotheum anachoretam (141 v°); — ejusdem oratio ad Andronicum Palæologum (143 v°); — Gregorii Cyprii, CP. patriarchæ, orationes de S. Georgio (147). — de S. Dionysio Areopagita (154), — de S^a. Marina (161 v°), — de S. Euthymio, Madytorum episcopo (167); — ejusdem encomium maris (174 v°); — ejusdem encomium Andronici Palæologi imp. (176); — Theodori Metochitæ oratio in laudem S^æ. Marinæ (180 v°).

XVI s. Copié par Jean Nathanael. Pap. 182 fol. (Trichet Dufresne.-Reg. 1853.) G.

2630. Anonymi lexicon, ex Suida; initio et fine mutilum.

XII-XIII s. Parch. 258 fol. (Fontebl.-Reg. 2180.) M.

2631. Anonymi lexicon, ex Suida; initio et fine mutilum.

XIII s. Parch. 195 fol. Palimps. (Medic.-Reg. 2747.) M.

2632. S. Cyrilli Alexandrini (?) lexicon (1); — Anonymi lexicon librorum aliquot V. Testamenti, Octateuchi, Regum, Psalmorum et Canticorum, Proverbiorum : Ἀνεξωπύρισεν, ἀνεκτήσατο... (210 v°).

Copié en 1380 par Théodore. Bombyc. 232 fol. (Hurault.-Reg. 2748.) P.

2633. Anonymi [S. Cyrilli(?)] collectio vocabulorum ex V. et N. Testamento : Ἄαπτος ὁ ἀπροσπέλαστος... (1); — præmittuntur epigrammata tria [Anthol., IX, 201, 359, 360] (A v°); — Anonymi versus : Τὸν ἀγγελόν σε τῆς χαρᾶς... (734); — preces et excerpta varia (735); — Pindari fragmentum (736); — Joannis Geometræ disticha in beatam Virginem (739); — Anonymi hymnus alphabet. in Dei filium : Ἄσπορον, ἁγνότατον... (743); — Marcelli Sidetæ carmen de piscibus, fine mutilum (743).

XIII s. Bombyc. 744 pages. (Reg. 2804.) M.

2634. Anonymi [S. Cyrilli(?)] collectio vocabulorum ex V. et N. Testamento : Ἄαπτος, ὁ ἀπροσπέλαστος...

XV s. Pap. 329 fol. (Medic.-Reg. 2182.) M.

2635. Eudemi rhetoris lexicon vocum rhetoricarum (1); — Michaelis [Pselli] versus iambici in laudem beati Raoul (250).

XV s. Pap. 250 fol. (Hurault.-Reg. 2757.) M.

2636. Anonymi lexicon, ex Suida.

XV-XVI s. Pap. 348 fol. (Fontebl.-Reg. 2746.) *M.*

2637. Anonymi [S. Cyrilli(?)] lexicon : Ἄαπτος, ὁ ἀπροσπέλαστος... (1); — Isaaci Argyri paschalii fragmentum (116 v°).

XV s. Copié, en partie, par Thomas. Pap. 122 fol. (Colbert. 2199.) *M.*

2638. Anonymi lexicon, ex Suida.

XV-XVI s. Pap. 285 fol. (Hurault.-Reg. 2750.) *M.*

2639. Anonymi lexicon, K-Ω, initio et fine mutilum.

XVI s. Pap. 120 fol. (Colbert. 2218.) *M.*

2640. Anonymi [S. Cyrilli(?)] lexicon, A-B, fine mutilum.

XVI s. Pap. 143 fol. (Reg. 2751.) *M.*

2641. Anonymi collectio vocabulorum e sacris et profanis scriptoribus collectorum : Αἰζηός, νέος, ἀκμάζων...

XVIII s. Pap. 256 fol. *M.*

2642. Anonymi lexicon, Γ-Ω, initio mutilum.

XVIII s. Pap. 136 fol. *M.*

2643. Anonymi lexici fragmentum, Θ-I (1); — Joannis Climaci scala paradisi (7 v°); — præmittuntur Joannis Raithuensis ad Joannem Sinaitam epistola (4), — vita S. Joannis Climaci, auctore Daniele monacho (4 v°), — et responsum S. Joannis Sinaitæ (7); — ejusdem liber ad pastorem (119); — S. Gregorii Nazianzeni oratio in Christi nativitatem (129); — ejusdem oratio in S. Gregorium Nyssenum (136 v°); — ejusdem oratio ad virgines adhortatoria (139 v°).

XII s. Parch. 141 fol. (Fontebl.-Reg. 2373.) *M.*

2644. Anonymi allegoriæ de Mida et Gyge, initio et fine mutilæ (1); — Anonymi lexici fragmentum, E-X (2); — Anonymi lamentatio in filiam Palæologinæ : Φεῦ μοι καλλίστη... (4); — Gyrardi versus acrostichi ad Stamatium (5 v°); — Joannis Tzetzæ chiliadum pars prior, cum scholiis (10); — ejusdem epistolæ cvii. (63 v°); — ejusdem chiliadum pars altera, cum scholiis (105); — ejusdem de comœdia et comicis, versibus politicis (233 v°); — ejusdem de variis metrorum generibus, versibus politicis (235); — ejusdem monodia de imperatore occiso, versibus politicis (250); — ejusdem allegoriæ Homeri, versibus politicis, cum scholiis (251).

XIV s. Bombyc. 327 fol. (Fontebl.-Reg. 2566.) P.

2645. « Epitome thesauri linguæ græcæ, » gr.-lat.

Copié en 1573. Pap. 155 fol. (Teller. Rem.-Reg. 2182, 2.) M.

2646. Julii Pollucis onomasticon, initio, et fine mutilum.

XV s. Pap. 261 fol. (Colbert. 4094.) P.

2647. Julii Pollucis onomasticon.

XIII s. Bombyc. 123 fol. (Teller.Rem.-Reg. 3257, 2.) P.

2648. Julii Pollucis onomasticon (1); — præmittitur Matthæi Devarii ad Rodulphum cardinalem epistola (1); — Euripidis Hecuba, cum glossis (161); — Dionysii Catonis disticha, a Maximo Planude græce versa (215).

XV s. Pap. 229 fol. (Medic.-Reg. 3255.) P.

2649. Julii Pollucis onomastici libri X. priores (1 v°); — Marci Antonini excerpta commentariorum de vita sua (174); — Heronis isagoge geometriæ (184 v°); — Cocondrii opusculum de tropis (193); — Manuelis Moschopuli tractatus de dictionum affectionibus (201 v°); — Lesbonactis opusculum de figuris (207).

XV s. (Copié, en partie, par Janus Lascaris.) Pap. 212 fol. (Medic.-Reg. 3257.) P.

2650. Phrynichi ecloge vocum atticarum (1); — Herodiani fragmentum de eodem (7); — Georgii Chœrobosci opusculum de tropis (9 v°); — Thomæ Magistri ecloge vocum atticarum (11 v°); — Anonymi lexicon, initio mutilum (69); — Anonymi collectio proverbiorum, alphabet., A-Φ : Ἅπτος οὐ πέλεις... (107); — Luciani Hippias, sive balneum, cum glossis (123); — ejusdem de domo, cum glossis (125 v°); — ejusdem encomium muscæ, cum glossis (132); — ejusdem vita Demonactis, cum glossis (135); — Artavasdæ Rhabdi tractatus de grammatica, ad Paulum filium (147); — Symeonis Sethi tractatus de alimentis (153); — Anonymi de re medica tractatus, ad Constantinum imp. : Τῆς κεφαλαλγίας... (201); — Præcepta medica secundum menses (205).

Copié en 1427. Bombyc. et pap. 215 fol. (Medic.-Reg. 3259.) P.

2651. Erotiani lexicon vocum Hippocraticarum (1); — accedit specimen editionis Ph. Cattieri (49).

XVI s. Pap. 50 fol. (Mazarin.-Reg. 3158.) *P.*

2652. Ammonii opusculum de distinguendis vocabulis affinem significationem habentibus (1); — Aristotelis excerpta (43); — Anonymi quæstiones de re medica : Διὰ τί φησιν ὁ Ἱπποκράτης... (49); — Hippocratis epistolæ (78 v°); — Bessarionis cardinalis ad Michaelem Apostolium epistola, 1462. (99); — Nicolai Secundini epistola ad Andronicum Callistum (101 v°); — Bessarionis cardinalis ad Andronicum Callistum epistola (105 v°); — Anonymi themata verborum difficiliorum : Ὄλλυμι ἐνεστώς... (105 v°); — Sententiæ septem sapientum (109); — S. Clementis Romani apophthegmata (109); — Phalaridis ad Xenopithem epistola (109 v°); — Theodori Prodromi declamatio de mure (110); — ejusdem opuscula de eo quod secundum S. Gregorium Nazianz. natalis Domini cæteris diebus festis sit anteponendus (115), — de quadragesima ante Christi nativitatem et de tertiis et quartis nuptiis (116 v°), — an jejunium sextæ feriæ obliget (123 v°), — an carne vesci liceat sexta et quarta feria, si in eas incidant festa Dominica (128), — quo tempore anima infantis corpus subeat (134), — de illis qui in Domino moriuntur (138), — an hominum vita certis limitibus definita sit (158); — Anonymi de sancta Trinitate et professio fidei : Περὶ μὲν τῆς ἁγίας Τριάδος... (167); — Anonymi opusculum de angelis, anima, homine : Ἄγγελος ἐστὶν οὐσία... (171); — Isocratis oratio ad Demonicum, fine mutila (199).

XV s. Pap. 205 fol. (Fontebl.-Reg. 3249.) *P.*

2653. Orionis Thebani etymologicon.

XVI s. Pap. 152 fol. (Colbert. 5265.) *P.*

2654. Etymologicon magnum, initio mutilum.

Copié, en 1273 par le moine Athanase. Bombyc. 160 fol. (Medic.-Reg. 2753.) *M.*

2655. S. Cyrilli Alexandrini (?) lexicon (1); — Anonymi lexica Psalmorum, Canticorum, IV. Evangeliorum, Actorum et Epistolarum apostolorum (190).

XIII s. Bombyc. 198 fol. (Colbert. 4278.) *P.*

2656. S. Cyrilli Alexandrini (?) lexicon (1); — Anonymi

lexica V. et N. Testamenti (104); — Interpretatio nominum SS. Scripturarum : Ἀδὰμ, γῆ σαρκουμένη... (119); — S. Epiphanii, Cypri episcopi, lexicon vocum hebraicarum, A (123 v°).

XII s. Parch. 128 fol. (Colbert. 3774.) P.

2657. « Excerpta ex etymologico Suidæ bibliothecæ Palatinæ » (1); — Glossæ veteres, lat. (30); — Glossæ lat.-græc. (140); — « Excerpta e veteribus glossariis » (150).

XVII s. (Copié, en partie, par Cl. Saumaise.) Pap. 159 fol. (Delamare.-Reg. 3367, 2.) P.

2658. Anonymi interpretatio nominum hebraicorum Sæ. Scripturæ : Ἀδὰμ, μαρτυρία... (1); — Testamenta XII. filiorum Jacob (1 v°); — Testamentum Jobi (72); — Anastasii Sinaitæ interrogationes et responsiones, fine mutilæ (98).

XI s. Parch. 224 fol. (Fontebl.-Reg. 2915.) P.

2659. [S. Cyrilli Alexandrini (?)] lexicon (1); — Lexicon V. et N. Testamenti (154 v°); — Interpretatio nominum SS. Scripturarum : Ἀδὰμ, γῆ σαρκουμένη... (173 v°); — Sermo synodicus patriarcharum Alexandriæ, Antiochiæ et Hierosolymorum (180).

Copié en 1116. Parch. 182 fol. (Fontebl.-Reg. 3513.) P.

2660. Anonymi lexicon, initio mutilum, Δ-Ω (1); — Lexica Evangeliorum, Psalmorum, Actorum apostolorum, Regum, Jobi, Proverbiorum, Sapientiæ, Prophetarum, Ezechielis, Octateuchi, Paralipomenon, Esdræ et Canticorum (84); — Joannis Philoponi collectio vocabulorum quæ pro diversa significatione accentum diversum accipiunt (106 v°); — Interpretatio nominum Sæ. Scripturæ : Ἀδὰμ, γῆ σαρκουμένη... (113 v°); — Isidori Pelusiotæ epistola cxxv. de Bibliorum libris (119 v°); — Anonymi περὶ ἀντιστύχων. Ἀλήθεια, τὸ λῆ ἤ'... (120).

XII s. Parch. 122 fol. (Colbert. 6032.) P.

2661. Anonymi lexicon breve V. Testamenti : Ἀβηλινῆ, Ἀμῶς, Ἀσάφ... (1); — Sententiæ variæ : Theognidis. Οὐκ εὔχομαι πλουτεῖν... (4 v°); — Versus de xii. festis dominicis (5 v°); — Dies festi singulorum mensium, versibus iambicis (6); — Ordo triodii, et officii Sæ. Melaniæ Romanæ, in monasterio virginum ejus (8 v°); — Anonymi [S. Cyrilli Alexandrini (?)] lexicon (9); — Lexica Psalmorum, Canticorum, Evangeliorum, Actorum et Epistolarum apostolorum (121); — Anonymi homilia, initio mutila (130); — Expositio aliquot locorum S^æ. Scripturæ (133); — Anonymi explicatio vocum obscuriorum in S. Joannis Damasceni hymnis pro festis dominicis occurrentium : Εὐεπίης, εὐλάλου... (137); — Anonymi expositio epistolæ S. Pauli ad Philippenses : Ὥσπερ γὰρ ὁ Χριστός... (145 v°); — Methodus cycli solaris et lunaris (149 v°); — Tabula Trinitatis mysterium exhibens (150); — Florilegium SS. PP. Isaaci Syri, Cyrilli, Joannis Climaci, Basilii, Isidori Pelusiotæ, Joannis Chrysostomi, Plutarchi, Democratis, Gerontici, Thalassii, Symeonis Metaphrastæ, Maximi, etc. : Τί ἐστι Χριστιανός;... (153); — Michaelis [Pselli] interpretatio symboli apostolici (177 v°); — Thecaræ hymni (182 et 188 v°); — S. Ephræmi Syri reprehensio sui ipsius et confessio (184 v°); — Libanii epistolæ aliquot (190 v°); — S. Basilii et Libanii epistolæ mutuæ (199); — Apophthegmata philosophorum (201); — Chronicon breve ab Adamo usque ad Constantinum magnum (205 v°); — Michaelis Pselli opusculum de septem primis conciliis (206 v°); — Vaticinia de Romanorum imperio et Antichristo, Πρόῤῥησις τοῦ ἁγιωτάτου Ἀνδριτζοπούλου πρὸς τὸν Ζωριάνον κῦρον Μιχαήλ (208); — Synesii epistolæ quædam (209); — Anonymi scholion de opere sex dierum : Ἄνδρα ἀπέκτεινα... (210 v°); — Explicatio historiarum quarum meminit S. Gregorius Nazianz. in oratione in sancta lumina (212); — Notæ divinæ legi necessariæ, ut in cod. 519, fol. 2. (219); — Anonymi collectanea de S^a. Scriptura : Οἱ μὲν πρὸ τοῦ νόμου... (221); — Judæorum jusjurandi formula (253 v°); — Agapeti diaconi capita admonitionum ad Justinianum imp., initium tantum (254); — Liturgia brevis (257); — Anonymi cosmographia, fine mutila : Τεττάρων ἐκλάχημα τῶν αἰτιῶν... (260 v°).

Copié en 1365 par le prêtre Demetrius. Pap. 272 fol. P.

2662. Anonymi tractatus de verborum significatione, initio mutilus (1); — Zonaræ (?) lexicon (17 v°); — Anonymi opusculum de re grammatica : Τίς ἡ ἐμὴ σοφία... (33); — Scholia in Sophoclis Ajacem flagelliferum (40 et 104); — Epitaphium Æschyli (61 v°); — Scholia in Lucianum (61 v°); — Anonymi opusculum de dorica dialecto, ex Herodiano : Τὸ ε καὶ τὸ εἰς... (70); — Symbolum fidei, cum interpretatione (73 v°); — Synopsis de septem œcumenicis conciliis : Χρὴ γινώσκειν ὅτι... (76); — Anonymi opuscula duo de re grammatica, initio mutila (78); — Gregorii Corinthii opusculum de grammatica [de attica dialecto] (86 v°); — Anacreontis opusculum de vocabulorum differentiis (90 v°); — Leonis Sapientis imp. ordo thronorum sedi CP. subjectorum (93); — Georgii Lapithæ tabulæ de fide, mysteriis et animæ facultatibus (96); — Phrynichi excerpta (104); — Herodiani excerpta (109 v°); — Gregorii Corinthii tractatus de dialectis (110); — Dionysii Catonis disticha moralia, a Maximo Planude græce versa (117).

XIV s. Bombyc. 123 fol. (Colbert. 5005.) P.

2663. Anonymi corona vocabulorum e sacris et profanis scriptoribus collectorum : Ἄαπτος, ὁ ἀπροσπέλαστος...

XIV s. Bombyc. 168 fol. (Fontebl.-Reg. 3512.) P.

2664. Anonymi [S. Cyrilli Alexandrini (?)] lexicon (1); — Anonymi interpretatio vocabulorum S. Pauli epistolarum (187).

XIV s. Bombyc. 189 fol. (Dupuy.-Reg. 2752.) P.

2664 A. Anonymi lexicon, Δ-Σ, initio et fine mutilum.

XV s. Pap. 113 fol. P.

2665. Lexica aliquot librorum V. Testamenti, initio mutila (1); — Anonymi collectio vocabulorum e sacris et profanis scriptoribus collectorum : Ἄαπτος... (21); — Prophetiæ VII. Græciæ philosophorum de Christo et illius matre (172); — S. Cyrilli Alexandrini excerpta de fide, incarnatione, etc. (173); — Nomina magnorum fluviorum, montium, ventorum, XII. lapidum (174); — Fragmentum de computo (174 v°); — Prognostica varia pro omni tempore et secundum diversa zodiaci signa (175); — S. Basilii fragmenta (182); — [Michaelis Pselli] grammatica (184); — S. Epiphanii opusculum de mensuris et ponderibus (204); — Eusebii, etc. fragmenta de eodem (209).

XIV-XV s. Bombyc. et pap. 210 fol. (Fontebl.-Reg. 3258.) P.

2666. Anonymi [S. Cyrilli Alexandrini (?)] lexicon, initio mutilum (3); — Collectio vocum pro diversa significatione accentum diversum accipientium : Ἄγων, ἡ μετοχή.,. (108); — Themata orationum et epistolarum ad patriarcham, etc. (110 v°).

XV s. Pap. 123 fol. (Reg. 3391.) *P.*

2667. Anonymi [S. Cyrilli Alexandrini (?)] lexicon.

XV s. Pap. 135 fol. (Medic.-Reg. 2749.) *M.*

2668. Anonymi [S. Cyrilli Alexandrini (?)] lexicon.

XVIII s. Pap. 354 fol. *M.*

2669. Anonymi lexicon : Ἄλφα τὸ στοιχεῖον παρὰ τὸ ἄλφω... (2); — Anonymi collectanea de grammatica, syntaxi, dialectis, metris (200 v°); — Anonymi versus de labyrintho : Εἴ τινα λαβύρινθον... (219); — Ammonii opusculum de similibus et differentibus vocabulis (219); — Τάξις παλαιὰ καὶ ὀνομασίαι τῶν ἀρχόντων (252); — Anonymi canones de re grammatica : Μακρὰ πρὸ μακράς... (257); — Georgii Corinthii tractatus de syntaxi (264); — Maximi Planudis tractatus de verborum syntaxi (271); — Anonymi tractatus astrologicus : Ἐπειδὴ τὰ ιβ´ ζώδια... (297); — Georgii Zygabeni opusculum de vocalibus et consonantibus litteris (303 v°).

XVII s. Pap. 315 fol. *P.*

2670. Julii Pollucis onomasticon.

XV s. Parch. 383 fol. (Medic.-Reg. 3510.) *P.*

2671. Julii Pollucis onomasticon (1); — præmittuntur menses Romanorum, Atheniensium, Græcorum, Macedonum, Ægyptiorum, Hebræorum, Persarum, Bithynorum et Cypriorum (1 v°); — Anonymi lexicon breve : Ἀγαπῶ, φιλῶ... (198); — Leonis philosophi medicæ artis compendium, libris VII. (205); — Futuræ mortis indicia (264 v°); — Anonymi interpretatio vocum latinarum ad jus pertinentium : Ἀδετ, ἔχει, ἀδ πρκετίουμ... (267); — Alia : Ἀγωγὴ παρὰ τὸ ἄγειν (277); — Remedia varia (285 et 312 v°); — Nicephori Blemmidæ opusculum de urinis (307); — Formulæ variæ epistolarum (347); — Anonymi opusculum de epistolari charactere : Ὁ ἐπιστολιμαῖος χαρακτήρ... (398 v°); — Libanii epistolæ duæ consolatoriæ (421 v°); — Photii CP. epistolæ duæ ad Eusebiam monacham et ad Tarasium (422); — [Demetrii] Cydonii epistolæ duæ (433); — Formula epistolæ Dionysii, CP. patriarchæ (436 v°).

XV s. Pap. 436 fol. (Mazarin.-Reg. 3511.) *P*.

2672. S. Cyrilli Alexandrini (?) lexicon (1); — Lexica Proverbiorum, Prophetarum, Paralipomenon, Jobi, Actorum et Epistolarum apostolorum (146 v°); — Canones, seu hymni, in nativitatem Christi et Pentecosten (157 v°).

XIV s. Bombyc. 183 fol. (Fontebl.-Reg. 3453.) *P*.

2673. Anonymi [S. Cyrilli Alexandrini (?)] lexicon, initio mutilum (1); — Anonymi lexicon V. Testamenti, A-M., fine mutilum Ἀββὰ, ὁ πατήρ... (191); — Lexica Octateuchi, Regum, Psalmorum, Canticorum, Jobi, Proverbiorum, Sapientiæ, Evangeliorum, Actorum et Epistolarum apostolorum (203).

XIV s. Bombyc. 227 fol. (Colbert. 6076.) *P*.

2674. Hephæstionis Alexandrini enchiridion de metris, cum Philippi Abucaræ commentario.

XVI s. (Copié par Jacques Diassorinos.) Pap. 126 fol. (Colbert. 1190.) *M*.

2675. Dracontis Stratonicensis liber de metris.

XVI s. (Copié par Jacques Diassorinos.) Pap. 125 fol. (Colbert. 1215.) *M*.

2676. Maximi Planudis tractatus de metris (1); — Hephæstionis enchiridion de metris, cum scholiis (10); — Joannis Tzetzæ opusculum de metris (36).

XV s. Pap. 40 fol. (Medic.-Reg. 2765.) *M*.

2677. Anonymi opusculum de syllabarum quantitate: Ὁμὸν τεχνικός... (1); — Anonymi recentioris tractatus de metris: Πόσα στιχεῖα λόγου; Κδ΄... (3); — Hephæstionis enchiridion de metris, cum scholiis (14 v°); — Joannis Tzetzæ opusculum de metris (53 v°); — Scholia ad Hephæstionem: Μέτρον ἐστὶ ποδῶν... (66 v°); — [Dionysii Longini] epitome de metris (81); — Notitiæ breves de Eudemo rhetore, Helladio Alexandrino, Eugenio, Zosimo, Cecilio, Longino, Luperco, Justino Julio, Pacato Minucio, Pamphilo, Polione et Hesychio (91); — Anonymi opusculum de comœdia: Κωμῳδίαι λέγονται τὰ τῶν κωμικῶν... (92).

XVI s. Pap. 94 fol. (Teller. Rem.-Reg. 2765, 2.) *M*.

2678. Hesiodi opera et dies, v. 160-206., scr. Mich. Apostolius (A); — Orphei argonautica, cum glossis (1); — Pythagoræ versus aurei (33 v°); — Phocylidis carmen (35 v°); — Hesiodi theogonia (41); — ejusdem scutum Herculis (71); — Herculis certamina xiv. (84); — Chionis epistolæ (85); — Luciani liber de conscribenda historia (103); — Anonymi opusculum de tropis rhetoricis : Ὁ ἐγκατάσκευος λόγος... (132); — Gregorii Corinthii liber de dialectis (148); — Anonymi opusculum de pronominibus : Ἰστέον ὅτι αἱ πρωτότυποι... (182); — Isocratis oratio ad Nicoclem (188).

XVI s. Pap. 199 fol.(Medic.-Reg. 2798.) *M.*

2679. Homeri Ilias et Odyssea (Florentiæ, 1488, in-fol.), cum scholiis mss. partim, ut videtur, manu Arsenii Monembasiæ.

XV-XVI s. Pap. 440 fol. (Fontebl.-Reg. 2198.) *M.*

2680. Homeri Ilias (1), — et Odyssea (256), — cum scholiis; — præmittitur fragmentum de dialectis et tropis poeticis (A v°).

XV s. Pap. 448 fol. (Medic.-Reg. 1854.) G.

2681. Homeri Ilias, cum scholiis (3); — præmittuntur Georgii Chœrobosci opusculum de tropis poeticis (1 v°), — Tryphonis opusculum de affectionibus vocabulorum (2), — et vita Homeri : Ὅμηρος ὁ ποιητής... (2 v°).

XIII s. Bombyc. 231 fol. (Medic.-Reg. 2195.) *M.*

2682. Homeri Ilias, cum Isaaci Porphyrogeniti commentariis (15); — præmittitur ejusdem prooemium (1); — accedit supplementum ejusdem a morte Hectoris ad Trojæ expugnationem (366).

XV s. Pap. 373 fol. (Fontebl.-Reg. 2197.) *M.*

2683. Homeri Ilias.

XIV s. Bombyc. 222 fol. (Medic.-Reg. 2199.) *M.*

2684. Homeri Ilias, cum scholiis.

XIV s. Bombyc. 204 fol. (Colbert. 1175.) *M.*

2685. Homeri Ilias.

XVI s. Copié par Jean de Docea. Pap. 464 fol. (Reg. 2199, 2.) *M.*

2686. Homeri Iliadis libri XII. priores, cum anonymi [Michaelis Pselli (?)] metaphrasi : Τὴν ὀργὴν εἶπε...

XVI s. Pap. 153 fol. (Fontebl.-Reg. 2200.) G.

2687. Homeri Iliadis libri I-VII, 294, cum scholiis.

XV s. Pap. 108 fol. (Colbert. 1831.) M.

2688. Homeri Odyssea.

XVI s. Pap. 246 fol. (Colbert. 3249.) G.

2689. Homeri Odyssea.

XVI s. Pap. 356 fol. (Reg. 2788.) M.

2690. Homeri Iliadis metaphrasis, [auctore Michaele Psello (?)] : Τὴν ὀργὴν εἶπε...

XV-XVI s. Pap. 247 fol. (Hurault.-Reg. 2787.) M.

2691. [Didymi Alexandrini] scholia in Homeri Odysseam (1); — Thomæ Magistri ecloge dictionum Atticarum (161); — [Coluthi] poema de raptu Helenæ, v. 1-31. (235).

Copié en 1512 par Sebastien ὁ Δούκιος. Pap. 235 fol. (Medic.-Reg. 2205.) M.

2692. [Didymi Alexandrini] scholia in Homeri Odysseam.

XVI s. Pap. 138 fol. (Medic.-Reg. 2206.) M.

2693-2694. Eustathii, Thessalonicensis archiepiscopi, commentarius in Homeri Iliadem.

XV s. Parch. 291 et 348 feuillets. (Medic.-Reg. 1855 et 1856.) G.

2695. Eustathii, Thessalonicensis archiepiscopi, commentarius in Homeri Iliadis libros IX. priores.

XIII s. Bombyc. 388 fol. (Medic.-Reg. 2216.) M.

2696. Anonymi fragmentum de echo et sono (gr.-lat.) : Γίγνεται ἡ ἠχώ... (1); — Eustathii Thessalonicensis commentarius in Iliadis librum I., initio et fine mutilus (2 bis); — Cleomedis de contemplatione orbium cælestium liber II., initio mutilus (73); — Anonymi interpretatio de astrolabo : Εἰ βούλει γινώσκειν τήν... (84).

XVI s. (Copié par Arsène de Monembasie.) Pap. 88 fol. (Teller. Rem.-Reg. 2203, 2.) M.

2697. Eustathii Thessalonicensis commentarius in Homeri Iliadis libros XII. priores, una cum textu (11); — præmittitur

Plutarchi (vel Dionysii Halicarnassei) tractatus de Homerica poesi (1).

XIII s. Parch. 484 fol. (Fontebl.-Reg. 2196.) *M.*

2698. Eustathii Thessalonicensis commentarius in Homeri Iliadis librum I., fine mutilum, et libros X-XIII.

XVI s. (Copié par Arsène de Monembasie.) Pap. 339 fol. (Fontebl.-Reg. 2202.) *M.*

2699. Eustathii Thessalonicensis commentarius in Homeri Iliadis libros XIV-XIX.

XVI s. Pap. 384 fol. (Fontebl.-Reg. 2201.) *G.*

2700. Eustathii Thessalonicensis commentarius in Homeri Iliadis libros XX-XXIV.

XVI s. Pap. 263 fol. (Fontebl.-Reg. 2203.) *G.*

2701. Eustathii Thessalonicensis commentarius in Homeri Iliadis libros X-XXIV.

XV s. Pap. 452 fol. (Medic.-Reg. 1857.) *G.*

2702. Eustathii Thessalonicensis commentarius in Homeri Odysseam.

XIII s. Bombyc. 240 fol. (Medic.-Reg. 1858.) *G.*

2703. Eustathii Thessalonicensis commentarius in Odysseam.

XVI s. Pap. 507 fol. (Fontebl.-Reg. 2204.) *M.*

2704. Index vocabulorum quæ Eustathius in suis ad Homerum commentariis exponit.

XVI s. Pap. 179 fol. (Medic.-Reg. 2830.) *M.*

2705. Joannis Tzetzæ allegoriæ Homericæ (1); — accedit Deorum genealogia, fine mutila (151); — præmittuntur computi fragmentum et alphabeta secreta (B).

XIV s. Parch. 152 fol. (Hurault.-Reg. 2790.) *P.*

2706. Aristarchi argumenta XXIV. librorum Iliadis Homeri (1); — Isaaci Tzetzæ prolegomena de poetis (139 v°); — Philostrati imagines, fine mutilæ (141).

XVI s. Pap. 163 fol. (Mazarin.-Reg. 2789.) *M.*

2707. Hesiodi opera et dies, cum scholiis (1); — Homeri batrachomyomachia (37); — Joannis Tzetzæ allegoriæ Homericæ (39 v°); — S. Gregorii Nazianzeni tragœdia, Christus patiens (94); — Homerocentra (107).

Copié en 1301 par Michel ὁ Συναδηνός. Bombyc. 112 fol. (Medic.-Reg. 2800.) *P.*

2708. Hesiodi theogonia (1), — et scutum Herculis, cum scholiis (18); — Scholia in Hesiodi theogoniam : Ἀπὸ τῶν Μουσῶν... (26); — Hesiodi opera et dies, cum scholiis (41 v°); — Manuelis Moschopuli scholia in Hesiodi opera et dies (55 v°); — Joannis Pediasimi scholia in Hesiodi theogoniam (85); — Procli Diadochi scholia in Hesiodi opera et dies (114); — Eustathii Thessalonicensis commentarius in Dionysii Alexandrini orbis descriptionem, præcedit Dionysii vita (165); — Dionysii Alexandrini orbis descriptio, cum scholiis (254).

XV s. Pap. 300 fol. (Fontebl.-Reg. 2791.) *M.*

2709. Pindari Olympia (1), — Pythia (93), — Nemea (186), cum scholiis.

XV s. Pap. 211 fol. (Fontebl.-Reg. 2795.) *M.*

2710. Scholia in Æschyli Prometheum vinctum : Διὰ τὸ πολὺ τοῦ ὄρους... (1), — VII. ad Thebas (36), — et Persas (69 v°).

XVI s. Pap. 97 fol. (Colbert. 1271.) *M.*

2711. Sophoclis tragœdiæ, Ajax flagellifer (4 v°), — Electra (40 v°), — Antigone (77), — Œdipus tyrannus (111), — Œdipus Coloneus (149), — Trachiniæ (193), — Philoctetes (226 v°), cum scholiis ; — præmittuntur fragmentum de metris, ex Hephæstione (1), — et vita Sophoclis, auctore [Thoma] Magistro (2).

XV s. Pap. 262 fol. (Colbert. 991.) *M.*

2712. Euripidis tragœdiæ, Hecuba (4), — Orestes (19), — Phœnissæ (38), — Andromache (59), — Medea (74), — Hippolytus (91); — Sophoclis vita (215), — et tragœdiæ, Ajax flagellifer (117), — Electra (127), — Œdipus tyrannus (139), — Antigone (152), — Œdipus Coloneus (165), — Trachiniæ (183), — Philoctetes (198); — Aristophanis comœdiæ, Plutus (215), — Nubes (222), — Ranæ (245), — Equites (263), — Aves (281), — Acharnenses (302), — Concionantes, fine mutilæ (317); — præmittuntur fragmentum vitæ S. Sabæ (1), — et vita Euripidis (3).

XIII s. Parch. 320 pages. (De Mesmes.-Reg. 2793, 2.) *M.*

2713. Euripidis tragœdiæ, Hecuba (6), — Orestes (28), — Phœnissæ (56), — Hippolytus (82), — Medea (108), — Alcestis (129 v°), — Andromache, fine mutila (145 v°), cum scholiis; — præmittuntur fragmentum de metris, ex Hephæstione (1), — et vita Euripidis (2 v°).

XII s. Parch. 159 fol. (Medic.-Reg. 2793.) *M.*

2714. Euripidis tragœdiæ, Hercules furens (1), — Electra (12), — Orestes (23); — S. Gregorii Nazianzeni tragœdia, Christus patiens (41); — Euripidis Electra, alia manu (130).

Copié en 1541 (en partie) par Basile Varelis. Pap. 150 fol. (Fontebl.-Reg. 2792.) *M.*

2715. Aristophanis comœdiæ, Equites (1), — Acharnenses (31 v°), — Aves (59 v°), — Vespæ (101), — Lysistrata (137 v°), — Concionantes (161), — Pax (191).

XVI s. Pap. 219 fol. (Medic.-Reg. 2796.) *M.*

2716. Aristophanis comœdiæ, Equites (10), — Nubes, initio mutilæ (28), — Ranæ (66).

XV-XVI s. Pap. 107 fol. (Colbert. 3068.) *M.*

2717. Aristophanis comœdiæ, Equites (13), — Acharnenses (64), — Vespæ (109 v°), — Plutus (165), — Nubes (213), — Ranæ (271 v°), — Aves (324 *bis*), — Pax (385 v°), — Lysistrata (436), cum scholiis; — præmittuntur fragmentum de metris, ex Hephæstione (1), — et vita Aristophanis (7 v°).

XVI s. Pap. 480 fol. (Colbert. 1006.) *M.*

2718. Hesiodi opera et dies [S. l. n. d. (Milan, c. 1493), in-4°] (1); — Aristophanis Plutus (17), — et Nubes (50).

XV-XVI s. Pap. 86 fol. (Fontebl.-Reg. 2797.) *M.*

2719. Odoardi Biseti « quæ scholiis antiquis [ad Aristophanem] addenda aut immutanda et emendanda erunt. »

XVI s. Pap. 216 pages. (Teller. Rem.-Reg. 2835.) *M.*

2720. Menandri et Philistionis comparatio (1 et 5); — Apophthegmata septem sapientum (2 v°); — Stratonici, Æsopi et Aristotelis sententiæ (5 v°); — Anthologiæ fragmentum cap. IX. et XVI. (6); — Sententiæ variæ, Palladii, Leonis philosophi versus (10 v°); — Apophthegmata varia (15); — Menses Atheniensium et Romanorum (16); — Vocabulorum explicationes (20); — De septem hominis ætatibus (20 v°); — Plutarchi ecloge de iis quæ fieri non possunt (21); — De vocibus animalium (21); — Septem sapientum patria, versibus (21); — Pythagoræ præcepta (21 v°); — Anonymi proverbia : Ἐπὶ τῶν ἀσυνδέτων... (22); — Gregorii, Cyprii patriarchæ, proverbia, alphabet. (24); — Proverbia ex Platone (33); — Anonymi opusculum de dictionum affectionibus : Πάθη τῶν λέξεων εἰσὶν κζ'... (38); — Anonymi canonismata verborum poetarum et rhetorum : Ἰστέον ὅτι τῆς συναλοιφῆς... (54); — Cornuti [Phurnuti] liber de natura Deorum (62); — Canonismata varia ex Homero (81 v°); — [Vatatzœ] Batatzæ fragmentum de re grammatica (85 v°); — De Musis (86 v°); — Anonymi opusculum de partibus orationis : Διαπορήτεον ἡμῖν διὰ τί... (86 v°); — Instrumenta musica variorum populorum (87 v°); — Palæphati liber de incredibilibus historiis (87 v°); — Libanii declamatio oratoria (95 v°); — Etymologicon breve, A-Λ : Ἄφρων παρὰ τὸ φρῶ... (97); — Etymologici alterius littera K (106); — Dionysii Halicarnassei tractatus de compositione verborum (116); — Joannis Glycis, CP. patriarchæ, tractatus de syntaxi (128); — Anonymi opusculum de verborum significatione, alphabet. : Ἄγω τὸ ἔχω... (151); — Manuelis Moschopuli excerpta de recondita quorumdam verborum significatione (157); — Maximi Planudis excerpta de syntaxi (162); — Anonymi ecloge vocum Atticarum, alphabet. : Ἀξιώτερον τὸ πλείονος... (173 v°); — S. Epiphanii opusculum de mensuris et ponderibus (186 v°); — Anonymi opusculum de figuris rhetoricis : Στρογγύλον σχῆμα ἐστί... (189); — Anonymi opusculum de verborum syntaxi : Τῶν ῥημάτων τὰ μέν... (190); — Anonymi grammaticæ observationes ad compositionem : Ὅτι τοῦ μὲν εἰμί... (198 v°); — Herodiani opusculum de solœcismo (219); — Photii, CP. patriarchæ, epistolæ (220 v°); — Nicolai sophistæ narrationes (223 v°); — Marci Antonini epistola (225 v°); — Alciphronis rhetoris epistolæ parasiticæ (225 v°); — Anonymi collectanea grammatica : Βούλησις ἐπὶ ἀγαθοῦ... (228 v°).

XVI s. (Copié, en partie, par Scipion Carteromachos.) Pap. 234 fol. (Medic.-Reg 2810.) *M.*

2721. Theocriti idyllia (3); — præcedit vita Theocriti (1).

XV s. Pap. 76 fol. (Colbert. 1193.) *M.*

2722. Theocriti idyllia I., V., VI., IV., VII., III., VIII., IX., X., XI., XIII., XV., XIV., II. (1); — Apollodori bibliothecæ fragmentum [ed. Lond., p. 93-195] (16); — Anthologiæ fragmentum cap. IX. (33); — præmittitur fragmentum ed. scholiorum ad Sophoclis Philoctetem [Romæ, 1518, in-4°] (2).

XV-XIV s. Pap. et bombyc. 33 fol. (Reg. 2824.) *M.*

2723. Lycophronis Cassandra, cum Isaaci Tzetzæ scholiis (1); — Homeri batrachomyomachia (77); — Oppiani cynegeticorum libri IV. (79); — Eustathii Thessalonicensis commentarii in Dionysii Alexandrini orbis descriptionem, accedit textus Dionysii (98); — Ammonii prolegomena in Porphyrii isagogen (166); — Porphyrii isagoge, cum Ammonii commentario (189); — Anonymi commentarius in Aristotelis librum de interpretatione : Ὁ σκόπος τοίνυν ἐστί... (211). — Folia vetust., olim initio et fine codicis, desunt.

Copié (en partie) en 1282. Parch. 245 fol. (Reg. 2218.) *G.*

2724. Lycophronis Cassandra, cum Isaaci Tzetzæ scholiis.

XVI s. (Copié par Antoine Episcopopoulos.) Pap. 96 fol. (Colbert. 2945.) *M.*

2725. Lycophronis Cassandra, cum Isaaci Tzetzæ scholiis (1); — præmittitur vocabulorum index (A).

XVI s. Pap. 151 fol. (Medic.-Reg. 2799.) *M.*

2726. Arati phænomena et diosemæa, cum scholiis (6); — præmittitur Arati vita (3); — Nicandri theriaca, cum scholiis, præmittitur Nicandri vita (97); — ejusdem alexipharmaca (120); — Alexandri, Demosthenis condiscipuli, versus ad Aglæum Byzantium (131); — De pipere (131 v°); — De mensuris et ponderibus (132); — Theocriti et Moschi idyllia, præmittitur Theocriti vita (135); — [Simmiæ Rhodii] securis (206).

XVI s. Pap. 206 fol. (Teller. Rem.-Reg. 2794, 2.) *M.*

2727. Apollonii Rhodii Argonauticorum libri IV., cum scholiis (1); — Epitheta Jovis, Dionysi, etc. (295); — Scholia in Apollonium, præmittitur Apollonii vita duplex (297).

XVI s. Pap. 458 pages. (Colbert. 1245.) *M.*

2728. Apollonii Rhodii Argonauticorum libri IV. (1); — Arati phænomena, præmittitur Arati vita (101); — Nicandri theriaca (120), — et alexipharmaca (136).

XV s. (Copié par Georges Gregoropoulos.) Pap. 146 fol. (Hurault.-Reg. 2207.) *M*.

2729. Apollonii Rhodii Argonauticorum libri IV.; præmittitur Apollonii vita.

XV s. Pap. 119 fol. (De Mesmes.-Bigot.-Reg. 2798, 2.) *M*.

2730. Dionysii Alexandrini orbis descriptio, cum scholiis et vita Dionysii.

XV s. Pap. 38 fol. (Delamare.-Reg. 2531, 2.) *M*.

2731. Dionysii Alexandrini orbis descriptio, cum Eustathii Thessalonicensis commentario (1); — Hermogenis progymnasmata (105); — Michaelis Pselli liber in Platonis psychogoniam (120); — ejusdem descriptio octachordi a Pythagora inventi (132 v°); — S. Epiphanii opusculum de mensuris et ponderibus et de epistolico charactere (133 v°); — Libanii declamationes tres (144); — Joannis Moschi oratio funebris in laudem Lucæ Notaræ (176); — Isaaci monachi tractatus de metris poeticis (187).

XVI s. (Copié par Constantin Palæocappa et Jacques Diassorinos.) Pap. 207 fol. (Fontebl.-Reg. 2531.) *M*.

2732. Dionysii Alexandrini orbis descriptio, cum glossis et vita Dionysii.

XV s. (Copié par Georges Hermonyme.) Pap. 55 fol. (Colbert. 1270.) *M*.

2733. Eustathii Thessalonicensis commentarius in Dionysii Alexandrini orbis descriptionem.

XVI s. (Copié par Jean d'Otrante.) Pap. 99 fol. (Fontebl.-Reg. 2057.) *M*.

2734. Eustathii Thessalonicensis commentarius in Dionysii Alexandrini orbis descriptionem.

XVI s. Pap 140 fol. (Medic.-Reg. 2532.) *M*.

2735. Oppiani de venatione libri V, cum scholiis et Oppiani vita (1); — eorumdem librorum synopsis (82); — Sophoclis tragœdiæ, Ajax (88 v°), — Electra (119 v°), — et Œdipus tyrannus (148 v°); — Dionysii Alexandrini orbis descriptio, cum scholiis et Dionysii vita (175 v°).

XIV s. Bombyc. 200 fol. (Hurault.-Reg. 2801.) *M*.

2736. Oppiani de venatione libri IV. (1); — Constantini Manassæ versus de Oppiano (59).

XV s. Parch. 59 fol. Peint. (Fontebl.-Reg. 2128.) *M.*

2737. Oppiani de venatione libri IV. (1); — præmittuntur Constantini Manassæ versus de Oppiano (A); — Xenophontis liber de venatione (61); — Manuelis Phile poema de animalium proprietatibus (76).

Copié en 1554 par Ange Vergèce. Pap. 106 fol. Peint. (Fontebl.-Reg. 2129.) *M.*

2738. Scholia in Oppiani de piscatione libros V.; præmittitur Oppiani vita.

XVI s. (Copié par Christophe Auer.) Pap. 101 pages. (Colbert. 1232.) *M.*

2739. Anthologia epigrammatum libris VII. (1); — Theognidis sententiæ (208); — Sententiæ monostichæ, alphabet. : Ἀνὴρ δὲ χρηστός... (227 v°); — Pauli Silentiarii carmen in thermas Pythias (236); — Anonymi versus de Euclidis geometria, septem planetis et eorum potestate : Ἡμίονος καὶ ὄνος... (237 v°); — Hermetis Trismegisti, vel Orphei, carmen de terræ motibus (238).

XV s. (Copié par Michel Apostolios.) Pap. 239 fol. (Fontebl.-Reg. 2803.) *M.*

2740. Anthologia epigrammatum, libris VII.

XV s. Parch. 252 fol. (Medic.-Reg. 2802.) *M.*

2741. Anthologia epigrammatum, libris VII., præmittitur Joannis Lascaris epigramma, ex impresso, a. 1494.

XVI s. Pap. 253 fol. *M.*

2742. Anthologia epigrammatum inedita, cum notis Fr. Guyeti.

XVII s. Copié par Fr. Guyet. Pap. 63 fol. (Reg. 2219.) *M.*

2743. Apollinaris metaphrasis in Psalmos (1), — et Joannis Geometræ in Cantica, versibus heroicis (190 v°), — cum Cosmæ Indicopleustæ commentario.

XVI s. (Copié par Jacques Diassorinos.) Pap. 207 fol. (Colbert. 1476.) *M.*

2744. Homerocentra, fine mutila (1); — Anthologia epigrammatum, initio et fine mutila (16).

XIII s. Bombyc. 83 fol. (Reg. 2814.) *M.*

2745. S. Cyrilli Alexandrini [Georgii Pisidæ] hexaemeron (1); — S. Athanasii quæstiones et responsiones ad Antiochum regem (38); — SS. Maximi, Basilii et Athanasii excerpta (101); — Nicetæ Davidis scholia in S. Gregorii Nazianzeni tetrasticha (132), — monosticha (185 v°), — et epigrammata epitaphia in S. Basilium (203).

Copié en 1563 par Zacharie Scordillis. Pap. 207 fol. (Hurault.-Reg. 2358.) *M.*

2746. S. Cyrilli Alexandrini [Georgii Pisidæ] hexaemeron (2); — Michaelis Glycæ capita theologica xxii. (39).

XVI s. (Copié, en partie, par Nicolas de la Torre.) Pap. 136 fol. (J.-A. de Thou.-Colbert. 2048.) *M.*

2747. Philippi Solitarii dioptra (1), — cum Michaelis Pselli præfatione, etc. (A v°); — Nicetæ Stethati liber de paradiso intellectuali, etc. (143); — Philippi Solitarii epistola ad quemdam qui vitæ spirituali valedixerat (148 v°); — Michaelis Pselli et Isidori Pelusiotæ fragmenta (153 v°); — Sapientia Jesu, filii Sirach (155); — Psalterium et Cantica, cum præfatione et Eusebii argumento (185).

XIII-XVI s. Parch. et pap. 321 fol. (Reg. 2403.) *M.*

2748. Philippi Solitarii dioptra (6), — cum Michaelis Pselli præfatione, etc. (1); — Germani II., CP. patriarchæ, versus politici de compunctione (147); — S. Gregorii Nazianzeni monosticha, alphabet. (148); — Manuelis Phile versus in laudem beatæ Mariæ (148 v°); — Joannis Nesteutæ præcepta quædam ad monachum (151 v°); — Evagrii monachi fragmentum de vitiis (152); — SS. PP. ecloge de oratione : Προσευχή ἐστιν ὁμιλία... (153); — Joannis Cassiani epitome de octo principalibus vitiis (183 v°); — Anonymi versus theologici, alphab. : Ἀκατάφλεκτε βάτε... (190).

XIV s. Copié par Georges Caloeides. Bombyc. 190 fol. (Mazarin.-Reg. 2379.) *M.*

2749. Michaelis Pselli synopsis legum, versibus politicis (1); — Alphabetum Slavonicum (47); — « Grammatice græca incerti auctoris, quam Joannes Santa-Maura invenit in partibus Calabriæ » : Προσῳδία ἐστὶ ποιά... (48).

XVI s. (Copié, en partie, par Jean de Sainte-Maure.) Pap. 72 fol. (Teller. Rem.-Reg. 2834.) *M.*

2750. Joannis Tzetzæ chiliades (4); — ejusdem in librum versus iambici (203); — ejusdem carmen iambicum de liberis educandis (203 v°); — ejusdem versus varii heroici et iambici (207); — Alphabeta varia (208 v°); — Joannis Tzetzæ epistolæ (210); — Ænigmata aliquot (236); — Hieromonachi cujusdam ad œcumenicum patriarcham epistola (237).

XIII s. Bombyc. 237 fol. (Fontebl.-Reg. 2565.) P.

2750 A. Anonymi capita moralia XXXI.-C., initio mutila, cum scholiis (1); — Anonymi capita alia moralia : Νῦν ἤδη πάντων βέλτιστε... (89); — Anonymi tractatus de veritate Christianæ religionis adversus Judæos : Ἐπειδήπερ πολλοὶ τὴν τῶν παρανόμων... (109); — Pythagoræ versus aurei (249 v°).

XIII s. Bombyc. 250 fol. P.

2751. Theodori Metochitæ poematia XX. (2); — Georgii Metochitæ de processione Spiritus sancti (152); — ejusdem confutatio trium capitulorum Maximi Planudis (229); — ejusdem tractatus adversus Manuelem, Manuelis Cretensis nepotem (241); — S. Gregorii Thaumaturgi fragmentum de sacra mystagogia (280); — Barlaami Calabri de processione Spiritus sancti adversus Latinos sermones VI. (280 v°); — ejusdem liber de primatu papæ adversus quemdam archiepiscopum (329 v°); — ejusdem legatus, dialogus de Spiritu sancto (334); — S. Andreæ Hierosolymitani oratio in annuntiationem Deiparæ (344); — S. Joannis Chrysostomi homilia de eodem (352 v°); — Theodoti moneremitæ oratio de eodem (356).

Copié en 1541 par Pietro Antonio. Pap. 359 fol. (Fontebl.-Reg. 1997.) M.

2752. Anonymi poema de Trojæ excidio : Ἀργαλέου πολέμοιο μέγαν πόνον Ἰλιακοῖο...

XVI s. (Copié par Jacques Diassorinos.) Pap. 103 fol. (Colbert. 2310.) M.

2753. Chronicon Moreæ, versibus politicis.

XVII s. Pap. 393 fol. (Reg. 1997, 2.) M.

2754. Epitheta varia, e veteribus poetis alphabet. collecta a Joanne Bordato Bituricensi.

XVI s. Pap. 347 fol. (Colbert. 5389.) P.

2755. Hephæstionis enchiridion de metris (1); — Dionysii

Halicarnassei epistola ad Ammæum, de iis quæ Thucydidi propria sunt (61); — Juliani imp. ad S. Basilium epistola, cum S. Basilii responsione (72); — ejusdem ad Libanium et Jamblichum epistolæ (74 v°); — Libanii ad S. Basilium et S. Basilii ad Libanium epistolæ V. (77); — S. Basilii oratio de legendis gentilium libris (81); — Æschinis rhetoris epistolæ tres (101); — Platonis (103 v°), — Diogenis Cynici (114 v°), — Cratetis Cynici (128 v°), — Juliani imp. (132), — Euripidis (154), — Hippocratis (161), — Heracliti epistolæ (187); — Euripidis Hecuba (200); — Sophoclis Electra (248); — Patricii homerocentra (304); — Oppiani de piscatione libri II., initio et fine mutili (320); — Aristotelis liber de virtute (345).

XV s. (Copié, en partie, par Michel Souliardos et Michel Apostolios.) Pap. 357 pages. (Fontebl.-Reg. 3260.) P.

2756. Hephæstionis enchiridion de metris (1); — Georgii Chœrobosci psalmorum epimerismi (45).

XV s. Pap. 187 fol. (Fontebl.-Reg. 3261.) P.

2757. Hephæstionis enchiridion de metris.

XVI s. Pap. 65 fol. (Baluze.-Reg. 3260, 2.) P.

2758. Isaaci monachi tractatus de metris poeticis (1) ; — Georgii Chœrobosci opusculum de tropis poeticis (8); — Anonymi opuscula duo de affectionibus vocabulorum, in libris poeticis, et περὶ τῶν σολοικοφανῶν σχημάτων, in dialectis : Τὰ τῆς λέξεως πάθη... (10); — Tryphonis fragmentum de affectionibus vocabulorum (12); — Manuelis Moschopuli opusculum de eodem (13); — Hesiodi opera et dies, cum Manuelis Moschopuli scholiis et vita Hesiodi (16); — Theocriti idyllia ix., cum glossis, præmittitur Theocriti vita (40).

XV s. Pap. 69 fol. (Medic.-Reg. 3239.) P.

2759. Isaaci monachi tractatus de metris poeticis.

XV s. Pap. 18 fol. (Colbert. 4920.) P.

2760. Anonymi opusculum de metris poeticis : Δεῖ γινώσκειν ὅτι τὸ ἡρωϊκόν... (1); — Galeni commentarius in Hippocratis librum de humoribus, cum Nicolai Vigerei Melodunensis versione latina (21).

XVI s. Pap. 34 fol. (Teller. Rem.-Reg. 3397.) P.

2761. Georgii Chœrobosci fragmentum de tropis poeticis (1); — Manuelis Moschopuli grammatica [ecloge vocum Atticarum] (5); — Thomæ Magistri ecloge vocum Atticarum (79 v°).

XIV-XV s. Pap. 169 fol. (Fontebl.-Reg. 3246.) P.

2762. Georgii Chœrobosci fragmentum de tropis poeticis (1); — Alexandri opusculum de figuris sententiarum et elocutionis (4 v°); — S. Maximi fragmentum de azymis (11); — Nicomachi Geraseni arithmeticæ introductionis libri II. (13); — Joannis Pediasimi explicatio quorumdam obscurius dictorum de arithmetica et musica (74); — Officia magnæ ecclesiæ CP. (81); — Anonymi lexicon vocum plures significationes habentium : Ἀγαπῶ, φιλῶ... (82); — Euclidis elementorum libri VIII. (89); — Nicolai Cabasilæ Thessalonicensis opusculum de syllogismo (285); — Macarii hieromonachi tractatus brevis adversus Latinos de processione Spiritus sancti (293); — Anonymi explicationes liturgicæ : Τίνος εἰσὶ σύμβολα... (302); — Agapeti diaconi admonitionum capita LXXII., cum scholiis (309); — Synesii epistolæ (348).

XV s. Pap. 383 fol. (Medic.-Reg. 3200.) P.

2763. Orphei Argonautica (2); — ejusdem hymni (32); — Procli Lycii hymni (58); — Callimachi hymni, cum scholiis (61); — Homeri hymni (91); — Moschi amor fugitivus (129 v°); — Musœi carmen de Herus et Leandri amoribus (130 v°); — Hesiodi opera et dies, cum Procli Diadochi præfatione (143); — ejusdem scutum Herculis (167); — accedunt versus tredecim de Herculis laboribus : Πρῶτα μὲν ἐν Νεμέᾳ... (179); — Hesiodi theogonia (180); — Theocriti idyllia, præmittitur vita Theocriti (203).

XV s. Pap. 243 fol. (Colbert. 4906.) P.

2764. Orphei carmen de lapidibus, cum Demetrii Moschi argumento (1); — Coluthi poema de raptu Helenæ, cum vita Coluthi (29 v°).

XVI s. Pap. 42 fol. (Colbert. 6117.) P.

2765. Orphei hymni (1); — Procli Lycii hymni (22); — Homeri hymni (24 v°); — Moschi amor fugitivus (58).

XV s. Parch. et pap. 58 fol. (Reg. 3389.) P.

2766. Homeri Ilias, cum metaphrasi (8); — præmittuntur argumentum : Θεοὶ τοὺς Θέτιδος... (1); — Homeri vita (1 v°); — Herodoti fragmentum de vita Homeri (2).

XIV s. Bombyc. 350 fol. P.

2767. Homeri Ilias, I, 119 — XXIV, 673., cum scholiis.

XIV s. Pap. 297 fol. (Fontebl.-Reg. 3296.) P.

2768. Homeri Ilias, cum scholiis (25); — præmittuntur anonymi historiæ librorum Homeri, fine mutilæ : Ἐζήτηται εὐθύς... (1).

XIII s. Bombyc. 275 fol. (Fontebl.-Reg. 3297.) P.

2769. Homeri Odyssea.

XV s. Parch. 201 fol. (Colbert. 3533.) P.

2770. Eustathii commentarii in Homeri Iliadem excerpta.

XVI s. Pap. 195 fol. (Medic.-Reg. 3298.) P.

2771. Hesiodi opera et dies, cum Procli commentario (1); — Dionysii Alexandrini orbis descriptio, fine mutila, cum scholiis (45).

X s. Parch. 78 fol. (Hurault.-Reg. 3300.) P.

2772. Hesiodi opera et dies, cum Manuelis Moschopuli commentario (1); — præmittuntur Libanii epistolæ tres (B); — Hesiodi scutum Herculis, cum scholiis (45); — ejusdem theogonia, cum scholiis (65); — Anonymi explicatio allegorica in Hesiodi theogoniam : Μουσάων Ἑλικωνιάδων. Μούσας λέγουσι... (104); — Dionysii Alexandrini orbis descriptio, cum [Demetrii Lampsaceni] prolegomenis et scholiis (113).

XV s. Pap. 165 fol. (Medic.-Reg. 3301.) P.

2773. Hesiodi opera et dies, cum Joannis Tzetzæ scholiis (8); — Fragmentum de mensibus (90 v°); — Hesiodi scutum Herculis (91); — Anonymi versus ad pietatem adhortatorii : Εἰ μὲν στεφάνων ποτνίων... (103).

XIV s. Parch. 103 fol. Palimps. (Fontebl.-Reg. 3299.) P.

2774. Hesiodi opera et dies, cum Joannis Tzetzæ scholiis (1); — Pindari Olympia, cum scholiis (59 v°); — ejusdem Pythia, fine mutila, cum scholiis (126).

XIV s. Bombyc. 180 fol. (Medic.-Reg. 3304.) P.

2775. Hesiodi opera et dies, cum Manuelis Moschopuli scholiis (1); — Xenophontis liber de Lacedæmoniorum republica (50); — Philostrati heroïca, cum glossis (58); — ejusdem liber de epistolico charactere (121); — ejusdem vitæ sophistarum (124).

XV s. Pap. 198 fol. (Colbert. 3826.) P.

2776. Hesiodi opera et dies, cum prolegomenis et glossis (2); — ejusdem scutum Herculis (51); — ejusdem theogonia (75).

XVI s. Pap. 119 fol. (Medic.-Reg. 3302.) P.

2777. Procli Diadochi præfatio in Hesiodi opera et dies, et vita Hesiodi.

XV s. Pap. 10 fol. (Colbert. 5065). P.

2778. Procli Diadochi commentarius in Hesiodi opera et dies.

XVI s. Pap. 102 fol. (Colbert. 4385.) P.

2779. Procli Diadochi commentarius in Hesiodi opera et dies.

XVI s. Pap. 46 fol. (Medic.-Reg. 3303.) P.

2780. Joannis Tzetzæ et Manuelis Moschopuli scholia in Hesiodi opera et dies (1); — Hesiodi opera et dies (117).

XVI s. Pap. 147 fol. (Reg. 3390.) P.

2781. Pindari Olympia (1); — Theocriti idyllia (73); — Theocriti (vel Simmiæ Rhodii) fistula, cum scholiis (151); — Joannis Nathanaelis epigramma (154 v°); — Hesiodi opera et dies, cum Manuelis Moschopuli commentario (157); — Metrophanis, Rhodii metropolitæ, ad Hilarionem epistola (221 v°).

XV s. Copié par Aristobule Apostolios (et Michel Apostolios). Pap. 221 fol. (Delamare.-Reg. 3304, 2.) P.

2782. Pindari Olympia, cum glossis (2); — Dionysii Catonis disticha, a Maximo Planude græce versa (20 v°).

Copié en 1426. Pap. 35 fol. (Colbert. 4417.) P.

2782 A. Pindari Olympia, cum glossis, præcedit vita Pindari (1); — Pindari γνωμικά (82 v°); — Vita Æschyli (84); — Æschyli Prometheus vinctus (86); — ejusdem VII. ad Thebas (128); — Æschyli γνωμικά (163 v°); — Theodori Gazæ grammaticæ introductionis liber IV. (165); — Anonymi tractatus de conscribendis epistolis : Τι πρώτην στάσιν... (215); — Euthymii Zigabeni capita xii. adversus Latinos de S. Spiritus processione (237 v°); — Photii, CP. patriarchæ, fragmentum de eodem (240); — S. Cyrilli Alexandrini adversus Nestorium capita xii. (242); — Anonymi versus in IV. Evangelistas : Ματθαίου τόδε τοὔργον... (243 v°); — Jani Lascaris epigramma (244); — Anonymi expositio historiarum quarum meminit S. Gregorius Nazianz. in orationibus adversus Julianum, fine mutila (244 v°); — Michaelis Apostolii galeomyomachia, cum præfatione Aristobuli Apostolidis (287); — Mathusalæ monachi epitaphium in Georgium Critopulum (291 v°); — Alphabeta et preces, latine (292 v°); — Apollinaris et Joannis Geometræ metaphrasis Psalmorum i-xxvi. (295); — Nicolai Sophiani tractatus de constructione et usu astrolabii [Venetiis, 1544, in-4°, impr.] (315); — Index librorum Venetiis impressorum (323); — Versus cujusdem monachi (328 v°).

XVI s. Pap. 329 fol. P.

2783. Pindari Pythiorum odæ viii. priores, cum scholiis.

XV s. (Copié par Demetrius Chalcondyle.) Pap. 54 fol. (Medic.-Reg. 3326.) P.

2784. Scholia in Pindari Olympia : Πίνδαρος τὸ μὲν γένος... (1), — et Pythia (95).

XVI s. Pap. 183 fol. (Fontebl.-Reg. 3319.) P.

2785. Æschyli Prometheus vinctus (2), — VII. ad Thebas (32 v°), — Persæ, cum scholiis (60); — præcedit Æschyli vita (1).

XIV s. Bombyc. 85 fol. (Colbert. 4016.) P.

2786. Æschyli Prometheus vinctus (3), — VII. ad Thebas (32), — Persæ, cum glossis (60); — præcedit Æschyli vita (1); — Hesiodi opera et dies, cum Manuelis Moschopuli scholiis (89); — præcedit vita Hesiodi (85 v°); — Theocriti idyllia decem priora, cum scholiis (145); — Pindari Olympia, cum scholiis (187); — præcedunt vita, et opusculum de metris Pindari (176).

XIV-XV s. Bombyc. et pap. 236 fol. (Teller. Rem.-Reg. 3320, 2.) P.

2787. Æschyli Prometheus vinctus (6), — VII. ad Thebas

(40), — Persæ (71), cum scholiis ; — præmittuntur versus in honorem beatæ Mariæ (1), — Georgii Chœrobosci opusculum de tropis poeticis (3), — et vita Æschyli (5); — Sophoclis Œdipus tyrannus (103), — Trachiniæ, cum argumento ex Apollodori Bibliotheca, et versibus de xii. Herculis laboribus (143), — Philoctetes (154), — Œdipus Coloneus (165); — Fragmentum de cyclis solari et lunari (179).

XIV-XV s. Bombyc. 179 fol. (Hurault.-Reg. 3320.) P.

2788. Æschyli Prometheus vinctus (3), — VII. ad Thebas (38), — Persæ (73); — præmittitur Æschyli vita (1).

XV s. Copié par le moine Athanase. Pap. 109 fol. (Medic.-Reg. 3330.) P.

2789. Æschyli Prometheus vinctus (2), — VII. ad Thebas (34), — Persæ (65), cum scholiis; — præmittitur Æschyli vita (1).

XV s. Pap. 94 fol. (Colbert. 4874.) P.

2790. Æschyli Prometheus vinctus (2); — Sophoclis Ajax flagellifer (24); — Gregorii Corinthi tractatus de dialectis (58); — Lysidis ad Hipparchum epistola (80); — Anonymi opusculum de verbis anomalis, alphabet. : Ἄγαμαι, ἀγάσομαι... (82).

XV s. Pap. 93 fol. (Colbert. 3553.) P.

2791. « Æschyli Agamemnon, Isaaco Casaubono interprete, 1610, » cum ejusdem notis (gr.-lat.).

Copié en 1610 par Isaac Casaubon. Pap. 108 fol. (Dupuy.-Reg. 3330, 2.) P.

2792. Scholia in Æschyli Prometheum vinctum (1), — VII. ad Thebas (59), — et Persas (103).

XVI s. (Copié par Arsène de Monembasie.) Pap. 155 fol. (Medic.-Reg. 3331.) P.

2793. Scholia in Æschyli Prometheum vinctum (5), — VII. ad Thebas (61 v°), — et Persas (107 v°); — præmittitur Æschyli vita, etc. (1).

XVI s. (Copié par Jacques Diassorinos.) Pap. 159 fol. (Fontebl.-Reg. 3318.) P.

2794. Sophoclis Ajax flagellifer (2), — Electra (43), — Œdipus tyrannus, fine mutilus (85), cum glossis; — præmittitur vita Sophoclis (1); — Euripidis Orestes, initio et fine mutilus; cf. cod. 2800 (126).

XIV s. Bombyc. 138 fol. (Colbert. 4375.) P.

2795. Sophoclis Ajax flagellifer, initio mutilus (1), — Electra (37 v°), — Œdipus tyrannus (79), cum Demetrii Triclinii scholiis; — Euripidis Hecuba (124), — Orestes (161), — Phœnissæ (206), cum scholiis; — præcedit vita Euripidis (123).

XV s. Pap. 255 fol. (Fontebl.-Reg. 3305.) P.

2796. Sophoclis Ajax flagellifer (4), — Electra (68 v°), — Œdipus tyrannus (139 v°); — præmittitur Sophoclis vita (1 v°).

XVI s. Pap. 213 fol. (Teller. Rem.-Reg. 3313, 2.) P.

2797. Sophoclis Ajax flagellifer (4), — Electra (48); — præmittitur Sophoclis vita (1); — Euripidis Phœnissæ (99).

XVI s. Pap. 152 fol. (Hurault.-Reg. 3313.) P.

2798. Sophoclis Ajax flagellifer, cum glossis (9); — præmittitur vita Sophoclis (1); — Anonymi emendationes in Thucydidis historiam (89); — accedit Athenarum rudis imago (151).

Copié en 1558 (en partie) par Pierre ὁ Δακλώζαος, de Rhithymna. Pap. 151 fol. (Teller. Rem.-Reg. 3313, 3.) P.

2799. Scholia in Sophoclis Trachinias (1), — Œdipum Coloneum (21), — et Philoctetem (41); — Herodiani fragmenta de verbis (57); — Scholia in Sophoclis Ajacem flagelliferum (75), — Electram (107), — Œdipum tyrannum (127), — et Antigonem (147).

XV s. (Copié par Marc Musurus.) Pap. 164 fol. (Medic.-Reg. 3317.) P.

2800. Euripidis Hecuba (3), — Orestes (45 v°), — Phœnissæ (81 v°), cum scholiis; — præmittitur Euripidis vita (1).

XV-XIV s. Bombyc. 134 fol. (Colbert. 4903.) P.

2801. Euripidis Hecuba (1), — Orestes (37), — Phœnissæ (84), cum scholiis; — Libanii declamationes aliquot (133).

XV s. Pap. 152 fol. (Colbert. 4861.) P.

2802. Euripidis Hecuba (1), — Orestes (34), — Phœnissæ (77), cum scholiis; — Theocriti idyllia XIV. priora, cum scholiis (115); — Theocriti [Moschi] epitaphium Bionis (152); — Homeri batrachomyomachia (156); — Ænigma (164); — SS. PP. apophthegmata aliquot (164 v°).

XV-XIV s. Pap. et bombyc. 164 fol. (Fontebl.-Reg. 3312.) P.

2803. Euripidis Hecuba (3), — Orestes (60 v°), — Phœnissæ (139); — præmittitur vita Euripidis (1); — Georgii Trivisii versus alphabetici ad Jesum Chistum (221).

XV s. Pap. 222 fol. (Medic.-Reg. 3311.) P.

2804. Euripidis Hecuba, initio mutila (v. 166) (10), — Orestes (52 v°), cum scholiis.

XV s. (Copié, en partie, par Jean Rhosos.) Parch. 120 fol. (Colbert. 4880.) P.

2805. Euripidis Hecuba (2), — Orestes (42 v°), — Phœnissæ (95 v°), cum scholiis; — præmittitur vita Euripidis (1); — Sophoclis Ajax flagellifer (157 v° et 146), — Electra (194), — Œdipus tyrannus (242 v°), cum scholiis.

XV s. Pap. 289 fol. (Fontebl.-Reg. 3306.) P.

2806. Euripidis Hecuba (2), — Orestes (56), cum scholiis; — præcedit Euripidis vita (1); — accedit Phœnissarum argumentum (149).

XVI s. Pap. 149 fol. (J.-A. de Thou.-Colbert. 5010.) P.

2807. Euripidis Hecuba (2), — Orestes (43 v°); — præmittitur Euripidis vita (1); — Aristidis panathenaïcus (102).

XV-XVI s. Pap. 193 fol. (Colbert. 3846.) P.

2808. Euripidis Hecuba (3), — Orestes (55); — præmittitur Euripidis vita (1).

XV s. (Copié par Demetrius Chalcondyle.) Pap. 124 fol. (Trichet Dufresne.-Reg. 3316.) P.

2809. Euripidis Medea, Hippolytus, Alcestis et Andromache [Florentiæ, 1494, in-4°] (1); — Vita Euripidis (99); — Euripidis Hecuba (101), — Orestes (146 v°), cum scholiis.

XV s. Copié par le moine Nicodème. Pap. 207 fol. (Fontebl.-Reg. 3315.) P.

2810. Euripidis Hecuba (1), — Orestes (47), cum scholiis; — Herodiani excerptum de nominum prosodia (101); — Anonymi opusculum de verborum conjugationibus : Λείδω ποίου μέρους... (112).

Copié en 1509. Pap. 122 fol. (Medic.-Reg. 3314.) P.

2811. Euripidis Hecuba, (3) — Orestes (51); — præmittitur Euripidis vita (1).

XVI s. Pap. 117 fol. (Delamare.-Reg. 3255, 2.) P.

2812. Euripidis Hecuba (3), — Orestes (46), — Phœnissæ (106), cum scholiis; — præmittitur vita Euripidis (1).

XV s. Copié par Théodore, notaire. Pap. 169 fol. (Fontebl.-Reg. 3308.) P.

2812 A. Euripidis Hecuba (2 v°), — Orestes (40); — Vita Sophoclis (100); — Sophoclis Ajax flagellifer (103), — Electra (149), cum scholiis; — Theocriti idyllia (193); — inter quæ [Moschi] epitaphium Bionis (266), — et Bionis epitaphium Adonidis (285); — [Theocriti, vel Simmiæ Rhodii] fistula (291), — cum Maximi Holoboli et Joannis Pediasimi interpretatione (292 v°); — desideratur Theocriti ara.

XVI s. Pap. 295 fol. P.

2813. Euripidis Hecuba (4); — præmittitur vita Euripidis (1).

XV s. (Copié par Georges Hermonyme.) Pap. 56 fol. (Colbert. 4402.) P.

2814. Euripidis Hecuba (1); — accedit Euripidis vita (33); — Anonymi compendium de nominibus et verbis : Εἰμί, εἶ, ἐστί... (39).

XVI s. Pap. 48 fol. (Medic.-Reg. 3520.) P.

2815. Euripidis Hecuba, initio mutila (1 v°), — Orestes (30 v°), — Phœnissarum argumentum (69).

XV s. Pap. 69 fol. (Colbert. 3583.) P..

2816. Euripidis Medea, cum latina versione.

XVI s. Pap. 81 pages. (Bigot.-Reg. 3316, 2.) P.

2817. Euripidis Supplices (1), — Cyclops (29 v°), — Heraclidæ (46), — Hercules furens (71), — Helena (103 v°); — Rhesus (142), — Ion (166), — Iphigenia in Tauris (191), — Iphigenia in Aulide (235 v°), — Pentheus (276).

XVI s. Pap. 293 fol. (Medic.-Reg. 3310.) P.

2818. Scholia in Euripidis Hippolytum (3), — Phœnissas (26), — Orestem (48 v°), — Hecubam (76); — Euripidis Hippolytus (95), — Medea (127), — Andromache (161), — Alcestis (189).

XV s. (Copié par Michel Souliardos.) Pap. 212 fol. (Fontebl.-Reg. 3309.) P.

2819. Scholia in tres priores Euripidis tragœdias, collecta a Jano Lascari; præmittitur Euripidis vita.

XVI s. (Copié par André Darmarios.) Pap. 311 fol. (J.-A. de Thou.-Colbert. 4000.) P.

2820. Aristophanis Plutus, fine mutilus (1), — Nubes, initio mutilæ (26 et 51), — Ranæ (62), cum Thomæ Magistri scholiis; — Pindari Olympia aliquot (41); — Sophoclis Ajax flagellifer (89), — Electra (120), — Œdipus tyrannus (152), cum scholiis; — Euripidis Hecuba (186), — Orestes (211), cum scholiis.

XIV s. Pap. 258 fol. (Medic.-Reg. 3322.) P.

2821. Aristophanis Plutus (2), — Nubes (33), — Ranæ (69), cum scholiis; — præmittitur Aristophanis vita (1 v°).

XV s. Pap. 103 fol. (Medic.-Reg. 3328.) P.

2822. Aristophanis Plutus (1), — Nubes (54 v°), — Ranæ (115).

XV s. Pap. 165 fol. (Colbert. 4421.) P.

2823. Aristophanis Plutus (2), — Nubes (54), cum scholiis; — præmittitur Aristophanis vita (1); — Euripidis Hecuba (120), — Orestes (175), cum scholiis; — præmittitur Euripidis vita (119).

XVI s. Copié par Zacharie Calliergi. Pap. 247 fol. (Reg. 3307, 5.) P.

2824. Aristophanis Plutus (2), — Nubes (39), — Ranæ (84), cum scholiis; — præmittitur Aristophanis vita (1); — accedunt ænigma sphingis, etc. (129), — versus de XIII. Herculis laboribus et epigramma [Anthol., XVI, 151] (131 v°).

XVI s. Pap. 132 fol. (Colbert. 4341.) P.

2825. Aristophanis Plutus, initio mutilus (1), — Nubes (14); — Æsopi fabulæ, gr.-lat., ed. Bonus Accursius (41 v°); — Æsopi fabulæ, præcedit vita Æsopi, auctore Maximo Planude, ed. Bonus Accursius [circa 1480, in-4°] (79).

XVI s. Pap. 148 fol. (Fontebl.-Reg. 3321.) P.

2826. Aristophanis Plutus (3), — Nubes (51); — præmittitur vita Aristophanis (1).

XVI s. Pap. 105 fol. (Medic.-Reg. 3324.) P.

2827. Phocylidis versus (3); — Manuelis Gazæ hymnus, cum notis musicis (11); — Vita Aristophanis (11 v°); — Aristophanis Plutus (12), — Nubes (51 *bis*), cum Thomæ Magistri scholiis.

XVI s. Pap. 99 fol. (Teller. Rem.-Reg. 3324, 2.) P.

2828. Aristophanis Plutus (1), — Nubes (54); — Euripidis Hecuba (123), — Orestes (172); — præcedit Euripidis vita (122).

XVI s. Pap. 236 fol. (Hurault.-Reg. 3323.) P.

2829. Aristophanis Plutus (1); — Homeri batrachomyomachia (49).

XVI s. Pap. 56 fol. (Medic.-Reg. 3325.) P.

2830. Aristophanis Plutus, cum scholiis (1); — Dionysii Catonis disticha moralia, a Maximo Planude græce versa, accedit textus latinus (77); — Homeri Iliadis liber IV., cum scholiis (109); — Theophrasti characteres (125); — Manuelis magni rhetoris versus in beatam Mariam (129); — Boetii tractatus de dialectica, a Maximo Planude græce versa (131); — Galeni tractatus de pulsibus iis qui introducuntur [ad Teuthram epistola] (175); — Matthæi Blastaris opusculum de figuris artis rhetoricæ (204); — inseritur fragmentum de cosmographia (217); — Ori excerpta de vocibus plures significationes habentibus (224); — S. Epiphanii opusculum de mensuris et ponderibus (232); — Anonymi opusculum de conscribendarum epistolarum ratione : Ὁ τῆς τῶν λόγων... (237); — Nicolai, Methonensis episcopi, tractatus adversus Latinos de processione S. Spiritus (240); — ejusdem tractatus de azymis (252); — Petri, Antiocheni patriarchæ, epistola ad Michaelem Cerularium, CP. patriarcham (267 v°); — Demetrii Tornicii, nomine Isaaci Angeli Comneni, epistola ad episcopum Strogomi (272 v°); — Eustratii, Nicæni metropolitæ, acta collationis habitæ cum Grosolano, Mediolanensi archiepiscopo, de processione S. Spiritus (276 v°); — Petri, Mediolanensis archiepiscopi, disputatio cum Joanne Phurne, montis Gani priore (281 v°).

Copié (en partie) en 1515. Pap. 285 fol. (Fontebl.-Reg. 3327.) P.

2831. Glossarii fragmentum, A (1 et 164); — Theocriti idyllia, initio mutila, cum scholiis (2); — Theodosii prolegomena de nominibus, ex ore Georgii diaconi (49); — Theodori Prodromi tetrasticha in V. et N. Testamentum (113); — ejusdem versus in Joannem Comnenum imp. (152 v°); — ejusdem versus in S. Paulum (151 v°); — Georgii Pisidæ carmina in beatam Virginem, S. Thomam, etc. (148 v°); — ejusdem versus in Hexaemeron (152 v°); — Theodori Prodromi carmina varia (158).

XIII s. Bombyc. 164 fol. (Medic.-Reg. 3333.) P.

2832. Theocriti idyllia, cum scholiis (1); — ejusdem [vel Simmiæ Rhodii] ara et fistula, cum Maximi Holoboli et Joannis Pediasimi interpretatione, accedunt figuræ (46); — Juliani imp. epistolæ (49); — ejusdem convivium (65); — ejusdem de regno (80 v°); — Menandri et Glyceræ epistolæ (105); — Æschinis epistolæ (113 v°); — Bruti epistolæ (131); — Aristotelis epistolæ (148); — Philippi ad Olympiadem epistola (151); — [Theodori Gazæ ad Demetrium Chalcondylem] epistola (152); — Xenophontis liber de venatione (161); — Michaelis Pselli Chaldaïcorum oraculorum explicatio (186 et 241); — Sapphus fragmenta (203 v°); — Hori Apollinis hieroglyphica (206); — Plethonis expositio in Zoroastris et magorum oracula (232 v°).

XIV-XVI-XV s. Pap. et parch. 261 fol. Peint. (Medic.-Reg. 3378.) P.

2833. Theocriti idyllia, cum scholiis (1); — præmittitur Theocriti vita (A); — Homeri hymni (44); — Moschi amor fugitivus (85); — Musæi carmen de Herus et Leandri amoribus (86); — Procli Diadochi argumentum in Hesiodum et vita Hesiodi (92); — Hesiodi opera et dies (97), — scutum Herculis (115 v°), — accedunt versus de XIII. Herculis laboribus (127 v°), — theogonia (128), cum scholiis; — Dionysii Alexandrini orbis descriptio, cum scholiis, præcedit vita (154 v°); — Theognidis sententiæ (182); — Phocylidis versus (209 v°).

XV s. Parch. 214 fol. Peint. (Medic.-Reg. 3341.) P.

2834. Theocriti idyllia (1); — Hesiodi opera et dies (36), — scutum Herculis (53), — theogonia (63); — Dionysii Alexandrini orbis descriptio (89); — Pindari Olympia (113), — Pythia (145), — Nemea (184), — et Isthmia (210 v°).

XV s. Parch. 226 fol. (Medic.-Reg. 3334.) P.

2835. Theocriti idyllia (3); — præcedit Theocriti vita (1); — ejusdem idyllia VIII. priora (77).

XVI s. Copié (en partie) par Sébaste Lampoudès. Pap. et parch. 96 fol. (Hurault.-Reg. 3335.) P.

2836. Lycophronis Cassandra, cum Isaaci Tzetzæ commentario, et Lycophronis vita.

XV s. Parch. 106 fol. (Medic.-Reg. 3338.) P.

2837. Lycophronis Cassandra, cum Isaaci Tzetzæ commentario, et Lycophronis vita.

XVI s. (Copié par Arsène de Monembasie.) Pap. 117 fol. (Fontebl.-Reg. 3332.) P.

2838. Lycophronis Cassandra, cum Isaaci Tzetzæ commentario, initio et fine mutila.

XVI s. Pap. 126 fol. (Reg. 3332, 2.) P.

2839. Lycophronis Cassandra (1); — Isaaci Tzetzæ commentarius in Lycophronis Cassandram, in quo Lycophronis vita (1).

XV-XVI s. Pap. 28 et 92 fol. (Teller. Rem.-Reg. 3332, 3.) P.

2840. Lycophronis Cassandra.

XVI s. (Copié par Marc Musurus.) Pap. 37 fol. (Colbert. 3988.) P.

2841. Arati phænomena, cum scholiis (1); — Hephæstionis Thebani apotelesmaticorum libri III. (35).

XIII s. Parch. 66 fol. Palimps. (Medic.-Reg. 3503.) P.

2842. Arati phænomena (1), — cum Theonis Alexandrini interpretatione (34); — præcedit anonymi explicatio diversarum corporis partium : Τὸ ἁπαλὸν βρέμα... (30 v°) ; — Theodori Gazæ tractatus de mensibus (85).

Copié (en partie) en 1475. Pap. 118 fol. (Baluze.-Reg. 3339, 2.) P.

2843. Arati phænomena (5); — præmittitur Arati vita (1); — Dionysii Alexandrini orbis descriptio (55); — accedit ejus vita (105); — Hermetis Trismegisti poema de terræ motibus (107).

XVI s. Pap. 108 fol. (Colbert. 4440.) P.

2844. Apollonii Rhodii Argonauticorum libri IV. (5); — præmittitur Apollonii vita (1); — Demosthenis oratio adversus Androtionem, finis tantum (185); — ejusdem oratio de corona (186); — ejusdem oratio de falsa legatione (241 v°); — ejusdem declamatio funebris (254); — Achillis oratio ad Ulyssem, Libanio auctore, initio mutila (264).

Copié (en partie) en 1498 par Laurent Cyathos. Pap. 273 fol. P.

2845. Apollonii Rhodii Argonauticorum libri IV.

XV s. (Copié par Michel Damascène.) Pap. 118 fol. (Colbert. 3529.) P.

2846. Apollonii Rhodii Argonauticorum libri IV., cum scholiis ex Lucillo Tarrhæo, Sophocle et Theone (1); — accedunt Apollonii vita duplex (110 v°), — et nomina LIV. Argonautarum (112 v°).

XV s. Pap. 112 fol. (Medic.-Reg. 3340.) P.

2847. Scholia in Nicandri theriaca, præmittitur vita poetæ (1); — Philostrati sophistæ characteres epistolici et epistola ad Juliam Augustam (38 v°); — S. Joannis Damasceni fragmentum geographicum (39 v°); — Eustathii Thessalonicensis commentarius in Dionysii Alexandrini orbis descriptionem (40); — Dioclis medici ad Antigonum regem epistola de tuenda valetudine (137); — Hippocratis et Aetii fragmenta (139); — Hephæstionis enchiridion de metris (141); — Petosiridis philosophi epistola ad Nechepsum regem (169); — Dionysii Halicarnassei de veteribus scriptoribus censura (173); — Scholia in Hesiodi theogoniam (176); — Procli Diadochi tractatus de sphæra (188); — Fragmentum de Ino, Cadmi filia (195 v°); — Anacreontis epigramma [Anthol., XI, 48] (195 v°); — Veterum philosophorum opiniones de sole (196).

XVI s. Pap. 196 fol. (Teller. Rem.-Reg. 3399.) P.

2848. Ovidii metamorphoseon metaphrasis libri XV. priores, auctore Maximo Planude (1); — ejusdem epistolarum heroïcarum metaphrasis, eodem auctore (265).

XV s. (Copié par Michel Souliardos.) Pap. 340 fol. (Medic.-Reg. 3345.) P.

2849. Ovidii metamorphoseon metaphrasis libri VIII. priores, auctore Maximo Planude, fine mutili.

XVI s. (Copié par Constantios.) Pap. 137 fol. (Fontebl.-Reg. 3352.) P.

2850. Oracula Sibyllina.

Copié en 1475 par Demetrius Leontaris. Pap. 72 fol. (Fontebl.-Reg. 3295.) P.

2851. Oracula Sibyllina; deficiunt libri V, 105 — VII.

XV s. Pap. 56 fol. (Reg. 3294.) P.

2852. Dionysii Alexandrini orbis descriptio, cum scholiis

(1); — Eustathii Thessalonicensis commentarius in eumdem (49); — Plutarchi excerpta de impossibilibus (166 v°).

XIII s. Bombyc. 167 fol. (Medic.-Reg. 3388.) P.

2853. Dionysii Alexandrini orbis descriptio (1); — Homeri batrachomyomachia (66); — accedunt Michaelis Apostolii versus (83); — [Theodori Prodromi] galeomyomachia, cum Aristobuli Apostolii præfatione (87); — Marci Musuri versus in Musæum (108 v°); — Matthæi Camariotæ canones iambici in occursum Domini (109 v°), — in exaltationem S^{æ}. Crucis (117), — in festum Paschatis (124 v°); — Joannis monachi Arclæ [Damasceni] canon iambicus in festum Pentecostis, cum scholiis (132).

XVI s. Pap. 138 fol. (Fontebl.-Reg. 3035.) P.

2854. Dionysii Alexandrini orbis descriptio (1); — Eustathii Thessalonicensis commentarius in eumdem (48); — præmittitur vita Dionysii (47 v°).

XVI s. Copié par Zacharie Calliergi. Pap. 247 fol. (Teller. Rem.-Reg. 3036, 2.) P.

2855. Eustathii Thessalonicensis commentarius in Dionysii Alexandrini orbis descriptionem (1); — Dionysii Alexandrini orbis descriptio, cum paraphrasi, fine mutila (58).

XIII s. Bombyc. 78 fol. (Medic.-Reg. 3036.) P.

2856. Eustathii Thessalonicensis commentarius in Dionysii Alexandrini orbis descriptionem.

XVI s. (Copié par Michel Damascène.) Pap. 203 fol. P.

2857. Eustathii Thessalonicensis commentarius in Dionysii Alexandrini orbis descriptionem (1); — Comparatio Romanorum et Macedonum exercituum, e Polybii lib. XVIII. (90).

XVI s. Pap. 92 fol. (Fontebl.-Reg. 3038.) P.

2858. Eustathii Thessalonicensis commentarius in Dionysii Alexandrini orbis descriptionem.

XVI s. (Copié par Christophe Auer.) Pap. 396 pages. (Fontebl.-Reg. 3037.) P.

2859. Anonymi paraphrasis in Dionysii Alexandrini orbis descriptionem : Περιέχει γῆ μὲν πόλεις...; præmissa Dionysii vita.

XVI s. (Copié par Jacques Diassorinos.) Pap. 53 fol. (Colbert. 4928.) P.

2860. Oppiani de venatione libri IV., præmissa ejus vita (2); — Vita Arati, et fragmentum de sphæræ constructione (46); — Arati phænomena (50); — Phurnuti [Cornuti] liber de natura Deorum (86); — Palæphati excerpta de incredibilibus historiis (116).

XV-XVI s. Pap. 123 fol. (Medic.-Reg. 3339.) P.

2861. Oppiani de piscatione libri V. (1); — Pindari Olympia (89).

XV-XVI s. Copié, en partie, par Antoine Damilas. Pap. 120 fol. (Medic.-Reg. 2816.) P.

2862. Anonymi scholia in Oppiani de piscatione libros I-IV. : Ἔθνεα, ἔθνη, ἔθνος... (1); — Michaelis Pselli solutiones breves quæstionum naturalium, ad Michaelem Ducam (47).

XVI s. (Copié par Arsène de Monembasie.) Pap. 126 fol. (Medic.-Reg. 3135.) P.

2863. Anthologia epigrammatum (1); — Euclidis geometricon epigramma (261); — De VII. planetis et earum potestate : Ἑπτα πολυπλανέες... (261); — Epigramma in Ptolemæum : Γαίης ἐν νώτοισιν... (261 v°); — Hermetis Trismegisti, vel Orphei, versus de terræ motibus (261 v°); — Theognidis sententiæ (263 v°).

XV-XVI s. Pap. 284 fol. (Medic.-Reg. 3342.) P.

2864. Anthologia epigrammatum, initio et fine mutila, VII, 160 — IX, 657.

XV s. Pap. 158 fol. (Colbert. 3934.) P.

2865. Anthologiæ epigrammata novem (1); — Constantini Lascaris epitome octo partium orationis (3); — Tryphonis fragmentum de vocabulorum affectionibus (54 v°); — Theodori Gazæ grammaticæ libri IV. (59).

XVI s. Pap. 196 fol. (Fontebl.-Reg. 3256.) P.

2866. Claudiani gigantomachia, græce versa (1); — Theognidis sententiæ (21); — Phocylidis versus (45); — Homeri batrachomyomachia, ed. Laonicus Cretensis, 1486, in-4° (53); — Gorgiæ Leontini encomium Helenes (77); — Phalaridis epistolæ aliquot (85).

XV-XVI s. (Copié, en partie, par Antoine Damilas.) Pap. 87 fol. (Colbert. 4873.) P.

2867. Eudociæ Augustæ Homerocentra.

Copié en 1560 par Ange Vergèce. Pap. 53 fol. Peint. (Colbert. 3902.) P.

2868. Apollinaris metaphrasis Psalmorum.

XVI s. (Copié par Jacques Diassorinos.) Pap. 164 fol. (Fontebl.-Reg. 2917.) P.

2869. S. Cyrilli Alexandrini [Georgii Pisidæ] hexaemeron.

Copié en 1569 (par Antoine Episcopopoulos). Pap. 66 fol. (Mazarin.-Reg. 3136.) P.

2870. S. Cyrilli Alexandrini [Georgii Pisidæ] hexaemeron (1); — Theodori Prodromi versus de providentia (39); — ejusdem amicitia exulans (42 v°).

XVI s. (Copié par Ange Vergèce.) Pap. 48 fol. (Colbert. 4716.) P.

2871. [Manuelis Phile] carmen de proprietatibus animalium (1); — Pappi Alexandrini mechanica problemata (33); — Anthemii paradoxa mechanica (76).

XVI s. (Copié par Ange Vergèce.) Pap. 81 fol. (Colbert. 3850.) P.

2872. Philippi Solitarii dioptra (1); — Italici epistola ad Theodorum Prodromum, cum responso (120); — Theodori Prodromi versus varii (122); — Germani, Gabalorum episcopi, fragmentum de hominis apellatione (123); — Alexii Comneni constitutio, jul. 6, a. 1012. (123 v°); — S. Epiphanii opusculum de duodecim lapidibus (125).

XIII s. Parch. 127 fol. (Fontebl.-Reg. 2978.) P.

2873. Philippi Solitarii dioptra (5); — accedunt opusculum de libero hominis arbitrio : Ὁ Θεὸς τὸν ἄνθρωπον ἔπλασεν... (160 v°); — S. Basilii interrogationes et responsiones (165 v°); — Versus : Τίς δώσει μου τῇ κεφαλῇ... (167); — S. Athanasii dialogus Christianum inter et Judæum, initio et fine mutilus (180); — Anonymi monodia de CP. expugnatione : Θρῆνος κλαῦμος... (187).

XV-XVI s. Pap. 192 fol. (Colbert. 4911.) P.

2874. Philippi Solitarii dioptra, cum præfatione Michaelis Pselli, etc. (1); — accedunt opusculum de libero hominis arbitrio : Ὁ Θεὸς τὸν ἄνθρωπον ἔπλασεν... (155 v°); — epistola ad filium spiritualem : Ἔδει μὲν ἡμᾶς... (158); — versus : Πῶς κάθη, πῶς ἀμεριμνῆς... (163); — S. Maximi fragmentum de non judicare (171); — Excerpta e Gerontico (171).

XIV s. Copié par Gerasime. Bombyc. 177 fol. (Reg. 2945, 3.) *P*.

2875. Michaelis Pselli versus de Psalterio et variis Sᵃᵉ. Scripturæ versionibus (1), — de nomocanone (3), — de VII. synodis œcumenicis (3 v°), — in Canticum canticorum (5), — definitiones fidei (11 v°); — S. Gregorii Nazianzeni tragœdia Christus patiens (12 v°); — Constantini Manassis chronicon, usque ad Irenem Augustam (56 v°); — Antiochi monachi capita ascetica (64); — Lexica varia (75, 77 et 149 v°); — Anonymi sententiæ variæ philosophorum : Νοῦς ὁρθόδοξος... (81); — Symeonis Logothetæ troparia (83 v°); — S. Joannis Damasceni canones Dominici, etc. (86); — S. Nili monachi excerpta (110); — Bartholomæi Megalomitæ versus de compunctione (115 v°); — Interrogationes et responsiones de Sᵃ. Scriptura (120); — Fragmentum de Sᵃ. Helene (122); — SS. PP. fragmenta de eo quod in Sᵃ. Scriptura de sacris imaginibus sæpius dictum sit (123 v°); — Georgii peccatoris versus (127); — Versus de computo (128 v°); — Nomina septem puerorum [Ephesi] (128 v°); — S. Joannis Damasceni excerpta e S. Joannis Chrysostomi interpretatione in Pauli epistolas (129); — Michaelis Pselli canon de magna hebdomade (140 v°); — Excerpta varia de mundo et homine, etc. (143 v°); — Prophetiæ de consummatione mundi (152); — S. Gregorii Nazianzeni carmina (153).

XIII s. Bombyc. 318 fol. (Fontebl.-Reg. 3443.) *P*.

2876. Manuelis Phile carmina varia, initio et fine mutila.

XIV s. Bombyc. 278 fol. (Teller. Rem.-Reg. 3387.) *P*.

2877. Georgii Lapithæ carmina (1); — Ænigmata aliquot (29); — Formula pro atramento conficiendo (30 v°); — Hesiodi theogonia (31); — ejusdem scutum Herculis (71).

XVI s. Pap. 89 fol. (Hurault.-Reg. 3337.) *P*.

2878. Benedicti a Sancta-Maura poema de bello Trojano.

XVI s. Pap. 217 fol. Peint. (Reg. 3352, 2.) *P*.

2879. Jani Lascaris epigrammata.

XVI s. Pap. 12 fol. (Colbert. 3577.) *P*.

2880. Anonymi poetica : Μέλλουσιν ἡμῖν ποιητικῆς... (9); —

— præmittuntur varia de metris (1); — Anonymi rhetorica : Τῆς ἐπαγωγοῦ τέχνης... (88).

XVII s. Pap. 332 fol. (Colbert. 6568.) P.

2881. Joannis Tzetzæ liber de variis metrorum generibus (1); — Collectanea de metris : Τὸ ἡρωικὸν μέτρον δακτυλικόν... (19); — Longini prolegomena in Hephæstionis enchiridion (25); — Anonymi epitome de novem metrorum generibus : Τὸ ἰαμβικὸν μέτρον... (32 v°); — Hephæstionis enchiridion de metris (41); — Anonymi opusculum de variis metrorum generibus : Λοιδορεῖν βουλόμενος τούτῳ... (63 v°); — Herodiani fragmentum περὶ στίχων τῆς λέξεως (68 v°); — Dionysii [Longini] fragmentum de pedibus (69 v°); — Anonymi opusculum de iambico, heroico et anacreontico metro : Πούς ἐστι μετρικὸν σύστημα... (71); — Trichæ synopsis de variis metrorum generibus, versibus (75 v°); — ejusdem tractatus de eodem (77); — Isaaci Tzetzæ carmen de versibus Pindaricis (96); — accedit tractatus de eodem (144); — Libanii epistolici characteres (150); — Fragmentum de cæsuris : Τομὴ δέ ἐστι εὐπρεπής... (156 v°); — Anonymi commentarius in Hephæstionis enchiridion : Βραχυνομένου. Εἴρηκα ὡς μὴ εἶναι... (157).

XVI s. Pap. 164 fol. (Medic.-Reg. 3524.) P.

2882. Pindari Pythia (1), — Nemea (25), — et Isthmia, initio et fine mutila (45).

XVI s. (Copié par Janus Lascaris.) Pap. 58 fol. (Medic.-Reg. 3522.) P.

2883. Theognidis sententiæ (1); — Sententiæ variæ ex Homero, Callimacho, Theocrito, Menandro et Platone (90).

XVI s. Pap. 98 fol. (Colbert. 6620.) P.

2884. Sophoclis Ajax flagellifer (1), — Electra (36 v°), — Œdipus tyrannus (73), — Antigone (110 v°), cum scholiis; — Æschyli Prometheus vinctus (142 v°), — VII. ad Thebas (170 v°), — Persæ (194); — Theocriti idyllia i, iii-xiii., cum scholiis (217).

XIII s. Bombyc. 248 fol. (Colbert. 6443.) P.

2885. Scholia in Sophoclis Ajacem flagelliferum (1); — Demetrii Phalerei septem sapientum apophthegmata (129); — Anonymi diagnostica ex urinis et prognostica de pulsibus

(134); — Philostrati epistolæ quædam (137); — Præcepta moralia : Πάντων ἔχε προτιμότερον... (162); — Formulæ de cotidiana locutione (163).

XVI s. Pap. 167 fol. (Gaignières.) P.

2886. Sophoclis Œdipus Coloneus (1), — Antigone (48 v°), — Trachiniæ, accedunt versus de xiii. Herculis laboribus (83 v°), — Philoctetes (120); — Æschyli Prometheus vinctus (161 v°), — VII. ad Thebas (192), — Persæ (219), — Eumenides (248), — Supplices (274 v°); — præmittitur Æschyli vita (160).

XVI s. (Copié par Arsène de Monembasie.) Pap. 301 fol. (Medic.-Reg. 3521.) P.

2887. Euripidis Cyclops (1), — Heraclidæ (19), — Hercules furens (46), — Helena (83 v°), — Rhesus (129), — Ion (155 v°), — Iphigenia in Tauris (198 v°), — Iphigenia in Aulide (237 v°), — Supplices (279), — Bacchæ, fine mutilæ (310).

XVI s. (Copié par Arsène de Monembasie.) Pap. 328 fol. (Medic.-Reg. 3519.) P.

2888. Euripidis Hippolytus (1), — Medea (40), — Alcestis (77), — Andromache (108), — Electra (142), — Hecuba (177), — Orestes (209), — Phœnissæ, fine mutilæ (252).

XVI s. (Copié par Arsène de Monembasie.) Pap. 287 fol. (Medic.-Reg. 3518.) P.

2889. Sententiæ ex Euripidis tragœdiis, ab Henrico Stephano collectæ et Odoni Selvio dicatæ.

XVI s. (Copié par Henri Estienne.) Pap. 75 fol. (Colbert. 6630.) P.

2890. Lycophronis Cassandra, cum Isaaci Tzetzæ commentario.

XVI s. Pap. 178 fol. (Fontebl.-Reg. 3523.) P.

2891. Anthologiæ epigrammatum libri VII.; accedunt aliquot epigrammata initio et fine codicis (1); — Theognidis sententiæ (206); — Sententiæ monostichæ e variis poetis collectæ, alphabet : Ἀνὴρ δὲ χρηστός... (225).

XVI s. (Copié par Janus Lascaris.) Pap. 234 fol. (Medic.-Reg. 3525.) P.

2892. Apollinaris metaphrasis Psalterii (5) ; — Joannis Geometræ metaphrasis Canticorum (146 v°); — præmittuntur excerpta de astrologia judiciaria (1); — Plinii philosophi fragmentum de hominis generatione (157).

<small>XVI s. Pap. 160 fol. (Fontebl.-Reg. 3435.) P.</small>

2893. S. Cyrilli Alexandrini [Georgii Pisidæ] hexaemeron.

<small>XVI s. (Copié par Ange Vergèce.) Pap. 45 fol. (Colbert. 6168.) P.</small>

2894. Æsopi vitæ fragmentum, auctore Maximo Planude (1); — Anonymi prolegomena artis rhetoricæ, initio mutila (2); — Libanii morosus (11 v°); — Homeri Ilias (13), — et Odyssea (209), cum scholiis; — Hippocratis epistola ad Ptolemæum regem de hominis generatione (334); — Anonymi commentarius de phlebotomia : Ἔχει ἡ κεφαλὴ φλέβας κδ'... (335 v°); — Libanii fragmentum de hominis generatione (336); — Excerpta de avibus, arboribus, etc. (336 v°).

<small>XIII s. Bombyc. 338 fol. (Medic.-Reg. 2811.) M.</small>

2895. Longi sophistæ pastoralium de Daphnidis et Chloës amoribus libri IV. (1); — Achillis Tatii de Clitophontis et Leucippes amoribus liber I. (39 v°); — Eustathii philosophi de Ismeniæ et Ismenes amoribus libri XI. (49).

<small>XVI s. Pap. 106 fol. (Fontebl.-Reg. 2209.) M.</small>

2896. Heliodori Æthiopicorum de Theagenis et Charicleæ amoribus libri X.

<small>XVI s. Pap. 148 fol. (Fontebl.-Reg. 2210.) M.</small>

2897. Eumathii [Eustathii] de Ismeniæ et Ismenes amoribus libri XI., e cod. Vatic.

<small>XVII s. (Copié par Jean de Sainte-Maure.) Pap. 72 fol. (Teller. Rem.-Reg. 2209, 2.) M.</small>

2898. Anonymi de amoribus Thesei et Æmiliæ libri XII. (1); — Chronicon Moreæ, versibus politicis (111).

<small>XV-XVI s. Pap. 233 fol. (Fontebl.-Reg. 2569.) M.</small>

2899. Æsopi fabulæ, cum ejus vita, auct. Maximo Planude.

<small>XV s. Parch. 44 fol. (Colbert. 3737.) M.</small>

2900. Æsopi fabulæ, cum ejus vita, auctore Maximo Planude (1); — Diogenis Cynici epistolæ (203); — Aristotelis epistolæ (207); — Platonis ad Dionysium tyrannum epistolæ duæ (215).

<small>XV s. (Copié par Georges Gregoropoulos.) Parch. 216 pages. (Colbert. 5517.) P.</small>

2901. Æsopi fabulæ, cum ejus vita, auctore Maximo Planude.

XVI s. Pap. 62 fol. (Hurault.-Baluze.-Reg. 3329, 2.) P.

2902. Æsopi fabulæ, præfixa brevi ejus vita (1); — Aristophanis Plutus, præfixa Aristophanis vita (27), — Nubes (69 v°), cum scholiis; — Euripidis Hecuba (119).

XV-XVI s. Pap. 158 fol. (Fontebl.-Reg. 3329.) P.

2902 A. Ἰχνηλάτης, seu specimen sapientiæ Indorum, lingua græca vulgari.

Copié (en partie) en 1675 par le prêtre Théodose. Pap. 119 fol. P.

2903. Longi sophistæ pastoralium de Daphnidis et Chloës amoribus libri IV. (1); — Achillis Tatii de Clitophontis et Leucippes amoribus liber I. (62 v°).

XVI s. Pap. 70 fol. (Reg. 3351.) P.

2904. Heliodori Æthiopicorum de Theagenis et Charicleæ amoribus libri X.

XVI s. Pap. 235 fol. (Fontebl.-Reg. 3347.) P.

2905. Heliodori Æthiopicorum de Theagenis et Charicleæ amoribus libri X.

XVI s. Pap. 155 fol. (Medic.-Reg. 3348.) P.

2906. Heliodori Æthiopicorum de Theagenis et Charicleæ amoribus libri X.

XV-XVI s. Pap. 174 fol. (Hurault.-Reg. 3350.) P.

2907. Heliodori Æthiopicorum de Theagenis et Charicleæ amoribus libri X. (1); — Eustathii de Ismeniæ et Ismenes amoribus libri XI. (165).

XVI s. Pap. 220 fol. (Medic.-Reg. 3349.) P.

2908. Nicetæ Eugeniani de amoribus Drosillæ et Chariclis libri VII.

XV s. (Copié par Georges Hermonyme.) Pap. 237 pages. (Teller. Rem.-Reg. 3351, 2.) P.

2909. Anonymi liber de amoribus Belthandri Romani et Chrysanthes, regis magnæ Antiochiæ filiæ: Δεῦτε προσκαρτερήσατε μικρόν... (1); — Anonymi monodia de expugnatione CP., a. 1453. (41); — Emmanuelis Georgillæ Limenitæ versus de peste Rhodi, a. 1498. (69); — Anonymi historia Belisarii : Ὦ θαυμαστὸν μυστήριον... (91); — Stephani Sachliki versus in meretrices (116); — ejusdem versus alii de eodem, libris III. (141); — Alexii Comneni monita ad Spaneam nepotem (157).

XVI s. Pap. 171 fol. (Reg. 3063.) P.

2910. Anonymi liber de amoribus Lybistri et Rhodamnis, initio et fine mutilus.

XV s. Pap. 91 fol. (Colbert. 4384.) P.

2911. Anonymi διήγησις παιδιόφραστος περὶ τῶν τετραπόδων ζώων. [Wagner, p. 141.]

XVI s. Pap. 37 fol. (Mazarin.-Reg. 3134.) P.

2912. Andreopuli narratio de Syntipa et Cyri filio.

XVI s. Pap. 195 fol. (Teller. Rem.-Reg. 3400.) P.

2913. Longi sophistæ pastoralium de Daphnidis et Chloës amoribus libri IV., « Romæ, ad Fulvii Ursini exemplar emendati, 1597. » (1); — Achillis Tatii de Clitophontis et Leucippes amoribus libri VIII. (1).

Copié (en partie) en 1597. Pap. 53 fol. et 199 pages. (Reg. 3527.) P.

2914. Eustathii de Ismeniæ et Ismenes amoribus libri XI. (1); — Anonymi versus de Tamerlano, a. 1402. (114 v°).

XV s. Pap. 119 fol. (Fontebl.-Reg. 3526.) P.

2915. Eustathii de Ismeniæ et Ismenes amoribus libri XI. (1 v°); — S. Joannis Chrysostomi epistolæ aliquot (95); — Marci Musuri Cretensis distichon (102 v°).

Copié en 1364. Pap. 102 fol. (Medic.-Reg. 3524, 2.) P.

2916. Hermogenis de partitione statuum cap. I., cum commentario (1); — Aphthonii progymnasmatum pars posterior, cum commentario (7); — Divisiones et quæstiones (16); — Aphthonii progymnasmatum pars prior, cum prolegomenis et commentario (20); — de dignoscendis statibus regulæ XIV. (53 v°); — Alia prolegomena τῶν στάσεων : Πολλοὶ πολλὰς τοῦ παρόντος... (53 v°); — Troïli sophistæ prolegomena rhetoricæ Hermogenis (59); — inseruntur Phœbammonis sophistæ excerptorum de figuris orationis pars posterior (61 v°), — et prolegomena τῶν στάσεων, fine mutila : Εἰ καὶ δόξειεν ἄν τινι...

(62 v°); — Fragmentum : Τῶν στοχασμῶν οἱ μέν... (63 v°); — Phœbammonis sophistæ excerptorum de figuris orationis pars prior (63 v°); — alia prolegomena τῶν στάσεων : Τὴν ῥητορικὴν τέχνην ἄλλοι... (67); — Hermogenis ars rhetorica de partitione statuum, cum commentario (68); — Prolegomena ad Hermogenis libros de inventione oratoria : Ἰστέον ὅτι ἀπὸ τοῦ πράγματος... (197), — et de formis oratoriis : Τὸν πολιτικὸν λόγον... (201 v°); — Syriani prolegomena ad eumdem tractatum (205); — Theophrasti characteres (208); — Anonymi christiani tractatus de figuris orationis, ad Ignatium : Πολλοὶ περὶ σχημάτων... (211); — Hermogenis de inventione oratoria libri IV. (221), — de formis oratoriis libri II. (297), — methodus de apto et solerti dicendi genere (417), cum commentario.

XIII s. Bombyc. 435 fol. (Fontebl.-Reg. 2184.) *M.*

2917. Aphthonii progymnasmata (1); — Hermogenis de inventione oratoria libri IV. (42); — ejusdem de formis oratoriis libri II., cum prolegomenis (92 v°); — ejusdem methodus de apto et solerti dicendi genere (149 v°); — Definitiones rhetoricæ, ex Hermogene (159).

XIV s. Bombyc. 159 fol. (Fontebl.-Reg. 2763.) *P.*

2918. Hermogenis ars rhetorica (1); — ejusdem de inventione oratoria libri IV., cum prolegomenis (32); — ejusdem de formis oratoriis libri II. (61); — ejusdem methodus de apto et solerti dicendi genere (111 v°); — Theophrasti characteres, pars tantum (119 v°); — Dionysii Halicarnassei epitome de nominum compositione (122); — Anonymi problemata rhetorica de statibus : Νόμος ἐκέλευε τὴν ὀρφανήν... (129); — Fragmentum de epistolico charactere (131 v°); — Nicolai [Nicephori Basilacæ] sophistæ progymnasmata (132); — ejusdem narrationes morales, inseruntur Severi Alexandrini fragmenta (136 v°); — Libanii opuscula rhetorica varia, descriptiones, progymnasmata, narrationes, sententiæ, etc. (150); — Nicolai sophistæ fragmentum (181 v°); — Theonis sophistæ progymnasmata (182); — Tiberii [Severi] rhetoris opusculum de figuris apud Demosthenem (190 v°).

XIV s. Pap. 191 fol. (Medic.-Reg. 2762.) *M.*

2919. Scholia in Hermogenis artem rhetoricam, e Georgii

Moni Alexandrini ore excerpta, et a Zenone scholastico feliciter absoluta.

X s. Parch. 245 fol. (Medic.-Reg. 2759.) *M.*

2920. Maximi Planudis prolegomena rhetoricæ (1); — Aphthonii progymnasmata, cum prolegomenis et scholiis (3 v°); — Hermogenis ars rhetorica, cum prolegomenis et commentario (53 v°); — ejusdem de inventione rhetorica libri IV., cum prolegomenis et scholiis (156).

XV s. Pap. 308 fol. (Fontebl.-Reg. 2185.) *M.*

2921. Anonymi prolegomena in Hermogenis artem rhetoricam : Ἔδει μὴ μόνον... (1); — Hermogenis ars rhetorica, cum Syriani, Sopatri et Marcellini commentariis (16).

XVI s. Pap. 355 fol. (Fontebl.-Reg. 2186.) *M.*

2922. Joannis Doxopatri commentarius in Hermogenis librum de inventione rhetorica.

XVI s. (Copié par André Darmarios.) Pap. 276 fol. (J.-A. de Thou.-Colbert. 2134.) *M.*

2923. Anonymi prolegomena in Hermogenis artem rhetoricam : Ἔδει μὴ μόνον... (1); — Syriani, Sopatri et Marcellini commentarii in eumdem (12 v°).

XI s. Parch. 278 fol. (Medic-Reg. 2761.) *M.*

2924. Sopatri divisiones quæstionum (1); — Cyri opusculum de differentia statuum (139); — Dionis Chrysostomi oratio XXXI., Rhodiaca, bis descripta (144 et 172); — ejusdem de regno orationes IV. (200).

XV-XVI s. Copié (en partie) par César Strategos. Pap. 240 fol. (Fontebl.-Reg. 2183.) *M.*

2925. Chronici fragmentum (A); — Libanii narrationes et descriptiones aliquot (1); — Versus in tumulo Theodori Camateri (5); — Versus in Scylitzem et Gregorium grammaticum (5 v°); — Aphthonii progymnasmata, cum prolegomenis et scholiis (6 v°); — Anonymi protheoria in Hermogenis artem rhetoricam : Οἱ τὴν ἡμετέραν τέχνην... (48); — Hermogenis ars rhetorica (51); — ejusdem de inventione oratoria libri IV. (100); — ejusdem de formis oratoriis libri II. (144); — ejusdem methodus de apto et solerti genere dicendi (225), cum scholiis; — Cleomedis de contemplatione orbium cælestium libri II., cum scholiis (238); — Figuræ astronomicæ (280).

XV s. Pap. 283 fol. (Medic.-Reg. 2760.) *M.*

2926. [Maximi Planudis] prolegomena rhetoricæ (1); — Aphthonii progymnasmata, cum prolegomenis (4); — Hermogenis ars rhetorica (41); — ejusdem de inventione rhetorica libri IV. (107); — ejusdem de formis oratoriis libri II. (157 v°); — ejusdem methodus de apto et solerti genere dicendi (251 v°), cum prolegomenis et scholiis; — Definitiones rhetoricæ (264 v°); — Dionysii Halicarnassei epitome de verborum compositione (271); — Georgii Gemisti Plethonis opusculum de rhetoricæ partibus (287 v°).

XVI s. Pap. 291 fol. (Colbert. 1014.) *M.*

2927. Aphthonii progymnasmata (1); — Hermogenis ars rhetorica (32); — ejusdem de inventione libri IV. (108 v°); — ejusdem de formis oratoriis libri II. (167 v°); — ejusdem methodus de apto et solerti genere dicendi (268 v°), cum prolegomenis et scholiis.

XVI s. Pap. 281 fol. (Colbert. 1007.) *M.*

2928. Aphthonii progymnasmata (1); — Hermogenis ars rhetorica (21); — ejusdem de inventione libri IV. (47 v°); — ejusdem de formis oratoriis libri II. (107); — ejusdem methodus de apto et solerti genere dicendi (210 v°).

XVI s. Pap. 229 fol. (Colbert. 1142.) *M.*

2929. Castoris Rhodii opusculum de metris rhetoricis (1); — Phœbammonis opusculum de figuris rhetoricis (6 v°); — Herodiani opuscula de figuris (13), — de solœcismo et barbarismo (23 v°), — de sermonis usu parum recto (29 v°), — de verbis subjunctivis et non subjunctivis (32); — Zonæi opusculum de figuris orationis (34 v°); — Tryphonis opusculum de tropis (40 v°); — Georgii Chœrobosci tractatus de tropis a poetis et theologis usurpari solitis (47); — Andronici opusculum de variis poetarum generibus (53 v°); — Hermogenis progymnasmata (55); — Matthæi Camariotæ epitome rhetoricorum Hermogenis (65).

XVI s. (Copié par Constantin Palæocappa.) Pap. 113 fol. (Colbert. 1825.) *M.*

2930. Isocratis orationes ad Nicoclem, de regno (1), — Nicocles (4), — panegyricus (8), — ad Demonicum (19 v°), — Helenes encomium (23), — Evagoras (27), — Busiris (32), — adversus sophistas (35), — Plataïcus (37), — Areopagiticus (40 v°), — ad Philippum (45 v°), — de pace (56), — Archidamus (64 v°), — Panathenaïcus (71), — de permutatione (88 v°), — adversus Lochitem (100), — contra Euthynum (101 v°), — de bigis (102 v°), — Ægineticus (106), — Trapeziticus (109), — adversus Callimachum (113); — Æschinis orationes tres cum scholiis (118); — Dionis Chrysostomi orationis de Homero finis (168); — ejusdem oratio de Socrate (168); — ejusdem oratio de Homero et Socrate (168 v°); — ejusdem oratio de Nestore (169); — præmittuntur epochæ celebriores Turcici belli, a. 1385-1529, gr.-lat. (D v°).

XV s. Pap. 169 fol. (Medic.-Reg. 2778.) *M.*

2931. Isocratis orationes ad Demonicum (1 v°), — ad Nicoclem, de regno (6 v°), — Nicocles (11 v°), — panegyricus (18), — Helenes encomium (36), — Evagoras (42), — Busiris (49 v°), — adversus sophistas (54), — Plataïcus (56 v°), — Areopagiticus (62), — ad Philippum (69 v°), — de pace (84), — Archidamus (97 v°), — Panathenaïcus (107 v°), — de permutatione (134 v°), — adversus Lochitem (150 v°), — contra Euthynum (152 v°), — de bigis (154), — Ægineticus (158 v°), — Trapeziticus (163), — adversus Callimachum (168 v°).

XV s. Pap. 174 fol. (Medic.-Reg. 2779.) *M.*

2932. Isocratis orationes ad Demonicum (4 v°), — ad Nicoclem, de regno (10), — Nicocles (16 v°), — panegyricus (25), — encomium Helenes (51), — Evagoras (59), — Busiris (70 v°), — adversus sophistas (78 v°), — Plataïcus (81 v°), — Areopagiticus (89 v°), — ad Philippum (100), — de pace (120 v°), — Archidamus (140 v°); — præmittitur vita Isocratis (1).

XV-XVI s. Pap. 154 fol. (Fontebl.-Reg. 2777.) *M.*

2933. Isocratis oratio ad Demonicum (1); — Georgii Gemisti Plethonis opusculum de virtutibus (3 v°); — Herodoti Halicarnassei historiarum libri IX. (7); — accedit lexicon Herodoteum (206); — Plutarchi liber de puerorum educatione (207); — ejusdem consolatio ad Apollonium (213); — Sen-

tentiæ variæ, de Spartiatis ad Thermopylas, apophthegmata
vii. sapientum, nomina ventorum (222 v°); — Dionysii Halicarnassei historiarum libri I. excerpta (223).

Copié en 1474. Pap. 225 fol. (Fontebl.-Reg. 2533.) *M*.

2934. Demosthenis orationes Olynthiacæ tres (1), — in Philippum I. (12), — de Chersoneso (18), — de Haloneso (25), — de pace (29), — in Philippum II.-IV. (31 v°), — ad Philippi epistolam (49), — contra Androtionem (51 v°), — contra Timocratem (61), — contra Aristocratem (85), — contra Leptinem (111), — in Midiam (130), — de corona (157 v°), — de falsa legatione (196 v°), — in Aristogitonem duæ (235 v°), — in Neæram (249 v°), — exceptio pro Phormione (265), — in Stephanum testem (272), — in Pantenætum (304), — in Nausimachum et Xenopithem (311), — in Zenothemidem (314 v°), — in Apaturium (318), — in Phormionem, de mutua pecunia (323), — in Lacritum (329), — procemia (335), — epistola de concordia (352), — epistola de Theramenis maledictis (354), — epistola de suo reditu (355 v°), — epistola ad Heracleodorum (358 v°), — epistola de Lycurgi liberis (359), — in Aphobum orationes tres (364), — in Onetorem duæ (382 v°), — in Cononem, de inflictis verberibus (389), — in Dionysodorum (395), — in Olympiodorum (401), — in Evergum et Mnesibulum (408), — in Calliclem (418 v°), — in Polyclem (422 v°), — de corona præfecturæ navalis (430 v°), — in Nicostratum (433 v°), — in Timotheum (437), — in Callippum (445), — in Bœotum duæ (448 v°), — in Spudiam (461), — in Phænippum (464 v°), — in Macartatum (469), — in Leocharem (477 v°), — in Eubulidem (485 v°), — in Theocrinem (494), — oratio amatoria (503), — oratio funebris (510), — de republica ordinanda (515), — de classibus (519), — pro Megalopolitis (524), — de Rhodiorum libertate (528), — de fœdere cum Alexandro (533).

X s. Parch. 534 fol. (Medic.-Reg. 2187.) *M*.

2935. Demosthenis orationes Olynthiacæ tres (9), — in Philippum I. (17), — de pace (21 v°), — in Philippum II. (23), — de Haloneso (25 v°), — de Chersoneso (29 v°), — in Philippum III. et IV. (36 v°), — ad Philippi epistolam (52), — de ordinanda republica (57), — de classibus (61), — de Rhodiorum libertate (65 v°), — pro Megalopolitis (69 v°), — de fœdere cum Alexandro (72 v°), — de corona (76), — de falsa legatione (109), — in Leptinem (146 v°), — in Midiam (165), — in Aristocratem (191), — in Androtionem (216 v°), — in Timocratem (225), — in Aristogitonem duæ (248 v°), — in Neæram (262), — oratio amatoria (277), — oratio funebris (283 v°), — proœmia (288); — præmittuntur menses Atheniensium (1); — Zosimi Decapolitæ vita Demosthenis (1); — altera Demosthenis vita : Ὁ Δημοσθένους βίος... (2); — argumenta orationum (3 v°).

XI s. Parch. 301 fol. (Trichet Dufresne.-Reg. 2189.) *M.*

2936. Demosthenis orationes Olynthiacæ tres (1), — in Philippum quatuor (15 v°), — ad Philippi epistolam (31), — de Chersoneso (33), — de Halonneso (38), — de pace (41), — in Androtionem (43), — in Timocratem (49), — de ordinanda republica (68), — de classibus (70 v°), — de Rhodiorum libertate (73 v°), — pro Megalopolitis (76 v°), — de corona (79), — de falsa legatione (102), — in Leptinem (126 v°), — in Midiam (137), — in Aristogitonem duæ (151 v°), — in Aristocratem (160), — in Neæram (175 v°), — oratio amatoria (184 v°), — oratio funebris (188), — epistola Philippi (190 v°), — de corona præfecturæ navalis (192), — in Calliclem (195), — in Olympiodorum (197), — in Dionysodorum (200 v°), — in Aphobum tres (203 v°), — in Onetorem (212 v°), — in Pantenætum (215), — in Lacritum (219), — in Nausimachum et Xenopithem (222 v*), — in Phormionem, de mutua pecunia (224), — in Zenothemidem (227), — exceptio pro Phormione (228 v°), — in Apaturium (232), — de fœdere cum Alexandro (234), — de corona præfecturæ navalis (236), — in Macartatum (237), — in Leocharem (242 v°), — in Bœotum duæ (246 v°), — in Spudiam (252), — in Timotheum (254), — in Nicostratum (257 v°), — in Phænippum (259 v°), — in Polyclem (261 v), — in Eubulidem (265), — in Theocrinem (269 v°), cum Ulpiani commentariis, — exordia et excerpta (274 v°).

XIV s. Parch. 283 fol. (Medic.-Reg. 2188.) *M.*

2937. Demosthenis orationes Olynthiacæ tres (1), — in Philippum I. (15), — de pace (22 v°), — in Philippum II. (26), —

de Haloneso (31), — de Chersoneso (38 v°), — in Philippum III. et IV. (49), — de falsa legatione (69).

XV s. Copié par Jean Rhosos. Pap. 88 fol. (Fontebl.-Reg. 2773.) *M.*

2938. Demosthenis orationes Olynthiacæ tres (5), — præmittitur Demosthenis vita, etc. (1), — in Philippum oratio I. (18), — de pace (24 v°), — in Philippum oratio II. (28), — de Haloneso (31 v°), — de Chersoneso (38), — in Philippum III et IV. (46), — de Rhodiorum libertate (63 v°), — de corona (65 v°), — de falsa legatione (111); — Æschinis vita (157 v°); — Aristotelis categoriæ, initio mutilæ (160); — Georgii Lecapeni partitiones, initio mutilæ (183); — ejusdem (?) Homeri canonismata (237); — Aristotelis poetica (268).

Copié en 1480-1481 par Antoine Damilas. Pap. 272 fol. (Fontebl.-Reg. 2770.) *M.*

2939. Demosthenis orationes in Philippum I. et II. (1), — de Haloneso (13), — in Philippum III. et IV. (19), — de corona (35 v°); — Scholia in varias Demosthenis orationes (64).

Copié en 1484 (en partie) par Nicolas Vlastos. Pap. 251 fol. (Fontebl.-Reg. 2771.) *M.*

2939 A. Lysiæ apologia pro cæde Eratosthenis (1), — oratio in Simonem (4 v°), — de vulnere ex industria illato (8 v°), — oratio apologetica de sacræ olivæ trunco (10), — accusatio ad familiares obtrectatores (13), — oratio pro milite (14 v°), — adversus Theomnestum orationes duæ (16), — adversus Eratosthenem, è triginta tyrannis unum (19), — contra Agorati delationem et judicium (26 v°), — adversus Alcibiadem orationes duæ (33 v°), — adversus Paracleonem (38), — ad delationem, quod cum impotens non esset a republica pecuniam acciperet (39), — pro Mantitheo (41); — Synesii oratio de regno ad Arcadium imp. (44); — ejusdem Dio (62).

XV s. Pap. 72 fol. *P.*

2940. Demosthenis orationes Olynthiacæ tres (1), — in Philippum I. et IV. (24), — adversus Philippi epistolam (43), — adversus Androtionem (46), — adversus Midiam (62), — de corona (104 v°), — adversus Aristocratem (152), — adversus Timocratem (178 v°), — de falsa legatione (214), — adversus Leptinem (279), — de republica ordinanda (211), — de classibus (316), — pro Megalopolitis (321 v°), — de Rhodiorum libertate (325 v°), — de fœdere cum Alexandro (331 v°), cum Ulpiani commentariis.

XIII s. Bombyc. 334 fol. (Fontebl.-Reg. 2766.) P.

2941. Demosthenis orationes de ordinanda republica (1), — de classibus (5 v°), — pro Megalopolitis (10 v°), — de Rhodiorum libertate (14 v°), — de fœdere cum Alexandro (19), — in Leptinem (22 v°), — in Androtionem (44), — in Aristocratem (55), — in Calliclem (86), — in Olympiodorum (90), — in Dionysodorum (97), — in Aphobum tres (103 v°), — in Onetorem duæ (122 v°), — in Lacritum (136 v°), — in Nausimachum (143 v°), — in Zenothemidem (146), — exceptio pro Phormione (149 v°), — in Apaturium (157 v°), — in Macartatum (163 v°), — in Bœotum duæ (176), — in Spudiam (190), — in Timotheum (194 v°), — in Nicostratum (204), — argumenta (208 v°).

XVI s. (Copié par Damianus Guidotus.) Pap. 216 fol. (Hurault.-Reg. 2767.) M.

2942. Demosthenis orationes Olynthiacæ tres (1), — in Philippum I. (16), — de pace (23), — de Chersoneso (31), — in Philippum IV. (41), — ad Philippi epistolam (49), — in Timocratem (51 v°), — in Midiam (77 v°), — de corona (106), — de falsa legatione (150).

XVI s. Copié par Damianus Guidotus. Pap. 196 fol. (Hurault.-Reg. 2768.) M.

2943. Demosthenis oratio in Aristocratem.

XV s. Parch. 32 fol. (Medic.-Reg. 2774.) M.

2944. Ulpiani scholia in Demosthenis orationes Olynthiacas tres (1), — in Philippum I. et IV. (10 v°), — ad Philippi epistolam (16 v°), — in Androtionem (17 v°), — in Midiam (25 v°), — de corona (52 v°), — in Timocratem (64), — de falsa legatione (74), — in Leptinem (95 v°), — de ordinanda republica (111), — de classibus (113), — pro Megalopolitis (115), — de Rhodiorum libertate (117); — Zenobii epitome Tarrhæi et Didymi proverbiorum (120); — Demosthenis oratio de corona (140); — Demadis oratio de duodecennio (198 v°); — Alcidamantis oratio contra sophistas (201 v°); — ejusdem oratio Ulyssis contra Palamedem (208); — Antisthenis Ajax (211 v°); — ejusdem Ulysses (213 v°); — Lysiæ oratio adversus Philonem (216); — Isocratis encomium Archidami (221); — Vita Lysiæ, auctore Plutarcho, vel Dionysio Halicarnasseo (224 v°).

XV s. Copié par Jean. Pap. 247 fol. (Medic.-Reg. 2769.) *M.*

2945. Ulpiani scholia in Demosthenis orationes in Midiam (1), — de corona (44), — in Aristocratem (52 v°), — in Timocratem (60 v°), — de falsa legatione (77 v°), — in Leptinem (111), — de ordinanda republica (134 v°), — de classibus (137 v°), — pro Megalopolitis (140 v°), — de Rhodiorum libertate (143 v°), — de fœdere cum Alexandro (147 v°).

XVI s. Pap. 148 fol. (Reg. 2772.) *M.*

2946. Ulpiani scholia in Demosthenis orationes Olynthiacas tres (1), — in Philippum I. et IV. (39), — ad Philippi epistolam (53), — de ordinanda republica (56), — de classibus (62), — pro Megalopolitis (68), — pro Rhodiorum libertate (73 v°), — de fœdere cum Alexandro (80), — de falsa legatione (83), — de corona (143), — in Midiam (160), — in Leptinem (230), — in Androtionem (272), — in Aristocratem (294 v°), — in Timocratem (308 v°).

XVI s. Pap. 338 fol. (Medic.-Reg. 2190.) *M.*

2947. Æschinis orationes tres, adversus Timarchum (2), — de legatione secunda ad Philippum (29), — et adversus Ctesiphontem (55); — præmittitur vita Æschinis (1).

XV s. (Copié par Michel Apostolios.) Pap. 95 fol. (Medic.-Reg. 2775.) *M.*

2948. Aristidis Panathenaïcus, cum scholiis (17); — præmittuntur Sopatri prolegomena (1) — et Aristidis vita, etc. (4 v°); — oratio pro quatuor viris, Pericle, Cimone, Miltiade et Themistocle (83 v°), — orationes Platonicæ tres pro rhetorica (198 v°), — de novis auxiliis in Siciliam Niciæ mittendis (279), — de non mittendis in Siciliam auxiliis (288 v°), — de pace cum Lacedæmoniis ineunda (299), — de pace Atheniensibus concedenda (305), — ad Thebanos de societate orationes duæ (310), — Leuctrica oratio I. (329 v°).

XII s. Parch. 344 fol. (Fontebl.-Reg. 2782.) *M.*

2949. Aristidis Panathenaïcus, cum scholiis (1), — oratio Platonica tertia ad Capitonem (41), — ad Thebanos de societate orationes duæ (47), — de novis auxiliis in Siciliam Niciæ mittendis (58 v°), — de pace Atheniensibus concedenda (65), — oratio Platonica prima pro rhetorica (69), — oratio pro quatuor viris, Pericle, Cimone, Miltiade et Themistocle (116).

XII s. Parch. 203 fol. (Medic.-Reg. 2781.) *M*.

2950. Aristidis Panathenaïcus, initio mutilus (1), — oratio Platonica prima pro rhetorica (32 v°), — oratio pro quatuor viris, Pericle, Cimone, Miltiade et Themistocle (87), — oratio Platonica tertia ad Capitonem (163), — Leuctrica oratio I. (170), — de novis auxiliis in Siciliam Niciæ mittendis (177), — de auxiliis in Siciliam non mittendis (185), — de pace cum Lacedæmoniis ineunda (192 v°), — de concordia (194), — Leuctrica oratio V., interverso in fine foliorum ordine (203).

X s. Parch. 205 fol. (Medic.-Reg. 2780.) *M*.

2951. Aristidis Panathenaïcus, cum scholiis (1), — oratio pro quatuor viris, Pericle, Cimone, Miltiade et Themistocle (54), — orationes Platonicæ tres pro rhetorica (148 v°), — de novis auxiliis in Siciliam Niciæ mittendis (203), — de auxiliis in Siciliam non mittendis (209 v°), — de pace cum Lacedæmoniis ineunda (217), — de pace Atheniensibus concedenda (221 v°), — ad Thebanos orationes duæ de societate cum Atheniensibus ineunda (225), — Leuctrica oratio I. (240), — Cyzicus (251), — Leuctricæ orationes II.-V. (254), — de paraphthegmate (266 v°), — Apellis genethliacus (276), — oratio contra criminantes quod non declameret (277 v°), — monodia de Smyrna (279), — epistola ad Marcum et Commodum impp. (280), — palinodia de Smyrnæ restauratione (281), — oratio gratulatoria et politica ad Smyrnæos (282), — in Smyrnam (283), — Eleusinia (284 v°), — adversus proditores mysteriorum (285), — de comœdiis non agendis (287 v°), — in puteum Asclepii (289), — de concordia (290), — legatio ad Achillem (293 v°), — oratio in Minervam (295 v°), — Asclepiadæ, Hercules et Bacchus (296 v°), — Romæ encomium (299), — oratio in Imperatorem (304 v°), — oratio in Asclepium (306 v°), — sermones sacri quinque (308).

X-XV s. Parch. 319 fol. (Medic.-Reg. 2191.) *M.*

2952. Aristidis Panathenaïcus, cum prolegomenis et scholiis (1), — orationes Platonicæ tres pro rhetorica (40 v°), — oratio pro quatuor viris, Pericle, Cimone, Miltiade et Themistocle (80), — in Smyrnam (140 v°), — de comœdiis non agendis (142 v°), — monodia de Smyrna (145), — epistola ad Marcum et Commodum impp. (146), — palinodia de Smyrnæ restauratione (147), — oratio gratulatoria ad Smyrnæos (149), — de concordia duæ (150), — ad Rhodios de terræ motu (162 v°), — Romæ encomium (167 v°), — oratio in Imperatorem (177 v°), — oratio in Ægeum mare (180 v°), — ad Neptunum Isthmica oratio (182), — Ægyptius (185 v°), — Apellis genethliacus (197), — oratio funebris Alexandri magni (199 v°), — oratio funebris Eteonis (203), — oratio contra criminantes quod non declamaret (204 v°), — legatio ad Achillem (207), — de novis auxiliis in Siciliam Niciæ mittendis (211), — de auxiliis in Siciliam non mittendis (215 v°), — de pace cum Lacedæmoniis ineunda (220 v°), — de pace Atheniensibus concedenda (223 v°), — ad Thebanos oratio de societate posterior (226), — Leuctricæ orationes quinque (230 v°), — ad Thebanos oratio de societate prior (251), — Eleusinia (255), — adversus proditores mysteriorum (256 v°), — de paraphthegmate (260 v°), — Cyzicus (272), — orationes in Jovem, Minervam, Serapim, Bacchum, Herculem et Asclepium (275 v°), — oratio in puteum Asclepii (286 v°), — Asclepiadæ (288), — sermones sacri sex (289 v°).

XIII s. Bombyc. 315 fol. (Medic.-Reg. 2192.) *M.*

2953. Aristidis Panathenaïcus, cum scholiis (7), — oratio pro quatuor viris, Pericle, Cimone, Miltiade et Themistocle (58), — orationes Platonicæ tres pro rhetorica (138 v°), — oratio gratulatoria in Smyrnæos (173 v°); — Luciani dialogus de somnio, sive de sua vita (183 v°); — Libanii oratio pro saltatoribus, adversus Aristidem (175); — Aristidis oratio de novis auxiliis in Siciliam Niciæ mittendis (185), — de auxiliis in Siciliam non mittendis (190 v°), — de pace cum Lacedæmoniis ineunda (197 v°), — de pace Atheniensibus concedenda (201 v°), — ad Thebanos orationes duæ de societate cum Atheniensibus ineunda (204), — Leuctricæ orationes II.-V. (216 v°), — monodia de Smyrna (239 v°), — Eleusinia (241), — epistola ad Marcum et Commodum impp. (242 v°), — palinodia de Smyrnæ restauratione (244 v°), — ad Rhodios de concordia (247), — Cyzicus (253 v°), — Apellis genethliacus (259), — oratio in puteum Asclepii (262), — oratio in prodentes causam suam sophistas (263 v°), — oratio contra criminantes quod non declamaret (268), — oratio Ulyssis nomine ad Achillem (273); — Anonymi commentarius de Synesii calvitiei encomio : [Καὶ μὲν ὅπερ ἐπὶ τῷ τοῦ Δίωνος... (279); — Libanii oratio Achillis nomine ad Ulyssem (286 v°); — Platonis Gorgias (293); — Luciani convivium, seu Lapithæ (320); — ejusdem cataplus, seu tyrannus (322 v°); — inseruntur Thucydidis excerpta (266 v° et 270); — Notæ variæ a. 1405-1438 (A v° et 325).

XIII s. Bombyc. 325 fol. (Medic.-Reg. 2784.) M.

2954. Luciani opuscula, amores (1), — pro imaginibus (9 v°), — pseudologista (13), — Deorum concilium (17 v°), — tyrannicida (19 v°), — abdicatus (23), — dialogi meretricii (28 v°), — de morte Peregrini (37 v°), — fugitivi (42 v°), — imagines (46), — Toxaris, sive de amicitia (49 v°), — Lucius, sive asinus (60 v°), — Demosthenis encomium (71 v°), — quomodo scribenda sit historia (77), — de Dipsadibus (86), — Saturnalia (87), — Cronosolon (89), — epistolæ Saturnales (90), — Herodotus, sive Aetion (93), — Zeuxis, sive Antiochus (94), — pro eo quod inter salutandum verbo lapsus fuerat (96), — apologia (98), — Harmonides (100), — dissertatio cum Hesiodo (101), — Scytha, sive hospes (102), — Hermotimus, sive de sectis philosophorum (104), — adversus eum qui dicerat : Prometheus es in verbis (119), — Alcyon, sive de transformatione (120), — navigium sive vota (124), — Syria dea (127), — tragopodagra (134), — Ocypus (137), — Cynicus (138), — Philopseudes, sive incredulus (141), — Phalaris I. et II. (148), — Hippias, sive balneum (151 v°), —

præfatio, sive Hercules (154), — de electro, sive cycnis (155), — encomium muscæ (155 v°), — epistola ad Nigrinum (157), — vita Demonactis (162), — de domo (165 v°), — encomium patriæ (169), — macrobii (170), — historiæ veræ libri II. (173), — de non temere credendo calumniæ (186), — judicium vocalium (189 v°), — convivium, sive Lapithæ (190 v°), — pseudosophistes, sive solœcista (195 v°), — cataplus, sive tyrannus (197 v°), — Jupiter confutatus (202), — Jupiter tragœdus (204), — somnium, sive gallus (210 v°), — Prometheus, sive Caucasus (216 v°), — Icaromenippus (219), — Timon (224 v°), — Charon, sive contemplantes (231), — vitarum auctio (235), — reviviscentes, sive piscator (239), — bis accusatus (245), — de sacrificiis (251), — adversus indoctum et multos libros ementem (253), — de somnio, sive de sua vita (256 v°), — de parasito (258 v°), — dialogi mortuorum (264 v°), — dialogi marini (276), — dialogi Deorum (280), — de iis qui mercede conducti vivunt (291), — Anarcharsis, sive de gymnasiis (298), — Menippus, sive necyomantia (305), — de luctu (308), — rhetorum præceptor (310), — Alexander, sive pseudomantis (314 v°), — de saltatione (321 v°), — Lexiphanes (329), — eunuchus, sive Pamphilus (331 v°), — de astrologia (333); — Anonymi opusculum de Ionica dialecto : Ἴας διάλεκτος λέγεται... (336).

XIV s. Bombyc. 337 fol. (Medic.-Reg. 2805.) *M*.

2955. Luciani opuscula, Icaromenippus (1), — somnium, sive gallus (17), — Jupiter tragœdus (30), — Hippias, sive balneum (46 v°), — convivium, sive Lapithæ (49); — Xenophontis œconomicus, fine mutilus (68), — Hiero, sive de rege (78), — de Lacedæmoniorum republica (92 v°), — de Atheniensium republica (104), — de vectigalibus fragmentum (107 v°), — convivii philosophorum fragmentum (108), — de re equestri fragmentum (110 v°), — Gorgiæ encomium Helenes (115 v°); — Herodoti vita Homeri (118 v°); — Plutarchi opusculum de solertia animalium (129 v°); — ejusdem opusculum, animalia ne terrestria an aquatilia prudentiora sint, initium tantum (137 v°); — ejusdem vitæ parallelæ : Lycurgus et Numa (147), — Solon et Publicola (170), — Aristides et Cato (189 et 199);

— Aristotelis ethicorum ad Nicomachum libri II. priores (229);
— Philostrati imaginum pars (247).

XV s. Pap. 253 fol. (Colbert. 1171.) *M.*

2956. Luciani opuscula, tragopodagra (5), — Ocypus (11), — dialogi meretricii (14 v°), — Deorum dialogi (30 v°), — dialogi marini (49), — dialogi mortuorum (57), — amores (81), — Lucius, sive asinus (95), — Toxaris, sive de amicitia (114), — de iis qui mercede conducti vivunt (132), — navigium, sive vota (145 v°), — quomodo scribenda sit historia (156), — de astrologia (170), — pro imaginibus (173 v°), — pseudologista (180 v°), — Deorum concilium (188 v°), — tyrannicida (192 v°), — abdicatus (199 v°), — encomium Demosthenis, fine mutilum (210); — præmittuntur fragmentum de Homero et Philostrati fragmenta duo (1); — accedunt menses Ægyptiorum et Romanorum, menses Atheniensium et epigramma de Orippo Megarensi (223 v°).

XV s. Pap. 224 fol. (Colbert. 1218.) *M.*

2957. Luciani opuscula, de Dipsadibus (2 v°), — de iis qui mercede conducti vivunt (3 v°), — Hippias, sive balneum (13), — præfatio, sive Bacchus (14 v°), — præfatio, sive Hercules (16), — de electro, sive cycnis (17), — muscæ encomium (18), — Nigrinus, sive de philosophi moribus (19 v°), — Demonactis vita (25 v°), — de domo (30), — patriæ encomium (34 v°), — Deorum dialogi (35 v°), — dialogi marini (49), — dialogi mortuorum (54 v°), — Menippus, sive necyomantia (70 v°), — Charon, sive contemplantes (75 v°), — de sacrificiis (81 v°), — tyrannicida (84), — abdicatus (88), — Phalaris I. et II. (95 v°), — encomium Herodoti (99 v°), — Zeuxis, sive Antiochus (101), — apologia pro eo quod inter salutandum verbo lapsus fuerat (103 v°), — apologia pro iis qui mercede conducti vivunt (106), — Harmonides (109), — dissertatio cum Hesiodo (110 v°), — Scytha, sive hospes (112), — quomodo scribenda sit historia (114 v°), — fugitivi (126), — imagines (131), — Toxaris, sive de amicitia (135 v°), — Saturnalia (150 v°), — Cronosolon (153), — epistolæ Saturnales (154 v°), — eunuchus, sive Pamphilus (159), — pro imaginibus (161), — pseudologista (166), — Hermotimus, sive de sectis (172),

— Lexiphanes (193), — veræ historiæ libri II. (197), — Timon (214 v°), — adversus indoctum et multos libros ementem (224), — de somnio, sive vita Luciani (229 v°), — de parasito (232 v°), — de non temere credendo calumniæ (242), — cataplus, sive tyrannus (247 v°), — convivium, sive Lapithæ (253 v°), — judicium vocalium (261), — Icaromenippus (262 v°), — de vera et falsa eloquentia (270 v°), — Anacharsis, sive de gymnasiis (276), — de saltatione (285), — adversus illum qui dixerat : Prometheus es in verbis (295 v°), — navigium, sive vota (297), — amores (304 v°), — Demosthenis encomium (317), — Lucius, sive asinus (324 v°), — de astrologia (336 v°), — pseudosophista (339 v°), — de dea Syria (341 v°), — dialogi amatorii (351 v°), — macrobii (362 v°), — Cynicus (366), — Nero (369 v°), — Jupiter tragœdus (371 v°), — Jupiter confutatus (381), — Deorum concilium (384 v°), — Philopseudes (387 v°), — somnium, sive gallus (397), — bis accusatus (405 v°), — vitarum auctio (414 v°), — piscator, sive reviviscentes (419 v°), — Alexander, sive pseudomantis (429), — de luctu (440 v°), — Prometheus, sive Caucasus (443 v°), — Alcyon, sive metamorphosis (447), — tragopodagra (449), — Ocypus (451 v°).

XV s. Pap. 453 fol. (Medic.-Reg. 2806.) *M.*

2958. Dionis Chrysostomi orationes IV. de regno (3), — præmittuntur index orationum et Dionis vita (1), — fabula Libyca (32 v°), — Diogenes, sive de tyrannide (34), — Euboïca (39), — Diogenes, sive de virtute (51 v°), — Diogenes, sive Isthmicus (54 v°), — Diogenes, sive de servis (56), — declamatio de Ilio non capto (59 v°), — oratio dicta in Olympiis (76), — oratio de exsilio (84 v°), — de servitute et libertate orationes duæ (89), — oratio de animi ægritudine fugienda (95), — disputatio adversus avaritiam (96), — oratio de dicendi exercitatione (99), — quod alios libentius auscultetur (101 v°), — quod secessu sapiens non indigeat (102), — de pulchritudine virili (105), — de bello et pace (106 v°), — quod felix sit sapiens (107 v°), — quod plerique, de aliis rebus solliciti, veræ felicitatis studium negligant (109), — de genio, utrum extra hominem sit et homo alius (109 v°), — de consultatione (110 v°), — uti in convivio et publica panegyri, ita in vita vix audiri eos qui recta suadent (111 v°), — Melancomas, orationes duæ (112), — consolatio super obitu Charidemi (117), — oratio ad Rhodios (122), — ad populum Alexandrinum (142), — ad Tarsenses orationes duæ (155), — oratio dicta in urbe Phrygiæ Celænis (169), — in urbe Prusa (172), — ad Corinthios (179 v°), — ad Nicomedienses (184 v°), — ad Nicæenses (189 v°), — ad Prusæenses cives suos (191), — ad senatum populumque Apameensem (196), — apologia adversus inimicos (197 v°), — nihil sibi jucundius esse quam a patria amari (198 v°), — ad Prusæenses, qua de malevolis conqueritur (200), — ad cives, antequam exsularet (201 v°), — antequam in patria philosopharetur (204), — adversus criminantes quod porticum et amplam domum ædificaret (208), — oratio dicta Prusæ, Varino præfecto permittente (209), — recusatio magistratus in senatu patrio (211), — oratio in laudem senatus patrii (213), — ad Diodorum (214 v°), — de Æschylo, Sophocle et Euripide (216 v°), — encomium Homeri (219), — encomium Socratis (219 bis v°), — dialogus de Homero et Socrate (220), — Agamemnon, sive de regno (222), — Nestor (224), — Achilles (225 v°); — Philoctetes (226), — Nessus, seu Dejanira (227), — Chryseis (228 v°), — de tyranno et bono rege inter se collatis (230 v°), — dissertationes tres de fortuna (234 v°); — dissertationes tres de gloria (237), — de virtute (242), — de philosophia (243 v°), — de philosopho (244 v°), — de philosophi habitu (245 v°); — de fide (247 v°), — quam periculosum sit aliis habere fidem (249), — encomium legum (252 v°), — oratio de consuetudine (253 v°), — de invidia orationes duæ (254), — de divitiis (259), — de libertate (260).

XIV s. Copié par Mazaris. Pap. 261 fol. (Reg. 2779, 2.) *M*.

2959. Dionis Chrysostomi orationes LXXX., eodem ordine ut in præcedenti codice; præmittitur index.

XV s. Copié par César Strategos. Parch. 284 fol. (Medic.-Reg. 2193.) *M*.

2960. Dionis Chrysostomi orationes IV. de regno (1); — Dionysii Longini tractatus de sublimi genere dicendi (40); — Themistii orationes VII., X., IX., V. et IV. (66); — Hermogenis ars rhetorica, cum prolegomenis (94); — accedunt problemata rhetorica (167).

Copié en 1491, en partie, par Francesco Bernardo. Pap. 170 fol. (Fontebl.-Reg. 2194.) *M.*

2961. Libanii progymnasmata (3); — ejusdem declamationes (14); — ejusdem monodia in Nicomediam (36 v°); — Aristidis legatio ad Achillem, Ulyssis nomine (43 v°); — Libanii monodia in Julianum imp. (55 v°); — ejusdem Demosthenis vita (58); — Demosthenis orationes Olynthiacæ tres (61); — in Philippum I. (67), — de pace (70), — in Philippum II. (71 v°), — de Haloneso (73 v°), — de Chersoneso (76), — in Philippum III. et IV. (79 v°), — adversus Philippi epistolam (87), — Philippi epistola (88 v°), — de ordinanda republica (89 v°), — de classibus (92), — de Rhodiorum libertate (94 v°), — pro Megalopolitis (96 v°), — de fœdere cum Alexandro (98 v°), — de corona (100), — oratio funebris (122 v°).

XVI s. Pap. 124 fol. (Medic.-Reg. 2776.) *M.*

2962. Libanii epistolæ cmxcvi. (1); — Synesii epistolæ, fine mutilæ (225).

XIII s. Bombyc. 278 fol. (Fontebl.-Reg. 2783.) *P.*

2963. Libanii epistolæ, e codd. Vaticanis descriptæ; præmittuntur indices varii.

XVII s. Pap. 219 fol. (Reg. 2783, 2, 2.) *M.*

2964. Juliani imp. oratio in Solem, ad Sallustium (1), — in matrem Deorum (11), — de Constantii imp. rebus gestis (19), — in laudem Constantii (38 v°), — in laudem Eusebiæ imp. (56), — epistola ad Athenienses (66 v°), — oratio adversus Cynicos (74), — epistola ad Themistium philosophum (82 v°), — Misopogon (93 v°), — oratio consolatoria ob Sallustii discessum (105), — ad Heraclium, de Cynica secta (109), — Cæsares (121), — epistolæ xlv. (131).

XV s. Pap. 145 fol. (Hurault.-Reg. 2785.) *M.*

2965. Georgii Trapezuntii exhortatio ad Joannem Palæologum, de navigatione in Italiam.

XVI s. Pap. 5 fol. (Mazarin.-Reg. 2002.) *M.*

2966. Andronici Callisti epistola ad Georgium Palæologum

Dishypatum (1); — Theodori Gazæ epistola ad Demetrium (1 v°); — Georgii Amirytzæ epistola ad Bessarionem (2 v°); — Demetrii epistola ad Musurum (4 v°); — Georgii Gemisti Plethonis responsio ad ea quæ sibi Bessarion objecerat (5).

XV s. (Copié par Georges Hermonyme.) Pap. 5 fol. (Medic.-Reg. 2211.) *M*.

2967. Constantini Porphyrogeniti liber de administrando imperio (1); — Photii, CP. patriarchæ, fragmentum de decem rhetoribus (81); — Themistii oratio consularis ad Jovianum imp. (95 v°); — Choricii Gazæi oratio in laudem Summi ducis (100 v°); — præmittitur Choricii vita (100); — ejusdem oratio funebris Mariæ, Marciani Gazæ et Anastasii Eleutheropoleos episcoporum matris (104 v°); — ejusdem oratio funebris Procopii Gazæi (108); — ejusdem declamatio de tyrannicida (115); — Polybii historiarum excerpta librorum VI., X., XIV., XV. et XVIII. (125); — Apollodori Atheniensis bibliothecæ libri III. (185).

XVI s. (Copié par Michel Damascène.) Pap. 241 fol. (Fontebl.-Reg. 2662.) *M*.

2968. Manuelis Chrysoloræ oratio in laudem veteris et novæ Romæ.

XVI s. (Copié par Constantin Palæocappa.) Pap. 17 fol. (Colbert. 1180.) *M*.

2969. Vita Hermogenis (1); — Aphthonii progymnasmata (5); — Hermogenis ars rhetorica (18), — de inventione oratoria libri IV. (36), — de formis oratoriis libri II. (70 v°), — methodus de apto et solerti genere dicendi (134); — Excerpta rhetorica (142).

XV s. Pap. 144 fol. (Colbert. 4869.) *P*.

2970. Hermogenis ars rhetorica, cum scholiis (1); — ejusdem de inventione oratoria libri IV., cum scholiis (31); — Homeri batrachomyomachia (80).

XV s. Pap. 100 fol. (Fontebl.-Reg. 3266.) *P*.

2971. Hermogenis progymnasmata.

XVI s. Pap. 11 fol. (Colbert. 3836.) *P*.

2972. Matthæi Camariotæ rhetorices epitome, ex Hermogene (1); — ejusdem rhetorices progymnasmatum epitome

(50 v°); — Anonymi opusculum de communi syllaba : Ὁ μὲν τεχνικός... (53) ; — Anonymi tractatus de metris : Πόσα στοιχεῖα λόγου... (56); — Hephæstionis enchiridion de metris et poemate (73 v°); — Joannis Tzetzæ opusculum de variis metrorum generibus (144); — Polybii historiarum libri I. excerpta (159).

XVI s. (Copié, en partie, par Antoine Episcopopoulos.) Pap. 164 fol. (Fontebl.-Reg. 3272.) P.

2973. Matthæi Camariotæ rhetorices epitome, ex Hermogene.

XVI s. (Copié par Jacques Diassorinos.) Pap. 63 fol. (Colbert. 3866.) P.

2974. Dionysii Longini tractatus de sublimi dicendi genere.

XVI s. Pap. 52 fol. (Medic.-Reg. 3267.) P.

2975. Sopatri divisiones quæstionum (1); — Cyri sophistæ opusculum de statuum differentia (134).

XV s. (Copié par Michel Souliardos.) Pap. 137 fol. (Dupuy.-Reg. 3268.) P.

2976. Sopatri divisiones quæstionum (1); — Cyri sophistæ opusculum de statuum differentia (314).

XVI s. (Copié, en partie, par Janus Lascaris.) Pap. 322 fol. (Medic.-Reg. 3270.) P.

2977. Aphthonii progymnasmata, cum prolegomenis et scholiis (11); — præmittuntur sententiæ ex Democrito et Epicteto et aliis philosophis, poetis et rhetoribus: Ἀνανεούσθω... (2), — Maximi fragmentum de objectionibus insolubilibus, cf. cod. 2983. (4); — accedit index (8); — Anonymi prolegomena in Hermogenis artem rhetoricam : Πολλοὶ πολλὰς τοῦ παρόντος... (49); — Troïli sophistæ prolegomena in eumdem (53); Phœbammonis opusculum de figuris oratoriis (55); — Anonymi prolegomena in Hermogenis artem rhetoricam : Εἰ καὶ δόξειεν ἄν τινι... (57); — Alia prolegomena : Τὴν ῥητορικὴν τέχνην... (59 v°); — Hermogenis ars rhetorica (60), — de inventione oratoria libri IV. (140), — de formis oratoriis libri II. (204 v°), — methodus de apto et solerti genere dicendi (311 v°), cum scholiis ; — Anonymi prolegomena in Hermogenis libros de inventione oratoria : Ἰστέον ὅτι ἀπὸ τοῦ πράγματος... (326 v°), — et de formis oratoriis : Τὸν πολιτικὸν λόγον... (329 v°); — Anonymi synopsis rhetorica : Ἔννοια ἡ πᾶσι κοινή... (330 v°); —

Syriani Philoxeni animadversiones in Hermogenem de formis oratoriis (331 v°); — Theophrasti characterum capita xv. priora (333); — Anonymi opusculum de figuris orationis : Πολλοὶ περὶ σχημάτων...; cf. cod. 2983. (335).

<small>XI s. Parch. 344 fol. (Fontebl.-Reg. 3264.) P.</small>

2978. Aphthonii progymnasmata, cum prolegomenis (2); — Hermogenis ars rhetorica (49), — de inventione oratoria libri IV. (86 v°), — de formis oratoriis libri II. (158 v°), — methodus de apto et solerti genere dicendi (272 v°).

<small>XIII s. Bombyc. 279 fol. (Hurault.-Reg. 3515, 2.) P.</small>

2979. Aphthonii progymnasmata (1); — Hermogenis ars rhetorica (24), — de inventione oratoria libri IV. (49 v°).

<small>XV s. Pap. 86 fol. (Teller. Rem.-Reg. 3265, 2.) P.</small>

2980. Aphthonii progymnasmata, cum scholiis (3); — Anonymi rhetorices epitome : Ὁ Πλάτων ὡς φαίνεται... (22 v°); — Synesii epistolæ aliquot (27); — Methodus divinandi an ægrotus interiturus sit, necne (33 v°); — Anonymi introductio ad astrologiam judiciariam : Ὑπὸ τὴν οὐρανίαν... (35).

<small>XIV-XV s. Pap. 37 fol. (Colbert. 4929.) P.</small>

2981. Anonymi commentarii in Aphthonii progymnasmata, initio mutila (1); — Anonymi prolegomena in Hermogenis rhetoricam : Τὸ τῆς ῥητορικῆς βιβλίον... (19); — Aphthonii progymnasmata (25); — Matthæi Camariotæ rhetorices epitome, ex Hermogene (50); — Visiones Danielis prophetæ (94).

<small>Copié en 1477 par Michel Souliardos. Pap. 101 fol. (Reg. 3380.) P.</small>

2982. Georgii Pachymeræ progymnasmata rhetorica in Hermogenem (1); — ejusdem declamationes (18); — præmittitur Andreæ Joannis epistola (D v°).

<small>XVI s. Pap. 97 fol. (Fontebl.-Reg. 3119.) P.</small>

2983. Anonymi prolegomena in Hermogenem, initio et fine mutila (1); — Epigramma in Aphthonium et Georgii grammatici epigramma (11); — Aphthonii progymnasmata (12); — Hermogenis ars rhetorica (39 v°), — de inventione libri IV. (72), — de formis oratoriis libri II. (137), — methodus de apto et solerti genere dicendi (219 v°), cum scholiis; — Anonymi synopsis rhetorica : Ἔννοιαι αἱ πᾶσαι... (243); —

Maximi sophistæ opusculum de objectionibus insolubilibus
(253); — Anonymi opusculum de metris rhetoricis : Πόδες οἷς
χρῶνται... (261); — Anonymi opusculum de statibus : Ἐκν
ἄδηλον ᾖ... (262); — Pythagoræ aurea carmina (263).

XI s. Parch. 264 fol. (Fontebl.-Reg. 3265.) P.

2983 A. Anonymi exercitationes rhetoricæ, initio mutilæ (1);
— Cleomedis de orbium cælestium contemplatione liber I.,
fine mutilus (114).

XIII-XIV s. Bombyc. 124 fol. P.

2984. Anonymi prolegomena rhetoricæ : Ἐπειδὴ τεσσαρές
εἰσι... (1); — Aphthonii progymnasmata, cum prolegomenis
et scholiis (12 v°); — Hermogenis ars rhetorica (68), — præmittitur ejus vita (67), — de inventione oratoria libri IV. (93),
— de formis oratoriis libri II. (149), — methodus de apto et
solerti genere dicendi (231).

XIV s. Bombyc. 240 fol. (Fontebl.-Reg. 2764.) M.

2985. Anonymi rhetoricæ prolegomena, initio mutila (1);
— præmittuntur Michaelis Choniatæ, Atheniensis metropolitæ, versus de Athenis (A), — et epigramma latina de Niobe
(B); — Phalaridis epistolæ I.-XXIV. (21); — Aphthonii progymnasmata (25); — Hermogenis ars rhetorica (45 v°), — de
inventione oratoria libri IV. (70 v°), — de formis oratoriis
libri II. (124 v°), — methodus de apto et solerti genere dicendi
(233); — Aristidis oratio funebris in obitu Eteonei (250); —
Michaelis Pselli monodia in mortem Joannis Patricii (253);
— Phalaridis epistolæ XXV.-XLVII. (257 v°); — Anonymi epistola ad Eustathium, Himeriæ episcopum : Οἶδα ὅτι στυγνο-
ποιόν... (262); — Anonymi epistola ad Theodosium, Berræa
episcopum : Οἶδα ὅτι εἰ καί... (262); — Anonymi ethopœiæ :
Εὖγε τῆς φύσεως... (262 v°); — Severi Alexandrini ethopœiæ
(263).

XV s. Pap. 266 fol. (Medic.-Reg. 3262.) P.

2986. De rhetorica, ex Platonis Gorgia (1 v°); — Anonymi
prolegomena in artem rhetoricam : Τὴν ῥητορικὴν διαφόρως... (5);
— Aphthonii progymnasmata, cum prolegomenis et scholiis
(8); — Anonymi prolegomena in Hermogenis artem rhetori-

cam : Ὁ τὸ τῆς ῥητορικῆς βιβλίον... (41); — Anonymi interpretatio in Hermogenis artem rhetoricam : Πολλῶν ὄντων. Λελη-θότως μέν... (46); — Anonymi prolegomena in Hermogenis libros de inventione oratoria : Περὶ εὑρέσεων ἐπιγέγραπται... (80); — Hermogenis ars rhetorica (94), — de inventione oratoria libri IV. (112 v°), — de formis oratoriis libri II. (162), — methodus de solerti et apto dicendi genere (241), cum scholiis; — Anonymi synopsis περὶ εὐκρινείας. Ἔννοιαι αἱ καταστατικαί... (252); — Anonymi opusculum de figuris in Hermogenis libros de inventione : Στρογγύλον σχῆμα... (253); — Theophrasti characteres XI. priores (254); — Dionysii Halicarnassei epitome de verborum compositione (257); — Anonymi problemata rhetorica in partitiones oratorias (273 v°); — Phrynichi eclogarum compendium (278 v°).

XIV-XV s. Pap. 279 fol. (Colbert. 4141.) P.

2986 A. Anonymi rhetorices epitome : Τί ἐστι ῥητορική; Τέχνι κὴ δύναμις...

XVII s. Pap. 80 fol. P.

2987. Anonymi tractatus de figuris oratoriis, initio et fine mutilus (1); — Anonymi tractatus de categoriis, capitibus XII., initio mutilus (6).

XVI s. Pap. 34 fol. (Colbert. 4633.) P.

2988. Nicephori Callisti Xanthopuli progymnasmata rhetoricæ (1); — Synesii epistolæ LXXIII., cum prooemio (8 v°); — ejusdem liber de insomniis (58); — ejusdem Philadelphi, seu de philanthropia (76); — Libanii declamationes XIV. (201); — Anonymi tractatus de arithmetica : Ἴσθι ὡς ὁ ἀριθμὸς ἐπεὶ ἔχει... (324); — Ars calculandi secundum Persas : Σύγκρινον τὴν ἀρχήν... (342); — Palamedis arithmetica (346); — Tabulæ computi (346 v°).

XIV s. Parch. et pap. 367 fol. Palimps. (desunt fol. 92-200). (Medic.-Reg. 3271.) P.

2989. Isæi oratio de Nicostrati hæreditate (2), — et oratio de Cleonymi hæreditate, gr.-lat. (29); — Lysiæ oratio « contra Alcibiadem, non obitæ militiæ, » initium tantum, lat. (49 v°); — « Exemplum orationis in genere deliberativo ex Lysia, » gr.-lat. (51 v°).

XVII s. Pap. 58 fol. (Reg. 3542.) P.

2990. Isocratis orationes adversus sophistas (1), — Areopagiticus (14), — ad Philippum (26 v°), — de pace (32), — Archidamus (64), — Trapeziticus (82), — Ægineticus (92), — adversus Callimachum (101), — ad Nicoclem, de regno (113), — Nicocles (120), — encomium Helenes (129), — Evagoras (139), — Busiris (152), — Panegyricus (160 v°); — Demosthenis orationis in Æschinem fragmentum (187).

XV s. Bombyc. 189 fol. (Fontebl.-Reg. 3285.) P.

2991. Isocratis oratio ad Demonicum (1); — Anonymi consolatio ad amicum : Ἀκηκόαμεν περὶ τῆς συμβάσης... (6 v°); — Isocratis orationes, Nicocles (9), — ad Nicoclem, de regno (16), — adversus sophistas (21 v°), — Busiris (29), — Evagoras (33), — panegyricus (42), — Plataïcus (66), — Areopagiticus (73), — ad Philippum (82), — de pace (100), — Archidamus (118), — Panathenaïcus (133), — de antidosi (167), — adversus Lochitem (189), — ad Euthynum (192), — de bigis (195), — Ægineticus (202), — Trapeziticus (208 v°), — adversus Callimachum (216).

XV s. (Copié par Michel Souliardos.) Pap. 224 fol. (Fontebl.-Reg. 3286.) P.

2991 A. Isocratis oratio ad Demonicum (2); — Antiquiorum oratorum nomina et orationum numerus (11 v°); — Æsopi fabulæ aliquot (12); — Michaelis Attaliotæ promptuarium juris, fine mutilum (14); — Georgii Codini liber de officiis aulæ CP. (65); — S. Basilii ad S. Gregorium Nazianzenum epistola I. (135); — Libanii et S. Basilii epistolæ mutuæ (143); — Nicephori Gregoræ monodia in mortem magni Logothetæ (154); — ejusdem monodia in mortem Andronici I. Palæologi imp. (159); — ejusdem epistolæ (164); — Agrippæ regis ad Judæos oratio, ex Josepho (173); — Josephi ad Judæos orationes duæ (181 et 188 v°); — Titi imperatoris oratio (187); — Josephi excerpta (191); — Sapientia Salomonis (195); — Psalmi Salomonis XVIII. (224 v°); — Sapientia Jesu, filii Sirach, cum prologo (244); — Signa quibus mores hominum dignosci possunt : Φοξὴ κεφαλή, μέστη ἀνοίας... (320 v°); — Matthæi Philadelphiensis, Ephesini metropolitæ, preces variæ (324 v°); — Basilii imperatoris ad Leonem filium exhortationum capita LXVI. (334); — Gymnosophistarum responsiones (360 v°); — Secundi Pythagorici responsiones ad Adrianum imp. (363 v°); — De octo vitiis capitalibus et eorum remediis (366); — Dionysii Catonis sententiæ (366 v°); — Septem sapientum apophthegmata (371 v°); — Nicephori Callisti Xanthopuli catalogus imperatorum CP., versibus iambicis (372); — Series patriarcharum, judicum et regum Judæorum (373 v°); — Series regum Chaldæorum, Persarum et Assyriorum (374 v°); — Reges Ægypti, a Ptolemæo ad Cleopatram (375); — Chronologia brevis imperatorum Romanorum et CP., usque ad Michaelem Comnenum (375 v°); — Capita de legatis, non esse definitum vitæ humanæ tempus, etc. : Πρέσεις, ἡ παρ' ἡμῶν... (384 v°); — Theophylacti Simocattæ epistolæ morales et amatoriæ (386); — Ignatii diaconi tetrasticha ex Gabriæ Æsopicis fabulis (416); — Manuelis Phile versus in laudem magni domestici Joannis Cantacuzeni (422 v°); — Matthæi hieromonachi opusculum de officiis aulæ CP. (425 v°); — Dionysii Catonis disticha, a Maximo Planude græce versa (427 v°); — Ænigmata varia (443); — Plutarchi conjugalium præceptorum excerpta (444); — Decalogus (447); — Mazaris dialogus mortuorum de aula CP. (448); — ejusdem somnium, ad Manuelem Holobolum (478); — Manuelis Holoboli epistola ad Nicephorum Palæologum Ducam, cum responsione (492).

Copié en 1419. Pap. 495 fol. P.

2992. Isocratis oratio ad Demonicum (1); — Lysiæ oratio funebris in laudem Atheniensium (18); — Plutarchi consolatio ad Apollonium (31); — Problema Pythagoricum de numeris, a monade ad decadem (56 v°); — Platonis Phædon (57); — Aristotelis liber de mundo, ad Alexandrum (97); — Plutarchi tractatus de utilitate ex inimicis capienda (113); — ejusdem tractatus quomodo oporteat juvenem poetis operam dare (121 v°); — ejusdem tractatus, de discrimine adulatoris et amici (149); — Apollonii Tyanæi epistolæ (185); — Cebetis Thebani tabula (201); — Hori Apollinis hieroglyphica (214); — De mensuris, ponderibus et eorum notis (239 v°); — Nicephori Gregoræ Florentius, sive de sapientia (242); — Georgii Gemisti Plethonis epitome de regno Assyriorum et Medorum, e Diodoro Siculo (289); — Gregorii introductio ad philosophiam (316); — Anonymi problemata rhetorica de statibus, initio mutila (321); — Anonymi opusculum de dialectis : Διάλεκτος ἐστὶ λέξις... (325); — Aphthonii progymnasmatum excerpta (334); — Theodori Gazæ opusculum de mensibus (337); — Anonymi opusculum de divisione anni, mensibus et zodiaci signis (385); — Anonymi opusculum de variis anni tempestatibus (369); — Methodus futura prævidendi (372); — alia secundum Esdram prophetam (373); — Hymnus in honorem S. Clementis (374 v°).

XVI s. (Copié par César Strategos.) Pap. 376 fol. (Hurault.-Reg. 3284.) P.

2993. Demosthenis orationes Olynthiacæ I. et II., cum Ulpiani scholiis (1); — Anonymi epitome Hermogenis de formis oratoriis : Στρογγύλον σχῆμα... (30 v°); — Demosthenis oratio Olynthiaca III., cum Ulpiani scholiis (37), — in Philippum orationes quatuor (41 v°), — ad Philippi epistolam (66), — de ordinanda republica (68 v°), — de classibus (72 v°), — de pace (77), — de Rhodiorum libertate (80), — pro Megalopolitis (83 v°), — de fœdere cum Alexandro (87), — de Haloneso (90 v°), — de Chersoneso (95); — Aristidis monodia in Smyrnam (102 v°); — Hermogenis excerpta (104).

XVI s. Pap. 104 fol. (Colbert. 4350.) P.

2994. Demosthenis orationes Olynthiacæ tres (4), — præmittitur Demosthenis vita, auctore Libanio (2), — in Philippum oratio I. (16 v°), — de pace (23), — in Philippum oratio II. (26), — de Haloneso (30), — de Chersoneso (34 v°), — in Philippum orationes III. et IV. (42), — ad Philippi epistolam (57), — de ordinanda republica (62), — de classibus (66), — de Rhodiorum libertate (70 v°), — pro Megalopolitis (74 v°), — de fœdere cum Alexandro (78), — de corona (81), — de falsa legatione (121), — in Leptinem (160 v°), — in Midiam (179 v°), — in Androtionem (207 v°), — epistolæ (217).

XIII s. Parch. 227 fol. (Teller. Rem.-Reg. 2772, 2.) P.

2995. Demosthenis orationes Olynthiacæ tres (5), — præmittuntur Demosthenis vita, auctore Libanio et Ulpiani prolegomena (1 v°), — in Philippum I. (13 v°), — de pace (17 v°), — in Philippum II. (19 v°), — de Haloneso (22 v°), — de

Chersoneso (25 v°), — in Philippum III. et IV. (30 v°), — ad Philippi epistolam (41 v°), — de republica ordinanda (45), — de classibus (47 v°), — de Rhodiorum libertate (51), — pro Megalopolitis (53 v°), — de fœdere cum Alexandro (56), — de corona (58 v°), — in Leptinem (116 v°), — in Midiam (130 v°), — in Androtionem (150), — epistolæ (157); — Aristidis orationes, Ægyptius (166), — de comœdiis non agendis (178), — ad Rhodios, de concordia (180 v°), — de concordia (187), — oratio funebris in Alexandrum (195), — encomium Romæ (198), — Cyzicus (208 v°), — in laudem Ægæi maris (213), — de laudibus Marci Antonini (214 v°), — Apellis genethliacus (218), — oratio eucharistica ad Jovem (221), — oratio isthmica in Neptunum (223 v°), — in Minervam divinatricem (227 v°), — de paraphthegmate (230 v°), — in Serapim (245), — in Herculem (248), — in Asclepium (250), — Asclepiadæ (251 v°), — in puteum Asclepii (253 v°), — sermones sacri sex (255).

XIV s. Bombyc. 289 fol. (Fontebl.-Reg. 3274.) P.

2995 A. Demosthenis orationes, Olynthiaca III., initio mutila (1), — in Philippum I. (6), — de corona (11), — in Timocratem (68 v°), — de falsa legatione (103 v°); — Synesii epistolæ (158), — et oratio habita in magnam Barbarorum excursionem (237).

XV s. Pap. 241 fol. P.

2996. Demosthenis oratio de falsa legatione, initio mutila (1); — Æschinis apologia de falsa legatione (50); — Aristidis Panathenaïcus (84), — orationes Platonicæ tres pro rhetorica (157), — oratio pro quatuor viris Pericle, Cimone, Miltiade et Themistocle (238), — de novis auxiliis in Siciliam Niciæ mittendis (302), — de auxiliis in Siciliam non mittendis (310 v°), — de concordia (321), — Leuctricæ orationes quatuor priores (337), — in Minervam divinatricem (377), — Asclepiadæ (383 v°), — in puteum Asclepii (388), — Herculis laudes (392), — monodia de Smyrna (396 v°), — Eleusinia oratio (398 v°), — epistola ad Marcum et Commodum impp. (401 v°), — palinodia de Smyrnæ restauratione (405), —

oratio in Smyrnam (410), — de funebris orationis scribendæ ratione (415 v°), — communis apologia (419).

XIII s. Bombyc. 477 fol. (Fontebl.-Reg. 3273.) P.

2997. Demosthenis orationes de falsa legatione (1), — in Timocratem (72), — de classibus (115 v°), — de republica ordinanda (123 v°), — pro Megalopolitis (130), — de Rhodiorum libertate (136), — in Cononem (142 v°), — oratio funebris (152 v°), — de fœdere cum Alexandro (160 v°), — in Leptinem (167), — in Aristogitonem duæ (200 v°), — in Calliclem (228), — in Aphobum tres (235), — in Onetorem duæ (254), — in Nausimachum et Xenopithem (262 v°), — in Spudiam (268), — de corona præfecturæ navalis (273 v°), — in Olympiodorum (277 v°) — in Zenothemidem (286 v°), — exceptio pro Phormione (292), — in Dionysodorum (302 v°), — in Nicostratum (311), — in Bœotum I. (316).

XIII s. Bombyc. 322 fol. (Medic.-Reg. 3278.) P.

2998. Demosthenis orationes de Haloneso, initio mutila (1), — de Chersoneso (3 v°), — in Philippum III. et IV. (7 v°), — ad Philippi epistolam (16 v°), — in Aristocratem (18), — de corona (50), — in Leptinem (68 v°), — in Cononem (79); — Æschinis oratio in Ctesiphontem (83); — ejusdem oratio de falsa legatione (102 v°); — Demosthenis orationes Olynthiacæ II.-IV., mutilæ (103), — de falsa legatione (118), — in Midiam (144), — in Androtionem (164 v°), — in Timocratem (173), — in Aristogitonem duæ (194); — Platonis Timæus (206); — Aristidis sermones sacri sex (243); — ejusdem oratio de paraphthegmate (278); — Libanii oratio, Demosthenis nomine, adversus Æschinem (290), — post prœlium ad Chæroneam mori postulantis (296 v°), — Philippo dedi cupientis (299 v°), — invidus, vicino locuplete facto, se ipsum defert (302 v°), — oratio parasiti ob cœnam amissam se deferentis (307 v°), — Cephali et Ariphontis disputatio, an vitæ honeste actæ sit aliquod præmium (309), — contrarium (314); — Themistii oratio qua ostenditur philosopho licere publice verba facere (319); — S. Basilii et Libanii epistolæ mutuæ (322); — Sententiæ variæ : Περὶ πενίας. Ἡ μὲν πενία... (324 v°); — Theocriti idylliorum excerpta (326); — Libanii oratio qua Demosthenes rationem reddit, cur a Philippo dimissus rempublicam non accedat (327); — Synesii epistolæ variæ (335); — ejusdem oratio in maximam Barbarorum excursionem (359); — ejusdem oratio contra Andronicum (360); — S. Gregorii Nazianzeni epistolæ variæ (363); — S. Basilii oratio de legendis gentilium libris (387).

XIII-XIV s. (Copié par Georges et Jean.) Bombyc. 389 fol. (Baluze.-Reg. 2766, 2.) P.

2999. Demosthenis orationes Olynthiacæ tres, cum scholiis (1), — in **Philippum I.** (24), — de pace (33 v°), — in Philippum II. (38), — de Chersoneso (43), — in Philippum IV. (60 v°), — ad Philippi epistolam (69 v°), — de corona (75), — de falsa legatione (136), — in Leptinem (166); — Vita Æschinis (183); — Apollonii opusculum de Æschinis vita et duplex argumentum in orationes tres. (183 v°); — Anonymi tractatus de rhetorica et figuris oratoriis : Ἀπροοιμιάστως ἐπὶ τὴν τῶν προοιμίων... (189); — Anonymi Neophron, dialogus adversus Latinos de S. Spiritus processione : Βούλει διαλεχθῶμεν... (205).

XV s. Pap. 218 fol. (Fontebl.-Reg. 3275.) P.

3000. Demosthenis orationes Olynthiacæ tres (1), — de pace (20), — de Haloneso (25 v°), — de Chersoneso (33), — ad Philippi epistolam (46), — de republica ordinanda (53), — de classibus (59 v°), — de Rhodiorum libertate (67), — pro Megalopolitis (73 v°), — in Philippum orationes IV. (79 v°), — de corona (127 v°), — de falsa legatione (204 v°), — in Leptinem (273 v°), — in Midiam (305), — in Androtionem (348 v°); — Menses Romanorum, Macedonum, Hebræorum, Ægyptiorum, Græcorum et Atheniensium (363 v°); — Anonymi lexicon, A-N : Ἀβισὰκ, ὄνομα... (364).

XV s. Pap. 369 fol. (Fontebl.-Reg. 3277.) P.

3001. Demosthenis orationes in Leptinem (1), — de corona (34 v°), — de falsa legatione (101); — Libanii sophistæ declamationes variæ (167); — Hermogenis ars rhetorica (228); — ejusdem de inventione oratoria libri III. priores (237 v°).

XVI s. (Copié, en partie, par Constantios.) Pap. 251 fol. (Fontebl.-Reg. 3276.) P.

3002. Æschinis orationes tres adversus Ctesiphontem (1), — de falsa legatione (35 v°), — adversus Timarchum (60 v°); — Aristotelis epistola ad Olympiadem (87 v°); — Dionis Antiocheni epistolæ ad Rufum, Eusebium et Sabinianum (88 et 110); — Dionysii sophistæ Antiocheni epistolæ I, III-V. (88 v°) ; — Libanii epistolæ ad Jamblichum, Anatolium, [Acacium] et Florentium (89); — Æschinis rhetoris epistolæ (92); — Libanii et S. Basilii epistolæ aliquot mutuæ (102 et 109) ; — S. Gregorii Nazianzeni epistolæ aliquot (104); — Synesii epistola ad Herculianum (108).

XVI s. Pap. 112 fol. (Hurault.-Reg. 3280.) P.

3003. Æschinis orationes tres, cum scholiis, adversus Timarchum (6), — de falsa legatione (41), — adversus Ctesiphontem (75) ; — ejusdem epistolæ (117) ; — præmittuntur vita Æschinis et argumenta (1) ; — Anonymi scholia in Aristidis Panathenaïcum, initio mutila (127), — et in oratione pro Themistocle et communi apologia (184 v°).

XV s. Pap. 222 fol. (Medic.-Reg. 3279.) P.

3004. Æschinis oratio adversus Ctesiphontem (1); — Demosthenis oratio pro corona (91).

XV s. (Copié par Georges Hermonyme.) Pap. 170 fol. (Colbert. 3510.) P.

3005. Aristidis orationes Leuctricæ quinque (1), — de concordia duæ (30), — contra criminantes quod non declamaret (42), — de comœdiis non agendis (45), — oratio gratulatoria ad Smyrnæos (48), — in Smyrnam (49 v°), — Cyzicus (52), — de paraphthegmate (56), — in Minervam divinatricem (70 v°), —Romæ encomium (73), — in laudem Ægæi maris (83), — in Asclepium (84 v°), — Asclepiadæ (86), — in puteum Asclepii (88) ; — Interpretatio XII. lapidum (90 v°).

XV s. Copié par Manuel Boniface, notaire. Pap. 90 fol. (Hurault.-Reg. 3282.) P.

3006. Aristidis Panathenaïcus, initio mutilus, cum scholii (1), — orationes Platonicæ I. et II. pro rhetorica (54 v°), — oratio pro quatuor viris Pericle, Cimone, Miltiade et Themistocle (118 v°), — oratio Platonica III. (236), — monodia de Smyrna (247 v°), — Eleusinia (249), — epistola ad Marcum et Commodum impp. (251 v°), — palinodia de Smyrnæ restauratione (254 v°), — in Smyrnam (259), — oratio gratulatoria ad Smyrnæos (263 v°), — Cyzicus (266), — Apellis genethliacus (274 v°), — oratio in prodentes causam suam sophistas (280 v°), — Leuctricæ orationes quinque (290), — de novis auxiliis in Siciliam Niciæ mittendis (346 v°), — de auxiliis in Siciliam non mittendis (356 v°), — de pace cum Lacedæmoniis ineunda (368 v°), — de pace Atheniensibus concedenda (375 v°), — ad Thebanos orationes duæ de societate cum Atheniensibus ineunda (381 v°), — de paraphthegmate (402), — de concordia duæ (422), — de comœdiis non agendis (439 v°), — in Bacchum (443), — in puteum Asclepii (444).

XIV s. Bombyc. 453 fol. (Medic.-Reg. 3281.) *P*.

3006 A. Aristidis Panathenaïcus, cum scholiis, præmittitur Aristidis vita, initio mutila (1), — oratio pro quatuor viris Pericle, Cimone, Miltiade et Themistocle (101), — Apellis genethliacus (183), — contra criminantes quod non declamaret (188 v°), — monodia de Smyrna (194 v°), — epistola ad Marcum et Commodum impp. (196 v°), — palinodia de Smyrnæ restauratione (200), — oratio gratulatoria ad Smyrnæos (205), — in Smyrnam (207 v°), — Eleusinia (212 v°), — in prodentes causam suam sophistas (215), — de comœdiis non agendis (225 v°), — in puteum Asclepii (231 v°), — de concordia duæ (235), — oratio Ulyssis nomine ad Achillem (263), — in Minervam divinatricem (271 v°), — Asclepiadæ (276 v°).

XVI s. Pap. 292 fol. *P*.

3007. Aristidis Panathenaïcus, initio mutilus (1), — oratio pro quatuor viris Pericle, Cimone, Miltiade et Themistocle (38), — de paraphthegmate, initio mutila (123), — Romæ encomium (139), — orationes Platonicæ tres pro rhetorica (141), — Leuctricæ orationes quinque (196), — de auxiliis in Siciliam Niciæ mittendis (224 v°), — de auxiliis in Siciliam non mittendis (229 v°), — de concordia duæ (235 v° et 291 v°), — in Minervam divinatricem (244), — Asclepiadæ (247), — in puteum Asclepii (249 v°), — monodia de Smyrna (253 v°), — Eleusinia (254 v°), — epistola ad Marcum et Commodum impp. (256), — palinodia de Smyrnæ restauratione (258), — in Smyrnam (260 v°), — Apellis genethliacus (272 v°), — in Bacchum

(275 v°), — oratio funebris in Eteoneum (276 v°), — ad Achillem (278), — ad Rhodios de terræ motu (283 v°), — oratio gratulatoria ad Smyrnæos (300 v°), — Cyzicus (302), — in Asclepium (306), — in Jovem (308), — in Ægæum mare (310 v°), — in Serapim (312 v°), — in Neptunum (316 v°), — oratio funebris in Alexandrum (321); — Demosthenis oratio funebris (325); — Aristidis oratio de pace Atheniensibus concedenda (329), — de pace cum Lacedæmoniis ineunda (332), — de societate orationes duæ (335 v°), — contra criminantes quod non declamaret (348).

XIV s. Bombyc. 351 fol. *M.*

3008. Anonymi scholia in Aristidis Panathenaïcum : Ἐπειδή τινας τῶν νόμων...

XVI s. (Copié par Arsène de Monembasie.) Pap. 114 fol. (Medic.-Reg. 3283.) *P.*

3009. Dionis Chrysostomi orationes quatuor de regno (1), — fabula Libyca (41 v°), — Diogenes, sive de tyrannide (44), — Diogenes, sive de virtute (52), — Diogenes, sive Isthmicus (57), — Diogenes, sive de servis (60), — censura fabularum Æschyli, Sophoclis et Euripidis de Philoctete (65 v°), — oratio de Homero (69), — de Socrate (71), — de Homero et Socrate (72 v°), — Agamemnon, sive de regno (76 v°), — Nestor (79), — Achilles (81 v°), — de regno et tyrannide (83), — de fortuna orationes tres (84 v°), — de gloria orationes tres (93 v°), — de virtute (102 v°), — de philosophia (104 v°), — de philosopho (106 v°), — de philosophi habitu (109), — quam periculosum sit aliis habere fidem (112), — de lege (120), — de consuetudine (122), — Euboïca (126 v°), — de exiliis (148 v°), — oratio dicta in Olympiis (155 v°); — Anonymi oratio anepigraphica : Κόσμος πόλει μέν... (172); — Platonis dialogi, Menexenus, initio mutilus (176), — Epinomis (185), — Axiochus (198 v°), — de justo (204), — de virtute (206), — Demodocus (209), — Sisyphus (213 v°), — Alcyon (217), — Eryxias (219), — definitiones (231); — S. Cyrilli Alexandrini fragmenta (235 v°), — Platonis epistolæ xii. (239).

XVI s. Pap. 253 fol. (J.-A. de Thou.-Colbert. 4031.) *P.*

3010. Luciani opuscula, Phalaris I. et II. (1), — Hippias, sive balneum (8 v°), — præfatio, sive Bacchus (11), — præfatio, sive Hercules (14), — de electro, sive cycnis (15 v°), — muscæ encomium (17), — epistola ad Nigrinum (20), — vita Demonactis (29), — de domo (36 v°), — patriæ encomium (44 v°); — Fl. Josephi oratio in Macchabæos (47 v°); — Georgii [Gregorii], CP. patriarchæ, orationes in laudem Michaelis Palæologi imp. (71), — in laudem Andronici Palæologi imp. (91), — maris, seu aquæ encomium (103), — de Socrate (107), — in laudem Georgii martyris (109), — in laudem S. Dionysii Areopagitæ (128 v°), — in laudem S. Euthymii, Madytorum episcopi (148 v°), — in Marinam martyrem (168 v°); — Maximi Planudis orationes in Christi sepulturam (184), — in principes apostolorum Petrum et Paulum (198 v°), — in S. Diomedem martyrem (247 v°), — comparatio veris et hiemis (280); — Joannis Gabræ oratio in ingressum beatæ Virginis in sancta sanctorum (300); — Nicephori Chumni orationes in laudem Andronici Palæologi imp. (324), — in Transfigurationem (350 v°), — de natali Domini per totum mensem celebratione (362).

XV s. Pap. 376 fol. (Fontebl.-Reg. 3355.) P.

3011. Luciani opuscula, Lucius, sive asinus (1), — encomium patriæ (18 v°), — historiæ veræ libri duo (20), — navigium, sive vota (34), — Phalaris I. et II. (39 v°), — Hippias, sive balneum (42 v°), — præfatio, sive Bacchus (43 v°), — præfatio, sive Hercules (44 v°), — de electro, sive cycnis (45 v°), — imagines (46), — pro imaginibus (49 v°), — de saltatione (53); — Libanii oratio pro saltatoribus adversus Aristidem (60 v°); — Luciani opuscula, Cynicus (69 v°), — Toxaris, sive de amicitia (72), — dissertatio cum Hesiodo (81), — Saturnalia (82), — Cronosolon (83), — epistolæ Saturnales (84), — pseudologista (86 v°), — de dea Syria (90), — tyrannicida (96), — abdicatus (98 v°), — de parasito (103 v°), — vita Demonactis (109 v°), — macrobii (112 v°), — Lexiphanes (115), — encomium Demosthenis (117 v°), — quomodo scribenda sit historia (112 v°), — de Dipsadibus (130), — encomium Herodoti (131), — dialogi Deorum aliquot (132), — Dearum judicium (132 v°), — cataplus, sive tyrannus (134 v°), — Jupiter tragœdus (138 v°), — Charon, sive contemplantes

(144 v°), — de luctu (148 v°), — de sacrificiis (150 v°), — de somnio, sive vita Luciani (152), — convivium, sive Lapithæ (154), — Timon (159), — adversus indoctum et multos libros ementem (166), — vocalium judicium (170), — pseudosophista (171 v°), — Jupiter confutatus (173), — Deorum concilium (175 v°), — somnium, sive gallus (177 v°), — bis accusatus (184), — vitarum auctio (190 v°), — dialogi mortuorum (194), — rhetorum præceptor (196), — piscator, sive reviviscentes (201 v°), — muscæ encomium (211), — de domo (212 v°), — de iis qui mercede conducti vivunt (216 v°), — apologia pro eo quod inter salutandum verbo lapsus fuerat (225), — de non temere credendo calumnias (226 v°), — fugitivi (230), — Deorum dialogi (234), — Nigrinus, sive de moribus philosophi (242), — Icaromenippus (244 v°), — Anacharsis, sive de gymnasiis (248 v°), — Menippus, sive necyomantia (253 v°), — Hermotimus, sive de sectis (256), — apologia pro iis qui mercede conducti vivunt (268 v°), — Alexander, sive pseudomantis (271), — Prometheus (285), — eunuchus, sive Pamphilus (289 v°), — dialogi mortuorum (292 v°), — dialogi marini (303 v°), — de astrologia (312), — tragopodagra (316), — contra eum qui dixerat : Prometheus es in verbis (322), — Philopatris (324), — Anacharsidis epistolæ (331 v°).

XIV s. Bombyc. 334 fol. (Hurault.-Reg. 3354.) P.

3012. Luciani opuscula, somnium, sive gallus, initio mutilus (1), — bis accusatus (11), — vitarum auctio (19 v°), — Icaromenippus (27), — pseudosophista (38), — præfatio, sive Hercules (41), — de electro, sive cycnis (42 v°), — muscæ encomium (43 v°), — tyrannicida (45 v°), — abdicatus (51), — rhetorum præceptor (58 v°), — imagines (73 v°), — encomium patriæ (76 v°), — vita Demonactis (78), — piscator, sive reviviscentes (83), — Alexander, sive pseudomantis (94 v°), — de luctu (107 v°), — Prometheus (110 v°), — judicium vocalium (116) ; — Platonis apologia Socratis, initio et fine mutila (118) ; — Stobæi fragmentum (130) ; — Demosthenis Philippicæ orationes, initio et fine mutilæ, cum Ulpiani commentario (131) ; — Aristidis orationes, in laudem Ægæi maris (147), — in Herculem (149 v°), — monodia de Smyrna (152 v°), — Romæ encomium (154), — Eleusinia (171 v°), — adversus criminantes quod non declamaret (173 v°), — in Smyrnam (177), — de concordia (183 v°), — in puteum Asclepii (196 v°), — Isthmica in Neptunum (198 v°), — oratio funebris in Eteoneum (205), — oratio funebris in Alexandrum (207), — Apellis genethliacus (212 v°), — oratio de comœdiis non agendis (216), — Panathenaïcus (226).

XIV s. Bombyc. 266 fol. (Colbert. 4532.) P.

3013. Luciani opusculum de saltatione, cum latina interpretatione et præfatione « Athanasii, episcopi Hieracensis et Oppidensis, ... ad ..... Antonium Petrucium, inclyti regis Siciliæ Ferdinandi secretarium majorem. »

XV s. Parch. 47 fol. (Colbert. 3673.) P.

3014. Libanii exempla progymnasmatum (1), — ethopœæ (52), — descriptiones (61), — thesis an ducenda sit uxor (64 et 112), — declamationes (65 v°), — oratio ad Theodosium imp. de seditione Antiochena (83 v°), — Socratis apologia (87 v°), — monodia in Nicomediam (198); — SS. Gregorii Nazianzeni et Basilii epistolæ mutuæ (202).

XIII s. Bombyc. 223 fol. (Fontebl.-Reg. 3288.) P.

3015. Libanii declamationes variæ (1) ; — Fragmentum de Dorotheo, Hierosolymit. patriarcha (125 v°).

XIV s. Bombyc. 125 fol. (Hurault.-Reg. 3289.) P.

3016. Libanii orationes, ad Cæsarium magistrum, initio mutila (1), — ad Ellebichum (6), — de vocationibus ad Olympiorum festa et ad convivia (12 v°), — ad Eustathium de honoribus (16 v°), — ad Anaxentium (24), — oratio in Lucianum (30 v°), — contra Severum (34 v°), — de vita sua (37), — adversus Aristidem pro saltatoribus (80), — oratio funebris in Julianum imp. (93), — de ulciscenda Juliani nece (139), — ad eos qui illum molestum appellabant (145 v°), — qua probare vult se non desipere (157), — epistola ad Polyclem (161 v°), — oratio ad Antiochenorum defensionem (165), — in laudem Constantii et Constantini (172), — de ira (202), — encomium bovis (204 v°), — comparatio urbis et ruris (206),

— descriptio curriculi heroum (208 v°), — descriptio calendarum (209 v°), — descriptio ebrietatis (211), — oratio de eo quod divitiæ injuria quæsitæ egestate sunt turpiores (211 v°), — narrationes et descriptiones variæ (212 vᵃ), — monodia in Julianum (236 v°), — de inexplebili cupiditate (241 v°), — declamationes variæ, fine mutilæ (243).

XIV s. Bombyc. 275 fol. (Baluze.-Reg. 3290, 2.) *P.*

3017. Libanii oratio ad Julianum pro Aristophane (4), — ad Theodosium de seditione Antiochena (12), — Socratis apologia (20 v°); — Lysiæ oratio funebris (55 v°); — Libanii orationes ad Eustathium (65), — ad Theodosium Antiochenis reconciliatum (66), — legatio ad Julianum, Antiochenorum nomine (73 v°), — oratio ad Antiochenos de placanda imp. Juliani ira (85), — ad Julianum imp. (92 v°), — ad eumdem oratio nuncupatoria (106); — Polemonis sophistæ declamatio in Cynegirum (114); — ejusdem declamatio in Callimachum (117); — Libanii declamationes variæ xxvi. (122); — Sententiæ VII. Sapientum (283); — Anonymi scholia in Platonis dialogos, et excerpta : Ἀλλ', ὦ Σώκρατες, ἔφη... (284); — præmittitur anonymi præfatio in Psalterium : Ψαλτήριον κυρίως ὀργάνου... (2).

XIV s. Bombyc. 295 fol. (Teller. Rem.-Reg. 3289, 2.) *P.*

3018. Libanii declamationes quadraginta (1); — Synesii ad episcopos epistola de lata a se adversus Andronicum excommunicationis sententia (235 v°); — Anonymi fragmentum de versibus iambicis, anacreonticis et elegiacis (237 v°).

XV s. Pap. 239 fol. (Reg. 3287.) *P.*

3019. Libanii declamationes (1); — inter quæ Anthologiæ epigrammata aliquot (70); — Philostrati imagines (179); — ejusdem heroïca (210).

XV s. Pap. 248 fol. *P.*

3020. Juliani imp. convivium (1), — de regno (20 v°), — oratio in laudem Constantii imp. (60), — in laudem Eusebiæ Augustæ (96 v°); — Homeri vita, auctore Herodoto (111).

XV s. (Copié par Pierre de Crète.) Pap. 122 fol. (Medic.-Reg. 3293.) *P.*

3021. Libanii et S. Basilii epistolæ mutuæ (1); — ejusdem ad diversos epistolæ (4) ; — Synesii epistolæ variæ (41) ; — S. Basilii homilia de legendis gentilium libris (55) ; — Epistolæ Chionis Pontici (73), — Euripidis (94), — Diogenis (101 v°), — Cratetis (115 v°), — Heracliti (119), — Æschinis (125), — Alciphronis (141), — Melissæ, Myiæ et Theanus (172) ; — Musonii epistola (177) ; — Mithridatis epistolarum Bruti collectio, vii. priores tantum (181).

XV s. Pap. 181 fol. (Colbert. 3754.) P.

3022. Libanii epistolæ cxxxiv. (1) ; — ejusdem et S. Basilii epistolæ mutuæ (181).

XV s. Parch. 186 pages. (Medic.-Reg. 3290.) P.

3023. Libanii declamationes aliquot (1 et 32) ; — Theodoræ Augustæ epistola ad Belisarium (24) ; — Anonymi opusculum de barbarismo, solœcismo et de syntaxi : Βαρβαρισμὸς ἐστὶ λέξις... (24 v° et 44) ; — De variis fœtus in utero statibus (46 v°) ; — De iv. Evangeliis, etc. (47) ; — Plutarchi opuscula, de garrulitate (48), — de insano divitiarum amore (60), — utrum animi an corporis pejores sint morbi (65), — aqua ne an ignis sit utilior (67 v°) ; — Dionysii Alexandrini orbis descriptio, cum Eustathii Thessalonicensis commentario (72).

XV-XVI s. Pap. 158 fol. (Fontebl.-Reg. 3248.) P.

3024. Libanii epistolæ aliquot, initio mutilæ (1) ; — ejusdem descriptio ebrietatis (9 v°) ; — Isocratis oratio ad Demonicum (11) ; — ejusdem oratio ad Nicoclem, de regno (20) ; — ejusdem encomium Helenes (41 v°) ; — S. Basilii homilia de legendis gentilium libris (55) ; — Procli Diadochi elementa physica [de motu libri II.] (73).

XV-XVI s. Pap. 88 fol. (Colbert. 3874.) P.

3025. Libanii monodia in Nicomediam (2), — ad Antiochenos de templi Daphnæi conflagratione (6 v°), — in Juliani imp. mortem (9) ; — Joannis Comneni lamentatio de suis peccatis, versibus (16 v°); — Joannis Tzetzæ versus politici de Belisario (19) ; — Apophthegmata septem Sapientum (19 v°); — Anonymi fragmentum de Russis ad Christianam fidem conversis, initio mutilum (20) ; — S. Epiphanii opusculum de xii. lapidibus (25 v°) ; — Agathiæ et Procopii historiarum fragmentum (28) ; — Hesychii Milesii liber de viris illustribus, pars tantum (34) ; — Lexici pars, A (36) ; — Plutarchi de puerorum educatione, et de Iside et Osiride fragmenta (46) ; — Anonymi opusculum de processione S. Spiritus adversus Latinos, initio mutilum (53).

XVI s. Pap. 60 fol. (Colbert. 4432.) P.

3026. Libanii declamationes aliquot (1) ; — Miscellanea mythologica et historica : Ἡ Γοργὼ ἑταίρα ἦν... (23) ; — Philostrati epistolæ amatoriæ (32 v°) ; — Dionysii Catonis disticha, a Maximo Planude græce versa (47) ; — Poetarum, rhetorum, philosophorum et theologorum illustriorum nomina (58 v°) ; — S. Isidori Pelusiotæ ad Cyrum epistola (58 v°) ; — Anonymi vocum quarumdam explicatio : Ἀνέμω σημαίνει δ'... (62) ; — Theocriti idyllium primum (63 v°) ; — Anonymi fragmentum de figuris poeticis : Τὰ πάθη τῶν λέξεων... (68) ; — Euripidis Hecuba, fine mutila (73).

XVI s. Pap. 79 fol. (Memmiano-Bigot.-Reg. 3248, 2.) P.

3027. Libanii oratio in Callippum, initio mutila (1) ; — De disciplinis fragmentum, ex Plutarcho, etc. (8) ; — Aristidis Quintiliani tractatus de musica, initio mutilus (16) ; — Brevis narratio de monasterio Iberorum (40) ; — Michaelis Pselli tractatus de auri conficiendi ratione (52) ; — S. Antiochi monachi fragmentum (60) ; — Herodiani tractatus de accentibus et spiritibus (62) ; — Anthologiæ epigrammata aliquot (70) ; — Bacchi senioris ad musicam introductio (74) ; — Alypii isagoge musica, initio mutila (76) ; — Herodiani opusculum de nominibus et verbis in quibus peccari solet (88) ; — Anonymi scholia in Philostrati imagines : Σκιὰ γὰρ καὶ μίμησις... (97) ; — Variæ lectiones in Philostrati imagines (114) ; — Fragmenta mechanica, scripsit Angelus Vergetius (117).

XVI-XVII s. Pap. 122 fol. (Baluze.-Reg. 3054, 2.) P.

3028. Libanii veris descriptio (A) ; — Oneirocriticon, capitibus CCCXL : Ἐάν τις ἴδῃ τὰς τρίχας... (15); — præmittitur index (1) ; — De sanctis imaginibus (162) ; — Kalandologium et brontologium (163) ; — Dionysii Catonis disticha, a Maximo Planude græce versa (165).

XVI s. Pap. 177 fol. (Medic.-Reg. 3358.) P.

3029. Juliani imp. Misopogon.

XVI s. (Copié par Christophe Auer.) Pap. 75 pages. (Colbert. 4899.) P.

3030. Nicephori Blemmidæ oratio de regis institutione.

XVI s. Pap. 35 fol. (Mazarin.-Reg. 3125.) P.

3031. Josephi rhacendytæ oratio in laudem vitæ theoreticæ (1), — versus de suis scriptis (4), — synopsis rhetoricæ (7), — tractatus physicus de corpore (47), — excerpta de anima et re medica (62) ; — [Michaelis Pselli] tractatus de quatuor mathematicis scientiis (98) ; — ejusdem (?) tractatus de virtute (140) ; — S. Joannis Damasceni excerpta de fide orthodoxa (156) ; — S. Cyrilli Alexandrini excerpta (172 v°).

XIV s. Bombyc. 175 fol. (Teller. Rem.-Reg. 2837.) P.

3032. Anonymi prelegomena rhetoricæ : Οἱ τὴν ἡμετέραν τέχνην... (1) ; — Aphthonii progymnasmata sex posteriora (17) ; — Hermogenis ars rhetorica (22 v°) ; — Parecbolæ et excerpta rhetorica : Δεῖ εἰδέναι ὅτι... (60) ; — Hermogenis progymnasmata (62 v°) ; — ejusdem methodus de apto et solerti genere dicendi (77) ; — Maximi sophistæ tractatus de objectionibus insolubilibus (100) ; — Phœbammonis de figuris oratoriis libri II. (111) ; — ejusdem opusculum de statibus (122) ; — Anonymi scholia in Hermogenis artem rhetoricam : Τῶν πολλῶν τὸ σύστημα... (127 v°) ; — SS. Athanasii et Basilii fragmenta de Incarnatione (149) ; — Theodosii, monachi et grammatici, epistola ad Leonem archidiaconum de expugnatis Syracusis, fine mutila (150) ; — insunt notæ tachygraphicæ.

XI s. Parch. 152 fol. (Fontebl.-Reg. 3514.) P.

3033. Lysiæ apologia pro cæde Eratosthenis.

XVI s. (Copié par Jean Maludan.) Pap. 22 fol. (Colbert. 6591.) P.

3034. Lycurgi oratio adversus Leocratem.

XVI s. (Copié par Jean Maludan.) Pap. 61 fol. (Colbert. 6422.) P.

3035. Aristidis oratio contra criminantes quod non declamaret (1) ; — Lysidis Pythagorici ad Hipparchum epistola (7 v°) ; — Synesii epistolæ (10 et 112) ; — inter quæ ejusdem oratio in magnam barbarorum excursionem (38) ; — Libanii epistola ad Julianum imp. (105) ; — Themistii oratio in patris obitum (106) ; — Synesii oratio ad Arcadium imp., de regno (123) ; — Libanii panegyricus ad Julianum imp. (149) ; — Nomina variarum corporis humani partium (156) ; — Libanii epistolæ (157) ; — De diebus faustis et infaustis (188) ; — Methodus inveniendi lunæ diem et cyclum (192) ; — Galeni opusculum, an fœtus in utero animal sit (197) ; — Hermetis κήρωσις εἰς ποίησιν σελήνης (207 v°) ; — Galeni liber de pulsibus (209), — et de urinis (219 v°) ; — Dioclis epistola ad Antigonum regem de conservanda valetudine (230) ; — De duodecim anni mensibus et quibus alimentis per singulos sit utendum, fine mutilum (233).

XIV s. Bombyc. 237 fol. (Baluze.-Reg. 3281, 2.) *P.*

3036. Aristidis Panathenaïcus.

XVI s. (Copié par Jean Maludan.) Pap. 45 fol. (Colbert. 6599.) *P.*

3037. Luciani opuscula, de somnio, sive de sua ipsius vita (1), — adversus eum qui dixerat : Prometheus es in verbis (5), — Nigrinus, sive de moribus philosophi (8), — judicium vocalium (18), — Timon (21 v°), — Alcyon (37), — Prometheus (39 v°), — Deorum dialogi (45 et 127), — dialogi marini (65 v°), — dialogi mortuorum (75 v°), — Menippus, sive necyomantia (103 v°), — Charon, sive contemplantes (112), — de sacrificiis (122 v°).

Copié en 1548 par Pierre Moreau. Pap. 128 fol. (Colbert. 6399.) *P.*

3038. Juliani imp. Misopogon.

XVI s. Pap. 50 fol. (Medic.-Reg. 3517.) *P.*

3039. Jacobi monachi ad Irenem Augustam epistolæ XLIII.

XII s. Parch. 276 fol. (Mazarin.-Reg. 2001.) *M.*

3040. Nicephori Gregoræ opuscula et epistolæ.

XVII s. Pap. 143 fol. (Reg. 2079, 2.) *G.*

3041. [Manuelis Palæologi] ad Demetrium Cydonium, Nicolaum Cabasilam, Manuelem et Demetrium Chrysoloram et ad diversos epistolæ LXIII. (1) ; — ejusdem declamatio de imagine veris (38) ; — ejusdem ethoœpia Tamerlanis ad Bajazetem (38 v°) ; — ejusdem psalmus eucharisticus de fulmine Agareno (38 v°) ; — ejusdem (?) carmen adversus atheum (39) ; — Antenoris prooemium ad Ulyssem, nomine Menelai, de

Helena (46 v°) ; — [Demetrii Cydonii (?)] oratio suasoria ad Thessalonicenses cum obsiderentur (47); — ejusdem (?) oratio adversus ebrium (51 v°) ; — epistola ad [Nicolaum] Cabasilam (60 v°), — oratio panegyrica de principis sanitate (66), — epistolæ variæ (72 v°), — dialogus moralis de matrimonio (89); — Canon paracleticus in honorem beatæ Mariæ (104); — [Georgii (?)] Mitylenæi synaxarium totius anni, versibus (105); — Precatio navigantium, ex Psalmis (127 v°); — S. Athanasii disputatio adversus Judæos (128) ; — De VII. primis œcumenicis conciliis (131); — S. Augustini precatio in missæ introïtum (133); — Μεγαλυνάρια in sepulturam Domini, etc. (134 v°); — Nicetæ Choniatæ annalium compendium, initio mutilum (137 et 219) ; — Georgii Acropolitæ historiæ pars (187).

XV-XVI s. Pap. 283 fol. (Fontebl.-Reg. 2415.) *M.*

3042. Gregorii [Georgii] Cyprii, CP. patriarchæ, epistolæ CLVI. (6) ; — præmittitur illius vita (1).

XVI s. Pap. 119 fol. (Colbert. 1678.) *M.*

3043. Andronici Callisti epistola ad Georgium Palæologum (1) ; — Theodori Gazæ epistola ad Demetrium (2 v°) ; — Georgii Amirytzæ epistola ad Bessarionem post expugnationem CP. (4 v°) ; — Nicephori Gregoræ monodia in mortem Georgii Metochitæ (7 v°) ; — Joannis Hermetiani oratio, nomine Andreæ Palæologi ad Paulum II. papam (10 v°) ; — Manuelis Palæologi allocutio ad summum pontificem (11 v°) ; — ejusdem allocutio ad Bessarionem (12 v°); — ejusdem allocutio ad despotam patrem (13); — Josephi, CP. patriarchæ, sententia in sancta synodo [Florentina] (14 v°) ; — Georgii Scholarii ad imperatorem epistola de rebus Florentiæ gestis (15) ; — Georgii Amirytzæ sententia data Florentiæ coram imperatore et patriarcha (16 v°) ; — Decretum synodi Florentinæ, a. 1437. (18) ; — Gregorii epistola ad Bessarionem cardinalem (21) ; — ejusdem oratio in eumdem (23 v°).

XVI s. Pap. 32 fol. (Colbert. 3028.) *M.*

3044. [Libanii, vel Procli,] characteres epistolici (1); — De rebus impossibilibus (8); — Sapientum sententiæ (8 v° et 11 v°); — [Georgii (?)] Mitylenæi versus CXXXII. (9); — Juliani imp., Libanii et S. Basilii epistolæ mutuæ (12) ; — S. Basilii oratio de legendis gentilium libris (22 v°) ; — Epistolæ Æschinis (35 v°), — Platonis (37), — Diogenis (45), — Cratetis (54) ; — Theophylacti Simocattæ dialogus de variis quæstionibus naturalibus (57) ; — Alexandri Aphrodisiensis problemata (69) ; — Phalaridis epistolæ (80) ; — Pythagoræ ad Hieronem epistola, etc. (133 v°).

XV s. Copié (en partie) par Emmanuel Atramyttenos. Pap. 135 fol. (Colbert. 4923.) P.

3045. Joannis Zonaræ epistolæ (1) ; — Anonymi tractatus de arithmetica et geometria (173).

Copié en 1488 par Théodore. Pap. 192 fol. (Fontebl.-Reg. 3364.) P.

3046. Phalaridis epistolæ (1) ; — Bruti epistolæ (30).

XVI s. Pap. 38 fol. (Teller. Rem.-Reg. 3356, 2.) P.

3047. Epistolæ Euripidis (1), — Hippocratis (5), — Diogenis Cynici (20), — Mithridatis epistolarum Bruti collectio (23 v°), — Phalaridis (34 v°), — Pythagoræ ad Hieronem (62 v°), — Lysidis ad Hipparchum (62 v°), — Apollonii Tyanei (64) ; — Pythagoræ carmina aurea (67) ; — Theophylacti Simocattæ epistolæ morales, rusticæ et amatoriæ (68 v°) ; — Epicteti enchiridii excerpta (76 v°) ; — Phocylidis versus (83 v°) ; — Hermetis Trismegisti carmen de terræ motibus (88) ; — Empedoclis carmen de VII. planetis (89 v°) ; — Homerocentra (90) ; — [Gregorii [Georgii] Corinthii] tractatus de dialectis (137) ; — Anonymi opusculum de figuris orationis (160) ; — Phalaridis epistolæ (161).

Copié en 1420 par Georges Chrysococcès. Pap. 200 fol. (Medic-Reg. 3357.) P.

3048. Theodori Ducæ Lascaris epistola ad Georgium Acropolitam (1), — orationes in laudem Joannis Ducæ imp. (11 v°), — in laudem urbis Nicææ (31 v°), — in Fredericum, Germanorum regem (38 v°), — in laudem Georgii Acropolitæ (43), — apologia ad amicos hortantes ut uxorem duceret (47 v°), — ad Georgium Muzalem, quo pacto domini erga famulos et famuli erga dominos se gerere debeant (51), — encomium veris (61), — satyra in pædagogum (66), — lusus ad quemdam (87 v°) ; — Michaelis Suliardi versus de quinque capitibus ecclesiæ : Κάραι πέντε πέφυκαν... (90) ; — Andreæ τοῦ Ἀρνῆ canones et preces varia (96) ; — Fragmentum de fide orthodoxa (103) ; — Interpretatio symboli (104 v°) ; — Sententiæ variæ theologicæ (108) ; — Theodori Studitæ fragmentum (113) ; — Interpretatio orationis Dominicæ (113 v°) ; — cf. cod. 2594.

Copié en 1486 par Michel Souliardos. Pap. 115 fol. (Reg. 3381.) P.

3049. Anonymi cujusdam Itali epistolæ gr.-lat. (1) ; — Julii Pollucis de cotidiana locutione libellus gr.-lat. (80 v°).

XV s. (Copié par Georges Hermonyme.) Pap. 116 fol. (Teller. Rem.-Reg. 3396.) P.

3050. Epistolæ Phalaridis (1 et 71 v°), — Mithridatis epistolarum Bruti collectio (57), — Pythagoræ ad Hieronem epistola (71 v°), — Alciphronis (73 et 161), — Melissæ epistola (101 v°), — Myiæ epistola (102), — Theanus Pythagoricæ (103), — Hippocratis (107), — Diogenis Cynici (117), — Cratetis (127 v°), — Chionis (130), — Anacharsidis (144 v°), — Apollonii Tyanei (147 v°), — Euripidis (151).

XV s. Parch. 166 fol. (Mazarin.-Reg. 3356.) P.

3051. Anonymi cujusdam Itali epistolæ, gr.-lat.

XV s. (Copié par Georges Hermonyme.) Pap. 73 fol. (Baluze.-Reg. 3404.) P.

3052. Epistolæ Bruti (1), — Libanii (6), — Æschinis (21), Artaxerxis et Hippocratis (38), — Platonis (40) ; — Phurnuti [Cornuti] liber de natura Deorum (46) ; — Menses Romanorum, Ægyptiorum, Macedonum, Cappadocum, Græcorum, Hebræorum (desunt), Bithynorum, Cypriorum et Atheniensium (92) ; — Demosthenis vita, auctore Libanio, cum illius ad Montium epistola (95) ; — Sententiæ e Menandro et aliis poetis collectæ (99) ; — Suidæ excerpta (111) ; — Platonis definitiones (115) ; — Anonymi prolegomena rhetoricæ, capitibus x. : Τὰ προλεγόμενα τῆς ῥητορικῆς... (127) ; — Matthæi Camariotæ compendium rhetoricæ ex Hermogene (135) ; — ejusdem epitome in progymnasmata rhetorica (217).

XVI s. Pap. 223 pages. (Colbert. 4927.) P.

3053. Nicolai Secundini et Bessarionis cardinalis epistolæ duæ ad Andronicum Callistum, a. 1462.

XVI s. (Copié par Jacques Diassorinos.) Pap. 8 fol. (Colbert. 5063.) P.

3054. Epistolæ Isocratis (1), — Socratis (40 v°), — Aristotelis (106), — Æschinis (112), — Alciphronis (133 v°), — Chionis (146 v°), — et Theanus Pythagoricæ (175 v°); — inseritur Plutarchi vitæ Tiberii Gracchi fragmentum (110); — Excerpta geographica (184).

XV s. (Copié par Janus Lascaris.) Pap. 190 fol. (Medic.-Reg. 3530.) *P.*

3055. Guillelmi Budæi epistola ad Petrum [Amicum], ordinis Minorum monachum.

XVI s. (Copié par Jean Maludan.) Pap. 9 fol. (Colbert. 6589.) *P.*

3056. Athenæi Deipnosophistarum libri X. priores (1); — Remedia « ad servandum a peste, » lat. (224).

Copié en 1482 (en partie) par Ermolao Barbaro. Pap. 224 fol. (Reg. 2807.) *M.*

3057. Eudociæ Augustæ violarium.

XVI s. (Copié par Constantin Palæocappa.) Pap. 602 pages. (Colbert. 274.) *M.*

3058. Michaelis Apostolii violarium, seu proverbia, cum Arsenii Monembasiæ epistola dedicatoria ad Leonem X. papam, et scholiis.

XVI s. (Copié par Arsène de Monembasie.) Pap. 374 fol. (Hurault.-Reg. 2809.) *M.*

3059. Michaelis Apostolii proverbia, cum epistola ad Laurum Cyrinum (23); — præmittuntur sententiæ celebriores, lat.-gr. (1); — Philostrati liber de vitis sophistarum (144); — Theodori Prodromi oratio adversus illud : Paupertas sapientiam sortita est (205).

Copié en 1474 par Michel Apostolios. Pap. 211 fol. (Fontebl.-Reg. 2808.) *M.*

3060. Michaelis Apostolii proverbia, ad Gasparum, Osmi episcopum.

XVI s. Pap. 313 fol. (Teller. Rem.-Reg. 2221.) *M.*

3061. Michaelis Apostolii proverbia, cum Arsenii Monembasiæ epistola ad Leonem X. papam.

Copié en 1516 (?). Pap. 293 fol. (Colbert. 1219.) *M.*

3062. Index alphabeticus codicum mss. græcorum bibliothecæ Vaticanæ, Augustini Steuchi, Eugubini episcopi, jussu redactus.

XVI s. Pap. 120 fol. (Reg. 2812.) *M.*

3063. Catalogue des « livres françois et latins recens » de Hurault de Boistaillé (1); — Catalogus codd. mss. græcorum bibliothecæ Vaticanæ (1).

Copié en 1586 par F. Morel. Pap. 6 et 53 fol. (Faure.-Reg. 10283, 2.) *M.*

3064. Catalogus prior codd. mss. græcorum bibliothecæ regiæ Fonteblandensis (1); — Catalogus codd. mss. græcorum bibliothecæ Bessarionis cardinalis, cum epistola ad principem senatumque Venetum, a. 1469. (16); — Catalogus codd. mss. græcorum Guillelmi Pellicerii, Montispessulani episcopi (33); — Index codd. mss. græcorum Hieronymi Fonduli, 1529. (68); — Codicum mss. aliquot græcorum index anepigraphus (70); — Aldi Manutii catalogus officinalis librorum gr. et lat., 24 nov. 1513, in-fol. (76); — « Index librorum græcorum qui reperiuntur » (82); — Aldi Manutii catalogus officinalis librorum græcorum, oct. 1498, in-fol. (84); — Aldi Manutii epistola de suis libris, 16 mart. 1503, in-fol. (85); — Specimina duo Bibliæ hebr. gr. lat., ex Aldi impr. (86); — Aldi Manutii catalogus officinalis librorum gr. et lat., 22 jun. 1503, in-fol., cum correct. autogr. (89).

XV-XVI s. Pap. 90 fol. (Colbert. 2145.) *M.*

3065. Index alphabeticus codd. mss. græcorum bibliothecæ regiæ Fonteblandensis.

XVI s. (Copié par Ange Vergèce.) Pap. 73 fol. (Fontebl.-Reg. 2813.) *M.*

3066. Catalogus codd. mss. græcorum bibliothecæ regiæ Fonteblandensis, 1552.

XVI s. (Copié par Constantin Palæocappa.) 152 fol. (Fontebl.-Reg. 10280.) *M.*

3067. Collectanea, pleraque manu Joannis a Sancta Maura, inter quæ : S. Basilii epistolarum indices (4 v°); — Theophanis chronici fragmentum (13); — Epitaphia Alexandri Farnesii cardinalis, a Cortesio Tusurio Epirota (14); — « In causa ill. magni ducis Etruriæ cum D. Georgio Heraclio et aliis, 26 aug. 1585, Neapoli » (18); — Conciliorum aliquot canones (23); — Collectanea ecclesiastica (29); — S. Thomæ Aquinatis fragmentum (54); — Preces gr.-lat. (56); — Michaelis Syncelli fragmentum (67); — Physiologus (68); — Genealogia beatæ

Mariæ (69); — Lexicon Homeri batrachomyomachiæ (70); — « La presa de Cypro, 1570. » (72 v°); — Notæ historicæ, a. 1572-1573. (73 v°); — Methodus computi (75); — Sermones varii (76); — Angeli Calabri abbatis sermo in ramos palmarum (79); — De octo sermonis partibus (85); — Lexicon versuum aureorum Pythagoræ (87); — Glossæ gr.-lat. (88 v°); — Lexicon vocum Phocylidis et epistolarum Phalaridis (92); — Orationes variæ gr.-lat. (93); — Epitaphium cardinalis Sirleti (100); — Gabrielis, Bulgariæ, Serviæ, etc. archiepiscopi, epistola, a. 1585. (102); — S. Joannis Damasceni fragmentum de mortuorum resurrectione, gr.-lat. (114); — Liturgia, gr.-lat. (108); — « Preces biblicæ, » gr.-lat. (117); — Erotemata grammatica (126); — Officia ecclesiastica (174); — Epigrammata in Camillum Peruscum cardinalem et Hippolytum Βάρυλην (197 v°); — S. Hippolyti Romani fragmentum de Susanna (211); — S. Joannis Chrysostomi homilia de Susanna (211); — « Index codicis græci cardinalis Justiniani » operum S. Athanasii (216); — Catalogus codd. mss. græcorum præcipuorum monasterii insulæ Patmi (228); — Procli, CP. patriarchæ, homilia in sancta Theophania (232); — S. Athanasii fragmenta « ex oratione contra gentes » (250); — Collatio libelli περὶ ἀστρονομίας Mich. Pselli cum cod. Vaticano ms. (263); — Testamentum Gerasimi, abbatis monasterii SS. Petri et Pauli in Calabria (266); — Nicolai Ferrini epistola ad Gregorium XIII. papam (267); — inseruntur epistolæ aliquot Joannis de Sᵃ. Maura vel ad eum directæ.

XVI s. Pap. 270 fol. (Teller. Rem.-Reg. 2836.) *M.*

3068. Catalogus codd. mss. græcorum Guillelmi Pellicerii, Montispessulani episcopi.

XVI s. Pap. 30 fol. (Colbert. 2276.) *M.*

3069. Angeli Politiani miscellanea, gr.-lat.
Copié en 1488-1491. Pap. 314 fol. (Reg. 2829.) *M.*

3070. Zenobii epitome Tarrhæi et Didymi proverbiorum.
XII s. Parch. 174 fol. (Fontebl.-Reg. 3529.) *P.*

3071. Zenobii epitome Tarrhæi et Didymi proverbiorum.
XVI s. Pap. 46 fol. (Teller. Rem.-Reg. 3398.) *P.*

3072. Michaelis Apostolii proverbia, ad Gasparum, Osmi episcopum.

XVI s. Pap. 94 fol. (Bigot.-Reg. 3115, 2.) P.

·3073. Catalogus mss. græcorum bibliothecæ Vaticanæ.

XVI s. Pap. 101 fol. (Colbert. 5125.) P.

·3074. « Index librorum [mss. græcorum] R. D. Nicolai cardinalis Rodulphi » (1); — « Libri diversarum annotationum quondam R. cardinalis Ægidii Viterbiensis » (74 v°); — « Libri latini promiscue domini cardinalis Rodulphi » (79 v°).

XVI s. Pap. 88 fol. (Colbert. 3769.) P.

3075. « Nicephori Gregoræ libri, tum historici, tum dogmatici, quos in codicibus Regis christianissimi desideratos ex ms. bibliothecæ Vaticanæ 1095. describi curavit... Fridericus Rostgaard. Romæ, 1699. »

Copié en 1699 par Fr. Rostgaard. Pap. 99 fol. (Reg. 2952, 2.) P.

3076. Phurnuti [Cornuti] liber de natura Deorum, cum variis lectionibus « ex cod. H. Scrimgeri » (1); — Palæphati liber de incredibilibus historiis (25); — Palladii historia de Brachmanibus (50); — Archigenis et Oribasii fragmentum de nephritide (56).

Copié (en partie) en 1616. Pap. 61 fol. (Delamare.-Reg. 3339, 3.) P.

3077. Zenobii epitome Tarrhæi et Didymi proverbiorum.

XVI s. Pap. 81 fol. (Baluze.-Reg. 3529, 2.) P.

3078. « Claudii Salmasii variæ lectiones in Phornutum [Cornutum] et Palæphatum. Ejusdem variæ lectiones in Gregorium Nazianzenum. »

XVII s. (Copié par Cl. Saumaise.) Pap. 22 fol. (Delamare.-Reg. 3441,2.) P.

3079-3117. Collectanea Bigotiana.

3079. Euthymii Zigabeni commentarius in Psalmos; præmittitur Cosmæ Indicopleustæ prologus. — 177 fol.

3080. « Synodi Florentinæ... accurata narratio, authore Sylvestro Syropoulo, ... ex ms. regio 1369 [latine versa] per F. Jacobum Goar, O. P. » — 206 fol.

3081. Palladii, Helenopoleos episcopi, dialogus de vita et conversatione S. Joannis Chrysostomi (1); — Cassiani monachi liber de cœnobiorum institutis (40); — ejusdem liber de octo capitalibus vitiis (48); — ejusdem collationes SS. PP. (66). — 103 fol.

3082. S. Nili monachi tractatus de voluntaria paupertate. — 31 fol.

3083. Excerpta e variis SS. PP. operibus. — 19 fol.

3084. Joannis Laurentii Lydi Philadelphiensis liber de mensibus (1); — Calendarium astronomicum (49). — 60 fol.

3085. Petri diaconi et philosophi tractatus de sole, luna et sideribus (1); — Exemplar alterum, s. XVI. (6). — 9 fol.

3086. Emerici Bigotii animadversiones variæ in V. et N. Testamentum. — 297 fol.

3087. Philonis Carpathii commentarius in Cantica canticorum (1); — Fl. Josephi libri I. de bello judaico fragmentum (B); — S. Joannis Chrysostomi homilia in Jonam, Danielem et tres pueros (1); — ejusdem homilia post reditum e fuga (6); — Innocentii papæ I. ad Arcadium epistola de S. Joanne Chrysostomo (10); — Choricii sophistæ oratio in laudem summi ducis (28); — ejusdem oratio funebris Procopii sophistæ Gazæ (40); — Archimedis liber de iis quæ aquis innatant (61); — S. Joannis Chrysostomi homiliæ in S^a. Theophania fragmentum (66); e codd. Vaticanis. — 42 et 68 fol.

3088. Constantini Acropolitæ epistolæ duæ (1); — Anonymi tractatus de musica ecclesiastica : Ἀρχή, μ'ση, τέλος... (2); — Abramii, Ephesi episcopi, homilia in Purificationem (14); — Theodori Sabbaïtæ capita practica (15); — Christophori [Theophili], Alexandrini archiepiscopi, parænesis ascetica (16); — Eusebii Alexandrini homilia in secundum Christi adventum (28); — Manuelis Phile versus in laudem S. Andreæ Cretensis S. Nicolaum Myrensem extollentis (29 v°); — « Extrait d'une lettre de M. Claude Dupuy à M. Pinelli, » etc. (31); — « Ex conscriptis D. Petri Morini descripta corrigenda in Bibliis LXX interpretum, Romæ impressa sub Sixto V. »

(37); — Constantini Acropolitæ oratio in templum Dominicæ resurrectionis instauratum (47); — Excerpta varia e codd. aliquot bibliothecæ Ambrosianæ (56). — 61 fol.

3089. « Epistola sancti Archilai, episcopi catholici contra Manichæum, » lat. (1); — « Doctrina iniqui et perfidi Manichei, » e cod. Bobiensi, lat. (16); — Euthymii Zigabeni fragmenta (33); — Aurelii Prudentii carminum fragmenta (36); — Hymnorum ecclesiasticorum fragmenta, lat. (41); — « Variæ lectiones Theodori, presbyteri Raithi » (45); — S. Anastasii Antiocheni capita dogmatica (61); — « Variæ lectiones in epist. Constantini imp. ad Arium » (72); — « Exemplar Ratherii Veronensis ad Petrum Veneticum », etc., lat. (74); e codd. Ambrosianis. — 76 fol.

3090. Excerpta varia e SS. Athanasio, Gregorio Nazianzeno, Basilio, Joanne Chrysostomo, Cyrillo Alexandrino, Proclo, Augustino, Tito Bostrensi, lat. (1); — « Regulæ monachorum a Johanne Cassiano conscriptæ » (29 v°); e codd. Florentinis. — 63 fol.

3091. Excerpta varia mss. (1); — « Catalogus omnium mss. bibliothecæ B. Mariæ de Lyra » (67). — 74 fol.

3092. « Expositio Epiphanii, episcopi Cyprii, in Canticis canticorum, » lat. (1); — S. Joannis Chrysostomi homilia in S\ua. Theophania (112); — ejusdem homilia in celebritatem angelorum (1); — ejusdem homilia in festum archangelorum (5); — ejusdem homilia in sanctam crucem (10). — 124 et 22 fol.

3093. S. Joannis Chrysostomi homilia in illud : Pater, si possibile est (1); — Encomium S\uae. Agathæ, auctore Methodio, CP. patriarcha (17); — Notitiæ aliquot codd. bibl. Laurentianæ vitas SS. continentium (19). — 39 fol.

3094. S. Joannis Chrysostomi homilia IV. ad Antiochenos. — Copié par Federic Morel. — 32 fol.

3095. S. Joannis Chrysostomi homilia in Zachariam et Elisabeth (2); — ejusdem homilia in principes apostolorum Petrum et Paulum (8); — Excerpta e variis codd. Laurentianis vitas SS. continentibus (16 et 71); — S. Nili monachi liber de philosophia secundum Christum (34); — Apollonii Citiensis pars commentarii in Hippocratis librum de articulis (81 et 93); — S. Maximi epistolæ aliquot (83). — 98 fol.

3096. « Variæ lectiones ex tribus mss. codd. Mediol. Ambros. biblioth. in catalogum illustrium virorum S. Hieronimi ad Dextrum, » lat. (2); — S. Nili epistola ad Olympiodorum (59). — 60 fol.

3097. Excerpta e variis codd. Colbertinis, e Palladii historia Lausiaca (1), — Euthymii Zigabeni dogmatica panoplia (106), — et Leontii, Cypri episcopi, capitibus (109).— 113 fol.

3098. S. Nili opuscula varia (1); — « Variæ lectiones orat. I. Gregorii Nysseni contra Eunomium » (98). — 98 fol.

3099. Henrici Valesii ad Octavium Falconerium epistola, a. 1669. (3); — « Ad inscriptiones athleticas Octavii Falconerii notæ » (3 v°); — Evagrii liber ad Anatolium de octo vitiosis cogitationibus, e cód. Regio (8); — Oribasii synopsis ad Eustathium fragmentum (13); — « Scaligeriana » excerpta (20). — 59 fol.

3100. « Emendationes locorum quorumdam Luciferi Calaritani » (A); — S. Basilii Seleuciensis homilia in Pentecosten (1); — ejusdem homilia in Jobum (4); — Vita in epitome S. Joannis Chrysostomi (11); — S. Nili epistolæ aliquot (12); — Encomium S. Joannis Chrysostomi, auctore Martyrio, Antiochensi episcopo (17); — Constantini Porphyrogeniti oratio in S. Joannem Chrysostomum (23); — Joannis Glycæ epistola ad Andronicum Palæologum de S. Joanne Chrysostomo (43); — Anonymi homilia in eumdem : Ἀκούω τινὸς τὴν ἑαυτοῦ... (45); — S. Joannis Chrysostomi homiliæ II. in nativitatem Christi (56), — in infantes sub Herode interfectos (67), — in Sᵃ. Theophania et S. Joannem Baptistam (73), — in nativitatem beatæ Mariæ (80), — in Publicanum et Pharisæum (82), — in Sᵃ. Theophania (88), — de jejunio et temperantia (96), — in parabolam decem virginum, et de eleemosyna, etc. (100), — in nativitatem Christi (107), — in Purificationem (118), — in sepulturam et resurrectionem Christi (129); — S. Ephræmi

Syri, Theodori Studitæ, et vitarum SS. excerpta (1); — Nicolai Smyrnæi opusculum de dactylico metro (7); — « Opera Chrysostomi non edita a Savilio » (10); — « Assertio librorum ab auctoritate sapientum virorum » de S. Joanne Chrysostomo (13). — 134 et 16 fol.

3101. Notitia lectionariorum aliquot latinorum bibliothecæ Laurentianæ. — 8 fol.

3102-3103. Vitæ SS. aliquot, e codd. Colbertinis. — 155 et 94 fol.

3104. Episcoporum et clericorum oratio apologetica ad Joannem Palæologum imp. de synodo Florentina (1); — Marci Eugenici oratio apologetica, morte imminente dicta (8); — ejusdem epistola ad Gennadium Scholarium (10); — Variæ lectiones ad Leonis tactica (14). — 107 fol.

3105. Gregorii Palamæ dialogus latinum inter et græcum adversus primatum papæ et concilium Florentinum. — XVI s. 16 pages.

3106. « Scholia in Lucianum, ex mss. bibliothecæ Is. Vossii, 8 sept. 1638. » (9); — « Authores qui citantur a Theophilo Antioch. » (66); — « Authores qui citantur a Justino martyre » (104); — « Authores qui citantur a Tatiano » (105); — Index auctorum qui ab Hesychio, Julio Polluce, Suida, S. Clemente Alexandrino, etc. laudantur (188). — 189 fol.

3107. Variæ lectiones in Themistium (1); — Urbicii tactica, e cod. Ambrosiano (42). — 51 fol.

3108. Variæ lectiones in Themistium (1); — Index codd. præstantiorum bibliothecæ Ambrosianæ (81). — 82 fol.

3109. Emendationes ad Libanii panegyricum Constantis et Constantii impp. (3), — ad Victoris Vitensis libros II-III. (11), — « in Arati phænomena, ex exemplari Cl. Salmasii » (16), — et prognostica (18 v°), — in S. Joannis Chrysostomi librum de sacerdotio (20), — in « itinerarium Antonini monachi, ex codd. Thuani et Altini » (27); — Excerpta varia (28). — 52 fol.

3110. Libanii epistolæ variæ (1); — Variæ lectiones ad Plinii naturalem historiam (38); — « Ex catalogo bibliothecæ Vallicellanæ, congregationis Oratorii de Urbe, mss. codd.

græcorum » (57); — Variæ lectiones ad Julii Pollucis onomasticon (71). — 93 fol.

3111. Eusebii Pamphili fragmentum de universo, ex Plutarcho (1); — Constantini imp. oratio ad orientales duces (3); — Basilii patricii naumachica (13 et 18); — « Franciscus Petrarcha de sua Laura » (15); — Leonis imp. tacticorum supplementa (29); e codd. Ambrosianis. — 34 fol.

3112. S. Joannis Damasceni fragmentum de rebus in Perside gestis (5); — Vita S. Nicolai, Myrensis episcopi (8); — S. Georgii, Nicomediensis episcopi, homilia in Josephum et Virginem (10); — Index homiliarum S. Joannis Chrysostomi (36); — Index mss. græcorum bibliothecæ Vaticanæ (?) (44). — 89 fol.

3113. Excerpta varia e codd. Laurentianis (1); — Variæ lectiones ad Anacreontem (47), — ad Jamblichum de vita Pythagoræ (51), — ad commentarium Hieroclis in aurea carmina Pythagoræ (59); — « Notæ Lucæ Holstenii in historiam Philostorgii » (97); — Explicatio historiarum quæ occurrunt in S. Gregorii Nazianzeni oratione funebri S. Basilii (145). — 165 fol.

3114. Excerpta varia e codd. Florentinis. — 7 pages.

3115. Excerpta varia e codd. Ambrosianis (2 et 80); — Severi Alexandrini opuscula (15); — SS. PP. excerpta varia (24); — Theodori Abucaræ epistola continens de Christo fidem orthodoxam (34); — Eustratii, Nicæni metropolitæ, capita de incarnatione Christi (49); — Alexandri Ῥωξίου epistola ad Michaelem Sophianum (62); — Index codd. mss. bibliothecæ Ambrosianæ (63). — 90 fol.

3116. « Notæ et restitutiones ad varios auctores græcos, » Theodoretum, S. Maximum, etc. — 45 pages.

3117. Excerpta varia, pleraque latina, inter quæ : Jo. Henr. Boecleri epistola ad Emericum Bigotium, 1659. (81); — Rob. Konigsmanni epistola ad Emericum Bigotium, 1659. (81 v°). — 155 fol.

XVII s. Pap. 39 vol. (Cf. Suppl. gr. 1075.) P.

INVENTAIRE SOMMAIRE

DES

MANUSCRITS GRECS DE COISLIN

---

1. Octateuchus (5), — et Regum libri I-III, vm, 40, cum scholiis (195); — præmittuntur interpretationes nominum hebraïcorum : ... Ἀλά-Κυθίως... (1).

VI s. Parch. 227 fol. Onciale. *M.*

2. Octateuchus.

X s. Parch. 354 fol. *M.*

3. Octateuchus (1), — et Regum libri IV. (165).

XII s. Parch. 242 fol. *G.*

4. Vetus Testamentum, excepto Psalterio : Octateuchus et Regum libri IV. (1); — Paralipomenon libri II. (216); — Esdræ libri II. (245 v°); — Esther (263); — Judith (268); — Macchabæorum libri IV. [Josephus] (275 v°); — Tobias (317 v°); — Esaias (323); — Jeremias (346); — Baruch (370 v°); — Threni et epistola Jeremiæ (372 v°); — Ezechiel (375 v°); — Daniel (401 v°); — XII. Prophetæ minores (412 v°); — Proverbia (433 v°); — Ecclesiastes (446); — Cantica canticorum (449 v°); — Job (452); — Sapientia Salomonis (463 v°); — Sapientia Siracidæ (472); — Hymnus patrum : Αἰνέσωμεν δὴ ἄνδρας... (487).

XIV s. Bombyc. 489 fol. *G.*

5. Catena in Leviticum, Numeros, Deuteronomium, Josue, Judices et Ruth.

Copié en 1264 par Théodore Lampetos. Parch. 185 fol. *G.*

6. Catena in Leviticum, Numeros, Deuteronomium, Josue, Judices et Ruth.

XIII s. Parch. 276 fol. G.

7. Josue, Judices, Ruth (1), — et Regum libri IV. (40), — cum catena.

XII s. Parch. 127 fol. M.

8. Regum libri I, xiv, 49-IV. (1); — Paralipomenon libri II. (161); — Esdræ libri II. (220); — Esther (234 v°); — Tobias (241); — Judith (246); — Macchabæorum libri II. (256); cum variorum Patrum commentariis; — Fragmenta de re medica (1 et 283).

X s. Parch. 283 fol. G.

9. Catena in librum Job, initio mutila, vi, 21. (1); — Menæi fragmentum, s. xii. (138).

XV s. Bombyc. 138 fol. M.

10. Psalmi, cum catena, initio et fine mutila.

X s. Parch. 355 fol. G.

11. Euthymii Zigabeni commentarius in Psalmos.

XIV s. Bombyc. 431 fol. M.

12. Catena in Psalmos, initio mutila (9); — præmittuntur: Procemium in Psalmos : Τῆς βίβλου τῶν ψαλμῶν... (1); — Eusebii Pamphili argumentum in Psalmos (1 v°); — et anonymi epistola in Psalmos : Οὐκ ἐστί τὸ ψαλτήριον... (4 v°).

XIV s. Parch. et bombyc. 327 fol. M.

13. Psalterium, cum canticis.

Copié en 1304 par Théodore. Parch. 262 fol. Peint. M.

14. Expositio in Psalmos et cantica (7 v°); — præmittuntur: S. Joannis Chrysostomi protheoria in Psalmos (1 et 119); — Eusebii expositio in diapsalma (3 v° et 123 v°); — Anonymi versus in Davidem : Ἄκουε Δαυΐδ... (3 v° et 123 v°); — Apophthegmata S. Gregorii Theologi, Nili, Maximi et Philonis monachorum (3 v° et 124); — et anonymi præfatio in Psalmos: Ψαλτήριον κυρίως... (4 et 124 v°).

Copié en 1547 par Nicolas Lichinas. Pap. 129 fol. M.

15. Catena in Proverbia Salomonis.

XVI s. Pap. 94 fol. *M.*

16. Anonymi quæstiones et responsiones in S. Scripturam : Χωρὶς τὰ θεῖα... (2); — Theodoreti, Cyri episcopi, et aliorum Patrum interrogationes et responsiones de V. Testamento (4); — SS. Cyrilli, Maximi et aliorum interpretationes anagogicæ in V. Testamentum (229).

XVI s. Pap. 272 fol. *M.*

17. Catena in Ezechielem prophetam.

XIII s. Parch. 303 fol. *M.*

18. Bibliorum pars : Judith, II, 14. (1); — Macchabæorum libri IV. [Josephus] (8); — Esaias (42); — Jeremias (61); — Baruch (80); — Threni et epistola Jeremiæ (82 v°); — Ezechiel (85); — Daniel (105 v°); — XII. Prophetæ minores (114); — Job (129 v°); — Proverbia (138); — Cantica canticorum (146 v°); — Ecclesiastes (148); — Sapientia Salomonis (151); — Sapientia Siracidæ (156); — Prologus in Epistolas catholicas (170); — Lucæ evangelistæ Actus apostolorum (174); — Epistolæ catholicæ (189); — Pauli epistolæ (195); — Joannis Apocalypsis (223).

XI s. Parch. 229 fol. *G.*

19. Evangelia IV., cum catena.

XI s. Parch. 221 fol. *M.*

20. Evangelia IV., cum catena.

X s. Parch. 509 fol. Peint. *M.*

21. Evangelia IV., cum catena.

XI s. Parch. 357 fol. Peint. *M.*

22. Evangelia IV., cum catena.

XI s. Parch. 312 fol. *M.*

23. Evangelia IV., cum catena.

XI s. Parch. 288 fol. *M.*

24. Evangelia secundum Matthæum et Marcum, cum catena.

XI s. Parch. 224 fol. *M.*

25. Actus apostolorum (5), — et Epistolæ catholicæ cum

catena ab Andrea presbytero collecta (191); — præmittuntur Pauli apostoli peregrinationes (4).

X s. Parch. 254 fol. M.

26. Catena in Actus apostolorum (1), — Epistolas catholicas (56), — et Pauli epistolas (116); — Fragmentum vitæ S. Longini, s. ix (380).

XI s. Parch. 381 fol. M.

27. Pauli epistolæ, cum catena.

X s. Parch. 251 fol. M.

28. Anonymi opusculum de cultu angelorum, initio et fine mutilum (1); — Martyrium S. Pauli apostoli (6); — Pauli epistolæ, cum catena (7); — S. Joannis Chrysostomi fragmenta, s. ix. (271).

Copié en 1056 par Pancrace. Parch. 272 fol. G.

29. S. Joannis Chrysostomi commentarius in Pauli epistolas (1); — Abgari Edesseni ad Jesum Christum epistola, s. xv. (174 v°); — Argumenta aliquot Psalmorum, s. xv. (197 v°).

XII s. Parch. 357 fol. M.

30. Pauli epistolæ, cum catena.

XI s. Parch. 176 fol. Peint. M.

31. Andreæ Cretensis homiliæ duæ in dormitionem beatæ Mariæ (1); — Evangeliarium (5).

XI s. Parch. 286 fol. Onciale. Peint. G.

32. Acta concilii Ephesini (1); — Nicephori, CP. patriarchæ, epistola ad Leonem papam (547).

XII s. Parch. 563 fol. M.

33. Silvestri Syropuli historia concilii Florentini.

XVII s. (Copié par Jean Tinerel de Bellérophon.) Pap. 239 fol. M.

34. De nomocanone et triplici ejus editione prologi tres anonymi, S. Basilii et Photii CP. (1); — S. Pauli apostoli canones xvi. (5); — SS. Petri et Pauli canones xviii. (6); — Nomocanon, titulis xiv. (7); — Styliani opusculum de Trinitate (19 v°); — Michaelis Syncelli Hierosolymitani libellus de orthodoxa fide (20 v°); — Theodori, Scythopoleos epis-

copi, liber ad Justinianum imp. (22); — Anonymi opusculum de septem prioribus œcumenicis conciliis (23 v°); — Definitiones synodi Chalcedonensis (26 v°), — synodi CP. secundæ contra impium Severum et alios et sententia Menæ patriarchæ contra eosdem (28 v°), — synodi CP. sextæ (30 v°), — synodi Nicænæ secundæ (33); — Nicænæ synodi ad Alexandrinam ecclesiam epistola, cui subjunguntur varia synodica (35 v°); — Expositio restitutæ ecclesiæ unionis sub Constantino et Romano impp. (39); — Leonis, Romæ archiepiscopi, epistola encyclica, ad Flavianum, CP. archiepiscopum (41); — Canones apostolorum et conciliorum (45 v°); — Dionysii Alexandrini ad Basilidem epistola (142); — Petri Alexandrini canones (143 v°); — S. Gregorii Neocæsariensis epistola canonica (148); — S. Athanasii Alexandrini epistola ad Amunem monachum (149 v°); — ejusdem epistolæ xxxix. festivalis fragmentum (151); — S. Basilii ad Amphilochium epistolæ canonicæ tres (151 v°), — fragmentum epistolæ ad Amphilochium, de ciborum differentia (161 v°), — ad Diodorum Tarsensem (161 v°), — ad Gregorium presbyterum (163), — ad Chorepiscopos (163 v°), — ad episcopos subditos (164), — fragmentum cap xxvii. et xxix. de S. Spiritu, ad Amphilochium (164 v°); — S. Gregorii Nysseni ad Letoium epistola canonica (166); — Timothei Alexandrini responsa canonica (170 v°); — Theophili Alexandrini allocutio cum Theophania die Dominica inciderit (171 v°); — ejusdem commonitorium quod accepit Ammon (172); — ejusdem epistolæ ad Aphyngium, de catharis (172 v°), — ad Agathum episcopum (172 v°), — ad Menam episcopum (173); — S. Cyrilli Alexandrini ad Domnum epistola canonica (173); — ejusdem epistola ad episcopos Libyæ et Pentapoleos (174); — Gennadii, CP. patriarchæ, epistola encyclica (174 v°); — Epistola de modo recipiendi hæreticos ad catholicam ecclesiam redeuntes : Τινὰ διελέχθη... (175 v°); — S. Athanasii epistola ad Rufinianum (176); — Sisinnii, CP. patriarchæ, tomus synodicus (177); — Justiniani imp. novella LXXVII. (177); — Index novellarum Justiniani quæ cum sacris canonibus consentiunt (177 v°); — Justiniani novella ad Epiphanium [titulus tantum superest], et novellæ ecclesiasticos canones confirmantes (180); — S. Epiphanii, Constantiensis Cypri episcopi, liber de hæresibus (190 v°); — Timothei, CP. presbyteri, ad Joannem, presbyterum et scerophylacem S^æ. Deiparæ, epistola de differentia eorum qui ad sanctissimam fidem veniunt (202 v°); — Anonymi varia de hæresibus, περὶ τῶν σχισμάτων τῶν καλουμένων διακρινομένων, etc. (207).

XII s. Parch. 212 fol. *M.*

35. Photii, CP. patriarchæ, nomocanon, initio mutilum (1); — Canones apostolorum et conciliorum (7 v°); — inter quos : Ex actis CP. de Agapio et Bagadio (61), — et S. Athanasii Alexandrini epistola ad Amunem monachum (62); — ejusdem epistolæ XXXIX. festivalis fragmentum (95); — Dionysii Alexandrini ad Basilidem epistola (96); — Petri Alexandrini canones (97 v°); — S. Gregorii Neocæsariensis epistola canonica (102); — S. Basilii ad Amphilochium epistolæ canonicæ tres (104), — fragmentum epistolæ ad Amphilochium, de ciborum differentia (104 v°), — ad Diodorum Tarsensem (114 v°), — ad Gregorium presbyterum (116 v°), — ad Chorepiscopos (117), — ad episcopos subditos (117 v°), — fragmentum cap XXVII. et XXIX. de S. Spiritu, ad Amphilochium (118); — S. Gregorii Nysseni ad Letoium epistola canonica (119 v°); — Timothei Alexandrini responsa canonica (124); — Theophili Alexandrini allocutio cum Theophania die Dominica inciderit (125 v°); — ejusdem commonitorium [quod accepit Ammon] (125 v°); — ejusdem epistolæ ad Agathum episcopum, ad Menam episcopum et ad Aphyngium, de catharis (127); — S. Cyrilli Alexandrini ad Domnum epistola canonica (127 v°); — ejusdem epistola ad episcopos Libyæ et Pentapoleos (128 v°); — Gennadii, CP. patriarchæ, epistola encyclica (129); — Epistola de modo recipiendi hæreticos ad catholicam ecclesiam redeuntes : Τινὰ διελέχθη... (132); — Amphilochii Iconiensis versus de libris V. et N. Testamenti qui legi debent (132 v°); — S. Gregorii Nazianzeni versus de eodem (133 v°); — Justiniani imp. novellæ ecclesiasticos canones confirmantes, initio mutilæ (134).

XII s. Parch. 143 fol. *M.*

36. Photii, CP. patriarchæ, syntagma canonum (18); — præmittitur præfatio de septem conciliis œcumenicis (1); —

Acta concilii CP. sub Alexio Comneno, inter quæ : Leonis, Chalcedonensis metropolitæ, ad Nicolaum, Adrianopoleos episcopum epistola (307) ; — Canones anonymi de clausura monacharum et ingressu sacerdotis, et Nicephori, CP. patriarchæ, de jejunio monachorum (312).

XIV s. Parch. 312 fol. *M.*

37. Niconis monachi Pandectes.

XIV s. Parch. 367 fol. *M.*

38. Typicum magnæ lauræ S. Athanasii in monte Atho (1) ; — Triodion (46); — Pentecostarium (254).

Copié en 1431 par le hiérodiacre Demetrius. Pap. 503 fol. *G.*

39. Joannis Zonaræ commentarius in canones apostolorum et conciliorum (10) ; — S. Gregorii Nysseni ad Letoium epistola canonica (251); — Timothei Alexandrini responsa canonica (258 v°); — Theophili Alexandrini allocutio cum Theophania die Dominica inciderit (260 v°);— ejusdem commonitorium quod accepit Ammon (260 v°) ; — S. Cyrilli Alexandrini ad Domnum epistola canonica (262 v°) ; — Gennadii, CP. patriarchæ, epistola encyclica (264) ; — S. Basilii ad Nicopolitas epistolæ fragmentum (264 v°) ; — Novella Manuelis Porphyrogeniti de homicidio (265) ; — ejusdem novella de diversis capitibus (266 v°); — De Athinganis et Melchisedecitis (270) ; — De Saracenis qui ad Christi fidem convertuntur (271); — Theodori Studitæ epistola ad Naucratium monachum (272 v°); — Capita varia de bigamis et trigamis (273 v°); — De unione utriusque ecclesiæ sub Constantino et Romano impp. (275); — Anonymi opusculum de azymis : Τὰ ἄζυμα οὐκ ἄρτος... (276) ; — Anonymi significationes quorumdam verborum (277 v°); — Nicolai patriarchæ responsa ad interrogationes monachorum Hagioritarum (277 v° et 298); — Joannis Nesteutæ methodus confitendi peccata (279) ; — Synodicum contra Bogomilos et alios hæreticos (281); — Novella Justiniani, e Basilicorum libro III. (288 v°); — Sisinnii patriarchæ constitutio de gradibus cognationis (289); — Methodus Paschatis inveniendi, etc. (291); — Explicatio officiorum magnæ ecclesiæ CP. (291 v°); — Ordo thronorum (293 v° et 300 *bis*); —Locorum et urbium antiqua vocabula cum hodiernis collata

(294); — Ordo officiorum Palatii CP. (294 v°); — Clementis VII. papæ decretum contra episcopos Latinos qui Græcos sibi subditos rebaptizare curabant (295 v°).

XVII s. (Copié par Jean de Sainte-Maure.) Pap. 302 fol. G.

40. Octoechus.
XIII s. Parch. 179 fol. Palimps. M.

41. Octoechus.
XIV s. Parch. 263 fol. M.

42. Octoechus.
XIV s. Copié par Constantin Argyropoulos. Pap. 382 fol. M.

43. Philonis Judæi opuscula : de circumcisione (1), — de monarchia (1 v°), — de præmiis seu de honoribus sacerdotum (10 v°), — de animalibus sacrificio idoneis (13), — de victimas offerentibus (19 v°), — de iis quorum in scripturis mutata sunt nomina (26), — sacrarum legum allegoriæ, liber II. (45 v°), — quis hæres divinarum rerum (71), — de præmiis et pœnis (93 v°), — de maledictionibus (104 v°), — de fortitudine (108 v°), — de vita Mosis libri III. (113), — de mundi opificio (166), — in Mosis decalogum (186), — de constitutione principum (199 v°), — quod omnis probus sit liber (207), — de vita contemplativa (219 v°), — de mercede meretricis in templo non recipienda (227 v°), — de specialibus legibus liber (230), — de Josepho (249).

XVI s. Pap. 269 fol. M.

44. Eusebii Cæsariensis commentarii in Psalmos LI.-XCV., fine mutili.

X s. Parch. 424 fol. M.

45. S. Athanasii tractatus adversus gentes (1), — de incarnatione Verbi tractatus duo (37 v° et 79 v°), — libri de incarnatione adversus Arium et Apollinarium (81 v°), — adversus omnes hæreses (120 v°), — epistola ad Epictetum, Corinthi episcopum, de incarnatione adversus hæreticos (128 v°), — expositio fidei (135 v°); — Liberii, Romæ archiep., epistola ad S. Athanasium cum S. Athanasii responsione (137 v°); — S. Athanasii tomus ad Antiochenos (139), — de æterna Filii et Spiritus sancti cum Deo existentia, adversus Sabellianos

(144), — homilia in Christi nativitatem (154 v°), — epistolæ ad Adelphium episcopum, adversus Arianos (158 v°), — et ad Maximum philosophum (163 v°), — homilia in illud : Ite in castellum quod contra vos est (166), — adversus Arianos libri V. (172), — homilia in illud : Omnia mihi tradita sunt a patre (377), — doctrina ad Antiochum ducem (382), — de sabbato et circumcisione (382 v°), — ad Serapionem epistolæ v. de S. Spiritu (387).

XII s. Parch. 434 fol. *M*.

46. S. Basilii ascetica (2), — regulæ fusiores (105 v°), — regulæ breviores (211), — epistola ad Canonicam de vita canonica (369), — pœnæ in monachos et monachas delinquentes (375 v°), — de baptismo libri II. (378), — constitutiones monasticæ (415 v°); — accedunt commentarii in Actus apostolorum fragmenta, unciali charactere (468).

X s. Parch. 469 fol. *M*.

47. [Vol. I.] S. Basilii homiliæ in Psalmum I. (2), — in illud : Attende tibi ipsi (10), — in illud Lucæ : Destruam horrea mea (19), — in ebrios (32 v°), — adversus irascentes (42), — de invidia (50), — in principium Proverbiorum (57 v°), — de eo quod Deus non sit auctor malorum (76 v°), — de gratiarum actione (88), — in laudem Julittæ martyris (97 v°), — in laudem Gordii martyris (108 v°), — in laudem XL. martyrum Sebastenorum (117), — in laudem Barlaami martyris (125 v°), — homilia dicta in lacizis (128 v°), — in Christi nativitatem (138), — in sanctum baptisma (146 v°), — de fide (155 v°), — in illud : In principio erat Verbum (159), — adversus calumniantes quod tres Deos colamus (163 v°), — contra Sabellianos, Arium et Anomœos (167 v°), — non adhærendum esse rebus sæcularibus (175 v°), — [Vol. II.] de humilitate (188), — de S. Spiritu (195), — ad virginem lapsam epistola (197 v°), — epistola ad monachum lapsum (202 v°), — homilia de legendis gentilium libris (204 v°), — tempore famis et siccitatis (214 v°), — in psalmum VII. (221), — in psalmum XIV. (232), — contra fœneratores (238 v°), — in psalmum XXVIII. (246 v°), — in psalmum XXIX. (260), — in psalmum XXXII. (269 v°), — in psalmum XXXIII. (283), — in psalmum XLIV.

(299 v°), — in psalmum XLV. (310), — in psalmum XLVI. (315 v°), — in psalmum LIX. (324 v°), — in psalmum LXI. (328 v°),—in psalmum CXIV. (335 v°),—in psalmum CXV. (341).

XI s. Parch. 346 fol. *M*.

48. S. Basilii homiliæ in Psalmum I. (6), — in illud : Attende tibi ipsi (11), — in illud Lucæ : Destruam horrea mea (16 v°), — in divites (21 v°), — in psalmum XIV. (27 v°), — contra fœneratores (32), — de jejunio homiliæ II. (36), — in ebrios (46 v°), — adversus irascentes (52 v°), — de invidia (58 v°), — homilia exhortatoria ad baptismum (63), — de fide (69 v°), — adversus calumniantes quod tres Deos colamus (72), — adversus Sabellianos, Arium et Anomœos (75), — de S. Spiritu (79 v°), — in illud : In principio erat Verbum (82), — homilia dicta in lacizis (85), — quod Deus non sit auctor malorum (92), — contra fœneratores (97), — in psalmum LIX. (101), — in psalmum LI. (104), — in psalmum CXIV. (107 v°), — de gratiarum actione (111 v°), — in laudem Julittæ martyris (115 v°), — in laudem Gordii martyris (121 v°), — in laudem XL. martyrum (126 v°),—in laudem Barlaami martyris (131 v°), — in laudem S. Mamantis (132 v°), — in psalmum VII. (135 v°), — in psalmum XIV. (141 v°), — in psalmum XXVIII. (145 v°), — in psalmum XXIX. (154), — in psalmum XXXII. (158 v°), — in psalmum XXXIII. (166 v°), — in psalmum XLIV. (178 v°), — in psalmum XLV. (187), — in psalmum XLVIII. (192 v°), — in psalmum LI. (201), — in psalmum LXI. (204), — in psalmum CXV. (208 v°), — quod incomprehensibilis sit Deus (212 v°), — de legendis gentilium libris (216 v°), — epistola ad monachum lapsum (225), — epistola ad occidentales episcopos (226 v°), — de misericordia et judicio (228 v°), — in Christi nativitatem (232), — de jejunio homilia III. (236), — in principium Proverbiorum (237), — de baptismate (249 v°), — tempore famis et siccitatis (254), — de fide (262 v°), — non adhærendum esse rebus sæcularibus (265 v°), — de humilitate (275), — ad Optimum episcopum epistola in illud : Qui occiderit Caïn (280), — in psalmum XXXVII. (285), — quod incomprehensibilis sit Deus (292 v°), — epistola ad virginem lapsam (294 v°).

X s. Parch. 300 fol. *G*.

49. [Vol. I.] S. Basilii homiliæ XVII. in Psalmos (1), — in illud : Destruam horrea mea (173), — [Vol. II.] in divites (182 v°), — de fide (197), — de invidia (204 v°), — quod non sit Deus auctor malorum (210), — de jejunio homiliæ duæ (218 v°), — in ebrios (237), — in illud : In principio erat Verbum (247), — in laudem Julittæ martyris (253), — in principium Proverbiorum (266), — homilia exhortatoria ad baptismum (285), — adversus irascentes (297), — [ad Optimum epistola] in illud : Qui occiderit Caïn (307), — in laudem XL. martyrum (314), — in laudem Gordii martyris (323 v°), — tempore famis et siccitatis (333 v°), — homilia dicta in lacizis (348), — epistolæ ad virginem lapsam (359 v°), — ad Simpliciam Syncleticam (366 v°), — ad Theodoram canonicam (368 v°).

XI s. Parch. 369 fol. *M.*

50. S. Basilii homiliæ in Christi nativitatem (4), — adversus calumniantes quod tres Deos colamus (14 v°), — in illud : In principio erat Verbum (19 v°), — de fide (26), — homilia exhortatoria ad baptismum (30 v°), — de legendis gentilium libris (44), — quod Deus non sit auctor malorum (60), — in illud Lucæ : Destruam horrea mea (74 v°), — in divites (84 v°), — in illud : Attende tibi ipsi (99 v°), — tempore famis et siccitatis (112), — homilia dicta in lacizis (126), — de invidia (137), — adversus irascentes (146), — in Psalmos homiliæ XVI. (156 v°), — in principium Proverbiorum (336 v°), — de jejunio homiliæ duæ (357 v°), — de misericordia et judicio (377).

XI s. Parch. 383 fol. *M.*

51. S. Gregorii Nazianzeni orationes apologetica de fuga, initio mutila (1), — ad patrem, cum Sasimorum episcopus unctus esset (29 v°), — post reditum e fuga (34 v°), — in S. Gregorium Nyssenum (36 v°), — ad Nazianzenos qui ipsum acciverant (39 v°), — in Julianum exæquatorem (42), — in præfectum irascentem (48 v°), — in plagam grandinis (54), — in laudem Cæsarii fratris (64), — in laudem sororis Gorgoniæ (76), — oratio funebris in patrem (85), — de pace orationes tres (104 v°), — in Christi nativitatem (127 v°), — in sancta lumina (135), — in sanctum baptisma (141), — in Pascha et in tarditatem (165), — in sanctum Pascha (166 v°), — in novam Dominicam (181), — in Pentecosten (185 v°), — de moderatione in disputationibus servanda (193 v°), — adversus Arianos de multitudine sua gloriantes (207 v°), — de theologia orationes V. (214 v°), — de dogmate et officio episcoporum (251 v°), — ad Ægyptios episcopos (272), — de pauperibus caritate complectendis (277), — ad Cledonium epistolæ duæ (294 v°), — ad eos qui dicebant sedem CP. ab ipso affectari (303), — de se ipso cum ex agris rediret (308 v°), — in laudem Heronis Alexandrini (317), — in laudem Cypriani martyris (326), — in laudem S. Athanasii (334), — in Maccabæos (349), — oratio valedictoria in præsentia CL. episcoporum (356), — oratio funebris in laudem S. Basilii (368), — in Julianum apostatam orationes duæ (405), — in illud Evangelii : Cum consummasset Jesus hos sermones (459), — ad Nectarium epistola (467 v°), — in electione Eulalii, Doarensium episcopi (469), — exhortatio ad virgines (471), — doxologia (472); — [Nonni] expositio historiarum quarum meminit S. Gregorius Naz. in orationibus in sancta lumina, in S. Basilium et in Julianum duabus, initio et fine mutila (474).

X s. Parch. 496 fol. G.

52. S. Gregorii Nazianzeni orationes, cum scholiis, in Pascha et in tarditatem (1), — in sanctum Pascha (8), — in novam Dominicam (34 v°), — in Pentecosten (44 v°), — in Maccabæos (61 v°), — in laudem Cypriani martyris (76), — in Julianum exæquatorem (93), — in Christi nativitatem (107 v°), — in laudem S. Basilii (124 v°), — in sancta lumina (199 v°), — in sanctum baptisma (216 v°), — in S. Gregorium Nyssenum (262 v°), — in laudem S. Athanasii (269), — oratio valedictoria in præsentia CL. episcoporum (299 v°), — de pauperibus caritate complectendis (323), — in plagam grandinis (357 v°), — de pace oratio I., fine mutila (377 v°).

XI s. Parch. 378 fol. G.

53. S. Gregorii Nazianzeni orationes apologetica de fuga (1), — ad Nazianzenos qui ipsum acciverant (30), — in laudem Cæsarii fratris (32), — in laudem sororis Gorgoniæ (43), —

de pace orationes duæ priores (52 v°), — ad patrem, cum Sasimorum episcopus unctus esset (66), — apologia post reditum e fuga (68 v°), — ad patrem, cum Nazianzenæ ecclesiæ curam sibi commisisset (70), — oratio funebris in patrem (72), — in præfectum irascentem (91), — de dogmate et officio episcoporum (96), — de theologia orationes V. (101), — de pace oratio III. (152 v°), — de moderatione in disputationibus servanda (160), — ad Ægyptios episcopos (172 v°), — in laudem Heronis Alexandrini (180 v°), — in Julianum apostatam orationes duæ (188 v°), — in illud Evangelii : Cum consummasset Jesus hos sermones (240 v°), — in electione Eulalii, Doarensium episcopi (249), — ad Cledonium epistolæ duæ (250), — ad Nectarium epistola (257 v°), — exhortatio ad virgines (259), — ad Evagrium epistola (260 v°), — annotatio in Ezechielem (263), — paraphrasis in Ecclesiasten (264), — in martyrum laudem et contra Arianos, fine mutila (274).

XI s. Parch. 276 fol. *M*.

54. S. Gregorii Nazianzeni orationes, cum Nicetæ, Serrarum episcopi, commentariis, in Pascha duæ (2), — in novam Dominicam (74 v°), — in Pentecosten (91 v°), — in Maccabæos (120), — in laudem Cypriani martyris (138 v°), — in Julianum exæquatorem (155), — in Christi nativitatem (170 v°), — oratio funebris S. Basilii (192), — in sancta lumina (260), — in sanctum baptisma (283), — in S. Gregorium Nyssenum (335), — in laudem S. Athanasii (343), — de pauperibus caritate complectendis (375 v°), — oratio valedictoria in præsentia CL. episcoporum (412 v°), — in plagam grandinis (445).

XII s. Parch. 469 fol. *G*.

55. S. Gregorii Nazianzeni orationes, cum Nicetæ, Serrarum episcopi, commentariis, in Pascha duæ (1), — in novam Dominicam (69), — in Pentecosten (86), — in Maccabæos (114), — in laudem Cypriani martyris (132), — in Julianum exæquatorem (148 v°), — in Christi nativitatem (165), — oratio funebris S. Basilii (188), — in sancta lumina (250), — in sanctum baptisma (272), — in S. Gregorium Nyssenum (316 v°), — in laudem S. Athanasii (324), — de pauperibus caritate complectendis (375), — oratio valedictoria in præsentia cl. episcoporum (350), — in plagam grandinis (403).

XIV s. Parch. 424 fol. *M.*

56. S. Gregorii Nazianzeni carmina (1); — accedit doxologia (193); — S. Amphilochii ad Seleucum epistola, versibus iambicis (193 v°).

XV-XIV s. Bombyc. 198 fol. *M.*

57. S. Gregorii Nysseni commentarius in Cantica canticorum (2); — ejusdem [?] commentarius in Ecclesiasten (128).

IX s. Parch. 241 fol. *G.*

58. S. Gregorii Nysseni homiliæ VIII. in beatitudines (1), — in orationem dominicam homiliæ V. (52), — liber de virginitate (85 v°), — commentarius in Ecclesiasten (129 v°), — commentarius in Cantica canticorum (194 v°), — homilia de Filii et S. Spiritus divinitate et de Abraham, fine mutila (360 v°).

X s. Parch. 365 fol. *G.*

59. S. Ephræmi Syri epistola de patientia ad Joannem monachum (1), — adhortationes iv. de virtute ad novitium monachum (4), — de virtute capita x. (14), — capita xii. in illud : Attende tibi ipsi (24 v°), — non esse ridendum, neque gloriandum, sed lugendum et plorandum nosmetipsos (40), — ad novitium monachum de vita spirituali capita xciii. (42 v°), — de vita recta capita lxxxix. (55), — beatitudines (62), — adhortationes l. ad monachos (69 v°), — de humilitate capita c. (148 v°), — monachum perfectum esse debere (168 v°) — de divina gratia (177 v°), — de garrulitate et affectibus (181), — de virtutibus et vitiis (188), — sermo asceticus (211), — oratio ad imitationem Proverbiorum (227 v°), — de timore (228), — sermo de vita S^{tæ}. Mariæ Ægyptiacæ, fine mutilus (254 v°).

XIV s. Parch. 266 fol. *M.*

60. S. Ephræmi Syri orationes duæ in SS. qui temporibus suis defuncti sunt (1), — sermo tetrasyllabus (11), — epistola de patientia ad Joannem monachum (15), — adhortationes iv. de virtute ad novitium monachum (21 v°), — de virtute capita x. (39 v°), — capita xii. in illud : Attende tibi ipsi (55), — non esse ridendum, neque gloriandum, sed lugendum et plorandum nosmetipsos (84), — ad novitium monachum de vita spirituali capita xciii. (89), — de vita recta capita lxxxix. (111), — beatitudines (123), — adhortationes l. ad monachos (137), — de humilitate capita c. (277), — monachum perfectum esse debere (312 v°), — de divina gratia (328), — de garrulitate et affectibus (334); — S. Joannis Chrysostomi homilia in parabolam decem virginum (A et 348).

Copié en 1346 par Meletius Nilus. Bombyc. 348 fol. *M*.

61. S. Joannis Chrysostomi de sacerdotio libri VI. (1), — adversus Judæos libri VI. (131 v°), — contra Anomœos libri VI. (232), — homilia ad eos qui a synaxi abfuerant (304).

XI s. Parch. 319 fol. *M*.

61, 2. S. Joannis Chrysostomi in Genesim homiliæ XXXI. priores, fine mutilæ.

XI s. Parch. 273 fol. *M*.

62. S. Joannis Chrysostomi in Genesim homiliæ XXX.-LIII.

XI s. Parch. 179 fol. *M*.

63. S. Joannis Chrysostomi in Genesim homiliæ XXXII. priores.

XI s. Parch. 351 fol. *G*.

63, 2. S. Joannis Chrysostomi homiliæ XXX. priores in Genesim.

XII s. Parch. 279 fol. *M*.

64. S. Joannis Chrysostomi in Genesim homiliæ XXXII.-LXVII, initio et fine mutilæ (2); — Vitæ SS. fragmentum (1 et 257).

XII s. Parch. 257 fol. *G*.

65. S. Joannis Chrysostomi in Genesim homiliæ XXXIII.-LXVII.

X s. Parch. 423 fol. *M*.

66. S. Joannis Chrysostomi in Matthæum homiliæ I.-XLV.

XI s. Parch. 457 fol. Peint. *G*.

67. S. Joannis Chrysostomi in Matthæum homiliæ XLVI.-XC.

XI s. Parch. 268 fol. G.

68. S. Joannis Chrysostomi in Matthæum homiliæ XLIV. priores, fine mutilæ.

XI s. Parch. 409 fol. M.

69. S. Joannis Chrysostomi in Matthæum homiliæ XLVI.-XC.

XI s. Parch. 259 fol. G.

70. S. Joannis Chrysostomi in Matthæum homiliæ XLII. priores.

X s. et copié, en partie, en 1327, par Georges, lecteur. Parch. 296 fol. G.

71. S. Joannis Chrysostomi commentarius in Matthæi evangelium (7); — præmittitur vita S. Amphilochii Iconiensis, initio mutila (1); — adjicitur vita S. Gregorii Agrigentini, fine mutila, cf. cod. 80. (189).

XI s. Parch. 192 fol. M.

72. S. Joannis Chrysostomi in Joannem homiliæ LXXXVIII.

Copié en 1072. Parch. 437 fol. G.

73. S. Joannis Chrysostomi in Actus apostolorum homiliæ LV.

Copié en 1333 par Marcien et Daniel, prêtres. Parch. 321 fol. M.

74. S. Joannis Chrysostomi in epistolam II. ad Corinthios homiliæ XXX. (1); — ejusdem in epistolam ad Ephesios homiliæ XXIV. (182).

X s. Parch. 329 fol. M.

75. S. Joannis Chrysostomi in epistolam ad Ephesios homiliæ XXIV. (4); — ejusdem in epistolam ad Philippenses homiliæ XVI. (147).

XI s. Parch. 245 fol. G.

76. S. Joannis Chrysostomi homiliæ XXI. ad Antiochenos.

XI s. Parch. 210 fol. M.

77. S. Joannis Chrysostomi homiliæ I. de pœnitentia et continentia (3), — in Isaiam homilia IV. (22 v°), — in eos qui novilunia observant (30 v°), — de Lazaro homiliæ I.-III. (39 v°), — in Matthæum XX, 1. (78 v°), — homilia XXI. ad Antiochenos (87 v°), — de drachma et homine duos habente filios (96 v°), — epistola CXLIX. ad Cyriacum episcopum (100), — homilia de caritate (105), — de eleemosyna (107), — in Psalmum XXXVIII, 7. (113 v°), — de compunctione et pœnitentia (117), — non esse ad gratiam concionandum (119 v°), — non esse desperandum (127 v°), — de futuræ vitæ deliciis (134), — de compunctione, etc. (139), — in lacum Genesareth et in S. Petrum apostolum (147), — de eo quod non oporteat theatra frequentare (152), — de pseudoprophetis (168 v°), — de baptismo et adversus Arianos (186 v°), — in Lucam VIII, 5. (207 v°), — de patientia et consummatione (211 v°), — in Psalmum L. homiliæ duæ (220), — in S. Petrum et Eliam prophetam (242), — in illud : Noli timere, cum ditescit homo (251), — de Lazaro homilia IV. (263), — in illud : De dormientibus nolo vos ignorare (273), — in I. ad Corinthios homilia IX. (282), — in parabolam M. talentorum (288), — in eos qui ad synaxim non venerunt (301), — in illud : Qui respicit mulierem ad concupiscendam eam (315), — de Anna, Samuelis matre (324), — de pœnitentia et castitate (333 v°), — in Pater noster (340), — de pœnitentia (347 v°), — de serpente Mosis (355 v°), — in illud : Simile est regnum cælorum, initio mutila (369), — in principium jejuniorum (372), — in illud : Exiit edictum a Cæsare (380 v°).

XI s. Parch. 386 fol. *M*.

78. S. Joannis Chrysostomi homilia de patientia (8), — de eleemosyna (22 v°), — de dilectione (37 v°), — de doctrina et correptione (50 v°), — de peccato et confessione (60), — de imperio et potestate (70 v°), — de futuro judicio (76 v°), — de virtute et vitio (87), — de virtute et fortitudine (98 v°), — de juramentis (106 v°), — de morte (112 v°), — de liberorum educatione (123), — de mansuetudine et injuriarum oblivione (130), — de oratione (140 v°), — de pœnitentia (150), — de jejunio et temperantia (156 v°), — de humilitate animi (160 *bis*), — de anima (165), — de non contemnenda Dei ecclesia et sacris mysteriis (168 v°), — de providentia (177 v°), — de divitiis et paupertate (183), — de ingluvie et ebrietate (193), — de adversa valetudine et medicis (199), — de mulieribus et pul-

chritudine (204 v°), — de avaritia (215 v°), — de prosperitate et adversitate (222 v°), — de superbia et inani gloria (227), — de invidia (232), — de odio et inimicitiis (236), — de tristitia et mœrore (242), — de ira et furore (246), — de silentio (252); — Theodori Magistri encomium S. Pauli, e variis S. Joannis Chrysostomi homiliis (252 v°).

XI s. Parch. 266 fol. *M*.

79. S. Joannis Chrysostomi homiliæ de patientia (5), — de eleemosyna (25), — de dilectione (45 v°), — de doctrina et correptione (61 v°), — de peccato et confessione (74 v°), — de imperio et potestate (88 v°), — de futuro judicio (95 v°), — de virtute et vitio (108 v°), — de virtute et fortitudine (122), — de juramentis (131 v°), — de morte (139), — de liberorum educatione (151), — de mansuetudine et injuriarum oblivione (159), — de oratione (171), — de pœnitentia (184 v°), — de jejunio et temperantia (192 v°), — de humilitate animi (198 v°), — de anima (204), — de non contemnenda Dei ecclesia et sacris mysteriis (209), — de providentia (217 v°), — de divitiis et paupertate (225), — de ingluvie et ebrietate (237), — de adversa valetudine et medicis (243 v°), — de mulieribus et pulchritudine (250), — de avaritia (263), — de prosperitate et adversitate (271 v°), — de superbia et inani gloria (277), — de invidia (283), — de odio et inimicitiis (288), — de tristitia et mœrore (294 v°), — de ira et furore (299), — de silentio (306 v°); — Theodori Magistri encomium S. Pauli, e variis S. Joannis Chrysostomi homiliis (307 v°); — præmittuntur picturæ elegantissimæ quatuor imagines Nicephori Botaniatæ, imperatricis, etc. præbentes (1).

XI-XII s. Parch. 323 fol. *G*.

80. Theodoreti Cyrensis commentarius in Psalmos.

XI s. Parch. 435 fol. *M*.

81. 1 et 2. Theodoreti Cyrensis commentarius in Psalmos, initio mutilus (1); — Catena in Cantica, e SS. PP. (344).

XI s. Parch. 386 fol. *M*.

82. Theodoreti Cyrensis commentarius in XIV. epistolas Pauli, fine mutilus.

XI s. Parch. 293 fol. *M*.

83. Theodoreti Cyrensis historia religiosa (3); — ejusdem oratio de divina et sancta caritate (132); — Anonymi expositio orationis Dominicæ : Πατέρα λέγεις, ἄνθρωπε... (147); — Palladii historia Lausiaca (148); — Hieronymi historia monachorum Ægyptiorum (266); — Palladii excerpta de Magnentino (322 v°); — ejusdem alia narratio de vita Bragmanorum, sive Paradisus (326); — Cosmæ Vestitoris fragmentum de S. Cyrillo Alexandrino (342 v°); — Liber Tobiæ (344).

X s. Parch. 357 fol. *M.*

84. Boetii de consolatione philosophiæ libri V, græce et latine.

XIV s. Parch. 160 fol. *G.*

85. S. Dionysii Areopagitæ opera, cum S. Maximi scholiis et Georgii Pachymeris paraphrasi.

XV s. Pap. 367 fol. *M.*

86. S. Dionysii Areopagitæ opera, cum S. Maximi scholiis (9); — præmittitur operum ejusdem lexicon (2); — Polycratis Diadochi, Clementis Alexandrini et Philonis excerpta (391).

XII s. Parch. 397 fol. *M.*

87. S. Joannis Climaci scala paradisi, cum interpretatione Photii, vel Eliæ Cretensis (5); — præmittuntur synopsis libri, versibus iambicis (1), — Joannis Raithuensis ad Joannem Sinaitam epistola (2), — et auctoris vita in epitome, auctore Daniele Raithuensi (3); — ejusdem liber ad pastorem (296 v°).

XIV s. Bombyc. 300 fol. *M.*

88. S. Joannis Climaci scala paradisi, cum scholiis (13); — præmittuntur auctoris vita in epitome, auctore Daniele Raithuensi (3), — Joannis Raithuensis ad Joannem Sinaitam epistola, cum responsione (9); — ejusdem liber ad pastorem (214).

XI s. Parch. 229 fol. Peint. *M.*

89. S. Joannis Climaci scala paradisi, cum Eliæ Cretensis interpretatione.

XIV s. Copié par Constantin Hagioeuphemites. Parch. 392 fol. *M.*

90. S. Maximi opera : prologus de scholiis ad marginem libri adscriptis (1), — Quæstiones LXV. in sacram Scripturam, cum epistola ad Thalassium (1 v°), — de duabus Christi naturis (98), — ad Joannem archiepiscopum epistola, quod anima sit incorporea (98 v°), — ad Jordanem presbyterum epistola, quod anima separata operationem et virtutem retineat (100), — ad præpositam, de moniali quæ e monasterio exierat et quam facti pœnituerat (101 v°), — Dominicæ orationis brevis expositio (103 v°), — de tristitia secundum Deum (110), — epistola : Ὁ κατὰ σάρκα πόθος... (111 v°), — epistola ad Thalassium presbyterum (113), — epistola parænetica ad Georgium, Africæ præfectum (113 v°), — ad Pyrrhum presbyterum (119), — ad Joannem cubicularium adversus Severum (120), — capita de incarnatione (122), — epistola ad Cosmam diaconum, de essentia et hypostasi (134 v°), — de variis difficultatibus SS. Dionysii et Gregorii Nazianzeni (141 v°), — epistola ad Joannem, Cyzici archiepiscopum (147), — commentarii in varia S. Gregorii Nazianzeni orationes et carmina (147 v°), — excerpta disputationis cum Pyrrho (219), — epistola ad Marinum presbyterum, de duabus in Christo voluntatibus (230 v°), — ad eumdem capita L. et LI. de operationibus et voluntatibus (285), — ad Georgium presbyterum et abbatem, de Christi mysterio (238), — de Christi divina operatione capita tria (239 v°), — tomus dogmaticus, ad Marinum diaconum (239 v°), — in illud : Pater, si possibile est, etc. (243 v°), — definitiones theologicæ (244), — epistola ad Nicandrum episcopum (245), — epistola ad episcopos et populum Siciliæ (249), — mystagogia (253), — epistola ad Georgium, Africæ præfectum (273 v°), — capita practica et theologica I.-XCVII. (280).

XII s. Parch. 283 fol. G.

91. S. Joannis Damasceni dialectica et orthodoxæ fidei accurata expositio.

Copié en 1069. Parch. 282 fol. *M.* — [Aujourd'hui à la Bibl. imp. de Saint-Pétersbourg, Cat. de Muralt, n° LXXIII.]

92. S. Joannis Damasceni institutio elementaris ad dogmata (5), — de duabus in Christo voluntatibus et operationibus (8 v°), — dialectica (24), — orthodoxæ fidei accurata expositio (60), — liber de hæresibus (138), — dissertatio adversus Nestorianorum hæresim (152), — de imaginibus oratio I. (160),

— de adoratione [de imaginibus pars orationis III.] (162 v°);
— SS. PP. testimonia de imaginibus (166); — S. Joannis Chrysostomi liber de natura composita adversus Acephalos (171 v°); — inseritur tabula astrologica (137 v°).

XIV s. Bombyc. 172 fol. *M*.

93. Nicephori, CP. patriarchæ, apologia fidei orthodoxæ, initio mutila (1), — apologeticus pro sacris imaginibus (159), — antirrheticorum libri III. adversus Mamonam (277 v°), — antirrheticus alius adversus Mamonam [vel Eusebium et Epiphanidem] de incarnatione Christi (431 v°), — prologus et confutatio contrariorum testimoniorum (552 v°), — censura testimoniorum adversus sacras imagines allatorum (587).

XII s. Bombyc. 603 fol. *M*.

94. S. Theodori Studitæ epistolæ DXLVII.
XV s. Pap. 290 fol. *M*.

95. S. Pauli epistolæ XIV., cum Œcumenii commentariis.
XI s. Parch. 348 fol. *G*.

96. S. Thomæ Aquinatis quæstio de potentia, libris IX. (1), — et de spiritualibus creaturis Dei, cap. XI. (262 v°).
XIV s. Pap. 315 fol. *G*.

97. Gregorii Palamæ, Thessalonicensis archiepiscopi, homiliæ VI.-LXVI., initio et fine mutilæ.
XIV s. Pap. 233 fol. *G*.

98. Gregorii Palamæ, Thessalonicensis archiepiscopi, adversus Acindynum libri VII. (1 v°), — epistolæ duæ Damiano philosopho (196 v°), — et ad Dionysium monachum (204), — expositio impietatum Barlaami et Acindyni, cap. XLI. (211); — Vita Gregorii Palamæ, auctore Philotheo, CP. patriarcha (213).
XV s. Pap. 292 fol. *M*.

99. Gregorii Palamæ, Thessalonicensis archiepiscopi, opuscula contra Barlaamum et Acindynum, et epistolæ XX.
XV s. Pap. 182 fol. *M*.

100. Gregorii Palamæ, Thessalonicensis archiepiscopi, opuscula varia contra Barlaamum et Acindynum.
XV s. Pap. 342 fol. *M*.

101. Philothei, CP. patriarchæ, antirrhetici libri XII. contra Gregoram, cum appendice et epilogo (5); — ejusdem opuscula de Trinitate et divina operatione (237), — et de veteri circumcisione, ad magnos domesticos (243 v°), — capita xiv. hæreseos Acindyni et Barlaami (249); — Tomi synodici tres in causa Palamitarum (258); — Georgii Scholarii ad Joannem Basilicum opusculum, de Theodori Grapti dicto et adversus Acindynistas (284); — præmittuntur fragmenta Athenæi de machinis et Bitonis de constructione bellicarum machinarum et catapultarum, s. xi. (1); — adduntur Novellarum impp. fragmentum, Constantini novella de militibus, s. xii. (295).

Copié en 1445 par Sylvestre Syropoulos. Pap. 296 fol. *M*.

102. Nicephori Blemmidæ expositio in Psalmos et cantica.

Copié en 1648 par Jean Tinerel de Bellérophon. Pap. 189 fol. *M*.

103. « Enarrationes in aliquot Davidis psalmos, a cl. v. Ægidio Bourdino... collectæ, et in Savaroniana bibliotheca apud Arvernos repertæ... »

Copié en 1650 par Jean Tinerel de Bellérophon. Pap. 128 fol. *M*.

104. Euthymii Zigabeni commentarii in Psalmos et cantica, fine mutili.

XII s. Parch. 323 fol. *M*.

105. Vita S. Gregorii Thaumaturgi, auctore S. Gregorio Nysseno, initio mutila (3); — Germani, CP. archiepiscopi, homilia in Deiparam (28); — Martyrium S. Petri Alexandrini (32); — Martyrium S^æ. Catharinæ (37 v°); — Martyrium S. Jacobi Persæ (46); — Vita et miracula S. Andreæ apostoli (52 v° et 59); — Martyrium S^æ. Barbaræ (77 v°); — Vita S. Nicolai Myrensis (81); — Encomium S. Nicolai Myrensis, auctore S. Andrea Cretensi (86); — Martyrium SS. Eustratii, Auxentii, Eugenii, Mardarii et Orestis (90 v°); — S. Joannis Chrysostomi homilia de eo quod non sit accedendum ad theatra (106 v°); — ejusdem homilia in S. Philogonium (119); — Martyrium SS. Anastasiæ et Theodotæ (126); — Certamen SS. trium puerorum Ananiæ, Azariæ, Misaelis, et Danielis prophetæ (133); — Visiones i., vi. et xii. Danielis (135 v°); — S. Ephræmi sermo in formosum Josephum (142); — S. Gregorii Nazianzeni homilia in natale Domini (156); — S. Basilii Cæsariensis homilia de eodem (163); — S. Joannis Chrysostomi homilia de eodem (168 v°); — Procli, CP. archiepiscopi, homilia in S. Stephanum protomartyrem (171 v°); — S. Joannis Chrysostomi homilia in Herodem et occisos pueros (175); — Vita et miracula S. Basilii, auctore Amphilochio Iconiensi (177 v°); — S. Gregorii Nazianzeni homilia in Sᵃ. Theophania (199); — S. Basilii Cæsariensis homilia in sanctum baptisma (207); — S. Gregorii Nazianzeni homilia in sancta lumina (215); — S. Joannis Chrysostomi homilia in sanctum baptisma (236 v°); — Ammonii monachi narratio de SS. PP. in monte Sina a barbaris occisis (239); — Vita S. Xenophontis, uxoris et filiorum (249 v°); — Amphilochii Iconiensis homilia in Deiparam, Symeonem et Annam (257); — Leontii, Neapolis in Cypro episcopi, homilia in Symeonem (261 v°); — Martyrium S. Blasii (268); — Vita S. Martiniani (273); — Narratio translationis Emesam capitis S. Joannis Baptistæ (283 v°); — Inventio capitis S. Joannis Baptistæ (285 v°); — Nota de Enclistra monasterio, a. 1523. (289); — Miraculum S. Michaelis in Chonis (289 v°); — S. Joannis Chrysostomi homilia in Seraphim, fine mutila (294).

XII s. Parch. 297 fol. G.

106. Macarii Chrysocephali, Philadelphiensis metropolitæ, sermones duodecim, in novem ordines angelorum et in S. Michaelem, initio mutilus (3); — in principes angelorum Michaelem et Gabrielem (19), — in Hypapantem (40), — in festum Orthodoxiæ (50), — in Dominicam tertiam jejuniorum (66 v°), — in ramos palmarum (80 v°), — in S. Joannem apostolum et theologum (93), — in natale S. Joannis Baptistæ (104 v°), — in decollationem S. Joannis Baptistæ (120 v°), — in exaltationem sanctæ crucis (139), — in Transfigurationem (152 v°); — S. Joannis Chrysostomi homilia in Annuntiationem (173 v°); — Joannis Geometræ sermo de eodem (177); — Anonymi homilia de eodem : Ἐν ταῖς ἡμέραις Αὐγούστου... (187); — S. Joannis Chrysostomi homilia in laudem S. Ignatii Antiocheni (195); — ejusdem homilia in laudem S. Maximi presbyteri (202); — ejusdem homilia in Hypapantem (215 v°) ; — ejusdem homilia in Priscillam et Aquilam, et de non maledicendis Dei sacerdotibus (227) ; — S. Gregorii Nysseni homilia in laudem S. Gregorii Thaumaturgi (238) ; — S. Epiphanii Cyprii homilia in sepulturam Domini, palimps. (1).

XV s. Pap. 268 fol. *M.*

107. Andreæ Cretensis homilia in ramos palmarum (3) ; — — S. Joannis Chrysostomi homilia de eodem (15 v°) ; — ejusdem homilia de jejunio (24 v°) ; — S. Joannis Damasceni homilia in ficum arefactam (33) ; — S. Epiphanii Cyprii homilia in sepulturam Domini (45 v°) ; — S. Gregorii Nysseni homilia in sanctum Pascha et de triduo (56) ; — ejusdem homilia in magnam Dominicam (68 v°) ; — ejusdem homilia de sancto et salutifero Paschate (80 v°) ; — ejusdem homilia de resurrectione Christi (82) ; — S. Joannis Chrysostomi homilia in ebriosos (92 v°) ; — S. Basilii Seleuciensis homilia in novam Dominicam et in S. Thomam (100 v°) ; — ejusdem homilia in claudum ad portam speciosam sedentem (104 v°) ; — S. Gregorii Anthiocheni homilia in sepulturam Domini (107 v°) ; — S. Joannis Chrysostomi homilia in paralyticum (115) ; — ejusdem homilia in Pentecosten (124) ; — ejusdem homilia in Samaritanam (128 v°) ; — ejusdem homilia in cæcum natum (134) ; — Asterii, Amaseæ episcopi, homilia de eodem (138 v°) ; — S. Gregorii Nysseni homilia in Ascensionem (144 v°) ; — S. Basilii Seleuciensis homilia de eodem (146 v°) ; — Leonis Sapientis imp. homilia de eodem (150) ; — S. Joannis Chrysostomi homilia de eodem (152 v°) ; — Anonymi acta Nicænæ synodi : Ἐννεακαιδεκάτῳ ἔτει... (161) ; — S. Gregorii Nysseni homilia in Pentecosten (167 v°) ; — — S. Joannis Chrysostomi homilia de eodem (170 v°) ; — Asterii, Amaseæ episcopi, homilia in SS. Petrum et Paulum (180 v°) ; — S. Basilii Seleuciensis homilia in illud : Venite post me, faciam vos piscatores (196 v°) ; — S. Joannis Damasceni homilia in Transfigurationem (199) ; — Andreæ Cretensis homilia de eodem (211 v°) ; — ejudem homiliæ duæ in dormitionem beatæ Mariæ (223) ; — S. Joannis Damasceni homilia de eodem (239 v°) ; — Andreæ Cretensis homilia in decollationem S. Joannis Baptistæ (252 v°); — S. Joannis Chrysostomi homilia de eodem, fine mutila (266).

XI s. Parch. 270 fol. M.

108. SS. Patrum, abbatum et monachorum paræneses, seu Paradisus. Ὁ ὢν ἐν ἀρχῇ πρὸς τὸν Θεόν... (3); — præmittuntur fragmenta commentarii in Evangelia (1); — additur pars martyrii SS. Probi, Tarachi et Andronici (296 v°).

XI s. Parch. 296 fol. M.

109. S. Nili monachi opusculum de eo quod ii qui in eremo quietam et solitariam vitam agunt præferendi sint iis qui in urbibus (2); — præmittuntur preces aliquot (1); — Doctrina SS. PP. Nicænorum : Χρὴ πάντα ἄνθρωπον... (7 v°); — SS. Joannis Chrysostomi et Joannis Antiocheni fragmenta (11 v°); — Canon Laodicenæ synodi (14); — S. Nili monachi opusculum de octo vitiosis cogitationibus (15); — Canon sextæ synodi (15 v°); — S. Epiphanii fragmentum de fide (19); — S. Nili monachi opusculum de proba et vera secundum Deum philosophia (23 v°); — S. Nili ad Agathium monachum capita xxxvi. de viris et mulieribus qui Deo placuerunt (62); — ejusdem protheoria de oratione, cap. cliii. (126 v°); — Evagrii capita de constitutione monachorum in Ægypto (137); — ejusdem capita de cogitationibus (149 v°); — S. Athanasii Alexandrini quæstiones cxxxiii. ad Antiochum ducem (189 v°); — S. Maximi de caritate centuriæ duæ (229); — Nicephori Callisti Xanthopuli synaxarium SS., in epitome, per menses, versibus iambicis (243); — Pars vitæ S. Petri Athonitæ (249 v°).

X s. Parch. 266 fol. M.

110. Theodoreti prologus in XII. Prophetas (1); — Argumentum libri XII. Prophetarum (2); — Commentarius in Oseam prophetam : Τῆς τοῦ λαοῦ διαιρέσεως... (2 v°); — Anonymi homilia, initio mutila (35); — Martyrium SS. Chrysanthi et Dariæ (35 v°); — Encomium in S. Lucam evangelistam (46); — Encomium aliud in S. Lucam (53); — Theodoreti commentarius in Joel prophetam (59); — Martyrium S. Vari et sociorum (71 v°); — S. Joannis Chrysostomi homilia in martyres Ægyptios (83); — Martyrium S. Andreæ, sub Constantino

Copronymo (87); — Vita S. Hilarionis (94); — Vita S. Abercii (105); — Commentarius de S. Jacobo, fratre Domini (116); — Encomium in eumdem (123 v°); — Martyrium S. Arethæ et sociorum (131); — Martyrium SS. Marciani et Martyrii (145 v°); — Encomium S. Demetrii martyris (150 v°); — Martyrium S. Demetrii (156 v°); — Martyrium aliud S. Demetrii (158 v°); — Narratio miraculorum S. Demetrii (162 v°); — Encomium aliud S. Demetrii (176); — Martyrium SS. Capitolinæ et Erotidis (181); — Martyrium S². Anastasiæ (187); — Vita in epitome S. Abramii et Mariæ neptis ejus (199 v°); — Vita eorumdem SS. (200 v°); — Martyrium S. Zenobii et Zenobiæ sororis (218); — Martyrium S. Epimachi (221 v°).

XI s. Parch. 223 fol. M.

111. Anonymi opus adversus Judæos, scriptus circa a. 1157., capitibus LI., initio mutilus.

XIII s. Parch. 373 fol. M.

112. Ecloge operum S. Joannis Chrysostomi et aliorum SS. (1); — S. Isidori Pelusiotæ epistolæ aliquot (457 v°); — S. Joannis Antiocheni tractatus de tribus quadragesimis (472 v°); — S. Anastasii Antiocheni tractatus de eodem (495 v°).

Copié en 1329 par Nil. Pap. 502 fol. M.

113. S. Cyrilli Alexandrini commentarius in Zachariam prophetam, initio mutilus (11); — S. Basilii commentarius in Isaiam prophetam (110 v°); — Theodoreti commentarius in loca difficilia S². Scripturæ (287).

IX s. Parch. 435 fol. M.

114. Eclogæ XXXIII. e variis S. Joannis Chrysostomi homiliis (1); — Historia ecclesiastica et explicatio divinæ liturgiæ, composita a Jacobo, fratre Domini, Basilio, Athanasio et Cyrillo, archiepiscopis Alexandrinis, et Joanne Chrysostomo (330).

XV s. Pap. 340 fol. M.

115. S. Anastasii Sinaitæ quæstiones et responsiones variæ.

XII s. Parch. 343 fol. M.

116. S. Anastasii Sinaitæ quæstiones et responsiones variæ CLXII.

XV s. Pap. 279 fol. M.

117. S. Anastasii Sinaitæ oratio in Psalmum vi. (1); — Antiochi monachi pandectes S⁾. Scripturæ (11); — S. Joannis Climaci excerptum de pœnitentia serio facta (225); — S. Clementis sermo vi. de memoria mortis (229 v°); — S. Isaaci Syri excerpta ascetica (231); — Pilati relatio de Jesu Christo ad Augustum (234).

Copié en 1334. Bombyc. 236 fol. *M.*

118. Anonymi collectionis asceticæ e SS. PP. libri III. et IV. (Πατερικὸν εὐεργετινόν.)

XIII s. Parch. 464 fol. *M.*

119. Anonymi collectionis asceticæ sermones vi-lxii.

XV s. Parch. 274 fol. *M.*

120. S. Basilii fragmentum de Trinitate, ex libris contra Eunomium (4); — S. Cyrilli Alexandrini fragmentum de eodem (6 v°); — S. Justini fragmentum de recta fide (13); — S. Maximi excerptum de eo, quomodo inhabitaverit Deus Verbum et quid sit inhabitatio (20 v° et 204 v°); — S. Anastasii fragmentum, quomodo possit parvum corpus incircumscriptum esse (21 v°); — S. Gregorii Nysseni fragmentum ex libro catechetico (22); — S. Joannis Chrysostomi homilia in epistolam I. ad Corinthios (22 v°); — Michaelis Syncelli Hierosolymitani libellus de orthodoxa fide (25 v°); — De sex œcumenicis synodis : Πρώτη σύνοδος γέγονεν... (28); — S. Anastasii quæstiones et responsiones (31 v°); — inter quæ, nomina magnorum fluviorum et montium (113); — Georgii Chœrobosci opusculum de figuris (205 v°); — S. Epiphanii fragmentum ex Panareto (208 v°); — Dialogus SS. Basilii et Gregorii Nazianzeni (209); — Theodoreti fragmentum de Trinitate (210 v°); — SS. Irenæi, Augustini, Hesychii et Joannis Damasceni fragmenta (213); — Menses Romanorum, Judæorum, Macedonum, Græcorum et Ægyptiorum (215); — Decem decalogi præcepta (215 v°); — Ordo duplex librorum V. et N. Testamenti (216); — S. Epiphanii fragmentum de lxxii. prophetis et prophetissis (217 v°); — ejusdem fragmentum de xvi. prophetis (218); — S. Hippolyti opusculum de xii. apostolis et Paulo (223); — ejusdem opusculum de lxx. apostolis (224); — Series Romanorum patriarcharum, usque ad Honorium I.

(224 v°); — Series patriarcharum Hierosolymit., usque ad Modestum (225); — Series Alexandrinorum patriarcharum, usque ad Petrum (225 v°); — Series patriarcharum Antiochenorum, usque ad Anastasium Sinaitam (226); — Series CP. patriarcharum, usque ad Nicolaum, a. 911. (226 v°); — Series regum Juda et Israel, Assyriorum, Græcorum et Romanorum, fine mutila (228 v°); — Anonymi commentarius in Porphyrii prædicamenta, initio mutilus (230); — Theodori isagoge, mandatum Joannis; accedit de antistropha (238); — Andronici peripatetici opusculum de affectibus, fine mutilum (241 v°); — inseritur fragmentum de comœdia (248 v°); — Formulæ medicinales (1 et 262).

X s. Parch. 263 fol. *M.*

121. Andreæ Cretensis homilia in exaltationem sanctæ crucis (1); — Martyrium S. Ananiæ apostoli (5); — Martyrium S. Nicetæ (7); — Acta S. Lucæ apostoli (10 v°); — Encomium S. Lucæ apostoli (11 v°); — Martyrium S. Jacobi, fratris Domini (12 v°); — Martyrium S. Demetrii (13); — Acta SS. Cosmæ et Damiani (16); — Revelatio S. Archippi prosmonarii (18); — Vita S. Joannis Chrysostomi (21); — Encomium S. Philippi apostoli (28 v°); — Martyrium SS. Samonæ, Guriæ et Abibi (31); — S. Germani, CP. archiepiscopi, homilia in præsentationem Deiparæ (35); — Acta S. Andreæ apostoli (37); — Martyrium S^æ. Barbaræ, initio mutilum (41); — Vita S. Nicolai Myrensis, initio mutilum (43); — S. Andreæ Cretensis homilia in conceptionem S^æ. Annæ, initio mutila (46 v°); — S. Ephræmi Syri sermo in dominicam SS. Prophetarum (51); — S. Cyrilli Alexandrini homilia in tres pueros et Danielem (53); — Martyrium S^æ. Anastasiæ, initio mutilum (55 v°); — S. Gregorii Nazianzeni homilia in Christi natalem (57 v°); — Procli, CP. archiepiscopi, homilia in S. Stephanum (60 v°); — S. Joannis Chrysostomi homilia in Herodem et pueros interfectos (62); — Andreæ Cretensis homilia in Circumcisionem et S. Basilium (63 v°); — S. Gregorii Nazianzeni homilia in sancta lumina, initio mutila (67); — S. Joannis Chrysostomi homilia de eodem (68 v°); — Vita S. Joannis Calybitæ (71 v°); — S. Joannis Chrysostomi sermo

in epitome, id est vita (74 *bis*); — S. Amphilochii Iconiensis homilia in Purificationem, initio mutila (74 *bis* v°); — Martyrium SS. XL. martyrum Sebastenorum (77); — Vita S. Alexii, initio mutila (78 v°); — S. Joannis Chrysostomi homilia in Annuntiationem, initio mutila (82 v°); — Leontii, CP. archiepiscopi, homilia de eodem (84); — Vita S^æ. Mariæ Ægyptiacæ, auctore Sophronio Hierosolymit. (89); — Martyrium S. Georgii tropæophori (96 v°); — Vita S. Joannis Baptistæ, auctore Prochoro diacono (101); — Hesychii presbyteri homilia in conceptionem S. Joannis Baptistæ, initio mutila (106 v°); — Miracula S. Theodori martyris (107); — Inventio sanctæ crucis (108 v°); — S. Joannis Chrysostomi homilia in nativitatem S. Joannis Baptistæ, initio mutila (111 v°); — Acta et martyrium SS. Petri et Pauli (114); — S. Epiphanii Cyprii homilia in Domini sepulturam (118); — Martyrium S^æ. Cyriacæ (121 v°); — Martyrium S. Procopii (124 v°); — Martyrium SS. Cyrici et Julittæ (128); — Martyrium S^æ. Marinæ (132); — S. Joannis Chrysostomi homilia in prophetam Heliam et Jezabelem (137); — Martyrium S^æ. Parasceves (139); — S. Gregorii Nazianzeni homilia in septem Macchabæos (141 v°); — S. Joannis apostoli homilia in dormitionem Deiparæ (144 v°); — S. Joannis Chrysostomi homilia in decollationem S. Joannis Baptistæ (150 v°); — ejusdem homilia de salute animæ, de patientia, etc. (152 v°); — Eusebii, Alexandrini archiepiscopi, homilia in secundum adventum Domini (156); — S. Joannis Chrysostomi homilia in ejectionem Adami e paradiso (157 v°); — Narratio de imagine Christi Berytensi (166 v°); — S. Ephræmi Syri homilia de compunctione (168); — S. Joannis Chrysostomi homilia de divite et Lazaro (170); — ejusdem homilia in festum palmarum (172 v°); — ejusdem homilia in decem virgines, fine mutila (175); — ejusdem homilia in magnam quintam, in diabolum et infernum (177 v°); — ejusdem homilia in magnam parasceven (179); — S. Epiphanii Cyprii homilia in sepulturam Domini (initio mutila); — S. Gregorii Nazianzeni homilia in S. Pascha et in tarditatem (186); — ejusdem homilia in secunda septimanæ renovationis (187); — S. Joannis Chrysostomi homilia in S. Thomam apostolum; — ejusdem homilia in paralyticum;

ejusdem homilia in Samaritanam (193 v°); — ejusdem homilia in Assumptionem Domini (197); — S. Gregorii Nazianzeni homilia in Pentecosten. — [Folia 177-201 hodie desunt.]

Copié en 1343 par Michel Barsamos. Parch. 202 fol. G.

122. Niconis monachi Pandectes (Παγκόσμιον), capitibus LXIII.

XIV s. Bombyc. 415 fol. *M.*

123. Dorothei abbatis doctrina (1); — De Dorotheo abbate capita duo (81); — Interpretatio verborum aliquot S. Gregorii [Nazianz.] in S. Pascha, in SS. Martyres, etc. : Ἡδέως ἐλά- λουν... (87 v°); — Esaiæ abbatis patericon capitibus xxx. (99); — Marci monachi sermones IX. (206 v°); — Diadochi, Photices episcopi, capita moralia et ascetica c. (304); — S. Nili capita ascetica (338); — ejusdem de oratione capita CLIII. (340); — ejusdem opusculum de octo vitiosis cogitationibus (350); — præmittitur fragmentum de rebus medicis ut in cod. 8. (A).

XI s. Parch. 372 fol. *M.*

124. [Vol. I.] [S. Maximi] de caritate centuriæ IV., initio mutilæ (1); — S. Theodori Edesseni capita XCIV. (16 v°); — S. Basilii constitutiones monasticæ xxx. (38); — ejusdem sermo de renuntiatione vitæ, etc. (101 v°); — ejusdem ad Canonicam epistola (110); — ejusdem epistola ad Gregorium Theologum (111 v°); — ejusdem parænesis de renuntiatione vanæ vitæ (118 v°); — ejusdem capita selecta L. (166); — Vita Sᵃᵉ. Syncleticæ, [auctore S. Athanasio] (175 v°); — Responsio magni senis ad Joannem a Berosaba, capitibus CCXXIV. (224); — [Vol. II.] SS. senum colloquia de cogitationibus, fine mutila : Πῶς δεῖ εἶναι τὸν μοναχόν... (388); — S. Macarii capita ascetica XXI-CL., initio mutila (393).

XII s. Parch. 468 fol. *M.*

125. Euthymii Zigabeni panoplia dogmatica orthodoxæ fidei, fine mutila.

XIII s. Parch. 172 fol. *M.*

126. SS. Patrum apophthegmata (ed. Cotelerius, t. III.), initio et fine mutila.

X-XI s. Parch. 353 fol. *G.*

127. SS. Patrum apophthegmata, capitibus xx. : Ὁ ὤν ἐν

ἀρχῇ πρὸς τὸν Θεόν... (1); — De duodecim anachoretis : Ἀναχωρηταὶ ἅγιοι, σοφοι... (303 v°); — Apophthegmata in epitome SS. ascetarum : Ἠρωτήθη ὁ ἅγιος... Ἀθάνασιος... (308); — Dialogus SS. senum : Πῶς δεῖ εἶναι τὸν μοναχόν... (309); — Novitiorum interrogationes ad Thebæum senem de sedendo in cella : Πῶς δεῖ ἡσυχάζειν ἐν τῷ κελλίῳ;... (309 v°); — Narratio de Paulo Illustrio : Παῦλος τις ὀνόματι Ἰλλούστριος... (311).

XI s. Parch. 312 fol. *G*.

128. Theophylacti, Bulgariæ archiepiscopi, commentarius in IV. Evangelia (5); — præmittuntur argumentum in Matthæum (1), — S. Maximi εἰς τὴν ὑπογραφὴν Evangeliorum et argumentum aliud (2), — S. Joannis Chrysostomi fragmentum ex interpretatione in Matthæum (3 v°); — Interpretatio vocum hebraïcarum evangelii secundum Matthæum (4 v°).

XIII s. Parch. 345 fol. *M*.

129. Theophylacti, Bulgariæ archiepiscopi, commentarius in IV. Evangelia.

XIV s. Parch. 317 fol. *M*.

130. Manuelis Palæologi cum Persa quodam de Christianæ religionis veritate dialogi XXVI.

XVI s. (Copié par Jacques Diassorinos.) Pap. 216 fol. *M*.

131. Fl. Josephi de bello Judaico libri I-VII, 17. (3); — præmittuntur ejusdem fragmenta de causa universi, contra Platonem, et ex antiquitatum libris (1); — inseruntur computum, a. 1381. (213), — Pythagoræ versus aliquot (213 v°), — De septem miraculis mundi (213), — Georgii Pisidæ versus aliquot (213 v°), — Sententiæ theologicæ variæ (214).

XIV s. Pap. 238 fol. *M*.

132. Procopii Cæsariensis de ædificiis Justiniani auspicio conditis libri VI. (1); — ejusdem historia arcana, initio et fine mutila (121).

XVI s. (Copié par Christophe Auer.) Pap. 213 pages. *M*.

133. S. Nicephori chronographia in epitome, initio mutila (1); — Series episcoporum Romanorum (1), — CP. (1 v°), — Alexandrinorum (3), — et Antiochenorum (3 v°); — Ordo librorum V. et N. Testamenti, cum versuum numeris (4); — Georgii Syncelli chronographia, fine mutila (4 v°).

XI s. Parch. 302 fol. M.

134. [Georgii Hamartoli] chronicon breve.

XII s. Parch. 311 fol. M.

135. Joannis Scylitzæ Curopalatæ synopsis historiarum, fine mutila.

XIV s. Parch. 419 fol. M.

136. Joannis Scylitzæ Curopalatæ [Georgii Cedreni] synopsis historiarum a Michaele Rhangabe ad Nicephorum Botaniatam (1); — Basilii imp. ad Leonem filium monita acrosticha (239 v°); — Michaelis Staboromani ad Alexium Comnenum opusculum, initio mutilum (243); — ejusdem sermo ad eumdem imp., cum responsione Alexii Comneni (246 v°); — ejusdem sermo ad imperatricem Helenem Ducænam, fine mutilus (247).

XII-XIII s. Parch. 249 fol. M.

137. Joannis Zonaræ annales (1); — Nicetæ Choniatæ annales (151); — Nicephori Gregoræ historiæ Byzantinæ libri XI. (257); — præmittitur Macarii Chrysocephali sermonis in duodecim ordines et S. Michaelem fragmentum (A).

Copié en 1422. Pap. 345 fol. G.

138-143. Georgii Pachymeris historiæ libri XIII.

XVII s. (Copiés par Athanase Rhéteur et Honorat.) Pap. 272, 308, 302, 247, 260 et 286 fol. M.

144. Joannis Cantacuzeni eximperatoris historiarum libri IV.

XV s. Pap. 343 fol. (Medic.) G.

145. Martyrium S. Ananiæ apostoli (1); — Martyrium SS. Cypriani et Justinæ (4 v°); — Martyrium S. Dionysii Areopagitæ (120 v°); — Martyrium S^æ. Charitinæ (30 v°); — Commentarius de S. Thoma apostolo (33 v°); — Martyrium SS. Sergii et Bacchi (40 v°); — Vita S^æ. Pelagiæ Antiochenæ (53); — Martyrium SS. Eulampii et Eulampiæ (59); — Martyrium SS. Probi, Tarachi et Andronici (65 v°); — Martyrium SS. Carpi, Papyli et sociorum (72); — Martyrium SS. Nazarii,

Gervasii, Protasii et Celsi (83); — Martyrium S. Luciani (89 v°);
— Martyrium S. Longini centurionis (99); — Commentarius
de S. Luca evangelista (105 v°); — Martyrium S. Vari et sociorum (111 v°); — Martyrium S. Andreæ in Crisi (124 v°); —
Martyrium S. Artemii (130); — Vita S. Hilarionis (158 v°); —
Vita S. Abercii, Hierapoleos episcopi (183); — Commentarius
de S. Jacobo apostolo (202 v°); — Martyrium S. Arethæ et
sociorum (212); — Martyrium SS. Marciani et Martyrii notariorum (234); — Martyrium S. Demetrii (236 v°); — Martyrium Sæ. Anastasiæ Romanæ (245 v°); — Vita S. Abramii
(254); — Martyrium SS. Zenobii et Zenobiæ sororis (273 v°);
— Martyrium S. Epimachi, fine mutilum (278 v°).

XI s. Parch. 279 fol. *M.*

146. Joannis Stauracii, Thessalonicæ chartophylacis, sermo
de miraculis S. Demetrii (2); — Arcadii, Cypri episcopi, homilia in S. Georgium (85); — Encomium SS. Cosmæ et Damiani
(91); — Nicetæ rhetoris oratio in S. Philippum apostolum
(110); — ejusdem encomium in S. Matthæum evangelistam
(121 v°); — S. Basilii encomium in S. Barlaam (132); — Vita
et miracula S. Gregorii Decapolitæ (136); — Pantaleonis, diaconi, et chartophylacis magnæ ecclesiæ, narratio miraculorum S. Michaelis (171); — Michaelis Syncelli homilia in SS.
Michaelem et Gabrielem (217); — S. Joannis Chrysostomi
homilia in Seraphim (233); — Germani, CP. patriarchæ, homilia in præsentationem Deiparæ (247); — Georgii, Nicomediensis archepiscopi, homilia de eodem (256); — Tarasii, CP.
archiepiscopi, homilia de eodem (274 v°); — Nicetæ Paphlagonis encomium in S. Andream apostolum (292 v°); —
Anonymi homilia, initio et fine mutila (313).

XIV s. Parch. 316 fol. *M.*

147. Vita S. Joannis Damasceni, auctore Joanne, Hieroso-
lymit. patriarcha (1); — Martyrium Sæ. Barbaræ (17); — Vita
S. Sabæ (24); — Vita et miracula S. Nicolai Myrensis (101);
— Vita S. Ambrosii, Mediolanensis episcopi (123 v°); — Vita
S. Patapii (134 v°); — Martyrium SS. Menæ, Hermogenis et
Eugraphi (140); — Vita S. Danielis Stylitæ (167 v°); — Vita
S. Spiridonis, Trimithuntis episcopi (204 v°); — Martyrium

SS. Auxentii, Eugenii, Mardarii et Orestæ (231); — Martyrium SS. Thyrsi, Lucii, Callinici, Philemonis et Apollonii (252 v°) — Martyrium S. Eleutherii (277); — Commentarius de Daniele et tribus pueris (283 v°); — S. Joannis Chrysostomi homilia de eo quod nemo læditur nisi a se ipso (296 v°); — ejusdem homilia de theatris non frequentandis et in Abraham (312 v°); — ejusdem homilia in Abraham (325 v°); — Martyrium S. Sebastiani et sociorum (332); — Martyrium S. Bonifacii Romani (342); — Martyrium S. Ignatii (348 v°); — S. Joannis Chrysostomi homilia in S. Philogonium (355); — Martyrium S^æ. Julianæ Nicomediensis (361 v°); — Martyrium S^æ. Anastasiæ Romanæ (367); — Martyrium SS. decem in Creta martyrum (381); — Martyrium S^æ. Eugeniæ (383 v°); — S. Basilii homilia in Christi nativitatem (399); — Vita SS. Theodori Grapti et Theophanis fratris (404 v°); — Martyrium SS. Indæ et Domnæ (413 v°); — ejusdem [Basilii Seleuciensis] homilia in infantes ab Herode occisos (430 v°); — Vita S. Marcelli archimandritæ (434); — Vita S^æ. Melaniæ Romanæ (450).

XIV-XV s. Pap. 465 fol. *M.*

148. Martyrium SS. Thyrsi, Lucii, Callinici, Philemonis et Apollonii (2); — Martyrium S. Eleutherii (29); — Vita S. Pauli junioris, in Latro (37); — S. Joannis Chrysostomi homilia in Danielem et tres pueros, initio mutila (85); — Martyrium S. Bonifacii (101); — Martyrium SS. Bonifacii, Nicostrati, etc. (110); — Martyrium S. Ignatii (125); — S. Joannis Chrysostomi homilia in S. Philogonium (134 v°); — Martyrium S^æ. Julianæ (144); — Martyrium S^æ. Anastasiæ Romanæ (154 v°); — Martyrium SS. decem in Creta martyrum (172 v°); — Martyrium S^æ. Eugeniæ (176 v°); — Vita S. Theodori Grapti (200 v°); — Martyrium S[S. Indæ et] Domnæ (214); — Vita S. Marcelli Acoemetæ (240 v°); — Vita S^æ. Melaniæ Romanæ, fine mutila (266).

XI s. Parch. 283 fol. *M.*

149. Diodori Siculi bibliothecæ historicæ libri I-V. et XI-XV.

XVI s. Pap. 780 pages. *M.*

150. Dionysii Halicarnassei antiquitatum Romanarum libri XI. (1); — Zosimi comitis novæ historiæ libri VI. (523).

XVI s. Pap. 651 fol. *M.*

151. Basilicorum libri I-IX. (19); — præmittitur librorum LX. Basilicorum index (1).

XIV s. Bombyc. 269 fol. *G.*

152. Basilicorum libri XI-XIV., cum scholiis (3); — adduntur quatuor folia, sæc. ix., in quibus insunt fragmenta homiliæ de Christi nativitate (1), — historiæ Joachim, Annæ et beatæ Mariæ (2), — homiliæ de Epiphania (150).

XIII-XIV s. Parch. 151 fol. *G.*

153. Theodori Hermopolitæ commentarii in eclogas decem priorum librorum Basilicorum (1); — Lexicon vocum Romanarum (624).

Copié en 1541 par Jacques Diassorinos. Pap. 632 fol. *M.*

154. Constantini Harmenopuli promptuarium juris.

XIV s. (Copié par Jacques Diassorinos.) Pap. 314 fol *M.*

155. Platonis Euthyphron (1), — Socratis apologia (6), — Criton (13 v°), — Phædon (18), — Cratylus (40 v°), — Theætetus (59 v°), — Sophista (82 v°), — Politicus (99 v°), — Parmenides (117 v°), — Philebus (131), — Convivium (149 v°), — Phædrus (166 v°), — Alcibiades I. et II. (183 v° et 193 v°), — Hipparchus (198). — Amatores (200 v°). — Theages (202 v°), — Charmides (206), — Laches (214), — Lysis (221), — Euthydemus (227), — Protagoras (238), — Gorgias (254 v°), — Menon (278 v°), — Hippias major (287 v°), — Hippias minor (295 v°), — Ion (299 v°), — Menexenus (303), — Clitophon, fine mutilus (308 v°).

XIV s. Bombyc. 309 fol. *M.*

156. Olympiodori scholia in Platonis Gorgiam (1), — et Phædonem, initio et fine mutilum (142).

XVII s. (Copié par Jean Tinerel de Bellérophon). Pap. 307 fol. *M.*

157. [Vol. I.] Porphyrii isagoge, initio mutila (1); — Aristotelis categoriæ (29 v°), — liber de interpretatione (104 v°), — analytica priora (180), — analytica posteriora (281 v°). —

[Vol. II.] topica (362), — sophistici elenchi (525); — omnia cum Leonis Magentini commentariis.

XIV s. Parch. 614 fol. G.

158. [Anonymi] metaphrasis libri II. posteriorum analyticorum Aristotelis : [Δ]ιαλαβών ὁ Ἀριστοτέλης .. (1); — Heronis geodæsia (50 et 59); — Isaaci Argyri opusculum de reducendis triangulis non rectis in rectos (57 v°); — Joannis Pediasimi commentarius in Cleomedis libros de orbium cælestium contemplatione (60 v°); — Harpocrationis, vel Kyrani, lexicon de lapidibus, plantis, etc., A-Υ (80); — Heronis spiritalia (91).

XVI s. Pap. 116 fol. M.

159. Anonymi scholia in Aristotelis physicorum libros VIII.: Ἐπειδὴ τὸ εἰδέναι... (1); — Michaelis Pselli commentarius in eosdem libros (118).

XVII s. Pap. 306 fol. M.

160. Joannis Philoponi commentarius in Aristotelis libros de interpretatione (1), — priorum et posteriorum analyticorum (97).

XIII-XIV s. Bombyc. 655 fol. M.

161. Aristotelis magnorum moralium libri II. (1) ; — Eustratii, Nicæni metropolitæ, commentarius in librum I. ethicorum ad Nicomachum (40 v°); — Aristotelis ethicorum ad Nicomachum liber III., cum scholiis (46 v°); — Michaelis Ephesii commentarius in libros IV. et V. (46 v°); — Eustratii Nicæni commentarius in librum VI. (80); — Aristotelis ethicorum ad Nicomachum liber VII., cum scholiis (108 v°); — Aspasii commentarius in librum VIII. (123 v°); — Michaelis Ephesii commentarius in libros IX. et X. (132 v°); — Aristotelis politicorum libri VIII. (168); — ejusdem œconomicorum libri II. (220); — ejusdem metaphysicorum libri XIII., cum prologo et scholiis (226); — insunt Syriani Philoxeni commentarius in librum III. (266), — et Michaelis Ephesii in librum V. (310) ; — Syriani Philoxeni commentarius in Aristotelis metaphysicorum librum II. (410); — ejusdem commentarius in Aristotelis dubia circa mathemata et numeros in XI. et XII. metaphysicorum libris (421); — ejusdem fragmentum de providentia (447 v°). — Cf. cod. 166.

XIV s. Bombyc. 448 fol. M.

162. Anonymi « eversio dogmatum libri de sensu rerum » Thomæ Campanellæ.

XVII s. Pap. 515 fol. *M.*

163. Galeni commentariorum libri III. in Hippocratis librum de humoribus.

Copié en 1560 par André Darmarios. Pap. 144 fol. *M.*

164. Georgii Pachymeris philosophiæ libri XII.

XVI s. Pap. 408 fol. *M.*

165. Theodori Metochitæ capita philosophica et historica miscellanea cxx.

XVI s. Pap. 321 fol. *M.*

166. Aristotelis physicorum libri VIII., cum Simplicii commentario (1); — ejusdem de cælo libri IV., cum anonymi commentario (111); — Joannis Philoponi commentarius in Aristotelis de generatione et corruptione libros II. (251); — — ejusdem commentarius in libros I-III. meteorologicorum (303); — Olympiodori Alexandrini commentarius in libros IV. meteorologicorum (349); — Alexandri Aphrodisiensis commentarius in librum IV. meteorologicorum (428); — Aristotelis liber de mundo, ad Alexandrum (477); — ejusdem libri de motione animalium pars ultima, cum scholiis (485); — ejusdem liber de longitudine et brevitate vitæ, cum scholiis (485 v°); — ejusdem liber de senectute et juventute, vita et morte, et de respiratione, cum scholiis (487 v°). — Cf. cod. 161.

XIV s. Bombyc. 492 fol. *M.*

167. Aristotelis sophistici elenchi, cum Leonis Magentini, Mitylenæi metropolitæ, interpretatione (1); — Aristotelis analytica priora et posteriora, cum ejusdem interpretatione (113). — Cf. cod. 170.

XIV s. Bombyc. 317 fol. *M.*

168. Pauli Æginetæ rerum medicinalium libri VII. (1); — De mensuris et ponderibus (307 v°).

Copié en 1355 par Pierre Telemaque. Pap. 310 fol. *M.*

169. Vita Plotini, auctore Porphyrio (1); — Plotini excerpta enneadis I. (11); — Aristotelis de cælo libri IV., cum scholiis

(25); — ejusdem de generatione et corruptione libri II. (110 v°); — Euripidis vita (199); — Euripidis Hecuba (200), — Orestes (227), — Phœnissæ, cum scholiis (251); — Hesiodi opera et dies, cum scholiis (285); — Theocriti idyllia, partim cum scholiis (317).

XIV-XV s. Bombyc. 358 fol. *M.*

170. S. Cyrilli Alexandrini lexici fragmentum, A (1); — Aristotelis topicorum libri VIII. (6); — Porphyrii isagoge (165); — Aristotelis categoriæ (174); — ejusdem liber de interpretatione (229); — omnia cum Leonis Magentini interpretatione. — Cf. cod. 167.

XIV s. Bombyc. 344 fol. *M.*

171. Anonymi commentarius in Ptolemæi tetrabiblon : Τὰ προοίμια ποιεῖται ὁ Πτολεμαῖος...

XVI s. (Copié par Jean d'Otrante.) Pap. 133 fol. *M.*

172. Ptolemæi harmonicorum libri III. (1); — ejusdem magnæ constructionis libri XIII. (44).

XIV-XV s. Parch. 268 fol. *M.*

173: Synesii liber de insomniis, cum præfatione et scholiis (1); — Ptolemæi harmonicorum libri III. (31 v°); — ejusdem geographiæ libri I, II. et VIII. (112); — Porphyrii commentarius in Ptolemæi harmonicorum libros I. et II. (148); — Nicomachi Geraseni harmonices enchiridion (206); — Domni Larissæi introductio arithmetica (211 v°); — Ocelli Lucani liber de natura mundi (212 v°); — Bacchii senioris introductio artis musicæ (217); — Manuelis Bryennii harmonicorum libri III. (223); — Theonis Alexandrini commentarius in Ptolemæi expeditos canones (263).

XV s. Pap. 311 fol. *M.*

174. Cleomedis de orbium cælestium contemplatione libri II. (1); — Nicomachi Geraseni arithmeticæ introductionis libri II. (59); — Joannis Philoponi commentarius in Nicomachi Geraseni arithmeticam (81); — Euclidis elementorum libri XIII. (121); — Ptolemæi harmonicorum libri III. (345); — Zodiaci figura (411 v°).

XV s. Pap. 411 fol. *M.*

175. Theodori Gazæ grammaticæ libri IV. (1); — Michaelis Syncelli tractatus de orationis constructione (83).

XV s. (Copié par Pylade.) Parch. et pap. 127 fol. *M.*

176. Theodosii Alexandrini canones grammatici (1); — Scholia in verbales canones ex ore Georgii Chœrobosci [Bekker, *Anecd. gr.*, II.] (218).

XVI s. (Copié par Michel Damascène.) Pap. 361 fol. *M.*

177. Anonymi lexicon, ex Suida, A-Π, initio et fine mutilum.

XIV s. Pap. 284 fol. *M.*

178. [Joannis Zonaræ] lexicon.

XV s. Pap. 293 fol. *M.*

179. Anonymi lexicon græco-latinum : Ἅαπτος, Innocuus, Ἀγές... (3); — præmittitur anonymi sermo de confessione : Ἐὰν ἐγώ, ἀδελφέ... (1).

XV s. Pap. 317 fol. *M.*

180. Libanii declamationes : Menelai ad Trojanos oratio (1), — oratio morosi se accusantis quod loquacem uxorem duxerat (3), — oratio parasiti ob cœnam occisam se ipsum deferentis (6 v°) ; — Aristidis rhetoris legatio ad Achillem, Ulyssis nomine (8 v°); — Libanii declamationes : Achillis ad Ulyssem et Phœnicem responsio (11 v°), — oratio Patrocli ad Achillem (19), — oratio avari de thesauro invento (26), — Ulyssis ad Trojanos oratio (30 v°), — Orestis recriminatio adversus matrem, post Trojæ excidium (36 v°), — monodia in Julianum imp. (42), — oratio funebris in Julianum imp. (43 v°), — panegyricus Juliano dictus (66 v°), — pro saltatoribus adversus Aristidem (69 v°) ; — Anonymi lexicon, ex Suida, A-E, fine mutilum (73) ; — Hermogenis ars rhetorica (107).

XVI s. Pap. 120 fol. *M.*

181. « Ethymologies greques recueillies par M. Auguste Galland fils, sous monsieur Charron, advocat en parlement, lequel lui enseignoit la langue grecque, 1623. »

Copié en 1623. Pap. 67 fol. *M.*

182-183. « Extraict des choses les plus remarcables qui se trouvent dans les poètes grecz et dans leurs scholiastes, et premièrement dans Homère et dans Eustathius, » par Pierre de Marcassus (?).

XVII s. Pap. 438 et 369 fol. M.

184. Heptateuchus : Genesis, xix, 5. — Judic., xxi, 1.

XIII s. Bombyc. 136 fol. M.

185. S. Cypriani opuscula varia.

VII s. Parch. 155 fol. Onciale. M.[Devenu Latin 10592.]

186. Psalmi XVIII,13—LXXII, 10, gr.-lat.

VII s. Parch. Fol. 156-244. Onciale. P.

187. Psalmi XVII,37—CL., cum canticis, fine mutilis, omnia cum scholiis.

X s. Parch. 193 fol. Onciale. M.

188. Psalmi et cantica, cum scholiis (1); — Oratio Manassis, regis Judæ (219 v°); — Symbolum fidei, etc. (221); — Calculi indictionis, ab a. 994. (221 v°).

X s. Parch. 222 fol. P. [Aujourd'hui à la Bibl. imp. de Saint-Pétersbourg, Cat. de Muralt, n° LXIV.]

189. Catena in Psalmos I-LXXV., e SS PP., maxime e Theodoreto.

XV s. Pap. 476 fol. M.

190. Nicetæ Heracleensis expositio in Psalmos LXXX-CL.

XIV s. Parch. 259 fol. Onciale. M.

191. XII. Prophetæ minores (1); — Isaias (98); — Jeremias (203 v°); — Lamentationes Jeremiæ (308); — Epistola Baruch (318); — Baruch (323); — Ezechiel (332); — Daniel (435).

XIII s. Parch. 477 fol. P.

192. De melle : Ἄριστον μέλι... (1); — Versus in Homerocentra et in Homerum : Βίβλος Πατρικίου... (1 v°); — Gregorii, Bulgariæ archiepiscopi, versus in tumulum Alexii Cappadocis (2 v°); — Officii ecclesiastici fragmentum (3 v°); — Officium S. Josephi hymnographi (6 v°); — Anonymi expositio brevis in Isaiam prophetam : Μηδεὶς ὡς ἑτεροδόξων... (13); — Maximi Holoboli fragmentum de Sᵃ. Maria Ægyptiaca (50 et 120); —

Posidippi, vel Cratetis, fragmentum (51); — Phœnicis, Plotini discipuli, fragmentum in Porphyrii isagogen (51 v°); — Theodori Curopalatæ Smyrnæi opusculum de processione S. Spiritus adversus Latinos (52); — S. Cyrilli Alexandrini fragmentum expositionis in Malachiam prophetam (57 v°); — Athanasii, CP. patriarchæ, abdicatio (59 v°); — Anonymi chronicon breve usque ad Isaacum Angelum : Μέγας Ἀθανάσιος τῆς ἐν Τύρῳ... (60); — Gregorii CP. fragmenta contra Latinos, etc. (67); — Gregorii, [CP.] patriarchæ, abdicatio (94); — Manuelis Phile monodia in Andronicum Palæologum imp., etc. (98); — [Nicolai] Cabasilæ monodia in eumdem imperatorem (100 v°); — Libanii monodia in templum Apollinis in Daphne (105 v°); — Fragmenta varia philosophica et arithmetica (107); — Fl. Josephi excerptum (116 v°); — Maximi Holoboli versus in S^am. Mariam Ægyptiacam (120); — Horapollinis hieroglyphica (121); — Nicephori Gregoræ technologia grammatica (145); — Manuelis Planudis excerpta ex technologia in Philostrati imagines (166); — Epitome de metris ex Hephæstionis enchiridio (171); — Demetrii Triclinii excerpta de re metrica (172 v°); — De mensibus Atticorum (181 v°); — Maximi Planudis quæstiones grammaticæ, dialogus Neophronis et Palætimi (182); — Anonymi opusculum de syntaxi, etc. : Τὰ σύνθετα διαλύουσι... (213); — Manuelis Phile versus aliquot (279); — De duodecim Herculis laboribus (280); — S. Gregorii Nazianzeni doxologia (280 v°).

XV s. Pap. 282 fol. P.

193. Anonymi scholia in Proverbia, ex variis interpretationibus, feria secunda magnæ hebdomadis (1), — et in Ecclesiasten (16 v°); — S. Athanasii Antiocheni excerptum ex interpretatione in Matthæum et ex tomo VII. (33); — S. Hippolyti, Romæ episcopi, fragmentum de Ezechia (36); — S. Joannis [Chrysostomi] homilia in martyres (36 v°); — SS. PP. interpretationes variæ in Isaiam, Genesim, Proverbia, Evangelia, etc. (40 v°); — Dialogus Christiani et Judæi : Ὁ Χριστιανὸς Κακομαχούντων... (71); — Interrogationes et responsiones asceticæ : Τὸ μνήμην ἔχειν... (74); — Macarii Scetiotæ et S. Cyrilli fragmenta (77 v°); — S. Ephræmi sermo de eo quod Christiani non debeant ludere et de philosophia (80); — Eusebii Emeseni sermo de pœnitentia (89); — S. Basilii sermo asceticus (96 v°); — Procli, CP. archiepiscopi, homilia in magnam Quintam (98); — S. Joannis Chrysostomi homilia in malluvium (101); — Procli, CP. patriarchæ, homilia in magnam Parasceven (105 v°); — S. Joannis Chrysostomi homilia in finem Proverbiorum (107 v°); — S. Joannis Carpathii capita cxvii. (119 v°); — SS. PP. capita varia in Genesim et Exodum : Ἰστέον ὅτι τῆς τῶν ὅλων... (138 v°); — Aquilæ fragmentum (192); — Interrogationes et responsiones aliquot (192 v°); — inter quæ nota de Orione et Pleiade (193); — Genealogia patriarcharum (194), — et supputatio operis chronici : Ἀπὸ τῆς ἐνανθρωπήσεως τοῦ Κυρίου... (195); — S. Athanasii Alexandrini interrogationes et responsiones (207); — Chronologia brevis ætatum mundi, usque ad captivitatem Babylonis : Χαλδαίοις προκατάρξας... (227 v°); — Anonymi interpretatio illius dicti : Omnis qui occiderit Caïn septempliciter punietur : Τὸ πολυθρύλλητον... (240 v°); — Synagoge temporum secundum Alexandrinos; reges Medorum, Persarum, Macedonum, Romanorum, CP.; de diversis ætatibus mundi; reges Israel (242 v°); — Interrogationes et responsiones asceticæ : Ὁ τὸ ἐφ' ἁμαρτον... (248); — [S. Ephræmi] sermo asceticus (252 v°); — ejusdem sermo de judicio et resurrectione (262 v°); — ejusdem sermo in illud : Attende tibi ipsi (265 v°); — Nomina fluviorum paradisi terrestris (267).

XI s. Parch. 267 fol. **M.**

194. Proverbia Salomonis, cum scholiis, initio mutila (1); — Ecclesiastes, cum scholiis (67 v°); — Canticum canticorum, cum scholiis (93 v°); — [Michaelis] Pselli interpretatio in Canticum canticorum (117); — Liber Job, cum scholiis (148 v°); — præmittuntur Polychronii prologus in Job (144), — et Juliani, Halicarn. episcopi, prologus in eumdem (146 v°).

XIII s. Bombyc. 371 fol. **M.**

195. Evangelia IV., cum catena (10); — præmittuntur [Michaelis] Pselli de evangeliis fragmenta (1 v°); — Eusebii epistola ad Carpianum, et canones (4).

X s. Parch. 468 fol. Peint. **M.**

196. Evangelia IV. (13); — præmittuntur Eusebii epistola ad Carpianum (3), — et canones, etc. (7); — Ἐκλογάδιον et Synaxarium (147); — Acta apostolorum (160); — Epistolæ catholicæ (192); — Pauli epistolæ (209); — Menologium (279).

XI s. Parch. 289 fol. Peint. P. [Aujourd'hui à la Bibl. imp. de Saint-Pétersbourg, Cat. de Muralt, n° ci.]

197. Evangelia IV. (12); — præmittuntur Synaxarium (1), — Eusebii epistola ad Carpianum, et canones (8).

XII s. Parch. 275 fol. P.

198. Theophylacti, Bulgariæ archiepiscopi, commentarius in IV. Evangelia, initio et fine mutilus (5); — præmittuntur Eusebii canones (1).

XIV s. Bombyc. 435 fol. P.

199. Evangelia IV. (1); — Acta apostolorum (159); — Epistolæ catholicæ (200 v°); — Pauli epistolæ (221); — S. Joannis Chrysostomi homilia in Christi resurrectionem (309); — Apocalypsis Joannis (311).

XII s. Parch. 328 fol. P.

200. Evangelia IV. (3); — Acta apostolorum (143); — Epistolæ catholicæ (188); — Pauli epistolæ (210).

XIII s. Parch. 300 fol. Peint. P.

201. Nicetæ Heracleensis collectio interpretationum in Lucæ evangelium (3); — præmittuntur S. Joannis Damasceni fragmenta duo de corpore et sanguine Domini (1).

XV s. Copié par Jean Chrysocephale Holobolos. Pap. 605 fol. *M.*

202. Pauli epistolarum fragmenta antiquissima: I. Corinth., x, 22-29; xi, 9-16 (desunt fol. 3 et 4); Hebr. argumentum; Hebr., ii, 11-16; iii, 13-18; iv, 12-15; I. Timoth., iii, 7-14; I. Timoth. argumentum; Tit. argumentum, i, 1-3; i, 15-ii, 5; iii, 13-15.

VI s. (?) Parch. 14 fol. Onciale. *M.* [Les ff. 3 et 4 sont à la Bibl. imp. de Saint-Pétersbourg, Cat. de Muralt, n° xiv.]

202, 2. Apocalypsis Joannis, cum scholiis (1 v°); — præmittitur Andreæ Cretensis prologus (1); — Acta apostolorum, cum scholiis (30); — præmittuntur S. Joannis Chrysostomi prologus (27), — et Pauli apostoli peregrinationes (29); —

Epistolæ catholicæ, cum catena (118); — præmittuntur Severi Antiocheni, Joannis Chrysost., Cyrilli Alex. et Basilii fragmenta (116); — Pauli epistolæ, cum catena (157); — præmittitur S. Joannis Chrysostomi prologus (156).

XII s. Parch. et bombyc. 328 fol. P.

203, 1 et 2. [Theophylacti, Bulgariæ archiepiscopi,] commentarius in IV. Evangelia, initio mutilus.

XIII s. Parch. 436 fol. M.

204. Catena in Pauli epistolas [Galat.-Hebr.] (1); — Anonymi theoria de tabernaculo, fine mutila : Αὐτὸς ὁ δεσπότης ὁ Θεός... (311 v°).

XII s. Parch. 312 fol. M.

205. Acta apostolorum (40); — Epistolæ catholicæ (95 v°); — Pauli epistolæ (122 v°); — Apocalypsis Joannis (226); — præmittuntur initium et finis lectionum Apostoli per annum (1), — argumenta et capitula Actorum et Epistolarum (9); — Nomina prophetarum, undenam sint, quomodo mortui sint et ubi jaceant (250); — Dorothei, Tyri episcopi, opusculum de LXX. discipulis Christi et XII. apostolis (258 v°); — Definitiones fidei orthodoxæ [ed. Montfaucon, p. 265.] (268).

XI s. Copié par le moine Antoine. Parch. 270 fol. Peint. P.

206, 1 et 2. S. Joannis Chrysostomi et aliorum PP. commentarius in IV. Evangelia.

XI s. Copié par Jean et Strategos. Parch. 433 fol. M.

207. [Theophylacti, Bulgariæ archiepiscopi,] commentarius in Joannis evangelium, initio mutilus (1); — [S. Joannis Chrysostomi] homilia in mulieres unguentiferas (113); — Anonymi homilia ex diversis PP. in illud : Erat autem tunica inconsutilis : Ἦν δὲ ὁ χιτών... (118); — Theophylacti, Bulgariæ archiepiscopi, expositio brevis in epistolas Pauli, fine mutila (120).

XIV s. Bombyc. 295 fol. M.

208, 1. Theoduli presbyteri scholia in Pauli epistolam ad Romanos.

Copié en 1656 par Jean Tinerel de Bellérophon. Pap. 109 fol. P.

208, 2. « Scholia Nicephori Blemmidæ monachi in Cantica Moysis et aliorum. »

XVII s. Copié par Jean Tinerel de Bellérophon. Pap. 90 fol. P.

209. Joannis, CP. patriarchæ, collectio canonum, titulis L. (1); — Gregorii Thaumaturgi epistola canonica (66 v°); — S. Athanasii epistola ad Amunem monachum (69); — S. Basilii ad Amphilochium epistola canonica (71); — ejusdem epistola ad Diodorum Tarsensem (77 v°), — ad Gregorium presbyterum (80), — ad episcopos subditos (81); — S. Gregorii Nysseni ad Letoium epistola canonica (82); — Timothei Alexandrini responsa canonica (89 v°); — S. Cyrilli Alexandrini ad Domnum epistola canonica (91 v°); — ejusdem epistola ad episcopos Libyæ et Pentapoleos (93); — Gennadii, CP. patriarchæ, epistola encyclica (93 v°); — Petri Alexandrini canones (96); — S. Basilii epistola canonica II., fine mutila (103); — Canones concilii CP. in Trullo, initio mutili (104); — Canones concilii Nicæni II. (133); — Tarasii epistola ad Adrianum papam (141 v°); — Dionysii Alexandrini epistola ad Basilidem (146 v°); — Theophili Alexandrini fragmentum in Theophania (150); — ejusdem commonitorium quod accepit Ammon, fine mutilum (150); — Index novellarum Justiniani quæ cum sacris canonibus consentiunt (152); — Justiniani imp. novella LXXXVII. (157); — Justiniani novellarum capita selecta quæ cum sacris canonibus consentiunt (177); — Justiniani novellarum excerpta, titulis XL. (196); — Dorothei, Tyri episcopi, opusculum de LXX. discipulis et XII. apostolis (260); — Ordo thronorum (268).

X-XI s. Parch. 286 fol. P.

210. Joannis Zonaræ commentarius in canones Apostolorum et Conciliorum, fine mutilus (19 v°); — præmittuntur Georgii αὐτοσχέδια εἰς τό· Πάλιν Ἰησοῦς ὁ ἐμός (2), — index (12), — et expositio canonum (18 v°).

XIV s. Bombyc. 270 fol. P.

211. Collectio canonum Conciliorum, titulis L., initio mutila (1); — Collectio altera canonum Apostolorum, Conciliorum et SS. PP. Prologus : Τὰ μὲν σώματα... (53 v°); — Germani, CP. patriarchæ, enarratio de synodis quæ celebratæ sunt

(325 v°) ; — S. Athanasii epistola ad episcopum Persarum (344 v°) ; — Interrogationes et responsiones canonicæ, initio mutilæ (346) ; — Methodii, CP. patriarchæ, fragmentum de locorum et ætatum differentia (350) ; — Nicolai, CP. patriarchæ, abdicatio (350 v°); — Eleemosynæ monasterii S. Michaelis τοῦ Κηπουλουζῆ (351 v°); — accedunt lectionarii folia tria, unciali charact., palimps. (1 et 351).

XII s. Parch. 352 fol. P.

212. Constitutiones Apostolorum, libris VII. (1); — Constitutiones circa ordinationem presbyterorum, diaconorum, etc. (131); — S. Basilii correptiones (143 v°); — Theodori Studitæ correptiones (145) ; — Timothei Alexandrini responsiones (146 v°); — Hippolyti, Romani episcopi, et Dorothei, Tyri episcopi, opusculum de Domini discipulis (147 v°).

Copié en 1111. Parch. 149 fol. P. [Aujourd'hui à la Bibl. imp. de Saint-Pétersbourg, Cat. de Muralt, n° c.]

213. Euchologium Strategii presbyteri.

Copié en 1027. Parch. 211 fol. P.

214. Euchologium (1); — Lectiones Evangeliorum et Epistolarum (77); — Menologium, fine mutilum (204 v°).

XII s. Parch. 236 fol. P.

215. Typicum lauræ S. Sabæ (1); — Marci hieromonachi syntagma in dubia quæ in typico occurrunt (177); — accedit fragmentum lectionarii Evangeliorum, unciali charact. (216).

Copié en 1360 par Jean Alece. Pap. 217 fol. P.

216. Typicon lauræ S. Sabæ; accedunt preces variæ.

XIV s. Pap. 207 fol. P.

217. Pauli epistolæ, cum catena (22) ; — præmittuntur fragmenta synaxariorum (1 et 226), — et collectionis asceticæ (5), — necnon et argumenta, prologus, peregrinationes, et versus in S. Paulum (16).

XIII s. Parch. 227 fol. M.

218. Officia mensis augusti (1); — Officia ejusdem mensis, alia manu (191).

XI-XIII s. Parch. 234 fol. M.

219. Theodori Prodromi interpretatio in canones magnarum dominicarum (1); — Joannis Zonarae interpretatio canonum dominicalium S. Joannis Damasceni (219); — Anonymi interpretatio symboli fidei : Κατὰ δὴ τοῦτον τὸν λόγον... (404).

XIV s. Parch. 412 fol. P.

220. Hirmologion, cum notis musicis.

XIII s. Parch. 267 fol. P.

221. Contacia, cum notis musicis.

XV s. Pap. 173 fol. P.

222. Cosmae Melodi et S. Joannis Damasceni canones in festa et magnam dominicam, cum interpretatione.

XIV s. Pap. 232 fol. P.

223. Synaxarium martii-augusti.

Copié en 1301 par Meletios. Parch. 309 fol. P.

224. Synaxarium Actuum et Epistolarum (1); — Dorothei, Tyri archiepiscopi, opusculum de LXX. discipulis et XII. apostolis (8 v°); — De baptismate SS. Apostolorum et beatae Mariae (12); — Quoties in Scriptura occurrat vox ἀνάστασις et quotmodis accipitur φύσις (12 v°); — Interpretatio vocum hebraïcarum in Actibus apostolorum (14); — Interpretatio nominum Prophetarum (16 v°); — Dorothei, Tyri [archi]episcopi, fragmentum de S. Petro (17 v°); — Nomina Prophetarum, patria, mortis genus et ubi quiescant (18); — Acta apostolorum (28); — Epistolae catholicae (111 v°); — Pauli epistolae (151); — Apocalypsis Joannis (329); — omnia cum prologis et catena; — Interpretatio nominum hebraïcorum et lapidum pretiosorum in Apocalypsi (374 v°); — Menses Romanorum, Graecorum, Hebraeorum, Aegyptiorum, Atheniensium, Lacedaemoniorum, Bithynorum et Macedonum (375); — Alphabetum hebraïcum, graecis litteris (375 v°); — Interpretatio nominum angelorum et quatuor fluviorum Paradisi terrestris (375 v°); — Catalogus episcoporum CP. usque ad Theodorum I. (376); — Series imperatorum Romanorum et CP. usque ad Basilium II. et Constantinum VIII. (378).

XI s. Parch. 379 fol. Peint. P.

225. Justini philosophi et martyris expositio fidei de Trinitate. .

XV s. Pap. 28 fol. P.

226. Origenis philocalia; accedit index latinus.

XVI s. Pap. 274 pages. P.

227. S. Cyrilli Hierosolymitani catecheses I., initio mutila. ad XVII. (1); — ejusdem mystagogiæ IV. et titulus quintæ (218 v°).

XI s. Parch. 230 fol. *M*.

228. S. Basilii in hexaemeron homiliæ IX. (2); — S. Gregorii Nysseni capita XXX. de hominis opificio, præmissa ad Petrum fratrem epistola (62); — Timothei Thracis et Marci dialogus de natura dæmonum, initio et fine mutilus (75); — Anonymi opusculum de rebus astronomicis, gr. vulg., initio et fine mutilum (81); — Josephi de bello Judaico liber II, 6-17, (88); — Galeni introductionis pars (96); — Stephani Byzantii ethnicorum libb. X-XI. fragmentum; scr. Theophilus (116).

XI-XIV s. Parch. et pap. 122 fol. *M*.

229. S. Basilii in hexaemeron homiliæ IX. (1); — S. Gregorii Nysseni capita XXX. de hominis opificio, præmissa ad Petrum fratrem epistola (83 v°); — Petri Alexandrini chronicon in epitome ab Adam usque ad Leonem Sapientem (158); — Apocalypsis Joannis, initio et fine mutila (203); — Fragmentum de Gregorio papa qui Romam venit, unciali charact., s. IX. (210).

X-XII s. Parch. 210 fol. P. [*En déficit.*]

230. S. Basilii homiliæ XVI. in Psalmos (1), — de eo quod Deus non sit auctor malorum (192 v°), — in illud : Attende tibi ipsi (208), — in principium Proverbiorum (220), — exhortatoria ad baptismum (233), — in fame et siccitate (253), — oratio habita in lacizis (267), — ad virginem lapsam (278), — in illud : Destruam horrea mea (285), — contra Sabellianos, Arium et Anomœos (294 v°), — adversus divites (304), — de jejunio orationes II. (315), — in laudem SS. XL. martyrum (329), — adversus ebriosos (335 v°), — de ira (342), — de invidia (348), — de gratiarum actione (353), — in laudem Julittæ martyris (359 v°), — ad adolescentes, de legendis gentilium libris (367), — in laudem Gordii martyris (376), — in Christi nativitatem (381 v°), — de fide (387), — in illud : In principio erat Verbum (389 v°), — contra calumniantes quod tres Deos colamus (393), — ad Optimum episcopum epistola in illud : Omnis qui occiderit Caïn (395), — quod incomprehensibilis sit Deus (399), — in sanctum baptisma (403), — in monachum lapsum (404), — ad occidentales monachos duæ (409 v°), — ad eos qui Sozopoli (414 v°), — ad Amphilochium (416), — quod non oporteat jurare (417), — in illud : Horam autem illam vel diem nemo novit nisi Pater (418), — ad canonicas (418 v°).

IX-X s. Parch. 419 fol. P.

231. S. Basilii homilia de institutione monachorum, initio mutila (2); — ejusdem regulæ fusius et brevius tractatæ (8).

XI s. Parch. 187 fol. P.

232. S. Basilii homilia de renuntiatione sæculi et perfectione spirituali (2); — ejusdem homilia quomodo debeat esse monachus (6 v°); — SS. PP. ascetica varia : Εἶπεν ὁ ἀββᾶς Ἡσαΐας · "Ἄνθρωπος ὢν... (10); — Historia assumptionis beatæ Mariæ (27); — Apophthegmata Patrum : Ἐν τῇδε τῇ βίβλῳ... (28); — Apophthegmata SS. senum, fine mutila : Ἠρωτήθη ὁ ἅγιος πατὴρ ἡμῶν Ἀθανάσιος... (160).

XI s. Parch. 298 fol. *M.*

233. S. Basilii sermo asceticus (1), — hypotyposis ascetica (4), — regulæ fusius et brevius tractatæ (19 v°), — epistola ad S. Gregorium Nazianzenum (170 v°), — ad monachum lapsum (176 v°), — constitutiones asceticæ (179); — S. Joannis Damasceni homilia de iis qui in fide obdormierunt, fine mutila (236).

XI s. Parch. 250 fol. P.

234. S. Basilii constitutiones monasticæ (1), — sermo asceticus (31 v°), — regulæ fusius et brevius tractatæ (34), — pœnæ in monachos delinquentes (141), — ad Canonicam epistola de vita canonica (141 v°), — de vita monastica (144),

— ad Amphilochium de eodem (144 v°), — de baptismo capita varia, fine mutila (146 v°).

X s. Parch. 178 fol. P.

235. S. Basilii in hexaemeron homiliæ IX. (1); — S. Gregorii Nysseni capita xxx. de hominis opificio, fine mutila, præmissa ad Petrum fratrem epistola (121); — ejusdem oratio in illud : Quando sibi subjecerit omnia, fine mutila (210).

X-XI s. Parch. 219 fol. *M.*

236. Basilii Minimi scholia in S. Gregorii Nazianzeni orationes (1); — Georgii Mocii scholia in S. Gregorii Nazianzeni homiliam in Pascha (208); — præmittuntur S. Gregorii Nazianzeni versus aliquot (1).

XI s. Parch. 212 fol. P.

237. S. Basilii epistolæ ccclı.

XI s. Parch. 247 fol. P.

238. Dorothei abbatis doctrina, initio mutila (1); — De duobus Dorotheis et duobus Barsanuphiis (11); — S. Ephræmi Syri epistola de patientia, ad Joannem monachum, et adhortationes xlix. (12); — ejusdem capita ascetica c. (97 v°); — ejusdem monachum perfectum esse debere (108); — ejusdem de garrulitate et affectibus (108 v°); — ejusdem sermones de timore, etc. (109); — ejusdem testamentum (168); — Vita S. Ephræmi Syri (174); — S. Gregorii Nysseni encomium in S. Ephræmum Syrum (175); — S. Anastasii Antiocheni fragmentum (181); — Antiochi monachi pandectes sacræ Scripturæ (182).

XII s. Parch. 299 fol. P.

239. S. Gregorii Nazianzeni orationes in Pascha duæ (1), — in novam dominicam (22), — in Pentecosten (28), — in Macchabæos (37 v°), — in laudem Cypriani martyris (46 v°), — in Julianum exæquatorem (57), — in Christi nativitatem (65 v°), — oratio funebris in S. Basilium (74), — in sancta lumina (120), — in sanctum baptisma (130), — in Gregorium S. Basilii fratrem (158), — in laudem S. Athanasii (163), — oratio valedictoria in præsentia cl. episcoporum (182), — de pauperibus caritate complectendis (195 v°), — in

plagam grandinis (217); — Vita S. Gregorii Nazianzeni (229);
— S. Gregorii Nazianzeni apologeticus in fugam (256 v°).

XII s. Parch. 295 fol. Peint. P.

240. Basilii Minimi scholia in S. Gregorii Nazianzeni orationes, initio mutila.

XI s. Parch. 222 fol. P.

241. Basilii Minimi scholia in S. Gregorii Nazianzeni orationes.

X s. Parch. 225 fol. P.

242. Basilii Minimi scholia in S. Gregorii Nazianzeni orationes (2); — Notæ a criticis adhiberi solitæ (374).

XI s. Parch. 374 fol. P.

243. Nili, CP. archiepiscopi, homiliæ XLIII. (1); — ejusdem sermo in S. Anthimum, Athenarum archiepiscopum (191); — S. Joannis Chrysostomi homilia ad patrem fidelem (205); — ejusdem comparatio regis et monachi (232 v°); — S. Basilii ad S. Gregorium Nazianzenum epistola de vita quieta (236); — S. Joannis Chrysostomi homilia de sacra mensa et synaxi, etc. (239); — ejusdem homilia in Priscillam et Aquilam (245); — S. Nili, CP. archiepiscopi, doctrina ad monachos, de cœnobitica vita (253).

XV s. Pap. 260 fol. M.

244. S. Joannis Chrysostomi ad populum Antiochenum homiliæ XXI. (1), — de simultate et ira deponenda (229), — in parabolam decem m. talentorum (243), — in magnam hebdomadem, fine mutila (256 v°).

XI s. Parch. 259 fol. M.

245. S. Joannis Chrysostomi de sacerdotio libri VI., initio mutili (1); — ejusdem homilia in S. Philogonium (57); — ejusdem (?) de sacerdotio homilia VII. : Ὦ θαῦμα παράδοξον... (64); — S. Ephræmi Syri sermo de compunctione (67); — Vita S. Ephræmi Syri (72); — [S. Joannis Chrysostomi] homilia de simultate et ira deponenda (89); — ejusdem catechesis ad illuminandos (104); — ejusdem homilia I. in Esaiam vi, 1. (114), — in Genesim homilia VI. (126), — in dictum Apostoli : De iis autem qui dormierunt (137 v°), — ad Theodorum lapsum epistola II., cum Theodori responsione (149 v°), — in ingressum jejuniorum (162 v°), — in illud : Omnes adstabimus ante tribunal Christi (173), — de perfecta caritate (183 v°), — in illud: Salutate Priscillam (198), — in Aquilam et Priscillam (209).

<small>XI s. Parch. 218 fol. *M*.</small>

246. S. Joannis Chrysostomi de sacerdotio libri VI. (1), — adversus Judæos libri VI. (80), — de incomprehensibili, adversus Anomœos homiliæ VII. priores (188 v°).

<small>X s. Copié par le moine Jean. Parch. 275 fol. *P*.</small>

247. S. Joannis Chrysostomi excerpta de jejunio, caritate oratione, eleemosyna et pœnitentia.

<small>Copié en 1649 par Jean Tinerel de Bellérophon. Pap. 91 fol. *P*.</small>

248. S. Cyrilli Alexandrini thesaurus de sancta et consubstantiali Trinitate (6); — Menologii fragmenta (1 et 184).

<small>Copié en 1065 par le moine Théodose. Parch. 187 fol. *M*.</small>

249. Synesii Cyrenæi encomium calvitiei (1), — Dio (12 v°), — Ægyptius, sive de providentia (25 v°), — ad Pæonium, de dono astrolabii (45 v°), — de insomniis (49); — Marini Neapolitani Proclus (60 v°); — Gorgiæ encomium Helenæ (74 v°); — Dionysii Halicarnassei, Aristotelis, etc., fragmenta de tempore (76); — De punctuatione (76 v°); — Æschinis rhetoris orationes contra Timarchum (77), — de falsa legatione, adduntur nomina decem rhetorum (98), — contra Ctesiphontem (116), — epistolæ XII. (142); — Lysiæ oratio funebris (148); — Synesii homilia de regno, ad Arcadium imp. (154); — Computum XXIV. alphabeti litterarum (168); — præmittuntur sententiæ aliquot philosophorum (A).

<small>X s. Parch. 168 fol. *P*.</small>

250. Theodoreti Cyrensis de Græcarum affectionum curatione libri XII., fine mutili (1); — accedit Octoechi fragmentum (216).

<small>XI s. Parch. 216 fol. *P*.</small>

251. Theodoreti Cyrensis commentarius in IV. libros Regum (1), — in Paralipomenon libros II. (6), — in XII. Prophetas minores, insunt tantum Osee et Joel, fine mutilus (227).

<small>X s. Parch. 310 fol. *P*.</small>

252. Theodoreti Cyrensis commentarius in XII. Prophetas minores.

X s. Parch. 165 fol. *M.*

253. S. Dionysii Areopagitæ opera, cum S. Maximi scholiis (1); — S. Gregorii Nysseni apologia in hexaemeron (230); — ejusdem adversus Manichæos syllogismi xii. (266 v°); — ejusdem dialogus de anima et resurrectione cum Macrina sorore, fine mutilus (274).

X s. Parch. 339 fol. *M.*

254. S. Dionysii Areopagitæ opera, cum S. Maximi scholiis.

XV s. Pap. 277 fol. *M.*

255. Gregentii, Tephrensis archiepiscopi, disputatio cum Herbano Judæo, initio et fine mutila.

XIII s. Parch. 118 fol. *M.*

256. Antiochi monachi pandectes S^æ. Scripturæ, initio mutila (1); — Hæreticorum nomina, a Simoniacis ad Messalianos (205); — Apocalypsis Joannis (207 v°); — Anonymi fabula de mediatore, etc. : Ὅτι μεσίτην ὀνομάζουσι... (229).

XII s. Parch. 229 fol. *P.*

257. Joannis Moschi pratum spirituale, initio mutilum (1); — Vita et martyrium virginis apud Persas pro virginitate (79 v°); — Apophthegmata SS. senum, A-Σ, fine mutila (87 v°).

XI s. Parch. 243 fol. *P.*

258. Anastasii Sinaïtæ quæstiones, initio mutilæ (1); — S. Joannis Damasceni opusculum de mensibus Macedonum, Romanorum, Judæorum, Græcorum, Ægyptiorum; de Decalogo et libris S^æ. Scripturæ (196); — S. Epiphanii opusculum de LXXII. prophetis et prophetissis, etc. (200); — SS. Hippolyti opusculum de XII. apostolis et LXX. discipulis (207 v°); — Dialogus SS. Basilii et Gregorii Nazianzeni (210); — Dorothei, Tyri episcopi, opusculum de LXX. Christi discipulis, fine mutilum (212 v°); — Liber Danielis prophetæ (216); — Vita S. Antonii, auctore S. Athanasio Alexandrino, fine mutila (250).

XII s. Parch. 303 fol. *P.*

259. Anastasii Sinaïtæ homilia in Psalmum VI. et in principium Quadragesimæ (1); — S. Joannis Chrysostomi homilia in Psalmum L. (13); — ejusdem homilia de pœnitentia (25); — Anastasii Sinaïtæ homilia de sacra synaxi et de injuriarum oblivione (48); — ejusdem quæstiones (57); — S. Ephræmi Syri sermo in formosissimum Josephum (148 v°).

Copié en 1056 par Michel. Parch. 165 fol. *P.*

260. Dorothei abbatis doctrina (1); — ejusdem dicta varia in epitome (162 v°); — ejusdem epistolæ X. (164 v°); — S. Maximi sermo asceticus per interrog. et respons. (170); — ejusdem de caritate capita cd. (202); — ejusdem fragmentum tractatus de anima (272); — Joannis Carpathii ad monachos in India degentes capita consolatoria c. (272 v°); — S. Nili de oratione capita cliii. (308); — Dorothei fragmentum (325).

XI s. Copié par le moine Meletios. Parch. 326 fol. *M.*

261. S. Maximi quæstiones et responsiones de variis S^æ. Scripturæ dubiis (3); — ejusdem sermo asceticus per interrog. et respons. (195 v°); — S. Nili tractatus ad Magnam Ancyranam de voluntaria paupertate (217); — ejusdem tractatus de monachorum præstantia (257 v°); — ejusdem liber de cæde monachorum Sinaïtarum et de captivitate Theoduli filii sui (272); — accedit fragmentum vitæ SS., unciali charact. (1 et 304).

XI s. Parch. 304 fol. *M.*

262. S. Joannis Climaci scala paradisi (7); — præmittuntur scala (1), — vita S. Joannis Climaci, auctore Daniele monacho (2), — et Joannis Raithuensis ad Joannem Sinaïtam epistola, cum responso (5 v°); — ejusdem liber ad pastorem (151); — S. Gregorii Nazianzeni carmina sermonibus VII., cum interpretatione (164).

XII s. Parch. 175 fol. *P.*

263. S. Joannis Climaci scala paradisi (10); — præmittuntur vita S. Joannis Climaci, auctore Daniele monacho (11 v° et 1), — et Joannis Raithuensis ad Joannem Sinaïtam epistola, cum responso (5); — ejusdem liber ad pastorem (147 v°); — Eustathii protospatharii testamentum, a. 1059. (159).

Copié en 1059 par le moine Théodule. Parch. 165 fol. Peint. *P.*

264. S. Joannis Climaci scala paradisi (14 v°); — præmittuntur carmina duo in librum (1), — vita S. Joannis Climaci, auctore Daniele monacho (7 v°), — et Joannis Raithuensis ad Joannem Sinaïtam epistola, cum responso (10); — ejusdem liber ad pastorem, cum scholiis (257).

XIII s. Parch. 275 fol. P.

265. S. Joannis Climaci scala paradisi (10); — præmittuntur Joannis Raithuensis ad Joannem Sinaïtam epistola, cum responso (1), — et vita S. Joannis Climaci, auctore Daniele monacho (4); — ejusdem liber ad pastorem (244).

Copié en 1037 par le moine Jean. Parch. 259 fol. M.

266. S. Maximi de caritate capita CD., initio mutila (1), — de theologia et incarnatione capita CC. (61 v°), — sermo adhortatorius ad Georgium, Africæ eparchum (111), — recordatio in secundum Christi adventum (221), — ad Joannem archiep. epistola, quod anima sit incorporea (129 v°), — ad Jordanem presbyterum epistola, quod anima separata operationem et virtutem retineat (134 v°), — ad præpositam, de moniali quæ e monasterio exierat et quam facti pœnituerat (138 v°), — Dominicæ orationis interpretatio brevis (142), — de tristitia secundum Deum (162 v°), — de caritate (167), — ad Thalassium epistola (171 v°), — sermo asceticus per interrog. et respons. (174), — quæstiones LXV. ad Thalassium, de variis S^æ. Scripturæ dubiis (199).

XII-XI s. Parch. 415 fol. M.

267. S. Maximi quæstiones LXV. ad Thalassium, de variis S^æ. Scripturæ dubiis (4); — præmittuntur argumentum et index (A); — ejusdem Dominicæ orationis brevis expositio (299), — sermo asceticus per interrog. et respons. (334), — epistola ad Cosmam diaconum, de essentia et hypostasi (342), — disputatio cum Pyrrho de duabus in Christo voluntatibus (372), — disceptatio cum Theodosio, Cæsareæ episcopo, de rebus gestis in priore exilio (424), — narratio disceptationis Maximum inter ac proceres in Secretario (457), — epistola ad Anastasium monachum (473), — ad Theopemptum advocatum (474), — mystagogia (481); — Anonymi invectiva adversus CPolitanos ob ea quæ in S. Maximum ab illis patrata sunt : Ὁ μὴ τὴν ἀλήθειαν... (514); — S. Maximi interrogationes et responsiones variæ (535).

XII s. Parch. 565 pages. *M.*

268. Isaaci Syri sermones ascetici, a Patricio et Abramio philosophis græce versi (7); — præmittitur index (1); — ejusdem epistola ad Symeonem, Cæsariensem abbatem (200); — SS. PP. dictorum excerpta (220); — S. Joannis Climaci scalæ paradisi capita 27-30. et initium libri ad pastorem (223); — S. Nili capita varia (230); — SS. Patrum et S. Nili apophthegmata varia (238); — Excerpta varia SS. PP., ex Gerontico, etc., initio mutila (246 v°).

XIII-XIV s. (Copié, en partie, par Joachim.) Bombyc. 251 fol. *M.*

269. Theodori Studitæ epistolarum collectio.

X s. Parch. 457 fol. *M.*

270. Photii, CP. patriarchæ, responsa ad Amphilochii quæstiones.

XII s. Parch. 256 fol. *M.*

271. S. Theodori Studitæ catecheses cxxviii., fine mutilæ (3); — præmittuntur fragmenta de Psalmis et canticis (1 v°).

XI s. Parch. 274 fol. *M.*

272. S. Theodori Studitæ catecheses cxxxiv. (1); — Naucratii monachi epistola (202); — accedunt hymni tres : Ἄνδρες μοι βροτοί... (213).

XVI s. Pap. 213 fol. *P.*

273. S. Theodori Studitæ catecheses cxxxiii. (1); — Naucratii monachi epistola (287 v°); — accedunt epigramma in S. Theodorum Studitam et ejusdem testamentum (293).

XIII-XIV s. Parch. et bombyc. 298 fol. Palimps. *P.*

274. Panegyricus liber in honorem beatæ Mariæ. Homiliæ in Nativitatem, Andreæ Cretensis, tres (1), — S. Joannis Damasceni, duæ (34 v°), — Andreæ Cretensis (60), — S. Epiphanii Cyprii (72 v°), — S. Cyrilli Alexandrini (84 v°), — Procli, CP. patriarchæ (92 v°); — sermones in Præsentationem, Germani CP. (99), — Tarasii CP. (106 v°), — Georgii Nicomediensis, duæ (120); — S. Athanasii Alexandrini homilia in Descriptionem (147 v°); — in Purificationem, S. Methodii Patarensis (158 v°), — S. Cyrilli Alexandrini (180 v°), Georgii Nicomediensis (187 v°), — Amphilochii Iconiensis (207), — S. Cyrilli Hierosolymit. (214 v°); — in Annuntiationem, Sophronii Hierosolymit. (221), — Andreæ Cretensis (256 v°), — S. Joannis Damasceni (271), — S. Joannis Chrysostomi (281 v°), — S. Gregorii Neocæsariensis (286 v°); — in Dormitionem, Andreæ Cretensis, tres (292), — S. Joannis Damasceni, tres (331 v°), — Modesti, Hierosolymit. archiepiscopi (365 v°).

Copié en 1608 par Gabriel Sumarupa. Pap. 384 fol. P.

275. Anastasii, Nicæni metropolitæ, et aliorum PP. commentaria in Psalmos et cantica, fine mutila.

XI s. Parch. 406 fol. M.

276. S. Joannis Damasceni sacra parallela (1); — S. Maximi ad Thalassium epistola de variis S^æ. Scripturæ dubiis (272).

X s. Parch. 278 fol. M.

277. Theophanis Ceramei homiliæ de indictione, sive anni principio (4), — in parabolam decem millium talentorum (11), — die Dominica ante exaltationem sanctæ crucis (18), — in exaltationem sanctæ crucis (24), — ex Lucæ evangelio : Stans Jesus secundum stagnum Genesaret (33 v°), — de filio viduæ (38 v°), — de parabola sementis (47 v°), — de eo qui habebat legionem (56), — de divite et Lazaro (62), — in festum S. Demetrii (70 v°), — in illud : Lucerna corporis tui (74 v°), — in reliqua ejusdem evangelii (82 v°), — de hæmorrhoïssa et archisynagogi filia (87 v°), — de muliere incurva (94 v°), — in parabolam cœnæ (102), — in missionem duodecim apostolorum (108 v°), — in missionem LXX. discipulorum (114), — in illud : Voluit egredi Jesus in Galilæam (121), — in illud : Stabat Joannes et duo e discipulis ejus (128), — in beatitudines (133 v°), — in illud : Liber generationis (140 v°), — in SS. Innocentes (147 v°), — in annuntiationem beatæ Mariæ (153 v°), — in illud : Omnia mihi tradita sunt a Patre meo (161), — in illud : Venit Jesus in partes Cæsareæ (165), — in illud : Hæc mando vobis (174 v°), — in illud : Ego sum ostium (182 v°), — in illud : Ego mitto vos sicut oves (190 v°),

— in Christi transfigurationem (197 v°), — in assumptionem beatæ Mariæ (214), — in decollationem S. Joannis Baptistæ (220), — de Zacchæo (227), — de Publicano et Pharisæo (233), — de filio prodigo (242), — in illud : Cum venerit filius hominis (253 v°), — in illud : Si dimiseritis hominibus peccata (262 v°), — Dominica orthodoxiæ (269), — de paralytico sanato in Capharnaum (275 v°), — in illud : Si quis vult venire post me (283 v°), — in illud : Accessit ad eum homo genibus provolutus (291 v°), — in illud : Ecce ascendimus Hierosolymam (297), — de justi Lazari resurrectione (307), — in festum palmarum (321 v°), — in Christi passionem (326 v°), — de Samaritana (355 v°), — in Ascensionem (367 v°), — in adventum S. Spiritus (375 v°), — in festum omnium sanctorum (383), — de siccitate quæ tum contigerat (392 v°), — de divite Dominum interrogante (403 v°), — interpretatio in undecim evangelia matutina, fine mutila (411 v°).

XIV s. Bombyc. 471 fol. P.

278. S. Germani, CP. archiepiscopi, homiliæ XLVI. (4); — ejusdem catecheses VI. (176); — inseritur ejusdem (?) epistola ad Nicolaum grammaticum, qui in Musulmanorum religionem se contulerat (193); — Joannis, Citri episcopi, responsum ad Constantinum Cabasilam (229 v°); — Officia magnæ ecclesiæ CP. (232); — Triodii fragmenta (1 et 233).

XIV s. Pap. 336 fol. P.

279. S. Thomæ Aquinatis summæ theologicæ partis primæ quæstiones XLIII. priores.

XV s. Pap. 267 fol. P.

280. S. Thomæ Aquinatis summæ theologicæ partis primæ quæstiones XLIV-CXIX.

XV s. Pap. 436 fol. P.

281. Esaiæ abbatis sermones ascetici XXIII., initio mutili (1); — S. Joannis Chrysostomi στυπτικός. Ἀπευθύνωμεν ἑαυτούς... (42 v°); — Theodori Sabbaïtæ capita ascetica c. (44); — S. Joannis Damasceni sermones ascetici IV. (62); — ejusdem (?) capita octo in quædam S^æ. Scripturæ loca (114); — De duobus Barsanuphiis et Dorotheis (135); — Barsanuphii et Joannis discipuli responsiones ad varias quæstiones asceticas (136); — Barsanuphii doctrina de Origenis, Evagrii et Didymi sententiis (186 v°); — S. Ephræmi Syri de humilitate capita xc. (191); — S. Basilii sermones xxx. ad monachos (203); — ejusdem prologi regularum fusius disputatarum et asceticarum constitutionum, alter fine mutilus (232).

XII s. Parch. 237 fol. *M.*

282. SS. PP. sententiæ, initio mutilæ (1); — Apophthegmata SS. senum, in epitome (97 v°); — SS. PP. interrogationes et responsiones de vitiis (98 v°); — Palladii historia Lausiaca (100); — Verba SS. PP., in Clysmate (149 v°); — Ammonæ abbatis sermones duo (161); — Esaiæ abbatis monasticarum lamentationum excerpta (164 v°); — Danielis Scetiotæ capita octo (165 v°); — Vita S. Antonii abbatis, auctore S. Athanasio Alexandrino (176 v°); — Vita S. Pauli Thebæi (202); — Vita S. Onuphrii eremitæ, auctore Paphnutio (205); — Ammonii monachi narratio de monachis in monte Sina occisis (213); — Conflictus Judæorum et Græcorum sub Arrinato, Persarum rege, de Christo : Βασιλεύοντος Ἀῤῥινάτου τῆς Περσῶν χώρας... (220 v°); — Vita Sæ. Mariæ Ægyptiacæ, [auctore Sophronio Hierosolymit.] (233 v°); — Vita S. Euphrosyni coqui (244); — Vita Sæ. Eupraxiæ et patris Antigoni, fine mutila (249).

XI s. Parch. 252 fol. *M.*

283. Geronticum, initio mutilum (1); — Vita Sæ. Anastasiæ Patriciæ (163 v°); — De Thomaïde puella, ex ore Danielis abbatis et varia dicta PP. (167 v°); — S. Nili tractatus de octo vitiosis cogitationibus (203 v°); — Ammonæ abbatis præcepta (213 v°); — Moysis, abbatis in Scete, sermones ad Pœmena abbatem (219); — ejusdem sermones de novitiis monachis (227); — Macarii abbatis et aliorum PP. ascetica dicta (237); — S. Anastasii Sinaïtæ tractatus de eo quod archiepiscopus non possit a laico judicari (253); — S. Gregorii Dialogi fragmentum de eleemosyna (275); — Vita S. Euphrosyni coqui (277 v°); — Miraculum CP. editum : Θαυμαστὸς ὁ Θεὸς ἐν τοῖς ἁγίοις... (280 v°); — Pœnitentia Theophili œconomi (284); —

Vita S. Andronici et Anastasiæ uxoris (291 v°); — SS. PP. varia dicta (294).

XI s. Copié par le moine Grégoire. Parch. 332 fol. *M.*

284. Dorothei abbatis epistola et interrogationes ad Barsanuphium (1); — ejusdem doctrina (7); — ejusdem apophthegmata (118); — ejusdem præcepta ascetica (123); — S. Basilii homilia, quod oporteat orationem omnibus præmittere (203 v°); — S. Nili tractatus ad Magnam Ancyranam de voluntaria paupertate (209); — ejusdem asceticum (249); — ejusdem tractatus ad Agathium monachum (294); — ejusdem tractatus de monachorum præstantia (356); — S. Maximi sermo asceticus per interrog. et respons. (370).

XIV s. Bombyc. 390 fol. *P.*

285. S. Joannis Chrysostomi homilia de Publicano et Pharisæo (4); — ejusdem homilia in illud : Homo quidam duos filios habuit (10); — S. Joannis Damasceni homilia de iis qui in fide obdormierunt (20); — S. Joannis Chrysostomi homilia in secundum Christi adventum (39 v°); — S. Basilii homilia in illud : Attende tibi ipsi (53); — ejusdem de jejunio homilia I. (65 v°); — S. Anastasii Sinaïtæ homilia in Psalmum VI. (74 v°); — S. Basilii de jejunio homilia II. (94 v°); — S. Ephræmi sermo de Patribus morte consummatis (107 v°); — Nectarii, CP. archiepiscopi, homilia, cur primo sabbato jejuniorum celebretur festum S. Theodori (118); — Anonymi homilia de festo orthodoxiæ et de imaginibus : Τοῦ βασιλέως Θεοφίλου... (130); — Josephi, Thessalonicensis archiepiscopi, homilia in diem medii jejunii (143); — Vita Sæ. Mariæ Ægyptiacæ, auctore Sophronio Hierosolymit. (148); — Narratio de liberata CP. a barbaris obsessa : Ἐν τοῖς χρόνοις Ἡρακλίου... (174); — Andreæ Cretensis homilia in Lazarum quatriduanum (186); — ejusdem homilia in ramos palmarum (203); — S. Joannis Chrysostomi homiliæ LXVIII., LXXIX et LXXXI. in Matthæum (220 v°); — ejusdem homilia in Judæ proditionem (251); — ejusdem homilia in magna Parasceve (269); — Georgii Nicomediensis homilia in Deiparam et in passionem (278); — S. Epiphanii Cyprii homilia in sepulturam Domini (305); — S. Gregorii Nazianzeni homilia in Pascha et in tarditatem (326); — S. Joannis Chrysostomi homilia in Christi resurrectionem (329 v°); — ejusdem homilia in S. Thomæ incredulitatem et in fidem ejus (335); — ejusdem homilia in novam Dominicam et in S. Thomam (345); — S. Cyrilli Alexandrini homilia in festum palmarum (352 v°); — Andreæ Cretensis homilia in annuntiationem beatæ Mariæ (370); — S. Georgii martyris miracula aliquot (389); — Miraculum S. Georgii captivum puerum liberantis (396); — Menandri protectoris historia de inventione sanctæ crucis, sub Constantino imp. et Helena (414).

XIV s. et copié, en partie, en 1475 par le moine Nicéphore. Bombyc. et pap. 424 fol. P.

286. Joannis Calecæ, CP. patriarchæ, homiliæ dominicales LX. (1); — Excerpta e Gerontico (167); — Lectionarium eorum quæ in ecclesia recitantur per annum (171).

XIV-XV s. Pap. 204 fol. M.

287. Neophyti presbyteri et monachi sermones morales II-X., initio mutili (1); — ejusdem homilia adhortatoria de obedientia, fine mutila (198).

XIII s. Parch. 207 fol. P.

288. Marci Monachi collectanea adversus Barlaamum et Acindynum.

XV s. Pap. 306 fol. P.

289. Marci, Ephesi archiepiscopi, homilia habita in Ferraria, in præsentia cardinalium, etc., de igne purgatorio.

XVII s. Copié par Jean Tinerel de Bellérophon. Pap. 92 fol. P.

290. Marci Ephesini homilia de eo quod non a Dominicis tantum verbis sanctificentur divina munera (3); — Anonymi homilia de eo quod Dominica verba ad consecrationem sufficiant : Οὐκ ἀμφισβητεῖται... (18); — S. Joannis Damasceni tractatus de eo quod panis et vinum non sint figura sed verum corpus et sanguis Christi (30); — S. Gregorii Nysseni tractatus de eo quod panis sanctificatus mutetur (39); — Nicolai, Methonensis episcopi, opusculum adversus eos qui dubitant et dicunt panem et vinum sanctificata non esse corpus et sanguinem Christi (44); — S. Joannis Damasceni fragmentum de azymis (51 v°); — Anonymi capita decem de eucharistia : Πανάγαθος ὁ Θεός... (54); — Jo. Tinerelli « præcedentium opusculorum censura » (76).

XVII s. Copié par Jean Tinerel de Bellérophon. Pap. 80 fol. P.

291. Symeonis junioris, abbatis Xerocerci, sermones xxxiii. (1); — ejusdem sermones alii xx. (158 v°).

XIV s. Parch. 335 fol. *M.*

292. Symeonis junioris, abbatis Xerocerci, sermones xxxiii. (5); — ejusdem sermones alii xx. (85 v°); — Vita et miracula S. Symeonis junioris, abbatis Xerocerci (180); — ejusdem sermones ascetici xxxi. (209); — ejusdem capita practica et theologica clv., fine mutila (273 v°).

XIV s. Bombyc. 283 fol. P.

293. S. Maximi dubia in S. Gregorium Nazianzenum (1); — ejusdem epistolæ variæ, fine mutilæ (50 v°); — inseritur mystagogia (60).

XI s. Parch. 151 fol. P.

294. Ecloge e S. Scriptura et SS. PP., libris xv., fine mutila : Περὶ δημιουργίας ἀγγέλων. Πάντες σχεδὸν οἱ κατὰ τὴν οἰκουμένην...

XII s. Parch. 221 fol. P.

295. Palladii historia Lausiaca (1); — SS. Sabæ et Theodosii cœnobiarchæ constitutio de vita monachorum, cœnobitarum et celliotarum (218); — Miraculum S. Macarii Alexandrini de commemoratione mortuorum (252).

XIV s. Bombyc. 256 fol. P.

296. Anonymi narratio de Christi sepultura, initio mutila (1); — Testamentum Jacobi, de morte Moysis, de morte Jesu Nave, et de regno Davidis, e Sᵃ. Scriptura (5); — Anonymi historia S. Joannis Baptistæ (12); — Epiphanii presbyteri monachi sermo de vita beatæ Mariæ (13 v°); — S. Joannis Chrysostomi homilia in decollationem S. Joannis Baptistæ (25 v°); — Anonymi encomium in nomen S. Joannis Baptistæ (31); — Patria et nomina duodecim apostolorum (31 v°); — S. Hippolyti opusculum de duodecim apostolis (32); — S. Joannis Chrysostomi homilia in adventum S. Joannis Baptistæ ad inferos (33); — ejusdem homilia in Judæ proditionem

(39 v°); — ejusdem homilia in diabolum et infernum (42 v°); — S. Epiphanii, Cypri archiepiscopi, homilia in sepulturam Domini (47 v°); — S. Gregorii Nazianzeni homilia in Pascha et in tarditatem (57 v°); — De septem diaconis, de decem apparitionibus Christi (60); — S. Joannis Chrysostomi scholion de adstantibus ad crucem J. C. (60 v°); — Excerptum ex Matthæi evangelio (61); — Quoties Christus venerit Hierosolymam (61 v°); — Cur Judæi secunda et quinta sabbati jejunent (62); — Constitutionum apostolicarum excerptum (62 v°); — Germani, CP. archiepiscopi, ecclesiastica et mystica theoria, cum Gregorii [Nazianzeni] responsione (62 v°); — Explicatio variarum ecclesiæ partium (64); — Explicatio sacræ liturgiæ : Συναχθέντες οἱ ὅσιοι πάτερες... (65); — Theophanii monachi chronicon de consummatione sæculi (67); — De septem hominis ætatibus (68); — Elpii Romani archeologiæ ecclesiasticæ excerptum de characteribus corporeis Adami et prophetarum (68); — E veteribus historicis descriptio habitus Christi, et SS. Petri, Pauli, Dionysii, Gregorii Nazianzeni, Basilii, Gregorii Nysseni, Athanasii, Cyrilli Alexandrini, Cyrilli Hierosolymit., Eustathii Antiocheni, Tarasii et Nicephori CP. (69); — Anonymi sermo in illud : Dico autem Christum Jesum ministrum factum fuisse circumcisionis : Πάλιν περὶ τῆς τοῦ Χριστοῦ... (71 v°); — S. Joannis Chrysostomi homiliæ IX-XI. ad Antiochenos (77 v°); — Vita S. Joannis Chrysostomi, auctore Georgio Alexandrino (108 v°); — S. Joannis Chrysostomi miraculum Antiochiæ (109 v°); — S. Athanasii ad Antiochum quæstiones aliquot (111); — Anastasii Sinaïtæ interrogationes et responsiones aliquot (118 v°); — Septem vitia et virtutes, etc. (120) ; — V. et N. Testamenti, SS. PP. et philosophorum excerpta moralia (120 v°); — inseritur S. Basilii homilia, quod precatio omnibus sit anteponenda (162 v°); — De martyrio S. Callistrati (177); — Martyrium SS. Clementis Ancyrani et Agathangeli (177); — Narratio de constructione templi Sæ. Sophiæ : Ἡ μεγάλη ἐκκλησία, ἡ ἁγία Σοφία... (178 v°); — De filiis Noe et generationibus eorum (190 v°); — S. Athanasii narratio de imagine Berytensi (191 v°); — Anonymi narratio de allato CP. sanguine Christi : Ὁ δίκαιον δὲ ἔκρινα... (195); — De existente in marmore, non manu facta, imagine Sæ. Dei-

paræ Lydæ : [...]αὶ ὁ Θεὸς ἡμῶν Ἰ. Χ... (197 v°); — De Christi imagine a Germano patriarcha in veterem Romam translata (198 v°); — De inventione sanctæ crucis : Ἐν ἔτει ἑβδόμῳ τῆς βασιλείας... (200); — S. Ephræmi encomium in SS. Petrum et Paulum (207); — Narratio quomodo S. Basilius gratiam ordinationis acceperit : Χειροτονιθεὶς τοίνυν ὁ ἅγιος... (213 v°); — Fragmentum de exilio S. Joannis Chrysostomi : Συναχθέντες οἱ περὶ Θεόφιλον... (214 v°); — Petri abbatis interrogatio et responsio S. Gregorii Nazianzeni (216); — S. Joannis Chrysostomi homilia quis debeat esse Christianus (216 v°); — ejusdem homilia de beneficentia (219); — S. Ephræmi sermo de virginitate et pœnitentia (221); — ejusdem sermo de fratribus in Christo mortuis (225); — Preces aliquot SS. PP. (233); — Apophthegmata SS. senum, alphabet. (234); — Paradisi excerptum, fine mutilum (244).

XII s. Parch. 245 fol. P.

297. Niconis monachi Pandectes, initio et fine mutila.

XII s. Parch. 172 fol. *M.*

298. Niconis monachi Pandectes, initio et fine mutila.

XII s. Parch. 144 fol. *P.*

299. Anonymi homilia, initio et fine mutila (1); — Doctrina Jacobi nuper baptizati, quod non oporteat sabbatizare post Christi adventum et quod ipse sit vere Christus qui venit (4); — Dialogus Timothei Christiani et Aquilæ Judæi, tempore S. Cyrilli Alexandrini (69); — Tropæa divinæ et invictæ Dei ecclesiæ erecta contra Judæos in metropoli Damasco anno vigesimo Constantini [Constantii], dialogis IV. : Σοφίας ὄντως ἀληθῶς... (122); — Anonymi opusculum adversus hæreticos : Ἡ τῆς ὄντως ἀληθοῦς σοφίας... (164); — Anonymi dialogus orthodoxum inter et hæreticum : Ἐν τοῖς ὁρίοις τῆς Ἀραβίας τοῖς κατὰ Δαμασκόν... (168 v°); — S. Dionysii Alexandrini epistola ad Paulum Samosatensem (190); — Pauli Samosatensis propositiones x., cum responsionibus Dionysii Alexandrini (195); — Exemplar epistolæ missæ a PP. Paulo Samosatensi antequam damnaretur (219 v°); — S. Athanasii tractatus de incarnatione contra Arianos (224); — ejusdem epistola ad Jovianum de fide orthodoxa (242); — S. Gregorii Neocæsariensis expositio fidei (243) ; — S. Cyrilli Alexandrini ad Euoptium epistola adversus Theodoretum, cum anathematismis xii. (247 v°) ; — præmittitur homiliæ fragmentum, unciali charact. (A).

XI s. Copié par Nicolas, clerc. Parch. 295 fol. P.

300. Philippi Solitarii dioptra (1) ; — Dorothei abbatis doctrinæ capita i. et ii. (198) ; — S. Joannis Theologi prologus : Τοίνυν, ἀδελφοί, σκοπῶ... (205 v°) ; — Iatrosophium ex Galeno, etc. (214 v°).

Copié en 1318. Parch. 220 fol. P. [Aujourd'hui à la Bibl. imp. de Saint-Pétersbourg, Cat. de Muralt, n° cxvi.]

301. Esaïæ, monachi et presbyteri Nicomediensis, sermo de liturgiis datis in ecclesiis Christi (2) ; — præmittitur S. Epiphanii Cyprii fragmentum de sepultura Christi (1) ; — Vita S. Niphontis, cognomento Armenopuli (3) ; — Anonymi interrogationes et responsiones theologicæ, de anima, mundo, etc. : Ἀκόλουθον ἡγοῦμαι μετὰ τὸν περὶ Θεοῦ... (98).

XIV s. Bombyc. 100 fol. P.

302. « Monachorum sancti Montis... sententiæ et dicta... collecta ex scriptis Theodori, Cypri episcopi, et aliorum » (gr.-lat.).

Copié en 1650-1651 par Jean Tinerel de Bellérophon. Pap. 76 fol. P.

303. Vita S. Stephani, in laura S. Sabæ, initio mutila (1) ; — Martyrium SS. monachorum a Saracenis occisorum in laura S. Sabæ (99 v°) ; — Vita S. Georgii Cyprii, in Choziba (135) ; — Miracula Deiparæ, in Choziba (171 v°) ; — Martyrium LX. juvenum ab Arabibus occisorum in sancta civitate (177) ; — Martyrium S. Athanasii, in Clysmate (182) ; — Vita S. Theognii, Cypri episcopi (187 v°) ; — Cyrilli, presbyteri lauræ S. Sabæ, sermo de eodem (204) ; — Vita SS. Pauli epicopi et Joannis presbyteri (206) ; — S. Nili monita ad Thaumasium monachum (217 v°) ; — ejusdem monita ad Domninum juniorem, ad Beryllium monachum, ad Colybrium, ad Theodosium, ad Characlitum (226) ; — Martyrium S. Heliæ junioris ex Heliopolitis (236 v°) ; — Vita Sæ. Syncleticæ (250) ; — S. Maximi sermo asceticus per interrog. et respons. (280 v°) ; — Ammonæ abbatis sermo (300) ; — Vita

S. Joannicii, auctore Petro monacho (304); — Vita S. Arsenii, auctore S. Theodoro Studita, fine mutila (354).

X s. Parch. 364 fol. P.

304. Andreæ Cretensis homilia in nativitatem Deiparæ (5); — ejusdem homilia in exaltationem sanctæ crucis (12); — Ex peregrinationibus et miraculis S. Joannis Theologi (20 v°); — Ex miraculis S. Thomæ (27); — Ex miraculis S. Artemii (30); — Martyrium et miracula S. Demetrii (32); — Ex miraculis S. Menæ martyris (35 v°); — S. Germani CP. homilia in Deiparam cum triennis in templo adducta est (41); — Anonymi encomium in S. Nicolaum (45); — Symeonis Magistri sermo alius in vitam et miracula S. Nicolai (52 v°); — S. Gregorii Nazianzeni homilia in Christi nativitatem (67 v°); — ejusdem homilia in sancta Theophania (75); — S. Joannis Euchaïtensis homilia in SS. Basilium, Gregorium Nazianzenum et Joannem Chrysostomum (82 v°); — S. Cyrilli Hierosolymit. homilia in Domini occursum (94 v°); — S. Joannis Chrysostomi homilia in Dominica Publicani et Pharisæi (99 v°); — ejusdem homilia in Dominica Filii prodigi (102); — S. Ephræmi Syri sermo de salute animæ et futuro judicio (109); — S. Joannis Chrysostomi homilia in ejectionem Adami, etc., Dominica Tyrophagi (120); — Martyrium S. Theodori tyronis (130); — Narratio de sanctis imaginibus, Dominica Orthodoxiæ : Τοῦ βασιλέως Θεοφίλου... (140); — S. Joannis Chrysostomi homilia de eleemosyna (150); — Josephi Thessalonicensis homilia in adorationem sanctæ crucis (154 v°); — S. Joannis Chrysostomi homilia in illud : Frustra conturbatur omnis homo (159 v°); — S. Joannis Chrysostomi homilia in annuntiationem Deiparæ (165); — Vita S^{æ}. Mariæ Ægyptiacæ, auctore Sophronio Hierosolymit. (172 v°); — S. Anastasii Sinaïtæ homilia de sacra Synaxi (190); — Narratio miraculi CP. a barbaris obsessæ : Ἐν ταῖς χρόνοις Ἡρακλείου... (198 v°); — S. Andreæ Cretensis homilia in Lazarum quatriduanum (206 v°); — ejusdem homilia in festum palmarum (218 v°); — S. Joannis Chrysostomi homilia in ficum arefactam (232 v°); — ejusdem homilia in decem virgines (237 v°); — ejusdem homilia in meretricem et Pharisæum

(242); — ejusdem homilia in Judæ proditionem (247); — Georgii monachi et chartophylacis homilia in illud : Stabant juxta crucem (255 v°); — S. Epiphanii Cyprii homilia in sepulturam Domini (270); — S. Gregorii Nazianzeni homilia in sanctum Pascha (282); — S. Joannis Chrysostomi homilia in S. Thomam apostolum (288); — Vita et miracula S. Georgii martyris (293); — Martyrium S. Theodori, militum præfecti (306); — Andreæ Cretensis homilia in silentium Zachariæ et nativitatem S. Joannis Baptistæ (314 bis); — S. Joannis Chrysostomi encomium in SS. Petrum et Paulum (319 v°); — S. Joannis Chrysostomi homilia in ascensionem Christi (322 v°); — S. Gregorii Nazianzeni homilia in Pentecosten (328 v°); — S. Joannis Chrysostomi homilia in omnes sanctos (336); — S. Anastasii Sinaïtæ homilia in Transfigurationem (343 v°); — Andreæ Cretensis homilia in dormitionem Deiparæ (351 v°); — ejusdem homilia in decollationem S. Joannis Baptistæ (359); — Theophanis Grapti [Germani CP., vel Andreæ Cretensis] homilia in depositionem zonæ et vestis Deiparæ (365).

XIV s. Bombyc. 370 fol. P.

305. Georgii monachi Hamartoli chronicon, fine mutilum.
X-XI s. Parch. 340 fol. P.

306. Panegyrici pars I. : Narratio miraculi S. Michaelis in Chonis (4); — S. Joannis Damasceni homilia in nativitatem Deiparæ (9); — Andreæ Cretensis homilia de eodem (15 v°); — Alexandri monachi homilia in inventionem et exaltationem sanctæ crucis (22 v°); — Inventio sanctæ crucis sub Constantino imp. et Helena (44 v°); — Andreæ Cretensis homilia in exaltationem sanctæ crucis (51); — Martyrium SS. Eustathii, Theopistes et filiorum (59); — Peregrinationes et miracula S. Joannis apostoli, auctore Prochoro, ejus discipulo (78); — Vita S. Gregorii magnæ Armeniæ (117); — Martyrium S. Artemii (141); — Martyrium S. Arethæ et sociorum (163); — Martyrium SS. Marciani et Martyrii notariorum (180); — Martyrium S. Demetrii (181 v°); — Vita S. Abramii (187 v°); — Vita SS. Cosmæ et Damiani (202); — Arcadii, Cypri episcopi, homilia in S. Georgium martyrem (205 v°); — Michaelis monachi et syncelli homilia in cælestes potestates (209); —

Vita S. Joannis Chrysostomi (225); — S. Germani CP. homilia in præsentationem beatæ Mariæ (304); — Georgii chartophylacis homilia de eodem (308); — Nicetæ Paphlagonis homilia in S. Andream apostolum (317 v°); — Vita S. Joannis Damasceni, auctore Joanne, Hierosolymit. patriarcha (328); — Martyrium S^æ. Barbaræ (341 v°); — Vita S. Nicolai Myrensis (346 v°); — Martyrium SS. Menæ, Hermogenis et Eugraphi (359 v°); — Martyrium SS. Eustratii, Auxentii, Eugenii, Mardarii et Orestæ (382); — Commentarius de Daniele et tribus pueris (400 v°); — S. Joannis Chrysostomi homilia in S. Philogonium (413); — Martyrium S. Ignatii (420); — S. Athanasii homilia in descriptionem beatæ Mariæ (427); — Martyrium S^æ. Eugeniæ (432); — S. Basilii Cæsariensis homilia in Christi nativitatem (445 v°); — S. Gregorii Nazianzeni homilia de eodem (450); — S. Joannis Chrysostomi homilia de eodem (455 v°); — S. Gregorii Nysseni homilia in S. Stephanum protomartyrem (462 v°); — S. Basilii Seleuciensis homilia in infantes ab Herode occisos (468); — S. Joannis Chrysostomi homilia in S. Stephanum protomartyrem (471).

Copié en 1549 par le moine Daniel. Pap. 481 fol. P.

307. Panegyrici pars II : Amphilochii Iconiensis homilia in Circumcisionem et in laudem S. Basilii (4); — Vita S. Basilii, auctore Amphilochio Iconiensi (8); — Vita S. Silvestri, papæ Romæ (30); — S. Gregorii Nazianzeni homilia in sancta lumina (45 v°); — ejusdem homilia in sanctum baptisma (51 v°); — Ammonii monachi narratio de sanctis patribus a barbaris occisis in monte Sina et Raithu (68); — Vita S. Joannis propter Christum pauperis (77); — Vita S. Antonii, auctore S. Athanasio Alexandrino (84 v°); — Vita S. Athanasii, Alexandrini archiepiscopi (113); — Vita S. Maximi confessoris (131 v°); — Martyrium S. Clementis Ancyrani (158); — Vita S^æ. Eusebiæ, Xenes dictæ (183) ; — Vita S. Gregorii Nazianzeni, [auctore Gregorio presbytero] (189); — Vita S. Xenophontis et filiorum (206); — Anonymi homilia de translatione reliquiarum S. Joannis Chrysostomi : Ἧκεν ἡμῖν ἡ λαμπρά... (216 v°); — Vita S. Ephræmi Syri (226 v°); — Joannis Euchaïtensis homilia in SS. Basilium, Gregorium Nazianzenum et

Joannem Chrysostomum (232); — Martyrium S. Tryphonis (240) ; — Georgii Nicomediensis homilia in Purificationem (246 v°); — S. Joannis Chrysostomi homilia de eodem (255); — S. Cyrilli Alexandrini homilia de eodem (258 v°); — Martyrium S. Theodori militum præfecti (261 v°); — Martyrium S. Nicephori (269 v°); — Martyrium S. Blasii (275 v°); — Vita S. Martiniani (280 v°); — Martyrium S. Theodori tyronis (291 v°); — Vita S. Leonis, Catanæ episcopi (297 v°); — Narratio brevis de prima, secunda et tertia inventione capitis S. Joannis Baptistæ (309 v°) ; — S. Theodori Studitæ homilia in inventionem capitis S. Joannis Baptistæ (316 v°); — Martyrium SS. XL. martyrum Sebastenorum (319) ; — S. Athanasii homilia in Annuntiationem (336 v°); — S. Joannis Chrysostomi homiliæ duæ de eodem (345); — S. Gregorii Thessalonicensis homilia de eodem (357); — Martyrium S. Georgii (361 v°) ; — S. Gregorii Thessalonicensis homilia in S. Joannem apostolum (371) ; — Narratio de conceptione, ortu, vita, etc. S. Joannis Baptistæ (375); — Martyrium SS. Petri et Pauli (383 v°); — S. Joannis Chrysostomi homilia in SS. Petrum et Paulum (393 v°); — ejusdem homilia in SS. duodecim apostolos (396 v°); — Vita S. Petri Athonitæ (398); — Theodori presbyteri homilia de inventione et translatione CP. vestis beatæ Mariæ (410 v°); — Martyrium S. Procopii (420 v°); — Macarii Macre homilia de inventione et translatione Sæ. Euphemiæ martyris (437) ; — Nicetæ rhetoris et philosophi homilia in SS. Cerycum et Julittam (442 v°); — S. Cyrilli Alexandrini homilia ad SS. PP. Ephesi, et de Deipara contra Nestorium (447); — Martyrium Sæ. Marinæ (450 v°); — Commentarius de S. Helia propheta (456 v°); — Martyrium S. Panteleemonis (463 v°); — S. Joannis Chrysostomi homilia in Macchabæos (475); — Nicetæ philosophi homilia de inventione S. Stephani (479); — S. Joannis Damasceni homilia de eodem (486); — S. Ephræmi Syri sermo in Transfigurationem (495) ; — Andreæ Cretensis homiliæ tres in dormitionem beatæ Mariæ (499); — S. Joannis Damasceni homiliæ tres de eodem (506); — Narratio de imagine Christi ad Abgarum missa et CP. translata (525) ; — S. Joannis Chrysostomi homilia in illud Matthæi : Audivit

Herodes tetrarcha (535); — S. Germani CP. homilia in zonam beatæ Mariæ (541); — Euthymii Zigabeni homilia de eodem (544 v°); — Joannis Thessalonicensis homilia in dormitionem beatæ Mariæ (549).

Copié en 1552 par le moine Daniel. Pap. 562 fol. P.

308. Barlaami et Joasaphi, Indiæ regis, historia, auctore Joanne, S. Sabæ monacho, fine mutila.

XIV s. Bombyc. 156 fol. P.

309. Menologium, mart.-mai.

XII s. Parch. 331 fol. P.

310. Georgii monachi Hamartoli chronicon (8); — accedunt fragmenta theologica et liturgica, s. XIV. bombyc. (1 et 256).

X s. Parch. 259 fol. M.

311. Annæ Comnenæ Alexiados libri XV., initio mutili.

XII s. Parch. 247 fol. P.

312. Michaelis Glycæ annales (8); — præmittitur fragmentum historiæ Barlaami et Joasaphi, auctore Joanne, S. Sabæ monacho (1); — Thecaræ monachi orationes compunctoriæ (310).

XV s. Pap. 317 fol. P.

313. Georgii Cedreni historiarum compendium, initio et fine mutilum.

XIV-XV s. Pap. 344 fol. P.

314. Nicolai Chalcondylæ de rebus Turcicis libri X.

XV s. Pap. 320 fol. P.

315. Nicolai Cabasilæ homiliæ in nativitatem beatæ Mariæ (3), — in laudem S. Nicolai (23 v°), — in Annuntiationem (34 v°), — in Domini passionem (44 v°), — in Ascensionem (64), — in dormitionem beatæ Mariæ (73), — in laudem S. Demetrii (89 et 196), — epistola ad Nilum, Thessalonic. metropolitam (134), — in Ezechielem homiliæ tres (135), — in S. Andream juniorem (164), — in sanctam Theodoram (177), — in SS. Basilium, Gregorium Nazianzenum et Joannem Chrysostomum (189 v°), — interpretatio divinæ liturgiæ

(204 v°), — oratio ad Dominum nostrum J. C. (291 v°), — de vita in Christo libri VII. (294), — de magistratuum iniquis ausis circa res sacras (451), — de usuris (495), — ad Augustam oratio de usuris (509 v°), — ad Athenienses oratio de ara misericordiæ (515), — oratio adversus Gregoræ delirantis somnia (518), — oratio qua Pyrrhonis de veritatis criterio sententia impugnatur (523 v°), — disputatio adversus illos qui dicendi artem futilem esse contendunt (526), — epitaphium Nili, Thessalonic. archiepiscopi, et epigrammata varia (528), — oratio in laudem Matthæi Cantacuzeni filii (532), — epistolæ variæ (538), — oratio in laudem Annæ Palæologinæ (552); — Demetrii Cydonii oratio de contemnenda morte (563); — ejusdem homilia in Annuntiationem (591), — ad Romanos orationes duæ de periculo quod ipsis a Græcorum potentia imminebat (650), — præfationes duæ in auream bullam monasterio S. Salvatoris concessam (699), — epistolæ variæ (709), — monodia in cives qui seditione Thessalonica, sub Joanne Cantacuzeno, perierunt (770), — epistolæ variæ (779).

XVII s. Copié par Honorat. Pap. 794 fol. P.

316. Paraspondyli Zotici narratio de pugna Varnensi, versibus politicis, lingua vulgari (1); — Constantini Hermoniaci rerum Trojanarum enarratio, versibus octosyllabis, lingua vulgari (13 v°); — inserta est cantilena in mortem Michaelis Cantacuzeni († 1578), s. XVII. (27 v°).

XV s. Pap. 163 fol. P.

317. Thucydidis de bello Peloponnesiaco libri I., 27.-VIII., 107. (1); — Xenophontis historiæ græcæ libri VII., fine mutili (240).

XIV-XVI s. Bombyc. et pap. 319 fol. M.

318. Polybii historiarum libri V. priores (1); — ejusdem fragmenta librorum VI. (364), — et XVIII. (403 v°).

XVI s. Pap. 407 fol. P.

319. Plutarchi Chæronensis vitæ parallelæ : Antonius, initio mutilus (1), — Pyrrhus (4 v°), — Marius (18 v°), — Aratus (35), — Artaxerxes (51 v°), — Agis et Cleomenes (62), — Tiberius et Caius Gracchi (81), — Lycurgus, fine mutilus (95 v°), — Numa, initio mutilus (103), — Lysander (110), — Sylla (119 v°), — Agesilaus (133 v°), — Pompeius (145).

XI s. Parch. 170 fol. P.

320. Dionis Cassii historiæ Romanæ epitome, auctore Joanne Xiphilino.

XV s. Pap. 187 fol. M.

321. Æliani variæ historiæ libri XIV. (1); — Philostrati epistolæ amatoriæ aliquot (108); — Hippocratis epistola ad Ptolemæum regem (115); — Anonymi opusculum de podagra : Ἐπεὶ ὥρισε πρός με... (117).

XVI s. Pap. 125 fol. P.

322. Procli Diadochi commentariorum in Platonis Timæum libri II. priores.

XII s. Parch. 399 fol. P.

323. Aristotelis liber de coloribus (1); — Excerpta philosophica, initio mutila (7); — Themistii paraphrasis in Aristotelis analyticorum posteriorum libros II. (11); — Aristotelis liber de interpretatione, cum scholiis (42); — ejusdem analyticorum priorum libri II., cum Joannis Pediasimi scholiis (58); — Themistii orationes, philadelphi, initio mutili (191), — legatio ad Constantium (195 v°), — Constantii imp. oratio de Themistio (201), — thesis utrum agriculturæ danda sit opera (204 v°), — oratio consularis in Jovianum (207), — adhortatio ad Valentinianum juniorem (212), — de pace, ad Valentem (217), — legatio ad Theodosium (225 v°), — cum præfectus urbis creatus est (230), — de humanitate Theodosii (232), — de Saturnino (237), — moderate affectus, sive liberorum amans (244 v°), — de regia virtute ad Theodosium, fine mutila (249 v°); — Demosthenis orationes Olynthiacæ I. et II. (255); — Aristidis pro rhetorica adversus Platonem orationes I. et II. (275); — ejusdem oratio II. de pace, fine mutila (330 v°).

XIV s. Bombyc. 332 fol. P.

324. Alcinoi introductio in Platonis philosophiam (1); — Demetrii Phalerei opusculum de elocutione (22); — Aristotelis poetica (47); — Lexicon Herodoti (65 v°); — Menses Athe-

niensium et Romanorum (68 v°); — Vita Demosthenis (69);
— Demosthenis orationes Olynthiacæ tres (73), — Philippicæ IV. (86), — de pace (115 v°), — de Haloneso (121 v°),
— de Chersoneso (126 v°), — de Rhodiorum libertate (136),
— de corona (141), — de falsa legatione (190).

Copié (en partie) en 1462 par Jean Rhosos. Pap. 239 fol. *M.*

325. Olympiodori scholia in Platonis primum Alcibiadem.

XVII s. (Copié par Jean Tinerel de Bellérophon.) Pap. 234 fol. *P.*

326. Olympiodori scholia in Platonis Philebum.

XVII s. Copié par Jean Tinerel de Bellérophon. Pap. 52 fol. *P.*

327. Porphyrii isagoge, initio mutila (1); — Aristotelis categoriæ (14 v°), — de interpretatione (36), — analytica priora (47 v°) — et posteriora (92), — topicorum libri VIII. (166), — sophistici elenchi (251); — omnia cum scholiis; — inseruntur oracula Pythiæ et Sibyllæ de Xerxe et CP. (91 v°).

XIV s. Bombyc. 275 fol. *M.*

328. Alexandri Aphrodisiensis commentarius in Aristotelis metaphysica.

XV s. Pap. 330 fol. *P.*

329. Syriani Philoxeni commentarius in Aristotelis metaphysicorum libros II., XII. et XIII. (1); — ejusdem fragmentum de providentia (254).

XVII s. Copié par Honorat. Pap. 256 fol. *P.*

330. Porphyrii isagoge (2); — Aristotelis categoriæ, cum scholiis (17 v°); — ejusdem liber de interpretatione (43), — analytica priora (58), — analytica posteriora (150), — topicorum libri VIII. (204), — sophistici elenchi (277 v°).

XI s. Parch. 305 fol. *M.*

331. Alexandri Aphrodisiensis commentarius in Aristotelis metaphysicorum libros IV. priores (1); — Michaelis Ephesii [Alexandri Aphrodisiensis] commentarius in libros sequentes V.-XIV. (115).

XVII s. (Copié par Honorat.) Pap. 616 fol. *P.*

332. Alexandri Aphrodisiensis solutiones quarumdam difficultatum (1); — ejusdem problematum medicorum et naturalium capita ccxci. (32 v°); — Dexippi philosophi Platonici quæstionum et solutionum in Aristotelis categorias libri III. (82); — Hermetis Trismegisti pœmander (134).

XV s. Parch. 166 fol. P.

333. Galeni de usu partium corporis humani libri I.-VIII.

XIV-XV s. Pap. 247 fol. M.

334. Joannis Actuarii de medendi methodo libri VI. (19); — ejusdem de urinis libri VII. (215); — præmittuntur et accedunt collectanea medica, inter quæ : index operum Actuarii (1); — Galeni excerpta de febribus (10); — Anonymi opusculum, fine mutilum : Ὕδωρ φαίνεται κατὰ τὴν ἐπιφανείαν... (346).

XV s. Pap. 355 fol. P.

335. Formulæ remediorum variæ, inter quæ Antonii Pyropuli remedium pro tussi et S. Cyrilli Alexandrini fragmentum (1); — Collectio remediorum, initio mutila, lingua vulgari (3); — Anonymi opusculum de victus ratione : Τὸ ὀρνίθιον κρεῖττον πάντων... (5 v°); — Lexicon botanicum : Ἄκανθα αἰγυπτία... (6 v°); — Rufi fragmentum de aquis (8); — Dioclis epistola ad Antigonum regem (10); — [Demetrii] Pepagomeni collectio remediorum (12); — Galeni excerpta (17); — ejusdem (?) iatrosophium (21); — [Hippocratis] liber de hominis structura, ad Perdiccam, Macedonum regem (34 v°); — Anonymi excerpta de venæ sectione, de pulsibus, etc. : Φλεβοτομία λέγεται φλεβός... (47); — Antidota : Ἀντίδοτος ἡ διακυμίνου... (51 v°); — Indicis medicæ collectionis cap. 23.-256. (61); — Galeni (?) lexicon botanicum : Ἄρκευστρον, ἡ καντζάρου... (63); — Galeni (?) ἀντιβαλλομένα, seu synonyma (69); — Galeni, Hippocratis et Meletii iatrosophium, capit. DCIV. (75); — Anonymi medicæ collectionis libri IV., cap. 54.-58 : Περὶ νευροτρώτων. Τὰ τετρωμμένα... (154); — Nonni collectio medica ad Constantinum Porphyrogenitum imp. (160); — Galeni (?) excerpta de humoribus, et collectanea de pulsibus, venæ sectione, alimentis, urinis, etc. (198 v°); — Symeonis Sethi syntagma de alimentorum facultatibus (228).

XV s. (Copié par Michel Souliardos.) Pap. 325 fol. P.

336. Ptolemæi harmonicorum libri III. (1); — [Æliani]

tactica (74); — Leonis imp. tacticorum fragmentum (96); — Galeni liber, quod temperamentum corporis animæ virtutes sequantur (98 v°); — S. Maximi tractatus de anima (111 v°).

XVI s. Pap. 116 fol. P.

337. Ptolemæi geographiæ libri VIII. (1); — ejusdem magnæ constructionis excerpta (266).

XIV-XV s. Bombyc. 278 fol. P.

338. Ptolemæi magnæ constructionis librorum excerpta (1); — Theonis Alexandrini commentarius in expeditos canones Ptolemæi (85); — Ptolemæi tabulæ longitudinis et latitudinis urbium mundi insigniorum (185); — Procli Diadochi hypotyposis astronomicarum positionum (195); — Nicephori Gregoræ tractatus de confectione astrolabii (240 v°); — Joannis Philoponi tractatus de usu astrolabii (247); — Ptolemæi libri IV. de apotelesmatibus et judiciis astrorum (262); — ejusdem carpus (323).

XV s. Pap. 333 fol. P.

339. [Vol. I.] Demosthenis orationes Olynthiacæ tres (1), — in Philippum I. (14), — de pace (21), — in Philippum II. (24 v°), — de Haloneso (28 v°), — de Chersoneso (34), — in Philippum III. et IV. (43 v°), — Philippi epistola (61 v°), — de ordinanda republica (67 v°), — de classibus (72 v°), — de Rhodiorum libertate (77 v°), — pro Megalopolitis (82 v°), — de fœdere cum Alexandro (86), — de corona (90), — de falsa legatione (135 v°), — in Leptinem (182 v°), — [Vol. II.] adversus Midiam (205), — in Androtionem (237 v°), — in Aristocratem (249), — in Timocratem (280), — in Aristogitonem duæ (309), — in Neæram (324 v°), — oratio amatoria (343), — oratio funebris (347 v°), — procemia (351).

XIV-XV s. Parch. 367 fol. M.

340. Hermogenis ars rhetorica (1), — de inventione rhetorica libri IV. (25), — de formis oratoriis libri II. (71), — methodus de apto et solerti genere dicendi (158).

XV s. Parch. 173 fol. M.

341. Philippi Solitarii dioptra (3); — præmittuntur excerpta ascetica, ex Isidoro Pelusiota, etc. (1 et 364); — Epistolarum collectio, initio mutila, cum scholiis grammaticis (214), — inter quæ Georgii Lecapeni et Andronici Zaridis epistolæ mutuæ (247 v°); — Manuelis Moschopuli epistolæ variæ (305); — Nili [Nicolai] Cabasilæ prochiron contra Italos (309 v°) ; — Pauli Silentiarii carmen in thermas Pythias, cum scholiis (314); — Anthologiæ librorum præsertim IX-XI. excerpta, cum scholiis (318); — Marci Antonini commentariorum de rebus suis excerpta, cum scholiis (332 v°) ; — Anonymi epistolæ x. : Τῇ ἁγίᾳ δεσποίνῃ. Αἵρεσιν πάλαι... (356); — Narratio de Anthimo, Cretensi episcopo, qui a Latinis vexatus fuerat, initio mutila (364).

Copié en 1318 par Callinique. Pap. 394 fol. P.

342. Lysiæ orationes variæ (1) ; — Alcidamantis orationes contra sophistas (113), — et Ulyssis nomine contra Palamedem (117) ; — Antisthenis declamationes sub Ajacis (120) — et Ulyssis nomine (121) ; — Demadis apologia pro suis per duodecennium gestis (122 v°).

XV s. Pap. 124 fol. P. [*En déficit.*]

343. Manuelis Palæologi oratio funebris in laudem fratris Joannis [Theodori] Palæologi.

XVII s. Copié par Fr. Combefis. Pap. 98 pages. P.

344. [Benedicti a Sancta-Maura] poema de bello Trojano, lingua vulgari : Ἦν τις Ἑλλήνων βασιλεύς... (7); — præmittitur fragmentum de Jasone, Argonauticis et bello Trojano (1); — Anonymi historia de constructione ædis Sᵉ. Sophiæ, initio mutila (192);—Patria Constantinop.: Χρὴ γινώσκειν ὅτι...(200 v°); — Physiologi excerpta : Ἔστιν γὰρ ὁ λέων τρεῖς... (205 v°).

XVI s. Pap. 212 fol. M.

345. Apollonii sophistæ lexicon Iliadis et Odysseæ (1); — Lexicon ex Phrynichi Arrabii sophistico apparatu (47) ; — Collectio [alphabetica] vocum utilium ex diversis auctoribus et sophistis multis, alibi sub nomine S. Athanasii Alexandrini : Ἀάατον, ἀναμάρτητον... (64 v°);—Timæi sophistæ lexicon vocum Platonicarum (150); — Lexicon aliud : Ἀποστόμασις, Ξενοφῶν ἐν τῇ Ἀναβάσει... (156); — Lexicon Herodoteum : Ἀνέλη χρήσῃ... (165 v°); — Mœridis Atticistæ lexicon (167 v°); —

Juris vocabula, alphabet. : Ἀποπομπεῖα, ἀργυρᾶ... (175 v°); — Lexicon Luciani (178 v°); — Lexicon rhetoricum : Ἀσχολεῖν, ἀσχολεῖσθαι... (186 v°); — Lexicon octateuchi (214), — Regum (215 v°), — Psalmorum et canticorum (216), — Job (217 v°), — librorum Sapientialium (218), — Prophetarum et Paralipomenon (219 v°), — Evangeliorum (220), — Actuum et Epistolarum (221); — Lexicon Alexandræ Lycophronis et argumentum (225); — Lexicon grammaticum : Ὁπηνίκα, ὁπόταν... (253); — Lexicon canonum festorum Christi nativitatis, Luminum et Pentecostes (256); — De syntaxi, lexica et opuscula : Ἀντιλαμβάνομαι, γενετικῇ... (257 v°); — inseruntur fragmenta computi (223 v°) — et de hominis ætatibus (224 v°).

X s. Parch. 272 fol. P.

346. [Joannis Zonaræ] lexicon (1); — Lexicon epistolarum S. Pauli (287); — Lexicon Hesiodi (290); — Lexicon XII. Prophetarum et IV. libb. Regum (290 v°); — Lexicon botanicum : Ἄκανθα, αἰγυπτία... (293); — Lexicon carminum S. Gregorii Nazianzeni (295); — De nominibus Dei apud Hebræos (298 v°); — Ordo thronorum (299); — Symbolum fidei a metropolitis subscriptum in ordinatione sua (305 v°); — S. Gregorii Nazianzeni testamentum (306).

XIII s. Bombyc. 306 fol. P.

347. Lexicon anonymum, initio mutilum (1); — Lexicon Octateuchi (4); — Lexicon anonymum, initio mutilum (8 et 38); — Lexicon Regum (14), — Psalmorum et canticorum (16), — Job (21 v°), — librorum Sapientialium (23), — Prophetarum et Paralipomenon (28), — Evangeliorum (31 v°), — — Actuum et Epistolarum (34); — Nomina præfecturarum, ordinum et turmarum quæ ad bellicum apparatum pertinent : Καταλοχίσαι, τὸ εἰς λόχους... (168); — Nomina bellicorum instrumentorum : Αἰγανέα, ἀκινάκης... (171 v°); — Luciani fragmenta Toxaridis, sive de amicitia (176).

IX-X s. Parch. 177 fol. P.

348. Manuelis Moschopuli erotemata grammatica, initio mutila (1); — ejusdem schedographia (276).

XV s. Pap. 375 fol. P.

349. Manuelis Moschopuli grammatica [lexicon] A-X, fine mutila (1); — Libanii epistolæ LXXXIV., cum notis (81).

XV s. Pap. 207 fol. *P.*

350. Manuelis Moschopuli schedographia.

Copié en 1424. Parch. 131 fol. Palimps. *P.* [Aujourd'hui à la Bibl. imp. de Saint-Pétersbourg, Cat. de Muralt, n° CXVII, LVIII *a.*]

351. Theocriti idyllia I.-XXIII. et XXX. (3); — præmittuntur vita Theocriti, Artemidori grammatici epigramma, etc. (1); — Moschi epitaphium Bionis (73 v°), — et amor fugitivus (85 v°); — Simmiæ Rhodii, vel Theocriti, syrinx (113); — Hesiodi opera et dies (114).

Copié en 1516. Pap. 135 fol. *P.*

352. Anthologiæ epigrammata varia (1); — Leonardi Philaræ Atheniensis epigrammata (126).

XVII s. Pap. 133 fol. *P.*

353. Æschyli Prometheus vinctus (4), — Septem adversus Thebas (37), — et Persarum argumentum (74); — præmittitur Æschyli vita (1).

XV s. (Copié par Georges Hermonyme.) Pap. 75 fol. *M.*

354. Aristophanis Plutus (2), — et Nubes (43) ; — præmittitur Aristophanis vita (1).

XV s. Pap. 92 fol. *P.*

355. Maximi Planudis versus heroïci in Ptolemæi geographiam (1); — M. T. Ciceronis somnium Scipionis, a Maximo Planude græce versum (2 v°); — Macrobii Ambrosii explanatio in somnium Scipionis, ab eodem græce versa (11).

XVI s. (Copié, en partie, par Georges Gregoropoulos.) Pap. 84 fol. *M.*

356. Index alphabeticus codd. mss. græcorum Bibliothecæ regiæ.

XVI s. Pap. 118 fol. *P.*

357. « Index librorum manuscriptorum græcorum qui in illustrissimi D. D. Petri Seguier, dignissimi Galliarum cancellarii bibliotheca reperiuntur, » gr.-lat.

XVII s. (Copié par Jean Tinerel de Bellérophon). Pap. 56 fol. *M.*

358. Psalterium, cum scholiis.

XIII s. Parch. 313 fol. P.

359. Scholia in Salomonis Proverbia.

Copié en 1664 par Jean Tinerel de Bellérophon. Pap. vii-352 pages. P.

360. Psalterium, cum scholiis.

XII s. Parch. 316 fol. P.

361. Typicum lauræ S. Sabæ, auctore Sophronio hieromonacho.

XIV s. Parch. 230 fol. P.

362. Rituale, et euchologium lauræ S. Sabæ, initio et fine mutilum.

XII s. Parch. 227 fol. P.

363. Anonymi collectio canonum de gradibus cognationis, initio mutila (1); — Sisinnii, CP. patriarchæ, et aliorum, collectio de eodem (12); — S. Athanasii interrogationes et responsiones theologicæ (16); — Preces variæ (17 v°); — S. Timothei Alexandrini fragmentum (21 v°); — Canonum SS. Apostolorum et Conciliorum excerpta (24 v°); — SS. Joannis Chrysostomi et Athanasii Alexandrini canones pœnitentiales (36); — Canones varii SS. Conciliorum et PP. de clericis et monachis (40); — Timothei Alexandrini responsa canonica (52 v°); — Nicephori CP. canones ex illius constitutionibus excerpti (61 v°); — S. Joannis Nesteutæ canones pœnitentiales (69); — S. Basilii canones pœnitentiales (93 v°); — S. Maximi fragmentum de oratione (110 v°); — Constitutionum apostolicarum excerpta (112); — SS. Anastasii Antiocheni et Maximi fragmenta (116 v°); — S. Nili epistolæ xxxiii. (121); — Excerpta varia canonica SS. Conciliorum et PP. (137); — De VII. synodis œcumenicis : Χρὴ γινώσκειν πάντα... (154); —Beatitudines J. C. (159).

XII s. Parch. 162 fol. Palimps. P.

364. Canones Apostolorum (8); — præmittuntur nomocanonis indices (1 et 368); — Canones xxii. concilii Nicæni (12 v°), — Ancyrani xxv. (20 v°), — Cæsariensis xiv. (26 v°), — Sardicensis xxiv. (28 v°), — Gangrensis xx. (41 v°), —

Antiocheni xxv. (44 v°), — Laodiceni LIX. (53), — CP. VI. (59), — Ephesini XII. (64); — S. Cyrilli Alexandrini anathematismi XII. de orthodoxa fide contra Nestorium (69); — Canones XXVII. concilii Chalcedonensis (71 v°); — Carthaginiensis CXLVII. (81 v°); — concilii sexti in Trullo CII. (127), — Nicæni secundi XXII. (183), — CP. primi et secundi XVII. et XI. (201), — Chalcedonensis VIII. (206), — tempore Nicolai patriarchæ xxx. (206 v°), — Alexandrini III. (216); — S. Cyrilli Alexandrini canones VII. (217); — SS. Eulogii Alexandrini, Dionysii Alexandrini, Athanasii Alexandrini quæstiones v. (218 v°); — S. Athanasii Alexandrini epistola ad Amunem monachum (223); — ejusdem epistola ad Rufinianum (227 v°); — ejusdem epistolæ XXXIX. festivalis fragmentum (228); — Theophylacti [Theophili] Alexandrini capita canonica XIV. (229 v°); — Petri Alexandrini canones XIV. (231 v°); — ejusdem fragmentum sermonis in Pascha (245); — Timothei Alexandrini responsa canonica (245 v°); — S. Basilii epistola ad Gregorium presbyterum (252 v°); — ejusdem fragmentum cap. XXIX. de S. Spiritu ad Amphilochium, etc. (254); — S. Gregorii Neocæsariensis Thaumaturgi epistola de iis qui in barbarorum incursione idolothyta comederunt (260); — S. Gregorii Nysseni ad Letoium epistola canonica (264); — S. Joannis Nesteutæ doctrina monialium et castigationes pro singulis peccatis (279); — ejusdem canonarium (297 v°); — Petri chartophylacis interrogata et responsa de jure canonico (332); — SS. PP. sententiæ de trigamis (336); — Tarasii CP. epistola ad Adrianum papam Romæ (339 v°); — S. Joannis Damasceni opusculum de octo cogitationibus (343); — SS. Apostolorum canones LXXXV. (344 v°); — Canones S. Basilii ex ejus epistolis I.-III. (357); — inseruntur excerpta canonum ἐκ τοῦ ὀγδόου βιβλίου et pœnitentialium (361); — SS. Theodori Siceotæ, Maximi, etc. et Novellarum excerpta canonica (376); — Ordo officiorum aulæ CP. (381).

Copié en 1295. Parch. 383 fol. P.

365. Preces vespertinæ.

Copié en 1520 par le prêtre Philippe. Pap. 157 fol. P.

366. Canones, seu hymni ecclesiastici, auctoribus Cosma

monacho et S. Joanne Damasceno, cum interpretatione Gregorii, Corinthii archiepiscopi, initio et fine mutila.

XIV s. Bombyc. 158 fol. P.

367. S. Joannis Chrysostomi liturgia (2); — Liturgia præsanctificatorum (46); — Rituale monasticum, fine mutilum (105).

XIV s. Parch. 175 fol. P.

368. Vita S. Gregorii Neocæsariensis Thaumaturgi, auctore S. Gregorio Nysseno (1); — S. Athanasii Alexandrini homilia in martyrium SS. Menæ, Hermogenis et Eugraphi (53); — Martyrium S. Eustratii et sociorum (61); — accedit explicatio vocum quarumdam quæ in martyrio occurrunt (91); — Vita S. Antonii, auctore S. Athanasio Alexandrino (93); — S. Athanasii homilia de virginitate (202); — Series Romanorum patriarcharum usque ad Honorium I. (221); — Series patriarcharum Hierosolymit. usque ad Modestum (221 v°); — Series Alexandrinorum patriarcharum usque ad Petrum (221 v°); — Series patriarcharum Antiochenorum usque ad Anastasium Sinaïtam (222); — Series CP. patriarcharum usque ad Euthymium, a. 906. (222 v°); — Series regum Juda et Israel, Assyriorum, Græcorum et Romanorum, usque ad Constantinum Porphyrogenitum (223 v°); — S. Basilii homilia in SS. XL. martyres (226); — S. Gregorii Nazianzeni homilia in Pascha et in tarditatem (236 v°); — S. Joannis Chrysostomi epistolæ ccxxx. (241).

X s. Parch. 407 fol. P.

369. Joannis Moschi pratum spirituale, cap. ccxcvi., fine mutilum (13); — præmittitur officium in honorem beatæ Mariæ, scr. a. 1475. (1).

XI s. Parch. 203 fol. P.

370. Anonymi capita spiritualia LIX.-CV., initio mutila (1); — ejusdem sermo secundus, cap. CVII. (9 v°); — ejusdem sermo tertius, cap. LXIII. (29 v°); — ejusdem interrogationes et responsiones (45 v°); — ejusdem tractatus de ordine monasticæ disciplinæ (66 v°); — ejusdem (?) tractatus de variis modis belli Inimici (68 v°); — ejusdem caput a quo juvetur homo ad accedendum Deo (80); — ejusdem (?) opusculum de cogitationibus, ex S^a. Scriptura, quæ ad pœnitentiam excitant (85); — ejusdem capita ascetica varia (88 v°); — ejusdem tractatus de custodia cordis (118 v°); — ejusdem (?) signa effectuum divini amoris (120 v°); — ejusdem capita ascetica et moralia varia (121 v°); — ejusdem capita minora ascetica (172 v°); — ejusdem opusculum de vitiosis cogitationibus, fine mutilum (180); — S. Ammonis abbatis sermo de studio hominibus placendi et de vana gloria (183); — ejusdem capita xiv. (174 v°); — S. Maximi sermo parænetícus (191); — S. Hieronymi liber de vita Patrum ad Lausum [Palladii historiæ Lausiacæ pars] (199); — S. Thalassii abbatis ad Paulum capitum asceticorum centuriæ iv. (245 et 276); — ejusdem (ut supra) opusculum de patientia (271); — S. Anastasii Sinaïtæ capita ascetica (274).

X s. Parch. 280 fol. P.

371. S. Maximi capita theologica, seu loci communes, fine mutila.

X s. Parch. 155 fol. P.

372. S. Maximi capita theologica, seu loci communes, initio mutila.

XI s. Parch. Fol. 18-23 et 33-150. P.

373. « S. Basilii, episcopi Seleuciæ, sermones quatuor, in centurionem, in filios Zebedæi, in Herodiadem, in naviculam fluctuantem [latine] (9); — S. Jo[annis] Chrysostomi sermo de consummatione sæculi [græce], Flaminio Priamo Lucense interprete » (87); — præmittuntur Fl. Priami Lucensis ad Henricum IV. versus et epistola dedicatoria (2).

Copié en 1596. Pap. 114 fol. P.

374. S. Joannis Damasceni tractatus de natura composita contra acephalos, initio mutilus (1); — ejusdem dialectica (20); — ejusdem expositio accurata fidei orthodoxæ (83); — accedunt interrogatio de Deo, initio mutila, synopsis fidei de Trinitate et fragmentum de hypostasi (244); — S. Athanasii Alexandrini responsiones ad Antiochum ducem (248); — [ejusdem] tractatus de divinis nominibus (304 v°); — Anonymi

fragmentum de maribus (307 v°), — et orbis eparchiæ (308);
— Anonymi opusculum de bonis : Τῶν ἀγαθῶν τὰ μέν... (310 v°);
— De VII. conciliis œcumenicis : Χρὴ γινώσκειν ὅτι... (315 v°); —
Anonymi fragmentum de sapientia : Πᾶσα σοφία παρὰ Κυρίου...
(321).

XI s. Parch. 322 fol. P.

375. S. Joannis Damasceni dialectica, initio mutila (1); —
ejusdem expositio accurata fidei orthodoxæ (52 v°).

X s. Parch. 290 fol. P.

376. S. Gregorii Nazianzeni de theologia oratio II.

XVI s. Pap. 22 fol. P.

377. Theophrasti characteres.

XVI s. Pap. P. [Réuni au n° 384.]

378. Gregorii, Sinaïtæ monachi, methodus de oratione (1);
— Apophthegmata SS. PP., alphabet. (11); — Gerontici et
vitæ SS. PP. excerptâ (78); — Vitæ S. Joannis Eleemosynarii
fragmentum (162); — S. Nili apophthegmata (165); — Luciani
sophistæ, quod non sit facile credendum detractioni (168 v°);
— Anonymi quando et quomodo senioris Romæ ecclesia
separata fuerit ab orthodoxa fide : Ἐν τοῖς χρόνοις τοῦ Ἀπολιναρίου... (173 v°); — S. Anastasii Sinaïtæ opusculum de anima
(178 v°); — S. Joannis Damasceni [Joannis Philoponi] opusculum de azymis (180); — Nicolai, Methonensis episcopi,
excerptum de azymis (185).

XV s. Pap. 204 fol. P.

379. Raymundi de Medullione, ordinis Prædicatorum,
opuscula : tractatus de veritate Christianæ religionis (1), —
adhortatio de rebus ad salutem necessariis (17), — synopsis
vitæ spiritualis (51), — sermo de visione cujusdam abbatissæ
(72), — dialogus de elementis catholicæ fidei (81 v°), — refutatio illorum qui Biblia a laïcis legenda non esse contendunt
(107 v°), — philosophia catholica adversus Antichristum (113),
— modus discernendi veros prophetas a falsis (173 v°), —
homilia de significatione nominis tetragrammati [Jehovah]
(185).

XIII-XIV s. Parch. 222 fol. P. [Aujourd'hui à la Bibl. imp. de Saint-
Pétersbourg, Cat. de Muralt, n° cxiii.]

380. S. Maximi quæstiones et responsiones de variis S^æ. Scripturæ dubiis (1); — ejusdem Apostolica (51); — [ejusdem] quæstiones ex Prophetis (328); — ejusdem quæstiones variæ (468 v°).

XII s. Parch. 485 fol. P.

381. Vita S. Ephræmi Syri (2); — S. Ephræmi Syri sermo I. asceticus (4), — ad eorum correctionem, qui, dum vitiose vivunt, honores appetunt (28 v°), — de extremo judicio et compunctione (35), — reprehensio sui ipsius et confessio (42), — sermo paræneticus de monachis (55 v°), — parænesis ad novitios monachos (60), — de constitutione præfectorum (68), — sermones ascetici X. (80 v°), — de pœnitentia tres (114 v°), — de compunctione (133), — de affectibus (137), — quod oporteat Christianum tolerantem et patientem esse (141), — de oratione (151), — Pauli, Monembasiæ episcopi, narratio de Martha, hegumena monasterii Deiparæ Monembasiensis (155).

Copié en 1609 par Michel Sviros. Pap. 157 fol. P.

382. Constantini Manassis chronicon (2); — Series imperatorum et patriarcharum CP. (139); — Theodori Ptochoprodromi versus ad Manuelem Comnenum (142); — Hilarionis monachi Ptochoprodromi versus ad eumdem (148 v°).

XV s. Pap. 163 fol. P.

383. Vita S. Pauli Thebæi (2); — Nili monachi narratio de SS. PP. in monte Sina et Raithu occisis (89); — Vita S. Joannis Calybitæ (140 v°); — Anonymi sermo de veneranda catena S. Petri apostoli (159 v°); — Vita S. Antonii, auctore S. Athanasio (187 v°); — Narratio de vita beatæ Mariæ et veste ejus reperta (259 v°); — Narratio de vita et decollatione S. Joannis Baptistæ (309).

XV s. Pap. 345 fol. P.

384. Michaelis Pselli commentarius in Aristotelis de meteoris libros IV., initio mutilus (1); — Michaelis Pselli tractatus de quatuor mathematicis scientiis (136); — Meletii monachi tractatus de natura hominis (162); — Philonis Judæi de vita Moysis liber I. (212); — Cleomedis de orbium cælestium contemplatione libri II. (236); — Theophrasti characteres (276).

XIV s. Bombyc. 287 fol. P.

385. Aristotelis ethicorum ad Nicomachum libri X.

XVI s. Pap. 180 fol. P.

386, 1 et 2. Aristotelis de anima libri III. (1); — Themistii paraphrasis in Aristotelis libros de anima (97).

XI s. Parch. 342 fol. P.

387. Anonymi prolegomena philosophiæ : Πράξις α' [— ιβ']. Ἐπειδὴ πάντα τοῦ ἀγαθοῦ... (2); — Prolegomena in Porphyrii isagogen : Πράξις ιγ' [— ιε']. Ἐπειδὴ ὅλην... (36); — Porphyrii isagoge (42); — Anonymi commentarius in isagogen Porphyrii (54 v°); — Collectio diversorum interpretum in Aphthonii progymnasmata [Doxopatri prolegomena rhetoricæ].(113); — Collectio altera : Ὁ παρὼν τῶν προγυμνασμάτων... (121); — Anonymi opusculum de verbo : Ῥῆμά ἐστι μέρος λόγου... (135); — Anonymi opusculum de artium et disciplinarum inventoribus : Ἐξεῦρον τὴν μὲν ἀριθμητικὴν Φοίνικες... (153 v°); — Anonymi partitiones Iliadis Homeri : Μῆνις ὄνομα προσηγορικόν... (155); — Timothei Gazæi capita de syntaxi (213 v°); — Partitiones Homeri, aliæ, alphabet. A : Ἄλλος διατί ἐστιν ἀσύναρθρον... (219); — Anonymi versus de Hippocrate et Philone (241).

X s. Parch. 241 fol. P.

388. Constantini Porphyrogeniti tactica (1); — S. Joannis Chrysostomi synopsis V. et N. Testamenti; desinit in Nahum prophetam (87); — Nicephori Blemmidæ geographiæ compendium (119).

XVI s. Pap. 125 fol. P.

389. Xenophontis memorabilium Socratis dictorum libri IV.

Copié en 1512 (?). Pap. 197 pages. P. [*En déficit.*]

390. Petri apostoli epistolæ duæ (4), — et Judæ epistola catholica (83), — cum scholiis et annotationibus Jo. Tinerel a Bellerophonte.

Copié en 1661 par Jean Tinerel de Bellérophon. Pap. 99 fol. P.

391. Rhetorica PP. Societatis Jesu, per interrog. et respons. (1); — Logicæ compendium eorumdem PP. (38).

XVII s. Copié par Athanase Rhéteur. Pap. 125 fol. P.

392. [Joannis Zonaræ] lexicon, fine mutilum, A-P.

XIV s. Bombyc. 323 fol. P.

393. [Joannis Zonaræ] lexicon, A-Ψ.

XIII s. Parch. 215 fol. Palimps. P.

394. Lexicon vocum hebraïcarum Sæ. Scripturæ (2); — Stephani et aliorum lexica Octateuchi (5 v°), — Regum (12), — Paralipomenon et Esdræ (14 v°), — Psalmorum (17 v°), — Canticorum (23), — Librorum Sapientialium (25), — Prophetarum minorum et majorum (34 v°), — Evangeliorum (39 v°), — Actuum (41 v°), — et Epistolarum apostolorum (43); — S. Cyrilli Alexandrini lexicon (51); — Lexicon carminum S. Gregorii Nazianzeni (214); — Lexicon anonymum breve : Αἴνιγμα, παραβολή... (271 v°).

X-XI s. Parch. 279 fol. P.

395. Manuelis Moschopuli erotemata grammatica.

XVI s. Pap. 278 fol. P. [*En déficit.*]

396-399. « Extraict moral et politique du texte d'Homère et d'Eustathius, archevesque de Thessalonique, son scholiaste ou commentateur, » par Jean Tinerel de Bellérophon. (En français.)

XVII s. Pap. 122, 222, 176 et 145 fol. P.

400. « Extraict des déclamations et des discours moraux de Libanius le sophiste, » par Jean Tinerel de Bellérophon. (En français.)

XVII s. Pap. 372 fol. P.

INVENTAIRE SOMMAIRE

DES

MANUSCRITS DU SUPPLÉMENT GREC

DE LA

BIBLIOTHÈQUE NATIONALE

A

MONSIEUR

LÉOPOLD DELISLE

Membre de l'Institut,

DIRECTEUR DE LA BIBLIOTHÈQUE NATIONALE

INVENTAIRE SOMMAIRE

DES

MANUSCRITS DU SUPPLÉMENT GREC

1. Barlaami Calabri arithmetica demonstratio eorum quæ Euclides libro secundo suorum elementorum demonstravit (1); — ejusdem supputandi artis libri VI. (9).

XVI s. (Copié par Constantin Palæocappa.) Pap. 76 fol. Peint. (Sorbonne.) *G.*

2. Galeni commentariorum libri III. in Hippocratem de humoribus.

XVI s. Pap. 329 pages. *M.*

3, 1-8. « Thesaurus Theophrasti et Dioscoridis, authore Paulo Rencalmo Blesensi. »

Copié en 1616. Pap. 1422 et 492 fol. (6 et 2 vol.) *G.*

4. Copie du ms. de l'Anthologie palatine, exécutée pour Chardon de La Rochette.

XVIII s. Pap. 710 pages. *M.*

5. S. Joannis Chrysostomi homiliæ XLII. priores in Matthæum.

XI s. Parch. 407 fol. (Sorbonne.) *G.*

6. Myron Costin, historia Moldaviæ, in vulgarem dialectum versa ab Alexandro Amira.

XVIII s. Pap. 72 et 544 pages. *M.*

7. « Commentarius in Apollodori Atheniensis de Deorum origine libros III., latine conscriptus a Francisco Sevin. »

XVIII s. Pap. 259 fol. *M*.

8. S. Dionysii Areopagitæ liber de cælesti hierarchia (5), — de hierarchia ecclesiastica, et epigramma in S. Dionysium (33 v°), — de divinis nominibus (70), — de mystica theologia (116), — epistolæ variæ (118 v°); — S. Joannis Damasceni dialectica (136), — expositio accurata fidei orthodoxæ (170), — de hæresibus compendium (280 v°), — institutio elementaris ad dogmata (294), — de duabus in Christo voluntatibus et operationibus (297 v°); — SS. Patrum excerpta varia (312 v°); — Mot carré : « Nitimur in vanum dant auri munera nomen » (318).

XII s. Parch. 322 fol. (S. Hilaire de Poitiers, puis Dominicains.) *M*.

9. Notes de Toinard sur Josèphe : « Codices græci quorum usus in editione [Josephi], » *impr.* (1); — Lettre à Toinard sur l'abbaye d'Aisnay, le bombardement d'Alger, et la statue de Louis XIV élevée par le duc de La Feuillade, 1682. (3); — Notes et collations pour une édition de Josèphe (4); — « Herodis extremarum rerum harmonia græco-latina, ex Flavii Josephi de bello judaïco et antiq. jud., auctore Nic. Toinard, 1687, » *impr.* (402).

XVII s. Pap. 406 fol. *M*.

10. Index alphabeticus codd. mss. græcorum Bibliothecæ regiæ.

XVI s. (Copié par Constantin Palæocappa.) Pap. 64 fol. (Baluze.-Reg. 2813. A.) *M*.

11. Heronis Alexandrini spiritalium libri II. (1); — ejusdem de automatorum fabrica libri II. (51).

XVI s. Pap. 70 fol. (Delamare.) *M*.

12. Anonymi de optica : Ὅτι ὑποτίθεται ἡ ὀπτική... (1); — Damiani Heliodori Larissæi opticarum hypothesium cap. XIV. (2); — Anonymi scholia in Euclidis elementa : Ἐὰν τῇ πρὸ ταύτης χρησώμεθα κατασκευῇ... (9); — Anonymi opticæ propositiones : Ἴσως εἴπῃ τίς ἂν ὡς... (36); — Marini philosophi in data Euclidis commentarius et scholia (40 v°); — Anonymi scholia in librum

Aristarchi de magnitudinibus et distantiis solis et lunæ : Τῶν ὑποθέσεων Ἀριστάρχου αἱ μέν... (55 v°).

XVI s. Pap. 60 fol. (Delamare.) *M.*

13. Theodosii Tripolitæ sphæricorum libri III. (1); — ejusdem liber de habitationibus (45); — ejusdem de diebus ac noctibus libri II. (51); — Autolyci Pitanæi de vario ortu et occasu siderum libri II. (79); — ejusdem de sphæra quæ movetur (97 v°); — Euclidis phænomena (107); — Anonymi scholia in cap. x. et sqq. libri II. sphæricorum Theodosii : Δείκνυται ὁμοία οὕτως... (131); — Nicephori Gregoræ opusculum de astrolabii in plano delineatione (135); — Joannis Philoponi tractatus de usu astrolabii (149); — Anonymi alia astrolabii descriptio : Εἰ βούλῃ γινώσκειν... (163); — Nicephori Gregoræ opusculum de fabrica et generatione astrolabii (166); — Nicolai Sophiani tractatus de fabrica et usu armillaris astrolabii (173); — Anonymi explicatio methodi de excerpenda parte proportionali : Εἰσάγεις τὸν καταχθέντα... (181).

XVI s. Pap. 181 fol. (Delamare.) *M.*

14. Plutarchi regum et imperatorum apophthegmata.

XVI s. Pap. 27 fol. *M.*

15. Pappi Alexandrini mathematicarum collectionum liber VIII.

XVI s. Pap. 23 fol. *M.*

16. Simplicii commentarius in libros IV. Aristotelis de cælo.

XVI s. (Copié par Michel Damascène.) Pap. 364 fol. *M.*

17. Olympiodori scholia in Platonis Gorgiam.

XVI s. Pap. 160 fol. *M.*

18. « Pappi Alexandrini mathematicarum collectionum liber tertius, cum commentariis Federici Commandini Urbinatis. »

XVI s. Pap. (Devenu Nouv. acq. lat. 1144.)

19. Négociations relatives à l'union de l'église russe avec l'église anglicane, puis avec l'église gallicane (1672-1723) (1 et 65); — De hominis ætate (57 v°); — Dialogus SS. Basilii et Gregorii Nazianzeni (57 v°); — Sermones abbatis Antonii

(59); — Interrogationes theologicæ : Πῶς ὀφείλομεν ἀσκανδαλίζως μεταλαβάνειν... (59 v°); — Christophori, Alexandrini archiep., Πάντας μὲν ἀγαπητοὶ τοὺς κατακαιρόν... (60 v°); — Capita varia de anima, de sensibilitate, de perituro, de verbo : Τί ἐστι ψηχὴ καὶ κατατὶ εἴρηται... (61 v°).

XVIII s. Pap. 69 fol. *M.*

20. Recueil de notes d'Ismaël Bouillaud et autres relatives à l'astronomie, la musique, la magie et l'arithmétique. — Extraits de mss. de la Bibliothèque du roi : Apollonius mathem. (163), Aristide Quintilien (31), Aristoxène (17), Bède (138), Boèce (36), Catulle (96), Cedrenus (251), Constantin Harmenop. (291), Démophile (197), Eustathe (94), Geminus (65), Georges Chrysococces (75), Georges Syncelle (157), Héphestion (209), Héron (45), Hésiode (92), Joannes Fusoris (90), Joannes Lydus (208), Manilius (230), Neophytus monachus (50), Platon (29), Priscien (256), Proclus Diadochus (43), Psellus (70), Ptolémée (25, 87, 199, 207), Théon (91, 242), Théophane (100), Théophile (217), Virgile (128); — Note sur les pyramides d'Égypte (63); — Énigmes (101); — Notes sur les dates dans les chartes latines et remarques sur l'époque de la mort de Dagobert (130); — Topographia christiana (147); — Notes chronologiques diverses, mois macédoniens, etc. (151); — Alphabetum indicum (196); — Thema natilitium Fr. de Mello, 1638. (218); — Valeur des monnaies sous la première race (288); — Dictionnaire botanique (293), Métaux de l'île de Chypre (296 v°).

XVII s. Pap. 296 fol. *M.*

21. « Æliani de militaribus acierum ordinibus more Græcorum instruendis » (gr.-lat.).

XVI s. Pap. 112 fol. *M.*

22, 1-3. P.-D. Huet, etymologicon græcum (autogr.).

XVII s. Pap. 818, 871 et 697 fol. *M.*

23. « Platonis omnia opera, cum commentariis Procli in Timæum et Politica. Basileæ, apud Joan. Valderum, 1534. », in-fol. (Ex. avec notes mss. de Jean Racine.)

XVII s. Pap. 38 fol., 690 et 435 pages. (Clermont.) *M.*

24. Evangeliarium.

XII s. Parch. 339 fol. *M.*

25. Cl. Sallier apparatus in lexicon græcum.

XVIII s. Pap. 189 fol. *G.*

26. Athenæi de machinis bellicis (1); — Bitonis de construction bellicarum machinarum et catapultarum (7); — Heronis Ctesibii belopoiïca (12); — ejusdem de constructione et mensura manubalistæ (21 v°); — Apollodori poliorcetica (24 v°); — ejusdem κατασκευὴ ἑλεπόλεως Κόρακος λεγομένη (41); — Philonis belopoiïcorum libri III.-IV. (43 v°); — Leonis imperatoris constitutionum militarium breviarium (74); — Nicephori Phocæ de incursione bellica (171); — Julii Africani cesti (195); — Anonymi de obsidione toleranda : Ὅτι οὐ δεῖ ἀπαγορεύειν τὸν πολιορκούμενον... (219 v°); — Anonymi Παρεκβολαὶ ἐκ τῶν στρατηγικῶν παρατάξεων. Ὅτι ἐπὶ μελετὴν καὶ ὀξύν... (234).

Copié en 1575 par Jean Rhaseus. Pap. 255 fol. (Delamare.) *M.*

27. Evangeliarium.

XII s. Parch. 207 fol. Peint. *M.*

28. [Macarii Chrysocephali] fragmentum catenæ in Matthæum : Ποιήσατε καρποὺς ἀξίους... (1); — Macarii Ægyptii homiliæ IX. (37); — S. Basilii asceticæ constitutiones (67 v° et 51); — S. Joannis Chrysostomi sermo de pœnitentia et virginitate (65); — Symeonis, abbatis S. Mamantis Xerocerci, capita practica et theologica cxxi. (74 v°); — Theodori Edesseni capita practica c. (90); — Esaiæ presbyteri de natura mentis (96 v°); — ejusdem sermo de Monocellitis et cœnobitis (97); — ejusdem de conscientia et de iis qui in cellulis habitant (98 v°); — S. Marci Ægyptii de lege spirituali (101); — ejusdem de iis qui putant ex operibus se justificari (104); — ejusdem de pœnitentia (108 v°); — ejusdem responsio ad eos qui de divino baptismate dubitabant (112); — ejusdem præcepta de ira et libidine compescenda ad Nicolaum (120 v°); — ejusdem consultatio intellectus cum sua ipsius anima (125 v°); — S. Maximi confessoris tractatus asceticus et utilis per interrog. et respons. (134 v°); — ejusdem capita gnostica centuriis vii. de theologia et de dispensatione in carne filii

Dei (143 v°); — ejusdem capita diversa theologica et œconomica de virtute et vitio (158 v°); — ejusdem de essentia et natura et hypostasi (191 v°); — ejusdem de diversis capitibus ad Marinum presbyterum Cyprium (194); — ejusdem epistola ad Joannem, quod anima sit incorporea (198 v°); — ejusdem explicatio de vi passiva animæ et ejusdem divisionibus (200); — ejusdem quod non sit auctor malorum Deus (200 v°); — Nicetæ Pectorati tractatus theologicus per interrog. et respons. : Τίς ὁ σκοπὸς τῆς τοῦ κόσμου... ἀποταγῆς... (203); — ejusdem centuriæ tres capitum practicorum, physicorum et gnosticorum (203 v°), — Joannis Cassiani de institutis cœnobiorum (230 v°), — et de octo capitalibus vitiis (241); — Dorothei abbatis doctrinæ variæ ad suos discipulos (247); — Vita Dorothei abbatis et Dosithei (277); — S. Joannis Chrysostomi homilia in vanitatem vitæ (278 v°); — Symeonis S. Mamantis dialogus cum scholastico (281); — ejusdem de fugiendis pestiferis hominibus (281 v°); — ejusdem homilia, quomodo anima per fidem purificari possit (285); — S. Ammonæ adhortationes ad fratres : Οἴδατε ὅτι γράφω ὑμῖν ὡς τέκνοις... (288); — Philemonis abbatis vita et sermones (289 v°); — Zosimi abbatis sermo asceticus (293); — Anastasii Sinaïtæ quæstiones et responsiones (299); — Pauli, Monembasiæ episcopi, vitæ sanctorum (340 v°); — Apophthegmata varia : Ἡ πίστις τῶν Χριστιανῶν χωρὶς ἔργων... (345); — Excerpta e prima centuria sententiarum Symeonis S. Mamantis (347), — et ex dialogo inter senem et abbates Sergium, Firmum, Moysen et alios : Ἠρωτήθη γέρων· Τί ἐστι φιλαργυρία... (347 v°).

XV s. Pap. 350 fol. *M*.

29. Evangeliarium.

XII s. Parch. 198 fol. *P*.

30. Hermiæ philosophi in Phædrum Platonis scholiorum libri III.

XVI s. Pap. 203 fol. (Sedan.) *M*.

31, 1-3. [Pauli Renealmi] lexicon poeticum Homeri, Hesiodi et Theocriti.

XVII s. Pap. 374, 359 et 332 fol. *M*.

32. Lectionarium.

XIII s. Parch. 212 fol. *M*.

33. Lectionarium.

XIII s. Parch. 248 fol. *M*.

34. Theophanis Ceramei homiliæ LI.

XV-XVI s. Pap. 233 fol. *M*.

35. Galeni definitiones medicæ (1), — medicus, sive introductio (23 v°), — dignotio morborum in renibus et eorum curatio (61), — de tremore, palpitatione, spasmo et rigore (77), — de purgantium medicamentorum facultate (93), — de exercitio parvæ pilæ (98 v°), — quod qualitates sint incorporeæ (102), — de puero epileptico (109), — de morborum temporibus (110 v°), — de morbi totius temporibus (121), — de substantia facultatum naturalium (129), — de dignotione et medela errorum in cujusque animo (130 v°), — de usu respirationis (132 v°), — de prænotione (144), — de sectis, ad eos qui introducuntur (166), — de tumoribus contra naturam (177 v°), — de theriaca, ad Pisonem (185 v°), — de theriaca, ad Pamphilianum (215 v°), — de antidotis libri II. (219); — « Quomodo Empedocles, et Erasistratus, et Empedocles et Asclepiades dicant alimenti concoctiones fieri, » lat. (244).

XV-XVI s. Pap. 245 fol. *M*.

36. Dionysii Periegetæ orbis descriptio, cum commentario Demetrii Lampsaceni (2), — et Dionysii vita (1).

XVI s. (Copié par Constantin Palæocappa.) Pap. 212 fol. (Huet.) *M*.

37. Theodori Ducæ Lascaris, filii imp. Joannis Ducæ, encomium patris sui (2), — encomium urbis Nicææ (17), — oratio funebris Friderici, Germanorum imperatoris (22 v°), — encomium Georgii Acropolitæ (26), — apologeticus ad amicos, ipsum impellentes ad nuptias (30 v°), — ad Muzalonem, quales esse debeant servi erga dominos ac domini erga servos (33 v°), — encomium veris et amici (40 v°), — satira in invidum (44); — Theodosii grammatici de temporibus et dispositione (60).

XVI s. (Copié par Constantin Palæocappa.) Pap. 64 fol. (Huet.) *M*.

38. Theonis Alexandrini commentarius in canonem expeditum Ptolemæi.

XVI s. (Copié par Constantin Palæocappa.) Pap. 193 fol. (Huet.) *M.*

39. Ludolphi Kusteri notæ in Hesychii lexicon, A-Θ (1); — præmittitur epistola J. Alberti ad Cl. Sallier, Lugd. Bat., 23 jun. 1746. (A); — « Projet pour réformer l'ouvrage de Caspar Suicerus intitulé : Thesaurus ecclesiasticus » (409).

XVII s. Pap. Fol. A-J et 415 pages. *M.*

40. Origenis [Victoris Antiocheni] commentarius in Marci evangelium.

XVII s. Pap. 126 pages. (Huet.) *M.*

41. Alexii [Leonis] imperatoris tactica.

XVI s. Pap. 243 pages. *M.*

42. Eudociæ Augustæ violarium.

XVII s. Pap. 457 pages. *G.*

43. S. Ephræmi Syri homilia in transfigurationem Christi (1); — S. Gregorii Nazianzeni orationes in Pascha et in tarditatem (10), — in Pascha (12), — in novam Dominicam (26), — in sancta lumina (30 v°), — in Christi nativitatem (38 v°); — Passio et miracula S. Georgii (47); — S. Gregorii Cyprii sermo in S. Georgium (63); — Anonymi commentarius in S. Joannem evangelistam : Ὅτι μὴ πολὺ τῶν ἀγγέλων ἀφέστηκεν... (87); — S. Gregorii Nazianzeni oratio funebris in S. Basilium (100); — S. Basilii homilia in Christi nativitatem (143 v°); — ejusdem homilia in sanctum baptisma (151); — Miraculum S. Michaelis archangeli in urbe Chonis (161).

XV s. Pap. 168 fol. *M.*

44. S. Gregorii Nysseni expositio in Canticum canticorum.

XVI s. Pap. 98 fol. (Huet.) *M.*

45. « Anthologia inedita, » cum notis Fr. Guyet.

XVII s. Pap. 210 pages. *G.*

46. [Leonis imp.] tactica.

XVI s. Pap. 131 fol. *M.*

47. Philostrati imagines (1); — Synesii de insomniis (78).

XV s. Pap. 110 fol. (Huet.) *M.*

48. Gemini Rhodii elementa astronomiæ.

XVI s. Pap. 48 fol. (Huet.) *M.*

49. Meletii monachi de natura hominis.

XVI s. Pap. 134 fol. (Huet.) *M.*

50. Evangeliarium.

XVII s. Pap. 49 fol. *M.*

51. Georgii Pachymeræ tractatus de quatuor disciplinis, arithmetica, musica, geometria et astronomia.

XVI s. (Copié par Jacques Diassorinos.) Pap. 411 fol. (Huet.) *M.*

52. Evangelia, Actus apostolorum et Pauli epistolæ.

XV s. Pap. (Devenu Slave 27.)

53. Variantes lectiones codd. Vatt. 1209. et 171. in Evangelia, Acta apostolorum et Pauli epist. (1) ; — « Particola di lettera del M. R. P. D. Giulio di Sta. Anastasia al P. Henrico di San Giuseppe, Roma, 11 nov. 1669. » (70).

XVII s. Pap. 70 fol. *M.*

54. Menologium (sept.-febr.).

XVI s. (Copié par le moine Grégoire.) Pap. 255 fol. *P.*

55. Joannis Philoponi tractatus de usu et constructione astrolabii (1); — Nicephori Gregoræ opusculum de constructione astrolabii (33 v°); — Macarii hieromonachi scholion ad Nicephorum (46); — Ægyptii interpretatio usus astrolabii (48 v°).

XVI s. (Copié par Constantin Palæocappa.) Pap. 70 fol. (Huet.) *M.*

56. Origenis exhortatio ad martyrium.

XVII s. Pap. 63 pages. (Huet.) *M.*

57. Constantini Rhegini viaticum peregrinantium, e syriaco Epri Bag Zaphar Ebi Elgzibar versum.

XV s. Pap. 250 fol. (Huet.) *M.*

58. Aristophanis Plutus et Nubium pars (1); — Anonymi de grammatica : Ἐγκλίνονται ἡ ἀναβιβάζουσι... (16 v°) ; — De duodecim Herculis laboribus : Τὸν ἐν Νεμαίᾳ λέοντα... (17); — Consulis philosophorum [Mich. Pselli sententiæ morales] : Ἰητροῖς μὲν μέλον τῷ διαγνῶναι... (40); — Michaelis Pselli grammatica, versibus politicis (70) ; — ejusdem fidei fundamenta, versibus politicis (76) ; — Anonymi de viginti septem tropis et passionibus orationis : Ἀλληγορία ἐστι λέξις ἕτερον τι... (77 v°) ; — Anonymi [Schol. Hephæstionis, vel Tryphonis] opusculum de metris : Τὸ ἰαμβικὸν μέτρον ἔστι... (88 v°) ; — [Joannis Philoponi] voces quæ pro diversa significatione accentum diversum accipiunt :... Ἅγνος τὸ φυτὸν παροξύνεται... (99) ; — Anonymi de constructione verborum : Τὰ κατ' ἐπικράτειαν καὶ ἀρχήν... (105) ; — Anonymi de grammatica : Πόθεν ὄνομα; Παρὰ τὸ νέμω... (106).

XVI s. Pap. 111 fol. P.

59. Manuelis Bryennii harmonicorum libri III. (1) ; — Nicomachi Geraseni harmonices manuale, lib. I. (83 v°) ; — Porphyrii commentarius in harmonica Ptolemæi (97) ; — Ptolemæi harmonicorum libri III. (162).

XV s. Pap. 222 fol. (Huet.) *M.*

60. « Les Loix de Cicéron, traduction nouvelle [par Taisand]. 1702. »

XVIII s. Pap. (Devenu français 14906.)

61. Πλουτάρχου Ἀλέξανδρος. (*S. l. n. d.*), in-4°, impr., avec notes mss. de Capperonnier.

XVIII s. Pap. 3-94 pages. P.

62. « Illustrissimæ Academiæ Parisiensi gratiarum actio, 1706, versibus heroïcis a Cl. Capperonnerio ; — Apologie de Sophocle ou remarques sur la troisième lettre critique de M. de Voltaire, 1719, a Cl. Capperonnerio ; — Ode sur la convalescence du Roy, par M. l'abbé C***, 3° édit. Paris, 1744. »

XVIII s. Pap. (Réuni au n° 63.)

63. « Lettre de M. de Fontenelle contenant un parallèle en abrégé de la tragédie de Venise sauvée, avec la conjuration de Venise de S. Réal, la tragédie de Manlius Capitolinus et la pièce anglaise d'Otway. Paris, 1747 ; — Fragmenta duo Plutarchi. Londini, 1773 ; — Lettre de M. Mercier (de S. Léger) à M. Capperonnier sur l'approbation donnée au second volume de la Bibliographie instructive, 1764, in-8°. »

XVIII s. Pap. (Transmis aux Imprimés. Z. 2284, z + g. p.)

· 64. Gabrielis, protosyncelli magnæ ecclesiæ, de Jesu-Christo, apud Suidam (1) ; — Interrogatio Itali ad Græcum :

Ἰακὸς λέγεται · Εἰ οὖν ἔκπαλαι... (6); — Anonymi homilia de regimine papæ et processione Spiritus sancti : Μὴ ταραττέτω τινὰ τῶν ἁπάντων... (14); — Excerpta e SS. Dionysio et Joanne Damasceno de unitate et trinitate in Deo : Ὁ Θεὸς προσηγορία... (25); — Nicetæ Pectorati ad Romanos de azymis, jejunio sabbati et nuptiis sacerdotum (25 v°); — Georgii nomophylacis de origine mali et tentationibus (36); — Marci Eugenici opuscula (44); — Prophetiæ de Christo secundum ordinem librorum V. Testamenti : Ἰούδα σὲ αἰνέσαισαν οἱ ἀδελφοί... (52); — Anonymi de contritione : Τὸ κλαίειν καὶ λυπῆσθαι... (61); — Septem sapientum adhortationes in columna templi Delphici repertæ : Ἕπου Θεῷ, Θεὸν σέβου, ὅρα τὸ μέλλον... (69); — Fragmenta ex Hieroclis facetiis : Σχολαστικὸς κολυμβᾶν βουλόμενος... (70); — Voces animalium (78); — De septem sapientibus (79); — Septem spectacula mundi (79); — Anonymi homiliæ, de regula monachorum, initio mutila (81), — de miraculis Moysis in Ægypto : Εὐσύνοπτόν σοι παραίνεσιν... (94), — de muliere infirma (Luc., XIII, 11): Τῆς συγκυπτούσης γυναικός... (97 v°), — de caritate et adversus schisma: Ὁ λαϊκὸς ἄνθρωπος τοῖς λαϊκοῖς... (105); — Anonymi de divisione moralium virtutum : Τὸ ψεῦδος πάντως... (113); — Versus carcini : Ἴτε τάφῳ σὺ δ' ἔδυς ὦ φάτε τί... (118 v°); — Gregorii Sinaïtæ ad Niphonem epistola de modis orandi (119); — Symeonis Sethi tractatus de cibariorum facultatibus (134); — Index alphabeticus morborum et remediorum simplicium : Ἄρθρων πόνους κεφ. γ'... (151 v°); — Galeni fragmentum de medicina: Ἀγχίνοια μὲν οὖν... (206); — Explicatio aphorismorum Hippocratis : Τί ἐστιν ἀφορισμός; Ἀφορισμός ἐστι λόγος... (207); — [Symeonis Thessalonicensis] tractatus de duodecim Christianæ fidei articulis : Ἡ ἀληθὴς καὶ μόνη... (231); — De septem sacramentis ecclesiæ : Ἰστέον ὅτι μυστήρια... (235); — Jobi peccatoris tractatus ad Phocæenses de septem sacramentis (239).

XV-XVII s. Pap. 254 fol. P.

65. Arriani dissertationum Epicteti libri I.-IV. (1); — Pythagoræ carmina aurea, cum Hieroclis commentario (122); — Fragmenta e Philostrati imaginum libro I. (187).

XIII s. Bombyc. 203 fol. (Hurault.-Reg. 3114.) P.

66. Lucianus de morte Peregrini (1); — Georgii Gemisti Plethonis opusculum de fato (25); — Oracula discipulorum Zoroastris, cum expositione Georgii Gemisti Plethonis : Δίζεο ψυχῆς ὀχετὸν ὅθεν... (28 v°); — Georgii Gemisti Plethonis matutina Deorum salutatio (37), — salutationes tres vespertinæ in Deos (43), — hymnus de vera felicitate (48), — ordinatio de usu precum et hymnorum (48), — epinomis, seu conclusio adversus Scholarium (53), — oratio ad imperatorem de rebus in Peloponneso gestis (61), — de processione Spiritus sancti (75); — Ciceronis fragmentum de arte memoriæ (83); — Gemisti allocutio : Ὅχ ἡ παραπλήσια, ὦ θειότατε... (87); — Anonymi de constructione verborum : Τὰ κατ᾽ ἐπικράτειαν γινόμενα... (88 v°); — Anonymi arithmetica : Ταῦτα τὰ δέκα στοιχεῖα... (90); — Zosimi Ascalonitæ de vita Demosthenis (91); — Vita alia, auctore anonymo : Ὁ περὶ Δημοσθένους βίος... (92 v°); — Argumenta orationum [Olynth. I.] : Ὄλυνθος ἦν πόλις ἐπὶ Θράκης... (96 v°); — Herodianus de temporibus (περὶ διχρόνων) (99); — ejusdem de his quæ quæruntur in omni declinatione nominum (113); — ejusdem de verborum inflectione (117 v°); — Ciceronis de senectute, a Theodoro Gaza græce versus (121).

XV-XVI s. Pap. 150 fol. P.

·67. Manuelis Malaxi nomocanon, capitibus cccLxxxv. (2); — Nicephori CP. chronicon abbreviatum (220); — De Saracenis quo anno ceperint reginam urbium et cetera castella : Ἔτους ͵ϛϡξα΄, ἀπὸ Χριστοῦ ͵αυνγ΄... [ad ann. 1540.] (225 v°); — Nomina imperatorum Turcarum ab Othmane ad Achmetem I. (226 v°); — Anonymi homilia consolatoria ob decessum cognatorum afflictorum: Εἶδον ἐγὼ πολλοὺς τῶν χθές... (227); — Εὐχὴ ὅταν ἀπαίρει ὁ ἄνθρωπος ἀπὸ τῶν τῇδε... Ὁ Θεὸς καὶ πατὴρ τοῦ κυρίου... (230 v°); — Calendarium medicum (233); — Preces pro episcopo Methonense (233 v°).

Copié en 1614 par Metrophane. Pap. 233 fol. P.

68. « Euripidis Medea. — Parisiis, apud Cl. Morellum, 1622, » in-4°, impr., avec notes mss. de Cl. Capperonnier.

Réuni au n° 72.

69. Platonis Axiochus, sive de morte (1), — Euthyphro (6), — Crito (16); — Isocratis oratio ad Demonicum (25); —

Agapeti diaconi capita admonitionum ad Justinianum imperatorem (33); — Pythagoræ aurea carmina (41 v°).

XVI s. Pap. 42 fol. (Huet.) P.

70. Maximi Planudis de grammatica et syntaxi dialogus (1); — Gregorii Corinthii tractatus de dialectis (140); — Excerpta grammatica, Phrynichi ecloga, fragmentum Herodiani [Bachmann, *Anecd.*, II.] (155).

XVI s. Pap. 194 fol. (Huet.) P.

71. P.-D. Huet, extraits de différents mss. théologiques : « E catena in Lucam in bibl. Mazarin. (1), — e catena in evangelia in Bibl. regia n° 537. (45), — Victoris Antiocheni [Origenis] comment. in Marcum (89), — excerpta e catenis (95), — Origenis interpretationis in Marcum procemium e Bibl. reg. n° 1048. (143), — e catena in Joannem, in Bibl. reg. n° 159. (149), — e catena in epist. Pauli ad Hebræos, in Bibl. reg. n° 2219 ». (149).

Copié en 1659 par P.-D. Huet. Pap. 150 pages. (Huet.) P.

72. « Sophoclis Œdipus tyrannus. — Parisiis, apud. Seb. Cramoisy, 1634, » in-4°. — [N° 68.] « Euripidis Medea. » Impr., avec notes mss. de Cl. Capperonnier.

XVIII s. Pap. 70 et 64 pages. P.

73. « Urbani Bellunensis institutionum grammaticarum ἄνθη » (4); — ejusd. formationes verborum barytonorum (165).

XVI s. Pap. 175 fol. (Huet.) P.

74. Evangeliariorum fragmenta.

XI s. Parch. 72 fol. (Huet.) P.

75. Evangelia IV.

XI s. Parch. 252 fol. Peint. P.

76. « Numismata imperatorum, augustarum et cæsarum a populis Romanæ ditionis græce loquentibus percussa.... per Joan. Vaillant. »

XVII s. Pap. 245 fol. P.

77. « Numismata ærea impp. augg. et cæss. in urbibus græco idiomate utentibus ex omni modulo percussa a J. Cæsare usque ad Claudium Gothicum, [per Jo. Vaillant]. »

XVII s. Pap. 240 fol. P.

78. [Leonis imperatoris oraculum] de expugnatione CP.: Τῇ πρώτῃ τῆς ἰνδίκτου ἡ βασιλεία τοῦ Ἰσμαήλ... (3); — Anonymi homiliæ dominicales XXX. : Ἑορτὴ χαρμόσυνος καὶ ἡμέρα... (5); — Gerasimi, Alexandrini patriarchæ, opusculum de mysterio missæ (177); — [Gabrielis protosyncelli] de Jesu Christo, ex Suida (196 v°); — Pilati epistola de Jesu Christo (200); — Responsio [Tiberii] Cæsaris (202); — Gerasimi patriarchæ ænigmata (203 v°); — Joachimi, Alexandrini patriarchæ, narratio historica de Gregorio, Alexandrino patriarcha (205 v°); — Versus in memoriam sancti Ambrosii Mediolanensis (230); — Canon contra Latinos, auctore Matthæo, Myrensi metropolita (231); — Agapii Cretensis ἐξαποστειλάρια (235); — Concilia œcumenica, quot, quando, ubi et contra quos fuerint (235 v°); — ejusdem [Gerasimi?] expositio symboli (237).

XVII s. Pap. 241 fol. P.

79. Evangelia IV., cum synaxario.

X s. Parch. 232 fol. Peint. P.

80. Georgii Phrantzæ historia Romana, usque ad ann. 1477.

Copié en 1762-1763 par Constantin Antoniades. Pap. 358 pages. P.

81. S. Gregorii Nysseni contra Eunomium liber II.

XVI s. Pap. 96 fol. P.

82. Leonis imperatoris oraculum de CP. (2 et 50); — Theophili presbyteri oracula duo, a Joanne Rhyzano e latino græce conversa (3 v° et 51); — Danielis monachi de septicolli et de insulis, quid eis futurum sit (9 v° et 55 v°); — Leonis imp. oracula (14 v° et 59); — aliud oraculum : Ἐμφαγῶντος τοῦ παμμιάρου μυός... (22 et 65 v°); — aliud : Δὶς τρισαριθμῶν χιλιοντάδος νέει... (26 et 46); — Leonis imperatoris oracula de CP. (26 v° et 46 v°).

Copié en 1617 par Malachie de Rhodes. Pap. 67 fol. P.

83. Euthymii monachi compendium astronomiæ (4); — Joannis Philoponi tractatus de constructione et usu astrolabii (13); — Epicuri physica et meteora (28); — Synesii opusculum de dono astrolabii (42); — S. Gregorii Nysseni tractatus de eo quod sanctus panis in corpus Verbi divini transmutetur (45); — [Demetrii Lampsaceni] commentarius in Dionysii

Periegetæ orbis descriptionem, cum Dionysii vita (46); — Asclepiodoti tactica (74); — Nonni abbatis expositio historiarum quarum meminit S. Gregorius Naz. in oratione funebri S. Basilii (92), — in sancta lumina (96), — in duabus orationibus contra Julianum (100); — « Notæ in glossarium vetus : Abaci, Μηνιστ... » (124); — Notæ in quædam Hesychii loca : « A. B. Ἀξιθμοια... » (130); — Notæ de nomine Malchi, in Jamblichum (134).

Copié en 1652 par P.-D. Huet. Pap. 144 fol. (Huet.) P.

84. Meletii monachi liber de natura hominis.

XVI s. (Copié par Pierre Vergèce.) Pap. 103 fol. (Noviciat des Jésuites.) P.

85. « P.-Dan. Huetii commentarius de rebus ad eum pertinentibus. »

XVIII s. Pap. (Devenu Latin 11431.)

86. Nemesii Emeseni liber de natura hominis.

XVII s. Pap. 56 fol. G.

87. Recueil pour servir à la biographie d'Alexandre Mavrocordato.

XVIII s. Pap. 29 fol. M.

88. S. Maximi capita ascetica de caritate, cum interpretatione (1); — Leonis imperatoris poema de directione animarum (214).

XVII s. Pap. 258 fol. P.

89. Pindari Pythia, cum interpretatione Nicolai Gulonii, 1571.

XVI s. Pap. 48 fol. P.

90. Photii, CP. patriarchæ, epistolæ.

XVII s. Pap. 194 fol. P.

91. Sophronii Lyculii rhetoricæ divinæ et humanæ libri IV.

XVIII s. Pap. 162 fol. P.

92. Typicon monasterii S. Mamantis, 1159-60, cum chartis diversis (5); — Versus contra monachos : Φείσαι κορεσθεὶς γαστρὸς ἀθλιωτάτης..., s. XVII. (2).

XII s. Parch. 97 fol. P.

93. Philippi Solitarii dioptra, eum epistola ad Callinicum

monachum (1); — Anonymi opusculum de corporis imbecillitate, et quod anima multo sit præstantior quam corpus : Χρὴ εἰδέναι ὡς ἴδια... (238); — Jeremiæ, CP. patriarchæ, epistolæ ad professores Tubingenses de doctrina ecclesiæ Græcæ, 1576. (269); — ejusdem epistola ad gastaldum Venetum, de Cytheræ episcopo excommunicando (406).

XVII s. Pap. 410 pages. P.

94. Victoris Antiocheni commentarius in Marci evangelium.

XVIII s. Pap. 203 fol. P.

95. Joannis Tzetzæ prohomerica, homerica et posthomerica, cum scholiis (1); — Phocylidis sententiæ (75).

XIV s. Bombyc. 79 fol. (Huet.) P.

96. Dictionnaire de noms propres grecs extrait de Suidas : Ἄβαρις Σκύθης Σέθου υἱός...

XV s. Copié par Emanuel. Pap. 80 fol. (Clermont.) P.

97. Aristophanis Plutus (1), — Nubes, cum scholiis (56); — Euripidis Hecuba (127), — Orestes, cum scholiis (187), — et vita Euripidis (126).

XVI s. Pap. 264 fol. (Clermont.) P.

98. Jacobi monachi epistolæ ad Irenen augustam, cum imperatore peregre profectam.

XVIII s. Pap. 161 fol. P.

99. S. Joannis apocalypsis, cum scholiis.

XVI s. Pap. 83 fol. P.

100. Psalterium, cum scholiis.

XII s. Parch. 190 fol. P.

101. Anonymi interrogationes super dicta N. Testamenti : Τί ἐστι ἐπόμενον τὸ προτιμεύων...

XVI s. Pap. 127 fol. P.

102. Themistii sophistæ oratio de iis qui sub Valente occubuerunt (1), — ad Valentem, de pace (19), — ad Valentinianum juniorem adhortatoria (32 v°), — oratio consularis ad Jovianum (41), — in laudem Constantini imp. (49), — ad imperatorem qui ipsum laudaverat (63).

XVI s. Pap. 79 fol. P.

103. Nicetæ Pectorati introductio ad hymnos Symeonis S. Mamantis (1); — Hierothei monachi, Alexii philosophi, Nicetæ diaconi, Nicolai Corcyrensis et Theophylacti, Bulgariæ episcopi, versus in Symeonis hymnos (14 v°); — Symeonis S. Mamantis liber divinorum hymnorum (16 v°); — Nomina LXX. discipulorum Christi (275); — Nomina apostolorum (277 v°); — Nicephori Blemmidæ excerptum de meteoris (279 v°).

XIV s. Bombyc. 280 fol. P.

104. Lectionarium et Canonarium.

XII s. Parch. 130 fol. P.

105. Anonymi de grammatica : Εἰς πόσα διαιροῦνται... (1); — Æsopi fabulæ et vita (34); — Andreopuli narratio de Syntipa et Cyri filio (79).

XVI s. Pap. 178 fol. P.

106. Vita S. Nili junioris [Rossanensis] (1); — Vita S. Bartholomæi junioris Cryptoferratensis (119); — Vita S. Joannis messoris [Styli] (140).

Copié en 1591 par Paul Bevilacqua. Pap. 148 fol. P.

107. Synesii Hellanici epitome octo partium orationis.

XVI s. Pap. 69 fol. (Sedan.) P.

108. Evangelia IV., cum synaxario.

XV s. Pap. 259 fol. (Sorbonne.) P.

109. Sophoclis Ajax (1), — Philoctetes (49), — Oedipus Coloneus (96); — Coluthi poema de raptu Helenæ (156 v°); — Tryphiodori carmen de Trojæ excidio (169 v°); — Oppiani de venatione libri I.-III., cum ejus vita (191); — Anonymi fragmentum de metris: Τόμοι εἰσὶ τέσσαρες · πενθημιμερής... (264 v°); — Preces græco-latinæ (265 v°).

XVI s. Pap. 268 fol. P.

110. Æschyli Prometheus vinctus (1), — Septem ad Thebas (24) — et Persæ (53); — Anonymi fragmentum de verborum formandorum ratione : Κατεδίδοτο κανόνισον · ἔδω τὸ ἐσθίω... (79).

XV s. Pap. 79 fol. P.

111. Euchologium (1); — Andreæ Cretensis oratio prior in exaltatione S. Crucis (171 v°).

XV s. Pap. 175 fol. P.

112. Manuelis Malaxi chronicon (1); — Georgii rhetoris versus theologici (172 v°); — S. Gregorii Nazianzeni versus (175 v°); — Preces turcicæ, litteris græcis scriptæ (176); — De Diis gentilium : Χοῦς ὁ Αἰθίοψ ἐγέννησεν τὸν Νεβρώδ... (177 v°); — Cedreni excerpta : Ὅτι ἡ βασιλεία τῶν Χαλδαίων... (178); — Facetiæ : Ἁγιορίτης εὐνοῦχον ἰδὼν ἠρώτα... (178 v°).

Copié en 1626 par Gabriel d'Anchiale. Pap. 179 fol. P.

113. [Pseudo Callisthenis] historia Alexandri magni : Ἄριστος μοι δοκεῖ καὶ γενναιότατος γενέσθαι...

Copié en 1567 par le hiérodiacre Eustathe. Pap. 205 fol. P.

114. Hymni et preces.

XVI s. Pap. 313 fol. P.

115. Lectionarium.

XVI s. Pap. 171 fol. P.

116. S. Gregorii Nazianzeni tragœdia, Christus patiens (2); — S. Joannis Damasceni odæ ix. in nativitatem Christi (27); — S. Gregorii Nazianzeni epitaphia xii. in S. Basilium magnum (60).

XVI s. Pap. 61 fol. P.

117. Psalterium.

XVI s. Pap. 291 pages. P.

118. Symeonis Sethi Cylile et Dimne, ex arabico translat. (1); — S. Matthæi fragmentum, cum catena (97 et 111).

XV s. Pap. 187 pages. (Huet.) P.

119. Ptolemæi geographia (1); — Versus heroïci vii. in Ptolemæi geographiam : Ἐν γραμμαῖς τὸν κόσμον... (231 v°).

XIV s. Pap. 232 fol. (Clermont.) P.

120. Thaddæi Pelusiotæ liber contra Judæos (1); — Christoduli monachi [Joannis Cantacuzeni] adversus Judæos libri ix. (76).

XVIII s. Pap. 227 fol. P.

121. Papiers et notes diverses de Cl. Capperonnier.

XVIII s. Pap. (Devenu Français 25539.)

122. J. Séguier, index omnium inscriptionum græcarum.

XVIII s. Pap. 118 fol. *M.*

123. Lesbonactis opusculum de figuris (1); — Herodianus tractatus de figuris (9 v°); — ejusdem de solœcismo (38); — ejusdem de improprietate sermonis (54); — Tryphonis opusculum de tropis (61); — Anonymi opusculum de figuris rhetoricis : Ἀντίθετόν ἐστι σχῆμα... (77).

XVIII s. Pap. 114 pages. *P.*

124. Hieronymi theologi dialogus cum Judæo (1); — [Theodori Abucaræ] demonstratio quod Deus habeat filium consubstantialem et coæternum (13);— Michaelis Psclli solutio dubii a paganis circa necessitatem Incarnationis propositi (16); — Anonymi explicatio vocum quarumdam S. Pauli : Πρὸς Ἑβραίους. Ἀπαύγασμα. Ὃς ὢν ἀπαύγασμα... (19 v°); — Anonymi lexicon in Proverbia, Ezechielem, Acta apostolorum et Pauli epistolas : Παροιμίαι, παραινέσεις... (31); — Georgii scholion in S. Gregorii Nazianzeni orationem in sancta lumina : Τῆς πανηγυρικῆς ἰδέας... (49); — S. Gregorii Nazianzeni oratio in laudem martyrum et adversus Arianos (74 v°); — Palladii fragmentum de Magnentino (78); — Catena in cantica Scripturæ (82).

XVIII s. Pap. 170 fol. *P.*

125. Collectio explicationum in Aphthonii progymnasmata: Ὁ παρὼν τῶν προγυμνασμάτων λόγος... (1); — Anonymi prolegomena in rhetoricam : Ἐπειδὴ τέσσαρές εἰσιν αἱ ἀνωτάτω δυνάμεις... (37); — Anonymi proœmium in rhetoricam : Οἱ τὴν ἡμετέραν τέχνην... (57); — aliud : Ζητητέον ἐπὶ τῆς ῥητορικῆς τὰ ὀκτώ... (89), — et : Ἡ διαίρεσις τῶν ιδ' στάσεων... (115); — Sopatri prolegomena in Aristidem (119); — ejusdem argumentum in Aristidis Panathenaïcum (132); — Syriani commentarius in Hermogenis artem rhetoricam (143); — [Hermogenis] πῶς ἐπιγνωσόμεθα τὰς στάσεις (261) ; — Maximi sophistæ de objectionibus insolubilibus (298 v°); — Anonymi περὶ διαφορᾶς καὶ κοινωνίας τῶν στάσεων. Ἴδιον στοχασμοῦ... (319), — de tropis quibus utuntur poetæ : Φράσις ἐστὶ λόγος ἐγκατάσκευος... (329); — [Phœbammonis sophistæ] opusculum de statibus (361); — Anonymi scholia in Hermogenis rhetoricam : Τῶν πολλῶν τὸ σύστημα... (373).

XVIII s. Pap. 439 pages P.

126. Æsopi fabulæ et vita (1); — Agathiæ Myrinæi epigramma in Æsopum (57).

XV s. Pap. 57 fol. (Huet.) P.

127. Procopii Gazæi commentariorum in Cantica canticorum et in Proverbia epitome.

XVIII s. Pap. 443 fol. P.

128. Philippi Solitarii dioptra (1); — Anonymi oratio exhortatoria : Πρεσβεύσατε ὑπὲρ ἡμῶν... (162); — Apophthegmata : Μὴ ἔστω ἡ χείρ σου... (165 v°).

XIII s. Parch. 168 fol. P.

129. « Longi pastoralium de Daphnide et Chloë libri quatuor. — Florentiæ, apud Philippum Iunctam, 1598, » in-8°, impr., avec quelques notes mss.

XVII s. Pap. 99 pages. P.

130. Canonarium.

XIV s. Bombyc. 141 fol. P.

131. Manuelis Comneni novella (1146).

XVI s. Pap. 11 fol. (Sedan.) P.

132. Orphei argonautica (1), — hymni (35), — carmen de lapidibus (65); — Epigrammata XIII. de plantis, cum scholiis : Περὶ χαμαιμήλου. Τούς γε πυρέσσοντας... (85).

Copié en 1564 par Ange Vergèce. Pap. 92 fol. Peint. P.

133. Sexti Empirici Pyrrhonianarum hypotyposeon libri III. (1); — ejusdem adversus mathematicos libri X. (99); — Anonymi de natura boni et mali : Δισσοὶ λόγοι λέγονται ἐν τῇ Ἑλλάδι... (411); — « Clef de Sextus Empiricus », liste d'abréviations grecques, s. XVII. (419).

XVI s. Pap. 419 fol. P.

134. Excerpta ex Herodoti historiarum libris IX. (1), — ex Plutarchi vitis parallelis et apophthegmatibus (33), — ex Diogenis Laertii vitis philosophorum (195 v°), — ex Philostrati vitis sophistarum (271 v°).

XIII s. Parch. 278 fol. P.

135. Aristophanis Plutus, initio mutilus (1), — Nubes (70 v°), — et Ranæ (152 v°), cum scholiis.

XIV s. Bombyc. 235 fol. (Clermont.) P.

136. Anonymi homilia in secundum Domini adventum, initio mutila (1); — S. Ephræmi homilia in secundum Domini adventum (14); — S. Joannis Chrysostomi homilia in secundum Christi adventum (28 v°); — Vita S⁾. Parasceves (41); — Vita S. Alexii (62 v°); — Vita S. Macarii (86 v°); — Narratio de captivitate Hierosolymæ et de Jeremia propheta : Ἐγένετο ἡνίκα... (107); — Miraculum S. Menæ de Judæo et Christiano (135), — aliud de profecto orandi causa (143 v°), — aliud de tribus fratribus (152); — Revelatio sanctissimæ Deiparæ de punitione : Ἔμελεν τὴν ἄχραντον Θεοτόκον... (157); — S. Joannis Chrysostomi homilia in vanitatem vitæ et in mortuos (180); — Vita S. Nicolai Myrensis (190); — S. Joannis Chrysostomi homilia de miraculo post mortem S. Nicolai (213).

XVI s. Pap. 221 fol. P.

137. Collectio testimoniorum Patrum græcorum et latinorum de jejunio die Jovis et Veneris servando (gr.-lat.).

XVI s. Pap. 14 fol. P.

138. Ptolemæi opusculum de parallelorum finibus (1); — [N° 161.] « S. Basilii homilia : Ἀκούσατε, ἀδελφοί μου εὐλογημένοι... » (17).

XVI s. Pap. 25 fol. P.

139. Georgii Pisidæ hexaemeron (1), — epigrammata in S. Paulum, in Heraclium imp., in podagram, in Lazarum, in avem, in patriarcham, in peponem (59), — Heraclias (60), — declamatio in vitam humanam contra superbos (73), — versus contra impium Severum, Antiochiæ episcopum (81), — de Heraclii contra Persas expeditione libri III. (89), — de pugna inter Avaros et cives sub muro Constantinop. (124 v°), — in sanctam Christi resurrectionem (142); — Prusuchi versus in laudem S⁾. Mariæ Ægyptiacæ (146 v°); — Anonymi opusculum de metris et versibus : Εἰ μέλλοιμεν ἐμμελῶς... (150).

XIV s. Parch. 158 fol. P.

140. Evangelia IV., cum synaxario (1) ; — Interrogatio abbatis Gerasimi de fide (186).

XII s. Parch. 187 fol. Peint. P.

141. Porphyrii isagoge in Aristotelis organon (1) ; — Aristotelis categoriæ (16), — de interpretatione (37), — analytica priora et posteriora (92), — topica (162), — sophistici elenchi (237) ; — Anonymi syllogismi : Τῆς συνόψεως συλλογισμῶν... (260).

XVI s. Pap. 269 fol. P.

142. Euchologium.

XVI s. Pap. 176 fol. P.

143. Athenagoræ pro Christianis legatio (6) ; — Samonæ, Gazensis archiepiscopi, disceptatio cum Achmede Saraceno (58) ; — S. Gregorii Nysseni fragmentum de transsubstantiatione, ex magno catechetico, cap. 37. (67 v°) ; — Nicolai Methonensis fragmentum de corpore et sanguine Christi (71 v°) ; — S. Joannis Damasceni fragmentum de eucharistia, ex lib. IV., cap. 14, accuratæ expositionis orthodoxæ fidei (77 v°) ; — S. Joannis Chrysostomi fragmentum ex libro III., 4. de sacerdotio (85 v°) ; — Brevia ex scriptis SS. patrum excerpta, scilicet missa S. Jacobi (94), — S. Clemente (94), — S. Dionysio Areopagita (95), — S. Basilio (95 v°), — S. Joanne Chrysostomo (100) ; — S. Joannis Chrysostomi fragmentum interpretationis epistolæ ad Timotheum II., quod Deus per omnes sacerdotes operetur (103 v°) ; — Sententiæ ex variis patribus de eucharistia (105) ; — S. Joannis Chrysost. fragmentum commentarii in epist. I. ad Corinthios et ad Philippenses, quod necesse sit orare pro defunctis (136) ; — Fragmenta ex missa S. Basilii de eodem (138), — et de colendis imaginibus, ex concilio VII. œcumenico, a. 756, (139) ; — Gregorii II. papæ epistolæ duæ de sanctis imaginibus ad Leonem Isaurum imp., c. a. 729. (149) ; — S. Joannis Damasceni oratio de venerandis imaginibus (169) ; — SS. Athanasii, Leontii, Cypri archiep., Olympiodori et Nili excerpta de imaginibus (196 v°) ; — S. Basilii compendium expositionis fidei (200) ; — ejusdem homiliæ in Barlaamum Antiochenum fragmentum (200 v°) ; — S. Joannis Chrysostomi homilia de gloriando in cruce Domini (201 v°) ; — S. Joannis Damasceni fragmentum de cruce et fide, ex lib. IV., cap. 15, de orthodoxa fide (204 v°); — SS. Theodoreti, episc. Cyri, Joannis Damasceni et canonum conciliorum excerpta de venerandis imaginibus, quod sine reliquiis ecclesiam consecrare non liceat, de monachis (208 v°); — Nicephori CP. disputatio de imaginibus cum Leone Armeno, imp., ex vita Nicephori auct. Theodoro Grapto (220 v°); — præmittuntur Constantini Palæocappæ epistola latina ad Carolum card. Lotharingum (1), — ejusd. ad eumdem epistola metrica, græce (1 v°), — et codicis index latino-græcus (3).

XVI s. (Copié par Constantin Palæocappa.) Pap. 242 fol. Peint. (Sorbonne.) *M*.

144. Homeri Ilias (4); — præmittuntur fragmentum de Poetis : Τῶν ποιητῶν οἱ μέν... (1) — et vita Homeri (2).

XV s. (Copié par Georges Gregoropoulos.) Pap. 340 fol. (Sorbonne.) *M*.

145. Symeonis Metaphrastæ ethica, sive sermones XXIV. de moribus (3); — S. Joannis Chrysostomi homiliæ XXXII. (78); — Theodori Magistri encomium S. Pauli (205).

XIV s. Parch. 213 fol. (Oratoire.) *P*.

146. S. Ephræmi interrogationes et responsiones (2), — oratio de patientia (11 v°), — adhortationes quatuor de virtute (15 v°), — de virtute capita decem (27), — capita XII. in illud : Attende tibi ipsi (35 v°), — non esse ridendum neque gloriandum, sed lugendum et plorandum nosmetipsos (53 v°), — capita XCIII. de vita spirituali (56 v°), — de vita recta capita LXXXIX. (69 v°), — beatitudines (77), — adhortationes L. ad monachos (85 v°), — capita C. de modo acquirendæ humilitatis (163), — oratio de perfectione (181 v°), — oratio de divina gratia (189 v°), — oratio de morbo linguæ (192 v°), — sermo asceticus : Ὁ πόνος τοῦ λέγειν... (199), — orationes duæ de pœnitentia (215 v°), — in eos qui cotidie peccant et cotidie pœnitentiam agunt (245), — orationes de pœnitentia (246), — de virginitate (247), — de sacerdotio (250), — de recordatione mortis, de virtute ac divitiis (253), — sermo asceticus : Οἱ βουλόμενοι κατὰ ἀλήθειαν... (256 v°), — oratio de patientia et compunctione (259).

XIV s. Pap. 261 fol. (Oratoire.) *M*.

147. Anonymi homiliæ LIX. : Χαίρειν μετὰ χαιρόντων... (1); — Niconis monachi pandectes (81); — Joannis Moschi pratum spirituale (191).

XIV s. Pap. 219 fol. (Oratoire.) *M.*

148. Nemesii Emeseni liber de natura hominis.

XVI s. (Copié par Jacques Diassorinos.) Pap. 116 fol. Peint. (Sorbonne.) *M.*

149. S. Gregorii Nysseni Macrinia, de anima et resurrectione.

Copié en 1559 par Ange Vergèce. Pap. 55 fol. (Sorbonne.) *M.*

150. S. Cyrilli Alexandrini scita commentaria in loca selecta Pentateuchi (2), — de adoratione et cultu in spiritu et veritate libri XVII. (158), — thesaurus de sancta et consubstantiali Trinitate, libris XXXV. (466).

Copié en 1304. Bombyc. 559 fol. (Oratoire.) *M.*

151. S. Gregorii Nazianzeni apologeticus de fuga sua (2), — oratio ad Nazianzi incolas, qui se acciverant (44 v°), — ad patrem et Basilium magnum, cum episcopus Sasimorum unctus esset (48), — apologeticus minor (51 v°), — ad patrem, cum Nazianzenæ ecclesiæ curam sibi commisisset (54), — ad Nazianzenos et præfectum irascentem (57 v°), — oratio funebris in laudem Cæsarii fratris (65 v°), — in sororem Gorgoniam (82 v°), — in patrem (96), — in laudem Heronis Alexandrini (125 v°), — orationes tres de pace (139 v°), — oratio de moderatione in disputationibus servanda (174), — post reditum in urbem CP. (194), — de se ipso (205 v°), — epistolæ duæ ad Cledonium adversus Apollinarium (214 v°), — epistola ad Nectarium CP. (226), — oratio in illud : Cum consummasset Jesus hos sermones (228 v°), — in electionem Eulalii, Doarensium episcopi (241), — ad virgines exhortatio (243 v°), — epistola ad Evagrium de deitate (246 v°), — annotatio de quatuor apud Ezechielem animalibus (250), — metaphrasis in Ecclesiasten Salomonis (252), — invectivæ duæ in Julianum imp. (269), — oratio ad Arianos de multitudine gloriantes (354), — adversus Eunomianos præludium (362 v°), — oratio de dogmate et officio episcoporum (368), — oratio secunda de theologia (374), — orationes duæ de filio (392 v°), — oratio de S. Spiritu (408), — oratio ad Ægyptios (423).

XI-XIV s. Parch. 428 fol. Peint. (Oratoire.) *M*.

152. Menologii pars II., mart.-aug. (2) ; — Cantica graduum (223).

XIII s. Parch. 246 fol. (Dominicains.) *M*.

153. Nicetæ, Heracleæ metropolitæ, commentarius in Joh.

XII s. Parch. 404 fol. (Oratoire.) *M*.

154. S. Gregorii Nazianzeni oratio in Pascha et in tarditatem (2), — in Christi nativitatem (5), — in sancta lumina (10 v°), — de non differendo baptismate (20 v°), — in Paschatis festum (53), — in novam Dominicam (67), — in Pentecosten (74 v°), — in laudem magni Athanasii (86 v°), — in Macchabæos (118 v°), — in laudem Cypriani martyris (128 v°), — in laudem S. Gregorii Nysseni (140), — in laudem S. Basilii (145), — in plagam grandinis (191 v°), — oratio valedictoria in præsentia cl. episcoporum (212), — oratio de pauperibus caritate complectendis (229 v°), — in Julianum exæquatorem (235), — in electione Eulalii (265), — epistola ad Nectarium (267), — annotatio de quatuor apud Ezechielem animalibus (269 v°); — Vita S. Gregorii Nazianzeni, auctore Georgio presbytero (271 v°).

XI s. Parch. 286 fol. (Oratoire). *M*.

155. « Extrait du libre et excellent discours du sieur du Fay, sur l'estat de la France » (2); — Extraits grecs et latins (8).

XVII s. Pap. 30 fol. (Sorbonne.) *M*.

156. S. Maximi confessoris de variis S". Scripturæ dubiis.

Copié en 1584 par Leontios, hiérodiacre. Pap. 320 fol. (Oratoire.) *P*.

157. Eumathii [Eustathii] liber de Ismeniæ et Ismenes amoribus.

Copié en 1589 par Jean de Sainte-Maure. Pap. 130 fol. (Sorbonne.) *P*.

158. Pindari Olympia, cum scholiis Thomæ Magistri et Manuelis Moschopuli (6); — præmittuntur Pindari vita : Πίνδαρος τὸ γένος Θηβαῖος ... (A v° et 4 v°), — altera versibus heroïcis : Πίνδαρον ὑψηγόρην Καδμηΐδος... (1), — de metris Pindaricis, Demetrii Triclinii, etc. (1 v°).

XV s. Pap. 81 fol. (Sorbonne.) P.

159. Andreæ, Cæsariensis episcopi, commentarius in Apocalypsin (2); — S. Joannis evangelistæ epistolæ III. (51); — Nicetæ, Heracleæ metropolitæ, catena in Joannis evangelium (57).

XIV s. Bombyc. 406 fol. (Oratoire.) G.

160. Aristoxeni elementorum harmonicorum libri III.

XVI s. (Copié par Constantin Palæocappa.) Pap. 80 fol. (Sorbonne). P.

161. « S. Basilii homilia : Ἀκούσατε, ἀδελφοί μου...

XVI s. Pap. (Réuni au n° 138.)

162. Sophronii Damasceni vita S^æ. Mariæ Ægyptiacæ (2); — Vita S. Philareti Eleemonis (27); — Vita S. Joannis Calybitæ (61); — S. Joannis Chrysostomi homilia in diabolum et inferos : Ἀκούσας ὁ διάβολος τοῦ Κυρίου... (72); — S. Joannis Chrysostomi homiliæ in magnam parasceven (79 v°), — in derelictos in dedicatione templi : Οὐκ ἀρκείτω ἁπλῶς... (85 v°), — in Publicanum et Pharisæum (89 v°), — in parabolam de filio prodigo (95); — Narratio de testamento et morte S. Abraham patriarchæ (106 v°); — Sermo acephalus (115); — Martyrium S. Blasii (116 v°); — Vari notarii narratio de martyrio Theodori præfecti (123 v°); — Martyrium XL. martyrum Sebastenorum (131 v°); — Martyrium S. Nicetæ (139 v°); — Martyrium S. Georgii, auctore Pasicrate (146 v°); — Vita et miracula S. Nicolai Myrensis (161 v°); — Vita S. Martiniani monachi (173); — Martyrium S^æ. Barbaræ (195); — Vita SS. Alexii et Euphemiani (201 v°).

XIV s. Bombyc. 212 fol. (Oratoire.) M.

163. S. Joannis Damasceni metaphrasis in miraculum S. Michaelis in Chonis et narratio Archippi prosmonarii Chonitani (1); — Leontii eremitæ [Hierosolymitani] contra Nestorianos et Eutychianos libri III. (1).

XVIII s. Pap. 305 pages. (Dominicains.) P.

164. Anonymi versus politici de mensibus, mutabilitate fortunæ et virtutibus : Μάρτιος. Πρόοδος ἥμαι τοῦ καιροῦ... (1); —

Fragmentum de prosodia : Εἴπερ ἐθέλεις μαθεῖν... (4 v°); — Homeri Odysseæ lib. I.-X., cum scholiis (5); — Nicetæ Heracleensis opusculum de genere versuum (117); — Joannis Geometræ excerpta ex Paradiso Nili monachi, cum scholiis (119 v°); — Gregorii Nazianzeni versus de rebus suis, cum scholiis (138 v°); — Dionysii Catonis disticha, a Maximo Planude græce versa, cum scholiis (170); — Anonymi versus in laudem Catonis et epigramma in sanctum Demetrium : Ταῦτά γε τὰ ἔπεα... et Ἐνθάδε πατρίδ' ἐήν... (183).

XVI s. Pap. 183 fol. P.

·165. Plutarchi opuscula de animi tranquillitate (2), — de fortuna Romanorum (33), — de Alexandri magni fortuna et virtute (58); — Hippocratis epistola de natura hominis ad Ptolemæum regem : Συνέστηκε ὁ κόσμος... (105); — Alexandri [Tralliani] sophistæ opusculum de hominis generatione (116); — Libanii tractatus de conscribendarum epistolarum ratione (122).

XV s. (Copié par Georges Hermonyme.) Pap. 143 fol. (Oratoire.) P.

166. Oppiani halieutica (5); — præmittitur Oppiani vita (3).

XVI s. Pap. 91 fol. (Oratoire.) P.

167. Plutarchi præcepta conjugalia, cum latina versione.

XV s. (Copié par Georges Hermonyme.) Pap. 65 fol. (Oratoire.) P.

168. S. Athanasii disputatio contra Arium in concilio Nicæno (1), — epistola I. ad Serapionem de S. Spiritu (83 v°), — epistola ad Amunem monachum (159 v°), — ex epistola festivali xxxix. (166), — epistola ad Rufinianum episcopum (170).

XV s. (Copié par Nicolas de la Torre.) Pap. 173 fol. (Sorbonne.) P.

169. Manuelis Palæologi dialogi xxvi. cum Persa quodam de veritate religionis Christianæ. (Copie du ms. Coislin 130, collationnée sur le ms. gr. 1253, par Cl. Capperonnier).

XVIII s. Pap. 693 fol. P.

170. [Manuelis Chrysoloræ] erotemata grammatica (1); — Pythagoræ versus aurei (45).

XV s. Parch. 49 fol. P.

171. Gregorii [Theophanis] Ceramei homiliæ variæ.

XVI s. Pap. 221 fol. (Feuillants.) P.

172. Etymologicon Sorbonicum : Ἀσχετλιαστικὸν ἀναφώνημα καὶ σύστημα ὑδάτων...

XIII s. Parch. 458 pages. (Sorbonne.) *M.*

173. Exemplum synodi Hierosolymitanæ, sub Dositheo, a. 1672, contra Calvinistas.

Copié en 1721. Pap. 44 fol. *M.*

174. S. Gregorii Nysseni antirrheticorum adversus Eunomium liber I. (1); — Eunomii expositio fidei (146).

XVI s. Pap. 151 fol. (Feuillants.) *M.*

175. Evangelia IV.

XIII s. Parch. 222 fol. Peint. (Jésuites de Lyon.) *P.*

176. M. T. Ciceronis de amicitia dialogus, a Nicolao Nancelio Noviodunensi græce versus, 1570-1571. (autogr.).

XVI s. Pap. 41 fol. (Condé.) *P.*

177. S. Joannis Chrysostomi liturgia (1); — S. Basilii liturgia (10 v°); — Missa præsanctificatorum (23 v°); — Ordo ordinationum (28 v°); — Benedictiones (36 v°).

XVII s. Pap. 41 fol. Peint. (Jésuites de Lyon.) *P.*

178. Grammatica græca (latine).

XVII s. Pap. 214 fol. (S. Germain.) *P.*

179-180. Anonymi homiliæ : Δὲν εἶναι πρᾶγμα οὔτ πλέα... (1). — [N° 180.] Gerasimi, Alexandr. patriarchæ, tractatus contra illos qui affirmant transsubstantiationem absolvi oratione Dominica in missa, etc. (60); — Evangeliarii fragmentum, s. XIII. (79).

XVIII s. Pap. 79 fol. *P.*

181. Anonymi commentarius in Aristotelis ethica ad Nicomachum : Ἐν πάσῃ τέχνῃ καὶ μεθόδῳ... (1); — Bessarionis cardinalis epistola ad Michaelem Apostolium (185).

XVI s. Pap. 182 fol. (Oratoire.) *M.*

182-184. « Ἰγνάτιος θανάτου νικητής a Joanne Bapt. Roussel, 1663. » (1). — [N° 183.] Varia carmina græca, auctore Joanne Bapt. Roussel (23). — [N° 184.] Anonymi sermones recentiores (45); — Lettre de Marguerite Salomon de Léon à son mari, marchand arménien, Marseille, 1683; en français (138).

XVII s. Pap. 139 fol. (S.-Martin-des-Champs.) *M.*

185. Evangelia IV. (1); — Evangeliarii fragmentum (154); sequentia vide in cod. Leidensi, Bibl. publ. gr. 96.

XIII-X s. Parch. 177 fol. Peint. (S.-Victor.) P.

186. Euclidis elementorum libri XV. (4); — ejusdem catoptrica (72); — ejusdem optica (88).

Copié en 1537 par Ange Vergèce. Pap. 116 fol. (S.-Victor.) P.

187. Missale.

XVII s. Pap. 40 fol. (S.-Victor.).

188. Psalterium græcum, latinis litteris scriptum.

XIII s. Parch. 154 fol. (S.-Victor.) P.

189. « Summarium grammaticæ græcæ, a Lud. Cousin » (2); — Collectiones ex SS. PP. etc., a Lud. Cousin (14).

XVII s. Pap. 302 fol. (S.-Victor.) P.

190. « Collectiones ex S. Epiphanio, ex libris Origenis contra Celsum, ex Clemente Alexandrino et Justino martyre », [a Lud. Cousin].

XVII s. Pap. 321 fol. (S.-Victor.) P.

191. « Collectiones ex Plutarcho, Athenæo, Diogene Laertio, Hierocle et Platone », [a Lud. Cousin].

XVII s. Pap. 281 fol. (S.-Victor.) P.

192. Anonymi regulæ prosodicæ et grammaticæ : Ἀμετάβολα τέσσαρα λ, μ, ν, ρ... (2); — S. Gregorii Nazianzeni monosticha iambica, alphabet. (49); — Versus alii ordine alphabeti : Ἀρχὴν νόμιζε τῶν ὅλων... (49 v°); — Nomina gentium, etc. (50); — Voces animalium (52); — Glossarium latino-græcum : « A vel ab, παρά... » (53); — « Alphabetum iliricum et armenum » (128 v°); — Inscriptiones et epigrammata (129 v°); — Versus de Ænea Sylvio [Piccolomini] (132 v°).

Copié en 1439 par Joannes Ὀτριμοτεὸς Ζωός. Pap. 133 fol. *M.*

193. B. de Montfaucon, extraits de différents auteurs grecs et latins : Hérodote (6), — Vita Homeri (15), — Thucydide (15 v°), — Xénophon (17 v°), — Platon (20), — Aristote (25), — Homère, etc. (124), — Salluste (183), — Cicéron (186).

XVII s. Pap. 345 fol. (S.-Germain.) *M.*

194. Adamantii [Nemesii Emeseni] de natura hominis (2); — [Georgii Pachymerae] paraphrasis in ethica Aristotelis (77); — Olympiodori scholia in Platonis Philebum (120).

XVI s. Pap. 150 fol. *M.*

195. Euclidis catoptrica (1); — ejusdem optica (12 v°); — Anonymi opusculum de optica : Ὅτι μὲν οὖν προσβολῆς... (38); — Euclidis isagoge harmonica (46).

XV s. Pap. 59 fol. *P.*

196. Fragmenta grammatica et rhetorica (1); — Theodori Gazae grammaticae institutionis libri IV. (10); — ejusdem epistola Georgio et Demetrio fratribus, Romae, 1451. (156); — Gregorii et Andronici epistolae mutuae : Ἄριστε ἀνδρῶν, λογιώτατε... (159); — Philostrati imaginum fragmentum (163).

XVI s. Pap. 163 fol. *P.*

197. « Mots choisis d'Homère, par M. Jean Boivin, professeur royal, en 1687. »

XVII s. Pap. 53 fol. *M.*

198. Manuelis Moschopuli schedographia.

XIV s. Parch. 219 fol. Palimps. *P.*

199. Caesarii, S. Gregorii Nazianzeni fratris, quaestiones et responsiones.

XVII s. Pap. 182 pages. *M.*

200. Epicteti enchiridion.

XVI s. Pap. 30 fol. *P.*

201. S. Joannis Chrysostomi epistolae.

XVI s. Pap. 429 pages. (Jésuites d'Anvers.) *P.*

202. Georgii Chœrobosci epimerismi, sive regulae de orthographia (1); — Regulae de spiritibus ex Tryphone, Chœrobosco, Theodoreto, etc. (116 v°); — Regulae accentuum ex scriptis Ori, Chœrobosci, Ætherii, Philoponi, etc. (133); — De syntaxi: Ὀκτώ εἰσι πάντα τὰ μέρη... (153); — Carmina moralia : Φείδου στόματος εἰσάγειν... (176).

XIV s. Bombyc. 179 fol. (Jésuites d'Anvers.) *P.*

203. S. Joannis Chrysostomi epistolae.

XVI s. Pap. 319 pages. (Jésuites d'Anvers.) *P.*

204. Aristotelis metaphysicorum libri XIII. (1); — ejusdem de plantis libri II. (221); — ejusdem problemata (259); — Theophylacti Simocattæ problemata physica (478).

XV s. Copié par Michel Apostolios. Pap. 492 fol. (Jésuites d'Anvers.) P.

205. Epistolæ Alciphronis (3), — Melissæ (17), — Myiæ (17 v°), — Theanus Pythagoricæ (18), — Chionis (20), — Anacharsidis (27 v°), — Apollonii Tyanensis (29), — Euripidis (31), — Hippocratis (34), — Heracliti (46 v°), — Diogenis Cynici (51 v°), — Cratetis (58), — Æschinis (60) ; — Luciani epistolæ saturnales (64), — de electro, sive cycnis (67 v°), — ejusdem saturnalia (68 v°); — Demosthenis epistola (70 v°); — Michaelis Apostolii epistolæ XLVI. (74 et 93); — Ex Artemidoro somniorum interpretatio (92).

XV-XVI s. Copié par Michel Apostolios et Aristobule. Pap. 93 fol. (Jésuites d'Anvers.) P.

206. Manuelis Calecæ liber de fide et principiis fidei catholicæ.

XVI s. Pap. 256 pages. (Dominicains.) P.

207. S. Joannis Damasceni excerpta ex dialectica, de cognitione et voce (2); — Porphyrii isagoge de prædicabilibus (29); — Ammonii commentarius in isagogen Porphyrii (41); — Ammonii [Hermiæ] philosophi introductio in isagogen (101).

XVI s. Pap. 141 fol. (Dominicains.) P.

208. Longi pastoralia de Daphnidis et Chloës amoribus (4); — Eumathii [Eustathii] Macrembolitæ de Ismeniæ et Ismenes amoribus libri IV. (49).

XVII s. Pap. 19 fol. (Petits-Pères.) P.

209. Julii Pollucis onomastici libri X. priores.

XV s. Pap. 182 fol. (Ste-Justine de Padoue.) M.

210. S. Gregorii Nazianzeni orationes in Pascha et in tarditatem (1), — in Paschatis festum (2 v°), — in novam Dominicam (15 v°), — in Pentecosten (20), — in Macchabæos (27), — in laudem S. Cypriani martyris (33 v°), — ad Julianum exæquatorem (41), — in Christi nativitatem (47), — in laudem S. Basilii (54 v°), — in sancta lumina (91), — in sanctum baptisma (98 v°), — in laudem S. Athanasii (121), — coram

Gregorio Nysseno (134 v°), — in præsentia CL. episcoporum (137 v°), — de pauperibus caritate complectendis (148 v°), — in plagam grandinis (165).

XI s. Parch. 174 fol. (Ste-Justine de Padoue.) *M*.

211. S. Basilii homiliæ XVI. in Psalmos (4), — in Christi nativitatem (107), — exhortatoria ad baptismum (113), — in principium Proverbiorum (120 v°), — homiliæ duæ de jejunio (133 v°), — in ebriosos (148), — in illud Lucæ : Destruam horrea mea (154 v°), — in divites (157), — de ira (166), — de invidia (172 v°), — in illud : Attende tibi ipsi (178), — oratio dicta in Lacizis (185 v°), — in fame et in siccitate (192 v°), — de gratiarum actione (201), — in Julittam martyrem (208), — quod Deus non sit malorum causa (217), — in Gordium martyrem (226), — ad virginem lapsam (232 v°), — in illud : Septuplum dabitur ultio de Caïn (237), — in quadraginta martyres (240), — in laudem Barlaami martyris (246), — in Mamantem martyrem (248 v°), — in illud Joannis : In principio erat verbum (252), — de baptismate (256), — de S. Spiritu (260 v°), — quod Deus sit incomprehensibilis (262 v°), — epistola ad S. Gregorium Nazianz. (267), — homilia in hæc verba : Plantavit Deus paradisum (271), — de humilitate (274 v°), — in sanctum incarnationis Dominicæ mysterium (280).

XI s. Parch. 284 fol. (Ste-Justine de Padoue.) *G*.

212. Anonymi oratio de pace et concordia inter ecclesias Occidentalem et Orientalem, in concilio Florentino : Πρῶτον μὲν, ὦ θεία καὶ ἱερὰ σύνοδος… (1); — Canon supplex ad sanctam Virginem (8); — Sergii, Constantinop. patriarchæ, hymni in sanctam Virginem (15); — Aristotelis historiæ de animalibus et de partibus animalium (22); — Fragmenta Euripidis Hecubæ (148), — et Orestis (159 v°); — Alciphronis epistolæ (162); — Alcinoi, Speusippi et Pythagoræ opuscula in latinum conversa, cum Marsilii Ficini proœmio ad Joannem Cavalcatem Florentinum (186); — Xenocratis [Æschinis Socratici] dialogus de morte (205), — Porphyrii excerpta, a Marsilio Ficino latine versa (212); — Nestorii ad Cyrillum Alexandrinum epistola, ex translatione et cum præfatione Joannis Reuchlini (222); —

Definitiones rhetoricæ : Ὅρος χρείας. Χρεία ἐστιν ἀπομνημόνευμα...
(232) ; — Diogenis Cynici epistolæ ιv. (235) ; — Excerpta ex
Aphthonii progymnasmat., Platone et Thucydide (236 v°) ; —
Anonymi [Reuchlini?] oratio academica : « Gravius admodum
et supra... » (238 v°) ; — Joannis Reuchlini epistola ad Jo.
Textorem, 12 febr. 1493. (239 v°).

XV-XVI s. (Copié, en partie, par Manuel Grégoropoulos.) Pap. 239 fol.
(B. Rhenanus.-Brunck.) P.

213. Porphyrii commentarius in harmonica Ptolemæi (1) ;
— Excerpta ex scholiis in lib. I. Iliadis (119).

XVII-XVI s. Pap. 152 fol. (Jésuites d'Anvers.) P.

214. S. Cyrilli Alexandrini de adoratione et cultu in spiritu
et veritate (1) ; — ejusdem apologeticus pro xii. capitibus
contra Orientales (447).

XVI s. Parch. 478 fol. (Jésuites d'Anvers.) M.

215. S. Gregorii Nazianzeni orationes in Pascha et in tarditatem (3), — apologeticus de fuga sua (4), — apologeticus
ad patrem (28), — apologeticus minor ad patrem et S. Basilium (30), — cum episcopus Sasimorum unctus esset (32),
— oratio de Gregorio, S. Basilii fratre (33 v°), — ad eos
qui ipsum acciverant (36), — in Julianum exæquatorem (38),
— in præfectum irascentem (44), — in plagam grandinis
(48 v°), — in laudem Cæsarii fratris (57 v°), — in laudem sororis Gorgoniæ (67), — oratio funebris in patrem (74 v°), —
de pace orationes tres (92), — in Christi nativitatem (111 v°),
— in sancta lumina (118 v°), — in sanctum baptisma (126),
— in Paschatis festum (147), — in novam Dominicam (160),
— in Pentecosten (164), — de moderatione in disputationibus
servanda (171), — adversus Arianos de multitudine sua gloriantes (182 v°), — de theologia oratio I. (187 *bis*), — oratio
funebris S. Athanasii (191), — oratio de pauperibus caritate
complectendis (203 v°), — de dogmate et officio episcoporum
(217), — de theologia orationes II.-V. (221), — ad Ægyptios
oratio gratulatoria (264 v°), — oratio in laudem S. Cypriani
martyris (269), — in Macchabæos (275 v°), — in laudem Heronis Alexandrini (280 v°), — oratio funebris S. Basilii (287),
— epistolæ duæ ad Cledonium presbyterum (317), — oratio

de se ipso et ad eos qui dicebant episcopatum CP. ab ipso affectari (323 v°), — de se ipso cum ex agris rediret (328 v°), — oratio valedictoria in præsentia CL. episcoporum (335 v°), — adversus Julianum imp. orationes duæ (345), — oratio in illud Evangelii : Cum consummasset Jesus hos sermones (394), — in electione Eulalii, Doarensium episcopi (401 v°), — epistola ad Nectarium Constantinop. episcopum (403), — exhortatio ad virgines (404), — epistola ad Evagrium monachum (406), — Significatio in Ezechielem (408); — [S. Gregorii Thaumaturgi] metaphrasis in Ecclesiasten (408 v°); — Anonymi [Nonni] expositio historiarum quarum meminit S. Gregorius in oratione funebri S. Basilii et in orationibus II. adversus Julianum (419); — Versus de S. Gregorio Nazianzeno : Τίς σοφίης... (449 v°) ; — S. Gregorii Nazianzeni hymnus vespertinus : Σὲ καὶ νῦν εὐλογοῦμεν... (450).

XV, X et XI s. Parch. 450 fol. (Jésuites d'Anvers.) G.

216. S. Cyrilli Alexandrini glaphyra in Genesim, Exodum, Leviticum, Numeros et Deuteronomium.

XVI s. Pap. 266 fol. (Jésuites d'Anvers.) M.

217. S. Cyrilli Alexandrini homiliæ paschales XXX.

Copié en 1610 par Jean de Sainte Maure. Pap. 248 fol. (Jésuites d'Anvers.) M.

218. Joannis Cassiani epitome de institutis cœnobiorum (1) ; — ejusdem epitome de octo vitiis capitalibus (14); — ejusdem fragmentum collationum de patribus in Sceti degentibus (35 v°) ; — S. Joannis Climaci scala paradisi, cum scholiis et vita (63); — ejusdem liber ad pastorem (223 v°).

XII s. Parch. 226 fol. P.

219. Theophylacti, Bulgariæ archiepiscopi, commentarii in quatuor Evangelia.

XII s. Parch. 367 fol. Peint. (Ste-Justine de Padoue.) P.

220. Anonymi opusculum de aqua divina : Λαβὼν ὼκ ὅσα βούλει... (1); — Salmanæ Arabis tractatus quomodo grando sphærica fieri possit (5); — Anonymi modus abstergendi et clarificandi margaritas : Πρῶτον βαλῶν ἔλαιον... (8); — Anonymi opusculum de tingendis lapillis, smaragdis, lychnidibus, hyacinthis : Λαβὼν κωμάρου τοῦ δυσχερῶς... (11 v°); — Anonymi tractatus de sacra arte : Τὸ ὢὸν τετραμερές ἐστι.... (30); — Heliodori philosophi versus de arte mystica (40); — Nicephori Blemmidæ ratio auri conficiendi (46).

XVII s. Pap. 52 fol. P.

221. Manuelis Moschopuli grammatica.

XVI s. Parch. 113 fol. (Jésuites de Bruxelles.) P.

222. « Locutiones græcæ in communes locos alphabetice digestæ » (1); — Apophthegmata latina, præcedit epistola D. Tileni, Sedani, 22 jun. 1610. (210); — « Ex Apuleio collectanea » (235).

XVII s. Pap. 267 fol. (S.-Germain.) P.

223. Regulæ de sortibus ex Evangelio aut Psalterio ducendis (B); — Manuelis Phile versus de animalium proprietatibus (1); — Fragmenta astrologica, initio et fine mutila (41); — Anonymi historia fabulosa animalium (cap. 6-27), initio et fine mutila (43); — Preces et hymni (58).

XVI s. Pap. 64 fol. (S.-Germain.) P.

224. M. T. Ciceronis de natura Deorum liber I., græce versus.

XVII s. Pap. 167 pages. (S.-Germain.) P.

225. Meletii Syrigi refutatio confessionis fidei Christianæ a Cyrillo Lucari, CP. patriarcha, editæ, 1638.

XVII s. Pap. 766 pages. (S.-Germain.) P.

226. S. Joannis Chrysostomi homiliæ XXI.-XXXIII. in epistolam I. ad Corinthios.

IX s. Parch. 116 fol. (S.-Germain.) M.

227. Evangelia IV.

XVI s. Pap. 212 fol. (S.-Germain.) P.

228. Excerpta varia ex operibus S. Maximi (1); — Varia excerpta ex operibus S. Gregorii Nysseni (55).

XVI s. Pap. 140 fol. (Dominicains.) M.

229-235. Extraits de Pindare, Platon, Démosthène et Philon, par Jean Tinerel de Bellérophon.

XVII s. Pap. (S.-Germain. — Devenus Français 25386-25392.)

236. Anonymi paraphrasis in isagogen Porphyrii : Βίβλον μὲν ἐνταῦθα... (1), — in categorias Aristotelis : Τοῖς λογικοῖς κατηγορεῖν... (32); — Aristotelis topicorum liber I. (41); — « Eclogæ [latinæ] de veterum numismatis » (53); — « Apparatus [latinus] ad geographiam brevissimus » (78).

Copié en 1655. Pap. 86 fol. (Dominicains.) P.

237. Phalaridis tyranni epistolæ CXL.

XVI s. Pap. 89 fol. (Dominicains.) P.

238. Nicephori Blemmidæ introductio in logicam Aristotelis (1); — Boetii dialectica a Maximo Planude græce versa, cum scholiis (145).

XV s. Pap. 233 fol. (Dominicains.) P.

239. S. Joannis Chrysostomi liturgia, gr.-lat.

XV s. Copié par Georges Hermonyme. Pap. 56 fol. (Feuillants.) P.

240. Martyrium S. Phocæ (1), — S^{æ}. Theclæ (3); — Commemoratio S. Thomæ (11); — Martyrium SS. Sergii et Bacchi (11 v°), — S. Mamantis (18), — S. Symeonis stylitæ (22), — S. Autonomi (34 v°), — S. Anthimi (44); — Miraculum S. Michaelis in urbe Chonarum (58); — Martyrium S. Eudoxii et sociorum (64 v°), — S. Cornelii (147 v°), — S^{æ}. Theodoræ (74), — S. Sozontis (85), — SS. Victoris et Sosthenis (93), — S. Nicetæ (104 v°), — S^{æ}. Euphemiæ (105 v°), — S^{æ}. Sophiæ et filiarum ejus Fidei, Spei et Charitatis (113), — SS. Trophimi, Sabbatii et Dorymedontis (122 v°), — S^{æ}. Euphrosynæ (180 v°), — S. Callistrati (186), — S. Cyriaci anachoretæ (205), — S. Gregorii magnæ Armeniæ (216 v°); — S. Joannis Chrysostomi in Joannem homiliæ XXXIX. fragmentum (238).

XI s. Parch. 241 fol. (S.-Germain.) M.

241. Vitæ sanctorum mensis augusti : Inventio et translatio S. Stephani (1); — Vita S. Dalmatii (2 v°), — S. Cyrilli epistola ad Dalmatium de Nestorio (7); — Ephesinæ synodi epistola ad Dalmatium (9 v°); — Epistola Dalmatii ad synodum Ephesinam (11); — Martyrium S. Stephani papæ (12 v°); — Martyrium S. Eusignii (22 v°); — S. Joannis Chrysostomi sermones duo in transfigurationem Domini (27 v°); — ejusdem sermo in liberationem CP., a Persis obsessæ (32 v°); —

Vita S. Domitii (53); — Martyrium SS. Laurentii, Xysti et Hippolyti (72 v°); — Martyrium S. Andreæ ducis (76 v°); — Martyrium SS. Photii, Aniceti et sociorum (81 v°); — Martyrium S. Myronis (95); — Vita S. Marcelli, Apameæ Syriæ episcopi (98 v°), — S. Joannis theologi (103), — S. Andreæ Cretensis (109 v°), — S. Germani, CP. episcopi (116), — S. Andreæ Hierosolymit., Cretensis archiep. (123), — S. Joannis Damasceni (130 v°); — Andreæ Cretensis homilia in dormitionem Deiparæ (156); — Martyrium S. Diomedis (165); Martyrium Sæ. Julianæ et S. Pauli (170 v°); — Vita SS. Lauri et Flori (182 v°); — Martyrium Sæ. Bassæ et filiorum Theognii, Agapii et Fidelis (205 v°); — Martyrium S. Irenæi (215); — Martyrium S. Agathonici (216 v°); — Vita Sæ. Anthusæ (222 v°); — Martyrium S. Athanasii, qui Sam. Anthusam baptizavit (229); — Martyrium SS. Charissimi et Neophyti, filiorum Sæ. Anthusæ (230); — S. Andreæ Cretensis encomium S. Titi (233 v°); — Martyrium S. Adriani (245), — S. Ursicii (255 v°), — Sæ. Theodotæ (260); — S. Joannis Chrysostomi homilia in decollationem S. Joannis Baptistæ (261 v°); — S. Andreæ Cretensis homilia in decollationem S. Joannis Baptistæ (265); — De Latomo Eulogio (277).

X s. Copié par Étienne. Parch. 282 fol. (S.-Germain.) G.

242. Lectionarium.

XVII s. Pap. 265 fol. Peint. G.

243. P.-D. Huet, Anthologia epigrammatum græcarum in collectione Maximi Planudæ prætermissarum.

XVII s. (Copié en partie par P.-D. Huet.) Pap. 272 pages. (Huet.) M.

244. Anonymi de vita et scriptis Heronis, latine (1); — Athenæus de machinis bellicis (3); — Bitonis de constructione bellicarum machinarum (11); — Heronis Ctesibii belopoiica (13); — ejusdem de constructione et mensura manubalistæ (29); — Apollodori poliorcetica (31); — ejusdem κατασκευή ἑλεπόλεως Κόρακος λεγομένη (51 v°); — Philonis belopoiica et poliorcetica (57).

XVII s. Pap. 115 fol. Fig. (Jésuites d'Anvers.) P.

245. Porphyrii isagoge in categorias Aristotelis (1); —

Aristotelis categoriæ (14 v°), — de interpretatione (36), — analytica priora et posteriora (47 v°), — topicorum libri VIII (166), — de sophisticis elenchis, cum scholiis (251).

<small>XIV s. Bombyc. (Aujourd'hui Coislin 327.)</small>

246. S. Joannis Chrysostomi homilia I. de statuis.

<small>XVI s. Bombyc. 45 fol. (Jésuites d'Anvers.) P.</small>

247. Nicandri theriaca et alexipharmaca.

<small>XI s. Parch. 48 fol. Peint. (S.-Germain.) P.</small>

248. « Capita librorum quatuor, qui Malleus hæreticorum inscribuntur, D. Thomæ Aquinatis contra gentiles, ex latinis græca facta, incerto interprete. »

<small>XVI s. Pap. 52 fol. (S.-Germain.) P.</small>

249. Collectanea ex Georgio Syncello (4 et 267); — S. Gregorii Nysseni homilia ad eos qui castigationes ægre ferunt (86); — De lapidibus (92); — Collectanea ex SS. Patribus (95 v°); — Euthymii [Zigabeni] epistolæ (156); — Oratio pro confitentibus (175); — Prognostica sereni temporis (176); — Decem plagæ Ægypti (178); — De caritate (179); — Iatricon ex diversis libris collectum (184); — Michaelis Pselli de electro fragmentum (189 v°); — Collectanea ex Theodoro Abucara (196); — De Julio Cæsare et Augusto (213); — Anonymi versus in Nicetæ Choniatis historiam (224 v°); — Collectanea ex Georgio Piside (232), — ex Achille Tatio (241); — « Reipublicæ bene institutæ typographia », latine (244); — « Chronologia tripertita b. Nicephori, » latine (248); — Excerpta ex Libanio (257); — Collectanea ex SS. Athanasio, Gregorio Cyprio, Maximo et Anastasio Sinaïta (333); — « De magnete lapide libellus, » latine (385); — Ex « Isaacii Porphyrogenneti de iis quæ ab Homero prætermissa sunt » latine (390); — « Primæ artis rhetorices institutiones, incerto autore », latine (398).

<small>Copié en 1568-1569. Pap. 406 fol. (Jésuites.) P.</small>

250. S. Clementis Alexandrini stromatum libri VIII.

<small>XVI s. Pap. 302 fol. (Clermont.) M.</small>

251. Lexique grec moderne — albanais, copié par Marc Botzaris, 1809. (25); — Grammaire et vocabulaire grec moderne — albanais (137); — « De la langue albanaise ou schype » (227); — Vocabulaire français-schype » (230).

XIX s. Pap. 244 pages. (Devenu Albanais, 1.)

252. Chronicon Argyrocastri oppidi.

Copié en 1788 par le hiéromoine Laurent. Pap. 75 fol. P.

253. Sticherarium.

XIX s. Pap. 119 fol. P.

254. S. Clementis Alexandrini cohortatio ad gentes, cum scholiis (2); — ejusdem pædagogus, cum scholiis (49).

XVI s. Pap. 159 fol. (Clermont.) G.

255. Thucydidis de bello Peloponnesiaco libri VIII., cum scholiis.

XI s. Parch. 292 fol. (SS.-Jean et Paul de Venise.) M.

256. Thucydidis de bello Peloponnesiaco libri VIII., cum scholiis (13), — et vitis duobus Thucydidis (6); — Dionysii Halicarnassei epistola II. ad Ammæum (213); — Demosthenis olynthiacæ III., cum Ulpiani commentariis, et scholiis (221); — ejusdem exordia, cum glossis (231 v°); — Photii bibliothecæ excerpta (239); — Dionis Chrysostomi orationes II. de regno (259); — Synesii oratio in Arcadium regem (268 v°); — ejusdem Dion (278 v°); — ejusdem laus calvitii (287); — Petri, Antiocheni patriarchæ, homilia cum Argyrus Italus ad confutanda Græcorum placita venit (295); — ejusdem epistola ad Dominicum Gradensem de azymis (298); — S. Maximi quæstiones et responsiones de variis sacræ Scripturæ dubiis (301 v°).

XIV s. Bombyc. 308 fol. (Jésuites d'Anvers.) P.

257. Joannis Laurentii Lydi de mensibus et ostentis quæ supersunt.

X s. Parch. 100 fol. (Choiseul-Gouffier.) M.

258. Minutes de lettres de Cl. Capperonnier au Régent et aux députés du Clergé de France, 1720. (27); — « Africani seu Adriani introductio in Scripturas sacras, ab Aloysio Lollino e græco ms. cod. latine reddita » (38); — « Instrumentorum publicorum latinitas barbara vel dubia » (50); — « Mémoire pour l'établissement d'un interprète du Clergé » par Cl. Capperonnier (65).

XVIII s. Pap. 70 fol. (Réuni au n° 264.) *M*.

259. Geoponicorum, jussu Constantini Porphyrogeniti collectorum, libri XX.

XV s. Pap. 148 fol. *M*.

260. Psalterium, litteris auratis scriptum.

XII s. Parch. 300 fol. Peint. *P*.

261. Ludolphi Kusteri « adversaria, sive Παρεκϐολαί variæ. »

XVII s. Pap. 892 pages. *M*.

262. Theodori Prodromi grammatica.

Copié en 1481 par Nicolas Eparque. Pap. 56 fol. (Jésuites de Bruxelles.) *P*.

263. Claudii Ptolemæi liber de opticis sive aspectibus, ab Ammiraco Eugenio Siculo, ex arabico in latinum versus (1); — Rogerii Baconis de perspectiva libri III. (65); — Euclidis liber de ponderibus et levitatibus corporum (137 v°); — Alberti magni de formis in speculis apparentibus (139); — Euclidis liber de ponderibus et speculis (171); — Karastoni liber de ponderibus, editus a Thebit filio Core (183 v°); — Abhomadi Malfegeyr liber de crepusculis (194).

XVI s. Pap. (Devenu Latin 10260.)

264. Inscriptiones græcæ a Joanne Guerin in Oriente collectæ, a. 1718.

XVIII s. Pap. 26 fol. (On a relié à la suite le n° 258.) *M*.

265. Fragmentum descriptionis SS. imaginum montis Sinæ, latine (1); — Imago montis Sinæ ligno incisa, a. 1688. (5); — Descriptio montis Sinæ, ex historia Nectarii Cretensis (7); — « Michaelis Pselli tractatus de opinionibus Græcorum circa dæmonas » (16 v°); — Indices et collationes variæ operum S. Basilii (24); — Joannis et Martini versus in calce glossarii gr.-lat. Laudunensis (157); — Variæ lectiones et index operum S. Athanasii (173); — Eulogii, Alexandrini patriarchæ, opusculum de duabus Christi naturis (572); — Notitia litteraria de SS. Ephræmo Antiocheno et Eulogio Alexandrino patriarchis (574); — « Liste des ouvrages de saint Bazile dont on a les mss. dans la bibliothèque Barberine » (581); — « Genuina S. Chrysostomi » (582).

XVII s. Pap. 582 fol. (S.-Germain.) *M.*

266-268. Apparatus in editionem operum S. Joannis Chrysostomi, opera B. de Montfaucon. — [N° 267.] Vita S. Joannis Chrysostomi : Καὶ πάντων μὲν τῶν κατὰ θεόν... (205); — S. Cyrilli Alexandrini commentarius in Zachariam prophetam (213); s. xi-x., parch.

XVIII s. Pap. 425, 220 et 571 fol. (S.-Germain.) *M.*

269. « Collatio aliquot operum Origenis, ex editione Gilberti Genebrardi, Parisiis, 1604, cum mss. codd. S. Theoderici prope Remos. »

XVII s. Pap. 367 fol. (S.-Germain.) *M.*

270. Variantes in Clementem Alexandrinum (1); — Arriani tactica (169); — Alexandri Lycopolitæ tractatus adversus Manichæos (187); — Varia de S. Joanne Chrysostomo (199); — Ordo romanus in ordinatione episcopi : Τῷ σαββάτῳ πρὸ τοῦ ἑσπερινοῦ... (215); — S. Anastasii opusculum de fide (219); — Dialogus SS. Basilii et Gregorii Theologi (231); — Orationes Gregorii, Cæsareæ presbyteri, S. Ephræmi, [Nicephori] Blemmidæ, Eunomii impii (235); — « Addenda ad epistolam Origenis ad Africanum de historia Susannæ » (280); — Epistola Cosmæ Callonæ, Corinthi archiep., de ordinatione Græcorum, 1696, avec traduction française du P. Benjamin de Vire, capucin (05); — Variæ collationes Aristidis, Theophrasti et excerpta ex variis mss. (309); — Apollonii Citiensis περὶ ἄρθρων πραγματείας (351); — Constantini Acropolitæ sermo in resurrectione Domini (359); — Notitiæ variorum codicum græcorum (335 et 365); — Theoriani philosophi epistola (397); — Excerpta ex S. Joanne Chrysostomo (401), — Hierocle (427), — Georgio Hamartolo (431); — Oratio Constantini ad orientales duces (435); — [Dosithei] responsa Adriani, gr.-lat. (444); — Michaelis Pselli versus politici de grammatica (449); — Eunomii fidei expositio (466); — S. Basilii Seleuciensis sermo in Pascha (470); — ejusdem sermo in novam Dominicam (470); — Ex Stobæi eclogis, de arithmetica (474); — Excerpta e S. Maximo (488), — e Philone (502), — e typico Cryptoferratensi (506); — « Vite de' nostri S^{ti} PP. che si ritrovano ne' libri manoscritti della libraria del santissimo Salvatore di Messina » (508); — Excerpta varia ex SS. Ephræmo, Joanne Chrysostomo, Dionysio sophista Antiocheno (511); — Versus Joannis abbatis Sinæ (516); — S. Cyrilli Alexandrini præfatio et interpretatio in Marci evangelium (520).

XVII s. (Copié, en partie, par E. Bigot.) Pap. 523 fol. (S.-Germain.) *M*.

271. B. de Montfaucon adversaria.

XVII s. Pap. 585 fol. (S.-Germain.) *P*.

272. S. Joannis Chrysostomi homiliæ in Matthæum et Lucam (1); — ejusdem homiliæ in Psalmos CI-CVII., cum interpretatione latina (191).

XVIII s. Pap. 349 fol. (Jésuites.) *M*.

273. « Memoriæ doctissimi viri J. Boivin Robertus Duhault... ἔλεγος » (2); — SS. Joannis Chrysostomi, Cyrilli Alexandrini, Antipatri Bostrensis et Ephræmi homiliæ aliquot, cum latina interpretatione (5 v°); — S. Cyrilli Alexandrini thesaurus de sancta Trinitate (83); — ejusdem commentarius in Isaiam (261).

XVIII s. Pap. 703 fol. (S.-Germain.) *M*.

274. Excerpta e variis triodiis (1); — « Canones S. Theodoro Studitæ ejusque fratri Josepho adscripti » (59).

XVIII s. Pap. 247 fol. (Blancs-Manteaux.) *M*.

275. S. Theodori Studitæ catecheses et epistolæ latine versæ.

XVIII s. Pap. 481 fol. (Blancs-Manteaux.) *M*.

276. S. Theodori Studitæ opera varia, e cod. Regiis, Coislin. et Lipsiensi (1); — Lettres de Dom P. Marais, 1729. (495) et de Dom L. Lemerault à Dom Toustain, relatives à son édition de Théodore Studite, 1741. et 1740. (499 et 505); — Josephi, Thessalonicensis archiep., encomium S. Demetrii (1001); — Vita S. Theodori Studitæ, auctore Michaele monacho (1017).

XVIII s. Pap. 1079 fol. (Blancs-Manteaux.) *M*.

277. Variantes lectiones historiæ Lausiacæ Palladii.

XVIII s. Pap. 352 fol. (S.-Germain.) *P*.

278. R. Massuet apparatus in S. Irenæum (1); — Excerpta ex constitutionibus Cælestinorum provinciæ Galliæ, et series Provincialium ad a. 1504. (547); — Notitiæ aliquot codicum Vindocinensium (573).

XVIII s. Pap. 585 fol. (S.-Germain.) G.

279. « Histoire de Polybe », extrait (1); — S. Theodori Studitæ collationes variæ (49); — Notitiæ codd. mss. S. Geremari (79), — cathedralis Bellovacensis (82), — S. Luciani Bellovacensis (83), — cathedralis Laudunensis (84), — Vallis Claræ (84 v°), — S. Theodorici prope Rhemos (84 v°), — S. Joannis Laudunensis (86), — S. Cornelii Compendiensis (89), — S. Vincentii Laudunensis (89 v°), — in gazophylacio Bellovacensi (90), — Corbeiensium (90), — S. Remigii Rhemensis (94), — S. Nicasii [Rhemensis] (96); — « Liturgiæ latinæ mss. codd. Sangermanenses » (99); — Apparatus in editionem S. Theodori Studitæ (137 et 453); — Notitiæ codd. mss. Lyræ (217), — Fiscanni (219), — Gemmetici (220), — Fontanellæ (222), — Becci (223); — Fragments de traduction des livres I-V. d'Hérodote (225).

XVIII s. Pap. 522 fol. (Blancs-Manteaux.) M.

280-283. Apparatus in editionem S. Joannis Chrysostomi. — [N° 283, fol. 673 :] Ecloge romanarum vocum et actionum.

XVIII s. Pap. 676, 653, 735 et 686 fol. (S.-Germain.) M.

284. Apparatus in editionem S. Gregorii Nazianzeni (1 et 199); — « Vie de S. Jean le Silentieux, évesque de Colonie » (63); — Apparatus in editionem S. Theodori Studitæ (250); — « Explicatio vocum exoticarum in S. Theodorum » Studitam (308).

XVIII s. Pap. 465 fol. (Blancs-Manteaux.) M.

285-286. Apparatus in Origenem. — [N° 286, fol. 454 :] Photii, CP. patriarchæ, epistolæ et homiliæ, ex notitia Païsii Ligaridis; s. xvii.

XVIII s. Pap. 494 et 477 fol. (Bigot.-S.-Germain.) G.

287-288. « Triodion, poema Josephi, Thessalonicensis archiep., et Theodori Studitæ », gr.-lat., opera D. Toustain.

XVIII s. Pap. 393 et 797 fol. (Blancs-Manteaux.) M.

289-290. Apparatus in editionem Origenis Caroli De La Rue. — [N° 290, fol. 1049 :] Lettres de Sallier, Coustelier, Barbou et traité relatif à l'édition d'Origène, lettres de prêtrise de Ch. De La Rue, 10 avril 1734.

XVIII s. Pap. 763 et 1064 fol. (S.-Germain.) G.

291. Glossarium hebræo-græcum (1) ; — Glossarium verborum græcorum (112).

XVIII s. Pap. 169 fol. *M.*

292. Ismaëlis Bullialdi collectanea : Isidori Characeni fragmentum de stathmis seu mansionibus Parthicis (1); — Agathemeri geographiæ informatio (3); — [Anonymi] summaria ratio geographiæ in sphæra intelligendæ (6); — [Anonymi] geographiæ expositio compendiaria (9); — Dionysii Byzantii per Bosporum navigatio (14 v°); — Mœridis Atticistæ dictiones græcæ (19); — Jamblichi liber de mysteriis Ægyptiorum (31); — Alexandri Aphrodisiensis liber de fato (79); — Jamblichi fragmentum de fato (103 v°); — Vetus logarica Augusti Cæsaris, e cod. 1670. (106); — Alia recens Alexii Comneni, e cod. 1670. (112); — De ponderibus et inveniendo Paschate (118); — Joannis Camateri poema de zodiaco et aliis, qui in cælo sunt, circulis (120); — Chronologica græca, latine (136); — Procli Diadochi de motu libri II. (138); — Theonis Smyrnæi tractatus de iis quæ in mathematicis utilia sunt (149); — Sereni philosophi ἐκ τῶν λημμάτων (166 v°); — Hypsiclis anaphoricus (169); — Ex Porphyrii commentariis in harmonica Ptolemæi (173); — Ptolemæi harmonicorum libri III. (181); — Excerpta ex Galeno (269), — Proclo in Timæum Platonis (290), — libris physicis Aristotelis (310), — Simplicio (324 et 340), — Jamblicho (333); — Asclepii philosophi Tralliani scholia in lib. I. Nicomachi arithmeticæ institutionis (346); — Excerpta ex Themistio (358), — Sexto Empirico (366), — Olympiodoro in Gorgiam (397); — Theodori Gazæ : Ὅτι ἡ φύσις βουλεύεται (417); — Georgii Trapezuntii epistolæ (417 v°); — Metaphrasis viaticorum Isaaci Israelitæ Arabici medici (421); — Excerpta ex Artemidoro (429), — Thucydide (437), — Herodoto (461), — Diodoro Siculo (485) — Theophylacti Simocattæ historia Mauriciana (507); — Series imperatorum CP. (517); — Ex Nicephoro Gregora (519); — Notæ Ism. Bullialdi in Theodori Ducæ Lascaris historiam (529), — de paschate Musulmanorum et diebus festivis eorum (545); — Calendarium vetus arabo-græcum (553); — « Collectanea de rebus Arabum in Sicilia excerpta ex historia Abulphedæ, interprete M. Obelio Citerone » (558); — « Diploma et capitulationes pacis inter Abuissac et Vibaldum legatum Friderici imp., a. f. 628, interprete M. Obelio Citerone » (568); — Menses Ægyptii (570); — Excerpta ex Flavio Josepho (574); — Stephani Byzantii fragmentum de urbibus (580); — Epistola Dungali ad Carolum magnum (591).

XVII s. Pap. 593 fol. *M.*

293. Origenis contra Celsum libri IX.

XVI s. Pap. 304 fol. (N.-Dame.) *M.*

294. Eunomii apologeticus (2); — « Avisi da diverse parti. N. 60, 28 jul. 1706. », impr. in-4° (20).

XVI s. Pap. 20 fol. (Reg. 3362, 2.) *M.*

295-297. Correspondance et papiers de Michel Fourmont relatifs à ses voyages en Grèce et en Égypte. — [N° 297 fol. 229 :] Abrégé de grammaire irlandaise.

XVIII s. Pap. 666, 620 et 388 fol. *G. P.*

298. Catalogus codd. mss. græcorum Bibliothecæ regiæ.

XVI s. (Copié par Constantin Palæocappa.) Pap. 90 fol. *M.*

299. « Instituta ad rem militarem pertinentia ex Polybii libro historiarum VI. », latine.

XVII s. Pap. (Devenu Latin 10279.)

300. Numéro attribué par erreur au ms. Scandinave 23.

301. Papiers de Fourmont relatifs à ses voyages en Grèce et en Égypte; — parmi lesquels : « Projet de conqueste [de l'Égypte] pour le règne du roi Louis XV. » (101); — Anonymi sermones varii, græce, a. 1633. et 1659. (334); — « Instruction au s^r Borie s'en allant dans les Eschelles du Levant y porter les capitulations renouvellées, le 5 juin 1673. » (572), etc.

XVII-XVIII s. Pap. 704 fol. *G.*

302. Papiers de Fourmont principalement relatifs aux pierres, gnostiques, etc.

XVIII s. Pap. (Devenu latin 9700.)

302 A-C. « Lexicon græco-latinum, ...Jacobi Tusani studio locupletatum. — Parisiis, 1552, » 2 vol. in-fol., cum notis mss. ex Plutarcho.

XVI s. Pap. 1015 et 1051 fol. *M.*

303. Procli, CP. patriarchæ, tractatus de traditione missæ (16); — præmittuntur Constantini Palæocappæ ad cardinalem Lotharingiæ epistola (1), — et index (2); — Divina missa S. Jacobi (19); — Missa S. Basilii magni (58); — Missa S. Joannis Chrysostomi (89); — Collectanea ex Conciliis SS. Patribus, et Scriptoribus ecclesiasticis de missa (105).

XVI s. Copié par Constantin Palæocappa. Pap. 151 fol. Peint. (Sorbonne.) *G.*

304. Matthæi Blastaris syntagma alphabeticum rerum quæ in sacris conciliorum patrumque canonibus et imperatorum legibus exstant (1); — ejusdem synopsis nomocanonis sancti Joannis Nesteutæ (182 v°); — Nicetæ, Heracleensis metropolitæ, responsa canonica ad Constantinum episcopum (115 v°); — Nicephori confessoris canones viginti septem (186); — Matthæi Blastaris capita XXIV. e Joannis Citrii responsis canonicis (187 v°); — Officia magnæ ecclesiæ (192 v°); — Canones apostolorum (192 v°), — Canones conciliorum Nicæni, Constantinopolitani primi, Ephesini, Chalcedonensis, Quinisexti, Nicæni secundi, Constantinopolitani primi et secundi, in templo S. Sophiæ, Ancyrani, Neocæsariensis, Gangrensis, Antiocheni, Laodiceni, Sardicensis, Carthaginiensis (196 v°); — Dionysii Alexandrini ad Basilidem epistola (251 v°); — Petri, Alexandrini canones (251 v°); — S. Gregorii Neocæsariensis epistola canonica (253); — S. Basilii ad Amphilochium epistolæ canonicæ tres (253 v°); — ejusdem de ciborum differentia (257); — ejusdem epistola ad Gregorium presbyterum (262 v°); — S. Gregorii Nysseni ad Letoium epistola canonica (262); — Timothei Alexandrini responsa canonica (267); — S. Athanasii epistola ad Amunem monachum (268); — Theophili Alexandrini canones X. (269 v°); — S. Cyrilli Alexandrini epistola ad episcopos Libyæ et Pentapoleos (269 v°); — S. Gregorii Nazianzeni versus de libris V. et N. Testamenti legendis (270); — S. Amphilochii versus ad Seleucum de eodem (270 v°); — S. Joannis Chrysostomi canonicon (271); — Tabula graduum cognationis (271 v°); — Series ecclesiarum CP. patriarchæ subjectarum, a Leone Sapiente disposita (273); — Glossæ latino-græcæ (273 v°); — S. Basilii epistolæ de sancta communione fragmentum (274); — Opiniones hæresiarcharum (274); — Theodori, Scythopoleos episcopi, anathemat. xii. doctrinæ Origenianæ (274 v°); — Menses Atheniensium, Græcorum, Hebræorum, Ægyptiorum et Romanorum (275); — Theodori Balsamonis responsa ad quæstiones canonicas Marci, Alexandrini patriarchæ (275 v°); — Synodi CP., sub Alexio Comneno, responsa ad monachorum quorumdam quæstiones (294); — Petri, Antiocheni patriarchæ, epistola ad Dominicum Gradensem de azymis (301 v°).

XVI s. Pap. 304 fol. (N.-Dame.) *M*.

305. Joannis Curopalatæ synopsis historiarum imperatorum CP. a Nicephoro ad Isaacum Comnenum.

Copié en 1557 par Jean Damascène de Corona. Pap. 210 fol. (Dominicains.) *M*.

306-307. Alexandri Aphrodisiensis commentarius in libros I-IV. et VI-XII. metaphysicorum Aristotelis.

XVI s. Pap. 212 et 169 fol. (Dominicains.) *M*.

308. Acta concilii CP. V. (1); — Origenis de catechesi : Ὁ τῆς κατηχήσεως λόγος... (140); — Theodori Raithuensis oratio de incarnatione divina (184).

XV s. Parch. 204 fol. *M*.

309. Manuelis Palæologi oratio funebris in Theodorum fratrem; accedit imago Manuelis Palæologi (VI).

XV s. Parch. vi pages et 49 fol. Peint. (Dominicains.) *P*.

310. Theodori [Gazæ] grammatica, cum scholiis (1); — Scholia in Sophoclis Ajacem lorarium : Πεῖράν τιν' ἐχθρῶν... (56); — Theodori Alexandrini opusculum de prosodia (152); — Anomala verborum : Ὄλλυμι ἐνεστώς, καὶ ὀλλύω... (194).

XVI s. (Copié, en partie, par André Darmarios.) Pap. 208 fol. (Jésuites d'Anvers.) *P*.

311-313. Photii Amphilochia. — [N° 313, fol. 272 v°:] Photii adversus recentes Manichæos, sive Paulicianos, libri IV.

XVIII s. Pap. 456, 400 et 395 fol. P.

314. Aristotelis de generatione et corruptione libri II., cum scholiis (22), — de meteoris libri IV. (42), — de coloribus (89), — de anima libri III., cum scholiis (100), — de sensu et sensibilibus, cum scholiis (133), — de memoria et reminiscentia (143), — de somno et vigilia (146), — de longitudine et brevitate vitæ (154 v°), — de juventute et senectute, vita et morte (160); — Alexandri Aphrodisiensis commentarius in Aristotelis libros IV. de meteoris (173).

XIV s. Bombyc. 292 fol. P.

315. Initia epistolarum et sermonum SS. Patrum Græcorum.

XVII s. Pap. 110 fol. (S.-Germain.) M.

316. Joannis Tzetzæ (?) scholia in Anthologiam græcam (1); — « Joseph Voysin in titulum Anthologiæ 26. de celeriter scribentibus, » latine (124); — Hesychii lexicon [A], cum notis (127).

Copié en 1579 par André Darmarios. Pap. 180 fol. (Petits-Pères.) M.

317. Silvestri Syropuli historia synodi Florentinæ (1), — cum interpretatione latina Jacobi Goar (108); — « Confutatio scripti editi a Fausto Socino, a. 1589, adversus Chiliastas, per Franciscum Puccium Filidinum, » latine (250); — « Fragmentum objectionum, » latine (255); — Alexandri IV. bulla de Cypro, 1260. (259).

XVII s. Pap. 262 fol. (Dominicains.) M.

318. Barlaami Calabri supputandi artis libri VI. (1); — Index operum fratris Francisci, Prædicatoris magnæ urbis Romæ, græce (64).

XVI s. Pap. 71 fol. (Dominicains.) M.

319. Joannis Stobæi florilegium.

XVI s. Pap. 307 fol. (Jésuites de Cologne.) M.

320. « Lexicon græco-latinum. Basileæ, ex off. Valderiana. 1541, » in-fol.; cum additionibus mss.

XVI s. Pap. 586 fol. (S.-Germain.) M.

321. «Præcepta græca a Jacobo Lescot tradita, a. 1662.»

XVII s. Pap. 247 fol. (Petits-Pères.) P.

322. Anonymi explicatio regularum quarumdam ad grammaticam pertinentium : Περὶ τῆς συντάξεως τοῦ λόγου διδασκαλία... (1); — de modis poeticis : Φράσις ἐστὶ λόγος... (48); — de rhetorica et logica : Ὑπερβολὴ, ἔμφασις, ἐνέργεια... (53 v°); — de quinque dialectis : Διάλεκτοί εἰσι πέντε... (61); — Κζ΄ πάθη τῶν λέξεων (67); — De Theocrito quædam : Θεόκριτος ὁ τῶν βουκολικῶν... (71).

XVI s. Copié (en partie) par Ange Vergèce. Pap. 74 fol. (Feuillants.) P.

323-324. « Anonymi onomasticon metallicum : « Ἄλευρον, τό. Farina..., » gr.-lat. (1). — [N° 324.] Tractatus de liturgia græcorum (7); — Onomasticon verborum quæ occurrunt in officio et ritibus græcorum » (86).

XVIII s. Pap. 91 fol. (S.-Germain.) M.

325. Theodori Balsamonis commentariorum in canones SS. Apostolorum et Conciliorum excerpta, e cod. Basileensi A. III. 6.

XVII s. 334 fol. Pap. (Petits-Pères.) P.

326. Anonymi logica, philosophia moralis, metaphysica et physica.

XVII s. Pap. 324 fol. (Dominicains.) P.

327. Georgii Syncelli chronographia (1); — Theophanis chronographia (162 v°).

XVI s. (Copié par André Darmarios.) Pap. 1031 fol. (Dominicains.) P.

328. Hipparchi enarrationum ad Arati et Eudoxi phænomena libri III. (1); — ejusdem liber de duodecim signorum ascensione (58); — ejusdem liber asterismorum (64).

XVI s. Pap. 93 fol. (N.-Dame.). P.

329. Th. Canteri « Eleusinia, sive de Eleusinæ Cereris sacris ac festis. »

XVI s. Pap. 23 et 149 fol. (Jésuites d'Anvers.) P.

330 A. Vettii Valentis Antiocheni anthologiæ astronomicæ libri VIII., cum notis P.-D. Huet.

XVII s. Pap. 94 fol. (Huet.) P.

330 b. Vettii Valentis Antiocheni anthologiæ astronomicæ libri VIII.

XVI s. Pap. 68 fol. (Huet.) *P*.

331. Zachariæ Scholastici Ammonius, seu de mundi æternitate.

XVII s. Pap. 60 pages. (Jésuites.) *P*.

332. Aristotelis physicorum libri VIII. (3), — de anima libri III. (113), — de animalium incessu (161), — de sensu et sensibilibus libri II. (175), — de memoria et reminiscentia (191), — de somno et vigilia (196 v°), — metaphysicorum libri XIV. (220).

XV s. Pap. 382 fol. (N.-Dame.) *M*.

333. Aristotelis de partibus animalium libri IV. (1), — de generatione animalium libri V. (79), — mechanica (163), — de animalium incessu (177), — de sensu et sensibilibus libri II. (188), — de memoria et reminiscentia (201), — de somno et vigilia (205), — de animalium motione (216 v°), — de longitudine et brevitate vitæ (223).

XVI s. Pap. 244 fol. (N.-Dame.) *M*.

334. S. Basilii epistolæ (1); — S. Gregorii Nazianzeni epistolæ (154).

XVI s. Pap. 206 fol. (N.-Dame.) *G*.

335. Claudii Ptolemæi harmonicorum libri III.

XVI s. Pap. 68 fol. (N.-Dame.) *M*.

336. Procli Diadochi commentarius in Platonis Alcibiadem I. (1); — Theonis Smyrnæi tractatus de iis quæ in mathematicis ad Platonis lectionem utilia sunt (129); — Dominici Molini elogium a Pantaleonte Maximo (173).

XVI s. Pap. 182 fol. (Dominicains.) *M*.

337. S. Dionysii Areopagitæ de cælesti hierarchia (1), — de hierarchia ecclesiastica (39 v°), — de divinis nominibus (77), — de mystica theologia (171), — epistolæ decem (177).

XVI s. Pap. 197 fol. (N.-Dame.) *M*.

338. Pauli Æginetæ de re medica libri I-VI. (1); — De lapidibus et figuræ astrologicæ (184).

XIV s. Pap. 186 fol. (N.-Dame.) *M*.

339. S. Gregorii Nazianzeni orationes in Pascha et in tarditatem (3), — in Pascha (5), — in novam Dominicam (20 v°), — in sanctam Pentecosten (25), — in Macchabæos (33 v°), — in laudem Cypriani martyris (41), — de sermonibus (49), — in sacra lumina (56 v°), — in S. Basilium (64), — in Christi nativitatem (102 v°), — in sanctum baptisma (111), — ad Gregorium, fratrem S. Basilii (136), — ad Athanasium, Alexandriæ episc. (139 v°), — valedictoria coram cl. episcopis (155), — ad Heronem post reditum e fuga (168), — de pauperibus caritate complectendis (177 v°), — in plagam grandinis (196 v°), — ad Nazianzenos et ad præfectum irascentem (206 v°), — de theologia (212 v°), — de dogmate et officio episcoporum (228), — de Filio orationes duæ (233), — de Spiritu sancto (252 v°), — adversus Eunomianos (265 v°), — contra Arianos et de se ipso (270), — de se ipso et ad eos qui dicebant episcopatum CP. ab ipso affectari (277), — ad Evagrium de deitate (282).

XVI s. Pap. 282 fol. (N.-Dame.) *M*.

340. Alexandri Aphrodisiensis commentarius in Aristotelis librum de sensu et sensibilibus (2 et 108); — Michaelis Ephesii commentarius in Aristotelis librum de memoria et reminiscentia (77 v°); — Procli Diadochi institutio physica, sive de motu (98).

XVI s. Pap. 177 fol. (N.-Dame.) *P*.

341. S. Gregorii Nysseni homilia de paradiso (5); — Versus in S. Basilium (9 v°); — Nicetæ epigramma in S. Gregorium Nyssenum (10); — S. Gregorii Nysseni capita xxx. de hominis opificio (10); — S. Gregorii Nazianzeni tragœdia, Christus patiens (96); — Zoroastris oracula magica, cum Gemisti Plethonis commentario (158); — S. Ignatii Antiocheni epistolæ ii-xii. (168); — « Octoginta quinque regulæ seu canones apostolorum, cum vetustis Joannis monachi Zonaræ in eosdem commentariis. Parisiis, A. Wechel, 1558, » in-4°. (224); — « Collectio sententiarum ex veteribus poetis : Theognide, Phocylide, anonymo Pythagorico, Solone, Tyrtæo, Naumachio, Callimacho, Mimnermo, Eveno, Rhiano, Eratosthene, Panyaside, Lino, Menecrate, Posidippo, Metrodoro et Simonide. Parisiis, A. Turnebus, 1553, » in-4°. (276).

Copié en 1533-1535. Pap. 321 fol. (N.-Dame.) P.

342. « Jo. Viti Pergeri in Hesychii lexicon, accurante Corn. Schrevelio editum, annotationes » (3); — Index scriptorum in Hesychio laudatorum a Joanne Pricæo confectus, recognitus a Jo. Vito Pergero (171); — Jo. Viti Pergeri pinax auctorum heptaplus : I. In Demetrii Alexandrini libellum περὶ ἑρμηνείας, ed. Oporini, 1557. (179); — II. In Diogenem Laertium, ed. H. Steph. 1570. (180); — III-V. In scholiasten Sophoclis (187 v°), — Euripidis (189 v°) — et Aristophanis (191 v°); — VI. In Sophocleum scholiasten Apollonii Rhodii (198 v°); — VII. In A. Gellii noctes atticas (203).

XVIII s. Pap. 212 fol. P.

343. Psalterium, cum canticis (9); — præmittuntur varia de computo (1026-1027), præces, etc. (1).

XI s. Parch. 170 fol. (S. Pierre de Beauvais. — N.-Dame.) P.

344-346. Index alphabeticus initiorum librorum Patrum et aliorum scriptorum græcorum.

XVIII s. Pap. 578 et 192 pages. (S.-Germain.) G.

347-351. Mss. de Brunck : [N° 347.] Aristophanis Plutus (1), — Ranæ (29), — Thesmophoriazusæ (65), — Lysistrata (94). — [N°ˢ 348-351.] Anthologia epigrammatum græcarum.

XVIII s. Pap. 124, 147, 161, 186 et 126 fol. G.

352. Fragmentum ex Joannis Moschi gerontico, s. x., parch. (1); — Himerii Bithyni orationes (5); — Æliani de natura animalium libri XVII. (23); — ejusdem variarum historiarum libri XIV. (106 v°); — Heraclidis Pontici fragmenta de rebus politicis (132); — Theodosii Diaconi de Cretæ expugnatione (135); — Philostrati epistolæ amatoriæ (140 v°); — Theophylacti Simocattæ epistolæ rusticæ, amatoriæ et morales (142); — Hippocratis epistola ad Ptolemæum regem (145 v°); — De Paschate inveniendo (145 v°); — Bruti epistolæ (145 v°); — De Laconum breviloquio : Ὅτι οἱ Λάκωνες βραχυλόγοι... (148); — Alciphronis epistolæ (148); — Philostrati epistolæ amatoriæ (150); — Encomium agriculturæ : Τὴν γεωργίαν ἐπαινοῦσι μὲν οἱ σοφοί... (150 v°); — Fragmentum de Trinitate (151); — Stephani declamatio de horto (152 v°); — Joannis Geometræ hymni quinque in Virginem (153 v°); — Carmina varia [Cramer, *Anecd. Paris.*, IV, 265-388] (155 v°).

XIII s. Bombyc. 182 fol. (Vatican. 997.) *M*.

353-379. Mss. de Brunck : [N° 353.] Æschyli VII ad Thebas (1 v°); — Euripidis Phœnissæ (61 v°). — 168 fol.

[N° 354.] Aristophanis vita (2); — Aristophanis Plutus (2), — Ranæ (32), — Thesmophoriazusæ (68 v°), — Lysistrata (97). — 134 fol.

[N° 355.] Aristophanis Ecclesiazusæ (1), — Nubes (27), — Equites (59), — Acharnenses (89). — 115 fol.

[N° 356.] Aristophanis Vespæ (1), — Pax (31), — Aves (58). — 94 fol.

[N° 357.] Aristophanis Nubes (1), — Ecclesiazusæ (35), — Equites (63), — Acharnenses (91 v°). — 116 fol.

[N° 358.] Aristophanis Aves (1), — Vespæ (39), — Pax (71). — 98 fol.

[N° 359.] Æschyli Prometheus vinctus (1 v°), — Persæ (66 v°). — 125 fol.

[N° 360.] Sophoclis Ajax lorarius. — 80 fol.

[N° 361.] Sophoclis Oedipus tyrannus. — 91 fol.

[N° 362.] Sophoclis Oedipus Coloneus. — 110 fol.

[N° 363.] Sophoclis Electra. — 90 fol.

[N° 364.] Sophoclis Trachiniæ. — 69 fol.

[N° 365.] Sophoclis Philoctetes. — 89 fol.

[N° 366.] Sophoclis Antigone. — 75 fol.

[N° 367.] Æschyli Prometheus vinctus (1), — Septem ad Thebas (25). — 47 fol.

[N° 368.] Æschyli Persæ (1); — Sophoclis Antigone (25). — 53 fol.

[N° 369.] Sophoclis Philoctetes. — 67 pages.

[N° 370.] Sophoclis Oedipus tyrannus. — 70 pages.

[N° 371.] Sophoclis Trachiniæ. — 56 pages.

[N° 372.] Sophoclis Electra. — 68 pages.

[N° 373.] Sophoclis Ajax lorarius. — 65 pages.

[N° 374.] Sophoclis Oedipus Coloneus. — 83 pages.

[N° 375.] Euripidis Andromache (1), — Medea (53). — 111 pages.

[N° 376.] Euripidis Rhesus (1), — Ion (44 v°). — 117 pages.

[N° 377.] Euripidis Hecuba (1), — Hippolytus (57). — 118 pages.

[N° 378.] Euripidis Phœnissæ. — 81 pages.

[N° 379.] Euripidis Orestes. — 78 pages.

XVIII s. Pap. *M*.

380-381 et 381 A. J. Séguier, « Repertorium auctorum qui inscriptiones antiquas ediderunt, » latine.

XVIII s. Pap. (Devenus Latins 16929-16931.)

382. J. Séguier, « Inscriptiones quæ in diversis Italiæ urbibus reperiuntur. »

XVIII s. Pap. (Devenu Latin 16932.)

383. Hesiodi theogonia (1) ; — Oppiani cynegeticorum libri IV. (23); — Variæ lectiones ad Oppianum, e cod. Reg. 2218. (66).

XVIII s. Parch. 69 fol. (Brunck.) *M*.

384. Codicis Anthologiæ Palatini pars altera [XIV-XV, — fol. 615-662] : Problemata arithmetica, ænigmata, oracula Socratis et aliorum (1);— Metrodori epigrammata arithmetica (9); — Joannis grammatici Gazæi explicatio tabulæ mundi (15); — Carmina varia [XV, 1-8] (25 v°), — Cyri poetæ, Leonis philosophi (26 v°), — Constantini Siculi, Theophanis, Constantini Rhodii (27); — Theocriti syrinx (28); — Dosiadæ ara (29 v°); — Besantini Rhodii ovum hirundinis (30 v°); — Anacreontis convivalia semi-ïambica (31); — S. Gregorii Nazianzeni carmina (39 et 41); — Anastasii τοῦ Τραυλοῦ (40 et 46 v°), — Ignatii, Arethæ diaconi, Theophanis et Cometæ carmina (40 et 46); — Carmina varia [XV, 41-51] (47).

X s. Parch. 48 fol. (Palatin. Vat. 23, 2.) *M*.

385. Psalmi, XVIII, 13 — LXXII, 10 ; gr.-lat.

VII s. Parch. Onciale. (Devenu Coislin 186.)

386. J. Séguier, « Index antiquarum inscriptionum. »

XVIII s. Pap. (Devenu Latin 16933.)

387. Anonymi de cælo : Οὐρανός ἐστιν περιοχή... (5) ; — Anonymi de mensuris : Εἰδέναι χρὴ ὅτι ὁ δάκτυλος... (13) ; — Anonymi geometria : Σημεῖον ἐστίν οὗ μέρος... (13) ; — Heronis geometria (14 v°) ; — ejusdem explicatio terminorum geometriæ (63) ; — ejusdem petitiones (81) ; — Anatolii Alexandrini excerpta (94 v°) ; — Heronis stereometria (96) ; — Didymi Alexandrini mensuræ marmorum et lignorum (105) ; — Heronis εἰσαγωγαί, etc. [Acad. d. Inscr., *Mém. d. div. Sav.*, IV, 1, 189-90] (107 v°) ; — Ψηφηφορικὰ ζητήματα καὶ προβλήματα... (118 v°); Χρήσιμοι εἰς τοὺς λογαριασμοὺς μέθοδοι. Σῖτον ἠγόρακα... (128); — De numeris : Πᾶς δὲ ἀριθμός... (141) ; — Fragment astronomique : Σελήνην καὶ ἀστέρας... (142 v°) ; — Fragments arithmétiques et comput : Μέρισον τό α' εἰς ε'... (148) ; — Eratosthenis cribrum arithmeticum (151) ; — Ἑτέρα ψηφιφορία..., etc. Τεσσαράκοντα νομίσματα... (152) ; — Ex Hipparcho : Ἄρκτος μεγάλη... (162) ; — Μεγάλη καὶ ἰνδικὴ ψηφιφορία. Εἴπωμεν δὲ καί... (163) ; — Ex arithmetica Diophanti (181) ; — Νοταρικὴ ἐπιστήμη. Οἶδας, ὦ ἀδελφέ, ὅτι τὸ νόμισμα... (181 v°) ; — Ἀρχὴ τῶν παραπέμπτων. Ἴσθι ὁπόταν ἐρωτηθῇς... (209) ; — Chronicon imperatorum Constantinopolit. a Constantino I. ad Michaelem IV. (212).

XIV s. Bombyc. 219 fol. (Modène.) P.

388. De Homeri centonibus : Βίβλος Πατρικίου... (2) ; — Homeri centones Patricii episcopi, Eudociæ augustæ et Cosmæ Hierosolymit. (4) ; — [Posidippi] epigramma in Temporis statuam (45) ; — Scholia in Dionysium Periegeten : Ἀρχόμενος.] Θεοῦ μὲν ποιητικοῦ... (45 v°) ; — Theognidis sententiæ elegiacæ, cum interlineari s. XII. versione latina (46) ; — Phocylidis carmina, cum simili interpretatione (75 v°) ; — Coluthi carmen de raptu Helenæ (80) ; — Antipatri epigrammata duo de patria Homeri (88) ; — Dionysii Alexandrini orbis descriptio, cum latina versione interlin. s. XII. (89).

X s. Parch. 113 fol. (Modène.) P.

389-392. Mss. de Brunck. — [N° 389.] Collationes Sophoclis (1), — Euripidis (262) — et Aristophanis (294). — 356 fol.
[N° 390.] Sophoclis Ajax (1), — Oedipus tyrannus (25 v°), — Oedipus Coloneus (55), — Philoctetes (90 v°), — Electra (122), — Antigone (149), — Trachiniæ (173) ; — Euripidis

Medea (200), — Hecuba (225), — Orestes (250), — Andromache (282 v°), — Supplices (306), — Iphigenia in Aulide (329), — Pentheus (362), — Rhesus (396). — 417 fol.

[N° 391.] Collectanea gnomica : Theognidis sententiæ (1, 165, 189 et 252 v°); — Mimnermi (50, 225 et 239), — Solonis (52, 227 v° et 240), — Tyrtæi (60 v°), — Simonidis (65 et 243), — Panyasidis (72 v°), — Rhiani (73), — Eveni (73 v°), — Callimachi (75), — Eratosthenis (75 v°), — Menecratis (75 v°), — Posidippi (75 v°), — Metrodori (75 v°), — Callini (95 et 237), — Phocylidis (95 v° et 243), — Pythagoræ (105 v° et 246 v°), — Naumachii versus (110); — « Sententiæ monostichæ ex diversis poetis » (114 et 79) ; — « Hymne de Cléanthe à Jupiter traduit en vers par M. de Bougainville » gr.-fr. *impr.* (119); — « Cleanthis hymnus ad Jovem, Jacobo Du Porto interprete » (123); — Hesiodi Opera et dies (125); — « Sententiæ ex Hesiodi Operibus et diebus excerptæ a Joanne Stobæo, latinis versibus redditæ ab Hugone Grotio (156); — Pseudo-Phocylidis versus, qui apud Stobæum sunt (164 v°); — Naumachii nuptialia monita (163 v°), — Lini (162 v°), — Panyasidis (162), — Rhiani (161 v°), — Eveni (161), — Eratosthenis versus, H. Grotio interprete (160 v°); — Posidippi et Metrodori carmina, interprete Raymundo Cunichio » (160 v°); — Theognidis sententiæ (165) ; — « Variæ lectiones et notæ in Theognidis gnomas » (213); — Tyrtæi elegiæ II, et III, interprete H. Grotio (237 v°) ; — Elegia, Philippo Melanchtone auctore (241 v°). — 253 fol.

[N° 392.] Collationes Oppiani (5), — et Lycophronis (74 v°); — M. A. Salvini notæ in Anthologiam, Menandrum et Philemonem (79); — Varia de Anthologia (93); - Agathiæ Scholastici collectio novorum epigrammatum (153); — Callini Ephesii fragmentum (160); — Archilochi Parii epigrammata (160); — Symmicta heroïca (167); — Epigrammata Constantinopolitana (174); — Collationes Apollonii Rhodii Argonauticorum (184), — Luciani asini (222), — Alciphronis epistolarum (227), — Homeri hymnorum (231); — « Remarques sur la nouvelle édition de Longus » (251); — Lettres de Larcher [à Brunck] sur Villoison, 1782-1785. (267); — Wyttenbach ad Brunckium epistola, 29 apr. 1783. (273). — 276 fol.

XVIII s. Pap. *M.*

393. Euripidis Hecubæ v. 784-1297. (1), — Orestis v. 1-772, et 905-1053. (12), — Phœnissarum v. 923-1080. (31); — Sophoclis Oedipodis Colonei v. 63-92. (34).

XV s. Pap. 34 fol. (Brunck.) *P.*

394. Notitiæ et excerpta e codd. græcis mss. vitas sanctorum complectentibus et in bibliotheca Regia asservatis (1); — Notitia mss. S. Theodori Studitæ (791).

XVIII s. Pap. 1307 pages. (Blancs-Manteaux.) *M.*

395. Scholia et castigationes in Aristophanis comœdias (1); — Theodoreti historia religiosa (174); — ejusdem sermo de caritate (192 v°); — ejusdem sermo asceticus per interrog. et respons. (201); — Dionysii Halicarnassei liber de structura orationis (216); — Hermetis Trismegisti Pœmander (231).

XVII s. Pap. 240 fol. (Jésuites.) *M.*

396-398. Condos, Plutarchi vitarum parallel. (396), — moralium collationes (397), — et notitiæ mss. (398).

XVIII s. Pap. 460, 512 et 580 fol. *P.*

399. S. Athanasii homilia de cæco nato (1); — ejusdem in censum S. Mariæ et in Josephum (7); — S. Gregorii Nysseni oratio de Psalmorum inscriptionibus (11); — ejusdem homiliæ de infantibus qui præmature abripiuntur (45), — adversus Apollinarium (65), — in ascensionem Domini (73), — adversus eos qui differunt baptisma (81), — ad eos qui durius alios judicant et conversione indigent (87), — in Pentecosten (95), — summaria descriptio veri scopi vitæ asceticæ (99); — S. Joannis Chrysostomi homiliæ in mysticam cœnam Salvatoris (109), — in crucem et latronem, in secundum Christi adventum, et de illo : Frequenter orare pro inimicis oportet (116), — in sepulturam et resurrectionem Christi (122), — in mediam jejunii hebdomadem (127), — de perfecta caritate ecloga (128), — de jejunio et Davide (136), — in illud : Attendite ne eleemosynam faciatis coram hominibus (142), — in decem virgines (146), — in parabolam de ficu (150 et 182), — in illud Matth. (IV, 6) : Si filius Dei es, dejice te ipsum (154), — in illud : Non satis est omnino, vel ut evenit, etc. (159), — in

Christi transfigurationem (162), — in mediam Pentecosten (164), — de futuræ vitæ deliciis (166), — in Martham, Mariam, Lazarum et Eliam (170), — in decem virgines (176), — in meretricem et Pharisæum (180); — Theodori Mopsuestæ responsum ad S. Joannis Chrysostomi orationem de pœnitentia et de venia non desperanda (192); — S. Cyrilli Alexandrini epistola ad Eusebium presbyterum (198); — ejusdem epistola ad Maximum, diaconum Antiochenum (199); — ejusdem hypomnesticon (200); — Amphilochii Iconiensis orationes in Domini occursum (202), — in Deiparam et in Symeonem (206), — in mulierem peccatricem (213); — Theodori Mopsuestæ homilia in vitam et exsilium S. Joannis Chrysostomi (222).

XVI s. (Copié par J. Sirmond.) Pap. 229 fol. (Clermont.) P.

400. S. Joannis Chrysostomi homiliæ in illud : Salutate Priscillam et Aquilam (4), — in illud Apostoli : Quando vero venit Petrus Antiochiam, in faciem restiti illi (9), — in martyres (25), — altera in martyres (27), — de prophetiarum obscuritate (35), — de veteris Testamenti obscuritate (47), — adversus eos qui aiunt a dæmonibus gubernari mundum (62), — non esse ad gratiam concionandum (69), — ad eos qui aberant ab ecclesia, et de cura fratrum (77), — in eos qui longiora exordia reprehendunt, et de nominum mutatione (87), — quod tacere non sit sine periculo, et quare Acta legantur in Pentecoste (95), — de paralytico per tectum immisso (109), — de peccato et confessione eclogæ (123), — de pœnitentia (133 v°), — in Petrum et Eliam (141); — « Index diversarum homiliarum ex codd. bibliothecæ Genuensis » (149); — Index ecloges sermonum S. Joannis Chysostomi (155); — « Index operum S. Joannis Chrysostomi, quæ a Theodoro magistro in ecloge citantur » (157); — « Index vitarum SS. et sermonum qui de iisdem et diebus festis » (161).

XVI s. (Copié par J. Sirmond.) Pap. 166 fol. (Clermont.) P.

401. S. Theodori Studitæ catechesis parva.

XVI s. (Copié par J. Sirmond.) Pap. 143 fol. (Clermont.) P.

402-403. Apparatus in editionem S. Theodori Studitæ.

XVIII s. Pap. 476 et 463 fol. (Blancs-Manteaux.) P.

404, A et B. Eustathii Thessalonicensis in Iliadem Homeri commentarii versio latina a Cl. Capperonnier.

XVIII s. Pap. (Devenus Nouv. acq. lat. 2074-2076.)

405 et A. J. Séguier, « Index inscriptionum quotquot in libris editis leguntur. »

XVIII s. Pap. (Devenus Latins 16934-16935.)

406. « Matthæi Blastaris collectio elementaris sacrorum et divinorum canonum, » cum interpretatione latina Jacobi Goar.

XVII s. Pap. 353 fol. (Dominicains.) *M.*

407. Lectiones veteris et novi Testamenti (2) ; — Anonymi orationes IV. περὶ τῆς βασιλείας Μιχαὴλ τοῦ Ἐξαμορίου, Θεοφίλου υἱοῦ Μιχαὴλ et Μιχαὴλ τοῦ υἱοῦ Θεοφίλου : Καὶ τοῦτο πάντως τῶν σῶν... (15) ; — Anonymi oratio : Ἦν μοι προθυμία καὶ ἔφεσις... (91) ; — Petri Laodicensis orationes tres (107) ; — Sisinnii, CP. patriarchæ, orationes tres (114) ; — Excerpta e vita et collectaneis S. Niconis (126) ; — Procolai, Mediolanensis episcopi, oratio de eo quod ex Filio Spiritus sanctus procedit (140) ; — Joannis, monachi Phurnensis, oratio de eodem (144) ; — Eustratii, Nicæni metropolitæ, eclogæ (149 v°); — Michaelis patriarchæ oratio ad Petrum Antiochenum, cum Petri Antioch. responsione (150) ; — Excerptum e catena in Genesim (156 v°) ; — Lucæ, Bosiensis episcopi, orationes sex (158) ; — Eusebii, Alexandrini episcopi, orationes (176) — et vita (219 v°).

Copié en 1592 (par J. Sirmond). Pap. 228 fol. (Clermont.) *P.*

408-409. Apparatus in editionem S. Theodori Studitæ.

XVIII s. Pap. 521 et 388 fol. (Blancs-Manteaux.) *P.*

410. « Correctiones in libros Theophrasti περὶ φυτῶν ἱστορίας, καὶ περὶ φυτῶν αἰτιῶν, ἢ περὶ φυτικῶν αἰτιῶν, ut legunt Varro et Athenæus, ex duobus exemplaribus antiquis atque ex observationibus Roberti Constantini collectæ, quem plurimum Jacobi Dalechampii, Cadomensis, medici litteratissimi, et R. Solenandri, Germani, item medici admodum eruditi, diligentia in hoc opere vigiliæ laboresque juverunt. »

XVI s. Pap. 74 fol. *M.*

411. S. Bochart poemata græco-latina (1) ; — ejusdem

« Paradisus, sive de loco Paradisi terrestris », latine (19); — ejusdem « du lieu du paradis terrestre » (97).

XVII s. Pap. 140 fol. (Huet.) P.

412-413. Apparatus in editionem S. Theodori Studitæ.

XVIII s. Pap. 276 et 354 fol. (Blancs-Manteaux.) G. M.

414-415. Collationes operum S. Theodori Studitæ.

XVIII s. Pap. 341 et 242 fol. (Blancs-Manteaux.) M.

416. « Table alphabétique des matières qui concernent les écrits, la personne et les choses liées à l'histoire de S. Théodore Studite, pour servir à l'édition de ses ouvrages... 1739. »

XVIII s. Pap. 399 fol. (Blancs-Manteaux.) M.

417. Apparatus in editionem operum Theodoreti. — Folio 147 : Epistola Abr. Gronovii ad B. de Montfaucon, 13 cal. oct. 1727.

XVIII s. Pap. 184 fol. (S.-Germain.) M.

418. Apparatus in editionem operum S. Basilii (1); — « Catalogus codicum RR. PP. S. Basilii græcorum, qui nuper ex Calabria advecti sunt, 1699-1700. » (54); — Collectanea Joannis Le Maître, San-Dionysiani monachi, inter quæ chronica Cruciferorum in Polonia (227 v°); — « Catalogi mss. quos collegit... D. B. de Montfaucon, exscripsit vero et locupletissimo... indice ornavit D. Joannes Le Maître, 1720. » (245).

XVIII s. Pap. 308 fol. (S.-Germain.) M.

419. « De hymnographorum græcorum poetica dissertatio, auctore D. C. F. Toustain, » latine (2); — « Angelo Mariæ Quirino... cardinali, bibliothecario apostolico, C. F. Tustinus et R. P. Tassinus... » de hymnographis græcis, 1754, in-4, latine, *impr.* (37); — Chronologie sacrée (140); — Homiliæ S. Gregorii Armenorum illuminatoris (65 et 188).

XVIII s. Pap. 230 fol. (Blancs-Manteaux.) M.

420. Apparatus in editionem S. Justini.

XVIII s. Pap. 426 fol. (Blancs-Manteaux.) M.

421. Apparatus in editionem S. Clementis Alexandrini.

XVIII s. Pap. 470 fol. (S.-Germain.) M.

422-423. Apparatus in editionem S. Joannis Chrysostomi.

XVIII s. Pap. 558 et 457 fol. (S.-Germain.) *G. P.*

424. S. Cyrilli Alexandrini contra Julianum libri X.

XVII s. Pap. 648 pages. (Jésuites.) *P.*

425. A. Touttæi « notæ in omnia opera S. Cyrilli Hierosolymitani. »

XVIII s. Pap. 736 fol. (S.-Germain.) *P.*

426. « Remarques de M. Hautin sur George Syncelle, » etc., latine (2); — « Pontificiæ ditionis quæ fuerint in Italia » (751).

XVII s. Pap. 753 pages. (Hautin.) *P.*

427. Georgii Syncelli chronographia in epitome, gr. lat.

XVII s. Pap. ~~Pages 635-1060~~ (Hautin.) *P.*

428. Origenis fragmenta, e catenis a P. Combefisio eruta.

XVII s. Pap. 593 fol. (Huet.) *P.*

429-434. P.-D. Huet, apparatus in editionem Origenis. — [N° 434, fol. 127-205.] Lettres de Bigot, Bochart, Cossart, Cramoisy, Dupuy, Labbe, Lemoyne, Pralard, Ant. Vitré, etc., relatives à l'édition d'Origène de Huet. *M.*

XVII s. Pap. 961, 145, 338 fol., 534, 362 pages, et 262 fol. (Huet.) *P.*

435-438. Apparatus in editionem operum S. Joannis Chrysostomi.

XVIII s. Pap. 805, 681, 686 et 683 fol. (S.-Germain.) *M.*

439-440. Apparatus in editionem operum S. Basilii.

XVIII s. Pap. 583 et 559 fol. (S.-Germain.) *M.*

441. Vita S. Theodori, Edesseni archiepiscopi (1); — Vita S. Sabæ, auctore Cyrillo monacho (59); — Versus lamentabiles Adami et Paradisi (61); — Vita S. Pachomii (64); — « Excerptum de locis librorum apocryphorum vel prophanorum a S. Paulo apostolo citatis » (96); — Varia græco-latina, inter quæ Synesii epistola fratri cv. (99), — et elenchus operum Leonis Allatii (111).

XVII s. Pap. 118 fol. (S.-Germain.) *M.*

442. Νέον ἀνθολόγιον πληρέστατόν τε καὶ ἀκριβέστατον εἰς τὸ τὰς νυχθημέρους κανωνικὰς ὥρας τε, καὶ δεήσεις ἀναγινώσκειν. — Ἐν Ῥώμῃ, ͵αφϟη΄, (1598), in-8; cum notis mss. Jo. Meursii.

XVII s. Pap. 37 fol. et 539 pages. *P.*

443. Marciani Heracleensis periplus libris II. (1); — ejusdem epitome Artemidori Ephesii (49); — Scylacis periplus (62); — Isidori Characeni mansiones Parthicæ (106); — Dicæarchi fragmenta geographica (111); — Scymni Chii poemata geographica (125).

XIII s. Parch. 144 pages. (Pithou.) P.

443 A. Agathemeri geographiæ informatio (2); — Libellus de ventis Aristotelicus (2); — Dionysii Byzantii per Bosporum navigatio (2); — Hannonis periplus (5); — Chrestomathia ex Strabonis geographicorum libro XVII. (6); — Pseudo-Plutarchi liber de fluviorum et montium nominibus (6 v°); — [Anonymi] summaria ratio geographiæ in sphæra intelligendæ (10).

XIII s. Parch. et Pap. 10 fol. (Mynas.) M.

444. Constantini Hermoniaci metaphrasis Iliadis Homeri (1); — Officium et legenda S. Joannis Janinæ (122); — Canon in beatam Virginem (133).

XV s. Copié par le moine David. Pap. 135 fol. P.

445. Aretæi Cappadocis opera medica, cum mss. Bibl. reg. a M. Myna collata.

XIX s. Pap. 521 pages. (Mynas.) M.

446. Galeni therapeuticorum ad Glauconem libri II. (1), — de febri (31 v°), — de pulsu (33 v°); — Remedia pro morbis oculorum (35 v°); — Remedia varia (38 v°); — Organum astronomicum, epistola Petosiris ad Nechepso regem Assyriorum (43 v°); — Hippocratis aphorismi (45), — prognosticon (60), — epistola ad Ptolemæum regem (69 v°); — Galeni definitiones medicæ (70), — de optimis secundum naturam urinis (91), — de urinarum differentia (92), — de pulsibus ad eos qui introducuntur (95); — Stephani, Atheniensis archiatri, libellus ex ore Theophili de febrium differentia (107); — Pauli Æginetæ de re medica liber VI. (114); — Leonis philosophi compendium artis medicæ (146); — Eclogæ ex Oribasio (168).

X s. Parch. 261 fol. (Vienne.) P.

447. Galeni commentarius in aphorismos Hippocratis (1);

— Anonymi quæstio medica : Τί δήποτε τῆς σελήνης... (223) ; — Variæ lectiones utilissimæ : Ἐφηλία, ἡ τοῦ ἡλίου... (223 v°) ; — De præpositionibus : Ἡ ἐν πρόθεσις... (223 v°) ; — De victus ratione : Περὶ ῥοδακίνων. Ὁ μέλλων... (225) ; — Galeni commentarius in Hippocratem de diæta (229) ; — Fragmenta theologica de mundo, homine et anima : Μοῦσῆς μὲν ὁ θεόπτης... (231).

XIV s. Bombyc. et pap. 236 fol. (Vienne.) P.

448 A-K. Mss. de Chardon de La Rochette.

448 A. « Epigrammatum græcorum libri vii, annotationibus Joannis Brodæi illustrati. Basileæ, 1549, » in-fol. ; cum notis mss. s. xvi ; 8 et 649 pages.

448 B. Idem, Francofurti 1600, in-fol. ; cum notis mss. Buherii ex Salmas. exempl. s. xvii ; 6, 648 et 45 pages.

448 C. Photii lexicon, e cod. 2621. Bibl. reg. s. xviii ; 114 fol. G.

448 D. Anthologia græca, e cod. 2742. Bibl. reg. s. xviii ; 57 fol. G.

448 E. « Version latine de l'Anthologie. » s. xvi ; 437 fol.

448 F. « Index carminum et fragmentorum quæ in analectis Brunckii reperiuntur, » aut non, et varia de Anthologia. 168 fol. P.

448 G. Epigrammata græco-latina. 87 fol. et 16 pages. P.

448 H. Nicetæ Eugeniani de Drosillæ et Chariclis amoribus. 127 fol. P.

448 I, 1 et 2. Apparatus in editionem Anthologiæ græcæ, cum epistolis variorum scilicet : Amaduzzi, Spaletti, Rosini, d'Ansse de Villoison, Coray et aliquot Græcorum ad Chardon de La Rochette, et Notitia codicis Anthologiæ græcæ Palatinæ. 305 et 225 fol. G.

448 K. Index Anthologiæ græcæ. s. xviii-xix. 57 fol.

XVI-XIX s. Pap. G. M. P.

449. Ptolemæi harmonica, cum scholiis (5) ; — Porphyrii expositio in priora iv. capita libri I. (120), — et Pappi Alexandrini commentarius in cetera capita libri I. et in lib. II. harmonicorum Ptolemæi (175 v°) ; — Musici canonis divisio :

Ἡ τοῦ κανόνος κατατομή... (233 v°) ; — Gaudentii philosophi isagoge harmonica (240) ; — Aristoxeni harmonicorum elementorum libri III. (251) ; — Ptolemæi musica (279 v°) ; — Alypii isagoge musica (281) ; — Euclidis isagoge harmonica (294 v°).

XV s. Pap. 297 fol. *M*.

450. Nicomachi Geraseni arithmeticæ isagoges libri II. (6) ; — Theonis Smyrnæi de iis quæ in mathematicis ad Platonis lectionem utilia sunt (75) ; — Georgii Pachymeræ opusculum de iride (136) ; — Ptolemæi liber de judicandi facultate et animi principatu (145) ; — Theophrasti characteres (155) ; — Porphyrii sententiæ ad intelligibilia ducentes (161) ; — Procli Diadochi institutionis theologicæ et commentarii in Platonis theologiam fragmenta (174 v°).

XV s. Pap. 183 fol. *P*.

451. Theodosii Tripolitæ sphæricorum libri III. (3) ; — Autolyci liber de sphæra quæ movetur (46) ; — Apollonii Pergæi conicorum libri IV. (54) ; — Eutocii Ascalonitæ commentarius in IV. libros conicorum Apollonii (214).

XV s. Pap. 246 fol. *M*.

452. Heronis liber geeponicus (1) ; — Geoponicorum jussu Constantini Porphyrogeniti collectorum libri II. priores (22 v°).

XVI s. Pap. 39 fol. *M*.

453. S. Petri liturgia.

XVI s. Pap. 6 fol. *M*.

454. Meletii Atheniensis de astronomia libri III.

XVIII s. Pap. 209 fol. *P*.

455. Excerpta ex Anthologiæ græcæ libris IX. et X.

XV s. Pap. 4 fol. *P*.

456. Lycophronis Alexandra, cum scholiis et vita auctoris (22) ; — Callimachi hymni, cum scholiis et auctoris vita (76).

XVII s. Pap. 114 fol. *P*.

457. Homeri hymni (1) ; — Excerpta ex Euripidis dramatibus (14); — Theophrasti characterum cap. 29-30. (17); — Inscriptio sepulchralis [Reines., p. 824, n° 36] (21).

XVIII s. Pap. 21 fol. P.

458. Nicetæ Eugeniani de Drosillæ et Chariclis amoribus, e cod. Paris. 2908, cum collatione cod. Marciani Veneti a Petro Levesque.

XVIII s. Pap. 223 pages. P.

459. Notes de Barthélemy sur les différentes ères usitées sur les monnaies grecques (1); — « Nummi in Ægypto cusi » (121).

XVIII s. Pap. 183 pages. P.

460. Theodori Ducæ Lascaris de communicatione physica libri VI.

XIII s. Parch. 93 fol. Peint. (Mynas.) M.

461. Anonymi [S. Cyrilli Alexandrini] lexicon.

XV s. Pap. 108 fol. (Mynas.) M.

462. Anonymi collectio vocabulorum e sacris et profanis scriptoribus (1); — Excerpta ex S. Gregorio Nazianzeno (145); — Nomina regum Israel et Judæ (147); — Nomina prophetarum (147 v°).

Copié en 1313 par Jean, prêtre. Bombyc. 147 fol. (Mynas.) P.

463. Aristophanis Plutus (3), — Nubes (37 v°), — Ranæ (76 v°), — cum scholiis et vita auctoris (1).

XIV s. Bombyc. 118 fol. (Mynas.) P.

464. Anonymi [Origenis?] refutationis omnium hæresium libri IV-X. (1); — Varia de Computo (135).

XIV s. Copié par Michel. Bombyc. 137 fol. (Mynas.) P.

465. Assisiæ regni Hierosolymitani.

Copié en 1512. Pap. 244 fol. (Mynas.) P.

466. Michaelis Ephesii scholia in Aristotelis metaphysica.

XVII s. Pap. 211 fol. (Mynas.) P.

467. Georgii Syncelli, Justini et Irenæi chronicon, cum Theophanis continuatione (1); — Joannis Scylitzæ synopsis historica usque ad Jo. Comnenum (119); — Anonymi synopsis continuatio ad Amurat IV. (177); — S. Methodii Patarensis revelationes (217); — Sermones varii : Ἠθέλησεν ὁ Ἰησοῦς ἐξελθεῖν... (230); — Georgii Zigabeni de vii. vocalibus (260); — Theodori Ptochoprodromi carmina (273); — Homeri batrachomyomachia, cum glossis (284); — Theocriti idyllium primum, cum glossis (295); — Isocratis oratio ad Demonicum, cum glossis (300).

XVI s. Pap. 312 fol. P.

468. S. Basilii liturgia.

XIII s. Parch. Rouleau. 6ᵐ,478. (Mynas.) G.

469. S. Joannis Chrysostomi liturgiæ fragmentum.

XIV s. Parch. Rouleau. 1ᵐ,150. (Mynas.) G.

469 A. Scholia in S. Gregorii Nazianzeni orationes (1); — Nonni expositio historiarum quarum meminit S. Gregorius Nazianzenus in orationibus (8).

Copié en 986. Parch. 62 fol. (Mynas.) P.

470. P.-D. Huet, Demonstratio evangelica (autogr.).

XVII s. Pap. (Devenus Nouv. acq. lat. 125-126.)

471. Photii, CP. patriarchæ, Bibliotheca.

XVI s. Pap. 921 fol. G.

472. Theodori Ducæ Lascaris oratio in laudem Joannis Ducæ imp. (1); — ejusdem oratio in laudem urbis Niceæ (28), — oratio funebris in Fredericum, Germanorum imp. (34), — in laudem Georgii Acropolitæ (42 v°), — ad amicos qui ipsum hortabantur ut uxorem duceret (54), — ad Georgium Μουζάλενα, quo pacto domini erga famulos et famuli erga dominos se gerere debeant (61 v°), — encomium veris (80), — satyra in pædagogum (89 v°).

XIII s. Parch. 116 fol. M.

473. Psalterium, cum canticis.

XIII s. Parch. 149 fol. P. — (Les nᵒˢ 473-504 viennent de M. Mynas.)

474. Anonymi fragmentum enarrationis in Psalmos.

X s. Parch. 8 fol. P.

475. Andreæ, Cæsareæ Cappadociæ archiepiscopi, epitome commentarii in Apocalypsin (1); — Epigrammata in S. Joannem Chrysostomum et IV. Evangelistas (41 v°); — Marci

Eugenici epistola ad papam veteris Romæ (48); — Θρηνητικὸν ἀνωνύμου. Ὦ τῆς κοινῆς ἀθλιότητος... (55 v°); — Joannis Eugenici ἐπιτάφιον τῷ αὐθεντοπούλῳ. Ὦ παῖ, γένους στέφανε... (58 v°); — Epigramma in Christi imaginem : Θεέδροτους γὲ παμβασιλεῦ... (62); — Διαθήκης προοίμιον. Εἰ μὲν ἐτήρει πάλαι... (62 v°); — S. Gregorii Nazianzeni fragmentum (64); — Divisio virtutum, ex Gemisto Plethone (64 v°); — Alphabetum secretum (68); — Eclogæ de Trinitate et incarnatione : Μοῦσῆς ἐν τῇ Γενέσει... (69); — Epigrammata et epitaphia varia (83 v°), — inter quæ Ignatii epistola v. ad Romanos (84 v°); — Joannis Eugenici explicatio in Symbolum (87) — et Pater noster (112); — De Spiritu sancto, gr.-lat. (132); — « Di spargimento di sangue di Christo » (137 v°).

Copié en 1643 par le hiéromoine Cosmas. Pap. 138 fol. P.

476. Liturgiæ S. Jacobi (1) — et S. Petri (35 v°).
XV s. Pap. 44 fol. P.

477. Octoechus, cum introductione musica.
Copié en 1814. Pap. 96 fol. P.

478. Joannis, CP. patriarchæ, sermones, inter quos S. Epiphanii, Cypri episcopi, homilia in festo palmarum : Βασιλικὴν οἱ πιστοί... (100).
XVI s. Pap. 151 fol. P.

479. Sermones.
XVII s. Pap. (Devenu Valaque, 2.) Cote : Roumain, 2.

480. Vita S. Pachomii : ...τηρήσας ἐν τοῖς ὀγδοηκονταπέντε... — Vitæ SS., fol. 51 v° : Vita S. Joannis Baptistæ : Πληρωθέντων τῶν πεντακησχιλίων... s. VIII. — Cf. ms. de Chartres (Durand).
XIV s. Parch. 55 fol. Onciale. Palimps. P.

481. Basilicorum libri I-IV.
Copié en 1840 par Mynas. Pap. 304 pages. P.

481 A. Excerpta e novellis Justiniani.
XIX s. Copié par Mynas. Pap. 12 fol. P.

482. Basilii, Constantini et Leonis prochiron legum (1); — Oratio sacerdotis in conversionem hæreticorum Armeniorum et Melchisedecianorum (104); — Excerpta ex apostolicis constitutionibus et synodis de quadragesima et jejunio (107);

— De synodis et conciliis œcumenicis (111); — Ecloge capitum ex canonibus conciliorum de criminibus (120).

Copié en 1105 par Nicolas, archidiacre. Parch. 124 pages P.

483. Joannis Scholastici, CP. patriarchæ, collectio canonum SS. Apostolorum, conciliorum et S. Basilii, titulis L. (1) — et Justiniani novellarum capita selecta LXXXVII. quæ cum sacris canonibus consentiunt (75 v°); — S. Basilii ad Amphilochium epistola I. canonica (105); — S. Gregorii Nysseni ad Letoium epistola canonica (113 v°); — Timothei Alexandrini responsa canonica (122 v°); — S. Basilii epistola ad Gregorium presbyterum (124 v°); — ejusdem fragmentum cap. XXVII. et XXIX. ad Amphilochium de Spiritu sancto (125 v°); — S. Gregorii Neocæsariensis epistola canonica (126 v°); — S. Athanasii epistola ad Amunem monachum (129 v°); — S. Dionysii Alexandrini epistola ad Basilidem (132 v°); — S. Basilii epistola canonica II. ad Amphilochium (135 v°); — S. Basilii excerpta de eodem (145); — Canones concilii Carthaginiensis sub Cypriano (146); — Canones concilii Nicæni II. (162); — De sex sanctis synodis œcumenicis : Χρὴ γινώσκειν πάντα... (166 v°); — Canones concilii Quinisexti (171); — Excerpta e S. Scriptura et SS. Patribus jusjurandum prohibentia (173 v°); — S. Basilii λόγος διαγωγηχός. Καὶ γράφοντες μέν... (178); — Sisinnii CP. synodicon (215 v°).

XIV s. Bomhyc. 217 fol. P.

484. De gradibus cognationis (1); — Marci, Alexandrini patriarchæ, quæstiones cum Theodori Balsamonis responsionibus (2 v°); — Matthæi hieromonachi [Blastaris] syntagma alphabeticum rerum omnium quæ in sacris conciliorum patrumque canonibus et imperatorum legibus exstant (7); — Canones apostolorum (204).

Copié en 1389. Pap. 208 fol. M.

485. Dionysii Halicarnassei fragmentum e libro XX. Antiquitatum Romanarum (1); — Polyæni fragmenta ex stratagematibus (6); — Excerpta ex Dexippo Herennio (7); — Excerpta e libro XXI. Polybii (13); — Fragmentum e libro IX. Eusebii (15).

XIX s. Copié par Mynas. Pap. 15 pages. P.

486. Joannis Cameniatæ liber de urbis Thessalonicæ excidio.

XIX s. Pap. 34 fol. P.

487. Chrysanthi Notaræ, et archimandritæ S. Sepulchri, historia Sinarum imperii a Tartaris subacti.

Copié en 1695. Pap. 86 fol. P.

488. Aphthonii progymnasmata (1); — Aristotelis poetica (34), — syllogismi (55), — de physicis principiis, cum Pselli scholiis (65 v°), — de motu (102), — de generatione et corruptione (105 v°), — physica (112 v°); — S. Joannis Damasceni excerpta philosophica (127).

XVII s. Pap. 129 fol. P.

489. Anonymi de philosophia : Φιλοσοφία ἐστὶ γνῶσις θείων τε... (3); — Anonymi commentarius in Aristotelis physicæ auscultationis libros VII. : Τρία εἰσὶ τὰ μέρη... (14 v°).

XVII s. Pap. 92 fol. P.

490. Scholia in Aristotelis librum de cælo : Προτελέσαντι ἤδη ἐν τοῖς... (1), — et in ejusdem librum de generatione et corruptione : Μετὰ τὴν περὶ οὐρανοῦ... (31).

XVII s. Pap. 116 fol. P.

491. Hieroclis et Philagrii Philogelos.

XIX s. Copié par Mynas. Pap. 61 fol. P.

492. Demophili sententiæ (44); — Democratis sententiæ (11); — Georgii Coressii sententiæ (15); — Antonii Byzantii sententiæ (46).

XVII s. Pap. 77 fol. P.

493. Variæ lectiones in Dioscoridem, e cod. membr. monast. Sæ. Lauræ, a Myna collato.

XIX s. Pap. 71 fol. P.

494. De ponderibus et mensuris. Μέδιμνος λίτρας μη′... (2 et 213 v°); — Pauli Æginetæ de re medica libri VII. (5); — Synopsis ex arte medica Persarum : Δεῖ γινώσκειν ὅτι ὅταν ἐστί... (218); — Tabula Paschatis, 1419-1436. (234).

XV s. Pap. 234 fol. M.

495. Commentarii theologici fragmentum (3); — Constantini Porphyrogeniti historia animalium (8).

XIV s. Bombyc. 16 fol. P.

•496. De divisione terræ : Οἱ παλαιοὶ ἐμέρισαν τὴν γῆν... (5);
— Iatrosophium ex Hippocrate (7); — Computum Paschatis :
Γνῶθι ὅσαι ἡμέραι... (9 v°); — Symeonis Sethi compendium et
flores naturalium (11); — De ventis : Διττῆς οὔσης... (25); —
S. Gregorii Neocæsariensis liber de anima ad Tatianum (27 v°);
— Michaelis Pselli opusculum de meteoris (31).

XVII s. Pap. 32 fol. P.

497. Homeri Ilias, cum scholiis.
XIII s. Bombyc. 139 fol. *M.*

498. Sophoclis Ajax flagellifer, cum scholiis (5); — Oppiani
halieutica, cum scholiis et vita (45); — Hesiodi Opera et dies,
cum Manuelis Moschopuli scholiis (113); — D. Catonis disticha moralia, a Maximo Planude græce versa, cum scholiis
(143); — Boetii liber de consolatione philosophiæ, a Maximo
Planude græce versus (153).

XV s. Pap. 225 fol. P.

499. Aristophanis Plutus (1) — et Nubes (24).
XVIII s. Pap. 51 fol. P.

500. D. Catonis disticha moralia, a Maximo Planude græce
versa, cum glossis (1); — Sophoclis Electra, cum scholiis
(21); — Anonymi de mundi creatione : Ἐν ἀρχῇ ἐποίησεν ὁ Θεὸς
τὸν οὐρανόν... (52); — Salomonis Ecclesiastes, cum scholiis
(62), — et Canticum (75); — Pseudo-Salomonis opus magicum (78); — De Agarenis vel Ismaelitis: Ἔστι δὲ καὶ ἡ μεχρὶ τοῦ
νῦν... (83); — Sententiæ variæ : Εἴπερ ὁ Θεὸς εἶναι νοῦς... (88);
— Nonni expositionis historiarum quarum S. Gregorius Nazianz. meminit in oratione I. contra Julianum fragmentum
(99).

XVI s. Pap. 102 fol. P.

501. Theodori Prodromi carmina varia.
XV s. Pap. 19 fol. P.

502. Anonymi lexicon : Ἀγαπῶ, φιλῶ, ἀσπάζομαι... (1); —
Constantini Harmenopuli lexicon, A-K (20).

XVI s. Pap. 92 pages P.

503. S. Cyrilli Alexandrini lexicon (1); — Ex Nicephoro,

CP. patriarcha, de adoratione ligni crucis (122 v°) ; — De vita S. Artemii oraculum I. : Εἴπατε τῷ βασιλεῖ... Δέδαλος ὁ λαμπρός... (124).

XIII s. Bombyc. 123 fol. *M.*

504. Æsopi fabulæ ccxxxiii, ordine alphabetico, cum auctoris vita.

XIX s. Copié par Mynas. Pap. 107 pages. *P.*

505. « Georgii monachi Syncelli chronographia, studio P. Jacobi Goar. — Parisiis, e typ. reg., 1652, » fol., cum collatione codd. Paris. auct. Parquoy.

XVIII s. Pap. 27, 528 et 133 pages. *G.*

505 A. Gregorii Cyprii, CP. patriarchæ, proverbia (1) ; — Ex Platonis proverbiis (13) ; — Historia Castaliæ : Ἡ Κασταλία πηγή... (20) ; — Euthymii Zigabeni fragmentum (22) ; — Theodosii Alexandrini de octo partibus orationis (22 v°) ; — Georgii [Gregorii] Corinthii opusculum de syntaxi (27) ; — Constantini Lascaris epitome libri XVI. magnæ prosodiæ Herodiani (32) ; — Theophylacti Simocattæ epistolæ, cum scholiis (38) ; — S. Joannis Chrysostomi oratio in Eutropium eunuchum (52).

XVI-XVIII s. Pap. 61 fol. (Mynas.) *P.*

506-509. Apparatus in editionem operum S. Theodori Studitæ.

XVIII s. Pap. 643, 1863 et 512 pages. (B'ancs-Manteaux.) *M.*

510-514. Papiers de Samuel Petit : [N° 510.] « Samuelis Petiti adversaria sacra et profana, 1625-1630. » — [N° 511.] Varia de Aristophane (1) ; — « Notæ in Psalmos » (162) ; — « Prælectiones in Pauli epistolam ad Romanos, 1628. » (247) ; — « De jejuniis et ciborum delectu diatriba (334). — [N°s 512-513.] « Samuelis Petiti adversaria, 1623-1630. » (1) ; — [513.] Prolegomena in Aristotelis ethica ad Nicomachum (375). — [N° 514.] « Sam. Petiti lectionum suarum libri III. » (1), — « in L. Annæi Senecæ Troadas observationes » (60) ; — Orationes prælectionesque » (83) ; — « Inscriptio vetus græca, nuper ad Urbem in via Appia effossa, dedicationem fundi continens ab Herode rege factam. Isaacus Casaubonus recensuit et notis illustravit » (311). *P.*

XVII s. Pap. 634, 370, 511, 426 et 319 fol. *M.*

515. Nicephori Xanthopuli historia ecclesiastica.

XVII s. Pap. 680 fol. (Sorbonne.) *M.*

516. Gelasii Cyziceni historia concilii Nicæni (1); — Theodori presbyteri Raithuensis liber de incarnatione Christi (111); — Athanasii, patriarchæ CP., epistolæ variæ (120); — S. Cyrilli Alexandrini epistolæ i-v, et xvii. (256); — Expositio historiarum quarum S. Gregorius Nazianz. meminit in orationibus suis : Τὰ τοῦ Ὁμήρου δὲ οἶμαι... (281); — Nonni expositio earumdem (289).

XV s. Pap. 329 fol. (Sorbonne.) *P.*

517. « Traité du mépris de la mort, traduit du grec de Cydonius par M. Ménard, 1686. »

XVII s. Pap. (Devenu Français 14899.)

518. Glossarium græcum, auctore Th. Cantero (autogr.).

XVI-XVII s. Pap. 459 fol. (Jésuites d'Anvers.) *P.*

519. Nonni expositio historiarum quarum S. Gregorius Nazianzenus meminit in oratione I, et II. contra Julianum.

XVI s. Pap. 18 fol. *M.*

520. S. Pauli epistolæ (Paris, Steph., s. d., in-12); cum notis mss. Isaaci Habert.

XVI s. Pap. 378 fol. *P.*

521. Anonymi commentarius in Aristotelis librum de cælo : Περὶ τοῦ σκοποῦ ταυτησί...

XVIII s. Pap. 36 fol. *P.*

522. Excerpta varia philosophica ex Aristotele.

Copié en 1533. Pap. 196 fol. *M.*

523. Grammaticæ græcæ libri IV. : Διχῇ τῆς κατὰ γραμματικήν...

XVIII s. Pap. 103 fol. *P.*

524. Nicephori Blemmidæ introductionis ad philosophiam liber I. et excerpta libri II.

XVI s. Pap. 103 fol. *M.*

525. Theodori Gazæ de syntaxi liber IV. a Jo. Cariophyllo Cydoniate explanatus (2); — Constantini Lascaris opusculum de præpositionibus (41 v°) ; — Georgii Lecapeni tractatus de syntaxi (58) ; — De XL. epistolicis characteribus : Τῶν πανταχόσε διαφημιζομένων... (94 v°) ; — De rhetorica : Ῥητορικοῦ λόγου τρία... (104 v°) ; — Theodori Ptochoprodromi grammatica (110) ; — Theodoreti ecloge de spiritibus, ex Herodiano (171) ; — Constantini Lascaris opusculum de octo partibus orationis (181) ; — Versus heroici de IV. Evangelistis : Ματθαίου τόδ' ἔργον... (186) ; — De metris : Ἔτι διάφορά εἰσι τὰ τῶν ποιητῶν... (187) ; — De syntaxi : Φράσις ἐστὶ λόγος ἐγκατάσκευος... (191) ; — De schematibus : Τῶν σχημάτων τὰ μέν εἰσι... (199) ; — De grammatica : Τῶν παρ' Ἕλλησι στοιχείων. . (217) ; — Ex Porphyrio : Περὶ τοῦ τί ἂν εἴη τὸ τῷ παρόντι... (248) ; — Maximi Margunii tractatus de quinque vocibus Porphyrii (259), — de decem categoriis (295), — de interpretatione (359), — in analytica priora Aristotelis (385).

Copié en 1602-1605. Pap. 415 fol. P.

526. M. T. Ciceronis de senectute dialogus, a Theodoro Gaza græce versus (1) ; — « Tullius de senectute. Daventriæ, 1489. » [Hain, n° 5309.] (125).

XVI s. Pap. 157 pages. P.

527, 1 et 2. Ἡ Βιργινία, ἢ ἡ χριστιανὴ παρθένος, ἱστορία σικέλιος, συνταχθεῖσα παρὰ τοῦ πατρὸς Μιχαὴλ Ἀγγέλου Μαρίνου,... μεταγλωττισθεῖσα δὲ παρὰ Ἰωάννου Δελένδα, ἱερέως τοῦ ἐκ Σαντορήνης.

Copié en 1793. Pap. 266 et 214 pages. P.

528. Heronis spiritalia, cum collation. duorum codd. Reg. Suec. (1) ; — Andronici peripatetici opusculum de passionibus animi (149).

Copié en 1652 par P.-D. Huet. Pap. 156 fol. P.

529. Leonis imperatoris naumachica, e cod. Frid. Lindenbrog. (1) ; — Basilii patricii naumachica (17).

Copié en 1652 par P.-D. Huet. Pap. 23 fol. P.

530. Georgii Bustronii chronicon Cyprium ab a. 1456. ad a. 1501. (Calque du ms. Arundel 518.)

XIX s. Pap. 143 fol. M.

531. Variantes lectiones in Platonis opera, e codd. Regiis.

XVIII s. Pap. 272 pages. P.

532. Xenophontis Cyropædiæ libri VIII. (1); — ejusdem de expeditione Cyri libri VII. (219).

XV s. Pap. 377 fol. P.

533. S. Joannis Chrysostomi sermo de consummatione sæculi; præmittitur versio latina Flaminii Priami Lucensis.

XVII s. Pap. 59 fol. (S.-Germain.) P.

534. Origenis diatriba de oratione (1); — Variæ lectiones in Origenis Philocal. cap. I-X. (89); — Excerpta ex Origene, Asclepio Tralliano et Porphyrio (99).

Copié en 1652 par P.-D. Huet. Pap. 105 pages. P.

535. Heronis geodæsia (1); — Isaaci Argyri tractatus de reducendis triangulis non rectis in rectos (20).

Copié en 1652 par P.-D. Huet. Pap. 28 pages. P.

536. « Dialogus historicus Palladii, episcopi Helenopolitani, habitus cum Theodoro, diacono Romano, de vita atque institutis beati Joannis Chrysostomi. »

Copié en 1678 par A.-M. Salvini. Pap. 88 fol. M.

537. Fourmont, « Grammaire grecque nouvelle et analogique. »

XVIII s. Pap. 390 fol. G.

538. Romani, Nicephori Phocæ, Joannis Comneni, Basilii junioris, Constantini Porphyrogeniti, Leonis et Manuelis Comneni novellæ (5); — Nicephori Botaniatis et Manuelis Comneni chrysobullæ (76 v°); — Eustathii magistri de hypobolo (83 v°).

XVI s. Pap. 85 fol. (Sorbonne.) M.

539. E. Bigot, excerpta varia ex operibus S. Joannis Chrysostomi.

XVII s. Pap. 90 fol. M.

540. S. Joannis Chrysostomi epistolæ variæ.

XVII s. Pap. 148 fol. (Sorbonne.) P.

541. Nili tetrasticha parænetica, cum glossis (11); — Heronis geodæsia (24); — Isaaci Argyri tractatus de reducendis triangulis non rectis in rectos (30 v°); — Heronis excerpta (32); — Scholia in Cleomedis librum de contemplatione orbium cælestium : Κυκλικῆς μὲν εἴρηται... (33 v°); — Michaelis Pselli et Basilii Megalomitis ænigmata (52); — Phocylidis carmina (54); — Versus in septem sapientes : Μέτρον μὲν Κλεόβουλος... (57 v°); — Apollonii Alexandrini de syntaxi libri IV., et vita (58); — Alcinoï in Platonis philosophiam introductio (130); — Aristotelis mechanica (155 v°); — [Michaelis Pselli] opusculum de quatuor disciplinis (169); — Boetii liber de consolatione philosophiæ, a Maximo Planude græce versus (201); — Macrobii Ambrosii commentarius in somnium Scipionis, eodem interprete (315 v°); — Plutarchi vita Homeri (316).

XV s. Pap. 353 fol. (Sorbonne.) P.

542. Galeni ars parva.

XV s. (Copié par Georges Hermonyme.) Pap. 80 fol. (Sorbonne.) P.

543. Anonymi opusculum de metris, e cod. Reg. 3336. : Εἴδη τοίνυν τῶν ἡρωϊκῶν... (1); — Anonymi tractatus de conscribendis epistolis, e cod. Reg. 3327: Ὁ τῆς τῶν λόγων ἡδονῆς... (11); — Anonymi opusculum de verbis, e cod. Reg. 3244. : Τῶν ῥημάτων τὰ εἰς σωματικήν... (14); — Isaaci Argyri opusculum de metris poeticis, e cod. Reg. 3239. [Bachmann, *Anecd.*, II.] (28).

XVIII s. Pap. 50 fol. P.

544. Gregorii Corinthii canonum interpretatio.

XVI s. Pap. 80 fol. P.

545. Joannis Zonaræ e chronicis excerpta.

XVII s. Pap. 58 fol. P.

546. « Notæ ad S. Macarii Ægyptii homilias, a Claudio Dausquio, can. Tor. »

XVII s. Pap. 164 fol. M.

547-548. Ludolphi Kusteri indices in Lucianum.

XVII s. Pap. 95 et 47 fol. P.

549. S. Joannis Chrysostomi epistolæ.

XVII s. Pap. 178 fol. (Clermont.) P.

550. Sententiæ variæ, cum latina interpretatione, manu P. Schumacherii.

XVII s. Pap. 13 fol. P.

551. Collectanea in S. Gregorium Nazianzenum.

XVII s. Pap. 583 pages. (S.-Germain.) *M.*

552. Demetrii Ducæ epistola ad Marcum Musurum (285); — Sopatri divisiones quæstionum (287); — Cyri sophistæ liber de differentia statuum (456); — Alexandri sophistæ opusculum de figuris sententiæ et dictionis (574); — Phœbammonis scholia in figuras rhetoricas (588).

XVII s. Pap. Pages 285-460 et 574-588. *G.*

553. Notæ in Eusebium.

XVII s. Pap. 470 pages. (S.-Germain.) *M.*

554. S. Joannis Chrysostomi homiliæ, e codd. Taurinens. a C.-M. Pfaffio exscriptæ.

Copié en 1715. Pap. 111 fol. (S.-Germain.) *P.*

555. S. Joannis Chrysostomi homiliæ XI, e Vaticana.

XVIII s. Pap. 106 fol. (S.-Germain.) *M.*

556. Olympiodori Alexandrini scholia in Aristotelis meteora (2); — Joannis Philoponi commentariorum libri III. in Aristotelis lib. I. de meteoris (194).

XVI s. Pap. 292 fol. *M.*

557. « Anthologia græcorum epigrammatum inedita, cum notis Cl. Salmasii et Franc. Guyeti » (1); — Alciphronis epistolæ (209); — Anonymi Menagiani Aristotelis vita (215); — « Mulieris pæderastæ prototypus. Dum Venus et Veneri positis... » (221); — « Cl. Salmasii de notis quibus usi sunt veteres critici » (223); — « Extrait d'une dissertation de M. Boivin sur un ms. de la Bibliothèque du roy contenant l'Anthologie anecdote » (225); — Stratonis musa cinædica (257); — J. Buherii responsio ad B. Monetam de cinædica musa Stratonis (325); — Deux lettres de La Monnoye à Bouhier, 1705. (337) et de Boivin [à La Monnoye], 1708, relatives à l'Anthologie (351); — Photii [Leonis philososophi] epigramma in librum Leucippi (357).

XVII-XVIII s. Pap. 359 fol. (Bouhier.) *M.*

558. Theodori Gazæ grammaticæ liber II. (1); — Alexandri de Villa Dei doctrinalis puerorum, cum scholiis, fragmentum (89 v°).

XV s. (Copié par Georges Hermonyme.) Pap. 105 fol. (Capucins de Mortagne, puis de Rouen.) P.

559, 1-3. Apparatus in editionem operum S. Gregorii Nazianzeni.

XVIII s. Pap. 211, 429 et 417 fol. (S.-Germain.) G. P.

560. Inscriptiones et varia ad antiquitatem græcam spectantia, ex schedis D. Fauvel, Athenis consulis.

XIX s. Pap. 73 fol. M.

561. Christopuli carmina (1) ; — Lampri Photiadis disticha græca tria (75 v°).

XIX s. Pap. 75 fol. P.

562. M. T. Ciceronis oratio pro Rabirio, græce versa.

XVII s. Pap. 79 pages. (Falconet.) P.

563. Vitæ sanctorum decembris : Sabæ (1), — Nicolai (41), — Ambrosii Mediolanensis (56 v°), — Patapii (64), — Menæ, Hermogenis et Eugraphi (68), — Danielis Stylitæ (86 v°), — Spiridonis, Trimithuntis episc. (112 v°), — Eustratii, Auxentii, Eugenii, Mardarii et Orestis (131 v°), — Thyrsi, Leucii, Callinici, Philemonis et Apollonii (148), — Eleutherii (167), — Danielis et trium puerorum Ananiæ, Azariæ et Misaël (173 v°), — Bonifacii Romani (185 v°), — Sebastiani et sociorum (192), — Ignatii Theophori (202), — Julianæ Nicomed. (208), — Anastasiæ (213), — Decem in Creta martyrum (226), — Eugeniæ (229), — Theodori Grapti et Theophanis (244), — Indæ et Domnæ (253), — Marcelli Acoemetæ (269 v°), — Melaniæ Romanæ (284 v°).

XI s. Parch. 300 fol. M.

564. Menæum maii.

XII s. Copié par le moine Matthieu. Parch. 171 fol. P.

565. Georgii Acropolitæ liber de expugnatione Constantinopolis, e cod. Reg. 734. (8) ; — Anonymi breves demonstrationes chronographicæ, e cod. Reg. 937. (192) ; — Pauli Silentiarii descriptio ecclesiæ S^æ. Sophiæ (240) ; — Excerpta ex libris XV., XIV. et I. Anthologiæ Palatinæ (275 et 292 v°) ; —

Pauli Silentiarii descriptio ambonis (281) ; — Georgii Chrysococcæ expositio in Persicæ astronomiæ canones (306).

XVII s. Pap. 449 fol. (Sorbonne.) P.

566. Fac-similé d'un diplôme de Roger II de Sicile confirmant une donation de Roger Ier à l'abbaye de San Filippo de Demena, 1112.

XIX s. Pap. 2 fol. M.

567. Evangeliarium.

XV s. Parch. 342 pages. Onciale. M.

568. Manuelis Phile poemata. (Copie du ms. de l'Escurial.)

Copié en 1843 par E. Miller. Pap. 83 fol. P.

569-571, A-D et **572.** Mich. Fourmont, inscriptiones græcæ a. 1729-1730. collectæ.

XVIII s. Pap. 258, 172, 214, 241, 226, 295, 258 et 17 fol. Peint. (8 vol.) G. A.

573. Hippiatrica. (Copie du ms. de Cambridge, Coll. Emmanuel, n° 3, 19.)

Copié en 1857 par M. Bussemaker. Pap. 255 pages. P.

574. Nephotis tractatus astrologicus et magicus ad Psammetichum et hymni orphici. (Papyrus Anastasi, n° 1073. Miller, *Mélanges*, etc., p. 437 ; *Denkschriften d. Akad. d. Wissench. zu Wien*, Phil. hist. Classe, 1888, p. 44-126.)

IV s. (?) Pap. 36 fol. 305/120 mm. M.

575. Inscriptiones græcæ a Guerin et Peyssonnel ex monumentis a. 1729-1749. in Græcia repertis descriptæ.

XVIII s. Pap. 38 fol. G.

576. Plutarchi selecta e vitis parallelis.

XVI s. Pap. 128 fol. M.

577. S. Joannis Chrysostomi liturgia, cum notis arabicis.

XV s. Pap. Rouleau. 5^m,680^{mm}. M.

578. S. Basilii liturgia.

XIII s. Parch. Rouleau. 12^m,810^{mm}. M.

579. Index veterum scriptorum ad historiam græcam pertinentium.

XVII s. Pap. 23 fol. P.

·580. Hippiatrica, e cod. Brit. Mus., Sloane 745, descripta.

Copié en 1861 (par M. Bussemaker). Pap. 181 fol. P.

·581. « Veterinariæ medicinæ libri duo..., a Joanne Ruellio nunc græca lingua primum æditi. Basileæ, 1537, » in-4°, cum variantibus codd. Mediomontani (nunc Berolin.), n° 1538, et Leidensis; præmittitur Mediomont. codicis notitia.

XIX s. (Copié par M. Bussemaker.) Pap. 16 fol. et 307 pages. P.

582. Constantinop., Hierosolymit. patriarcharum et archiep. Cypri epistolæ xi. (1643-1651.)

XVII s. Pap. 11 fol. M.

583. Constantini Porphyrogeniti collectaneorum et excerptorum libri L. de virtutibus et vitiis lectiones variæ, e cod. Peiresc., nunc Turon. 980.

XIX s. Pap. 197 fol. G.

584. Guill. Lamonii panegyricus, græce (1), — Ode et epigrammata latina in eumdem a Lud. Roussel Vernon. (44).

XVII s. Pap. 62 fol. Portr. (Lamoignon.) P.

585. Theoduli presbyteri scholia in epistolam Pauli ad Romanos.

Copié en 1656 par Jean Tinerel de Bellérophon. Pap. (Devenu Coislin 208.)

586. Octoechus.

XVI s. Pap. 127 fol. P.

587. Anastasii Sinaïtæ anagogicarum contemplationum in hexaemeron libri I-III., VI-XI. (2); — ejusdem oratio de tribus sanctis quadragesimis (74); — Anonymi oratio de jejunio quadragesimæ et hebdomade præcedente : Ἐν ἓξ μὲν ἡμέραις ὁ Θεός... (76); — Anastasii Sinaïtæ demonstratio de eo quod : Etenim impossibile est res sacras a laïco judicari (82); — Ammonii fragmenta (82 v°); — Pauli Helladici fragmenta (83); — Hypatii, Ephesii archiepisc., de rebus quæ aguntur in domibus sanctis (85); — S. Anastasii Antiocheni epistola ad Scholasticum (86); — Antirrheticus secundus : Ἀπαρτίσας ὁ Μαμωνᾶς... (88); — S. Hippolyti Portuensis fragmentum de theologia et incarnatione contra Beronem et Helicen (97); —

Nicephori fragmentum de synodo Nicæna secunda : Συνχεκρό-
τητο γὰρ τοῦτο... (99).

XVII s. Pap. 99 fol. P.

588. Hippiatrica, e cod. Lugd. Batav. descripta.

Copié en 1862 (par M. Bussemaker). Pap. 65 fol. P.

589. Joannis Siceliotæ commentarius in Hermogenis libros de formis oratoriis.

XVI s. Pap. 218 fol. (Falconet.) *M*.

590. S. Joannis Chrysostomi orationes in Judæos (1), — contra eos qui synaxin deserant (11), — in verbum prophetæ : Domine, non est in homine via ejus (21), — de peccatis fratrum non evulgandis (29), — in parabolam decem talentorum (37), — de inscriptionibus sacrorum librorum non prætermittendis (47), — de inscriptione Actorum apostolorum (55), — de utilitate lectionis Scripturæ (63), — in illud : Saulus adhuc spirans (71), — ad eos qui scandalizati fuerant ob res adversas quæ piis acciderunt (79), — in Pentecosten (113), — de eo quod etiam in Pentecoste et semper memores esse debemus jejunii (123), — in eos qui ad ludos circenses proficiscuntur (131), — contra hæreticos et in filiorum Zebedæi petitionem (139), — in feriam II. magnæ hebdomadæ (147), — de Galileis a Pilato occisis (155), — in illud : Exiit edictum Cæsaris Augusti (156), — in Christi transfigurationem (163), — in ascensionem Domini orationes tres (167), — de S. Joanne Theologo (175), — de pseudo-prophetis et signis consummationis hujus sæculi (181); — S. Epiphanii homilia in Ascensionem Domini (180); — Procli, CP. patriarchæ, orationes tres in sanctum Pascha (191); — Gregorii Ceramei homiliæ XI. in XI. Evangelia quæ leguntur in officiis matutinis (196); — Leonis imperatoris oratio in nativitatem Domini (230).

XVII s. (Copié par J. Sirmond.) Pap. 235 fol. (Clermont.) P.

591. S. Cyrilli Alexandrini orationes XXX. in dies festos.

XVII s. (Copié par J. Sirmond.) Pap. 194 fol. (Clermont.) P.

592. S. Maximi de theologia centuriæ duæ (1); — Variæ lectiones in centurias ejusdem editas (31); — S. Joannis Chrysostomi oratio in juvenem viduam (33); — ejusdem oratio de monandria ad eamdem (41 v°); — S. Athanasii oratio de proditione Judæ (51); — S. Joannis Chrysostomi oratio in illud : Cepit vestimenta illius (53 v°); — S. Athanasii oratio in sanctam parasceven (55 v°); — Amphilochii Iconiensis oratio in sanctum sabbatum (58 v°); — S. Epiphanii homilia in Christi sepulturam (61); — S. Joannis Chrysostomi oratio in sanctum Pascha (71); — S. Athanasii oratio in nativitatem beatæ Mariæ (79); — S. Epiphanii oratio in vitam Deiparæ (87); — Procli, CP. episcopi, oratio in laudem S. Stephani (99); — Andreæ Cretensis orationes duæ in dormitionem beatæ Mariæ (103).

XVII s. (Copié par J. Sirmond.) Pap. 117 fol. (Clermont.) P.

593. Michaelis Pselli excerpta ex orationibus et epistolis.

XVII s. Pap. 160 pages. P.

594. Hesiodi theogonia.

XVIII s. (Copié par Brunck.) Parch. 5 fol. *M*.

595. Notes de dépenses.

II s. (?) av. J.-C. Papyrus. 330×330^{mm}. (Letronne, n° 60 *bis*.)

596. Fragment de compte relatif à un deuil de Mnevis.

159 av. J.-C. Papyrus. 450×300^{mm}. (Letronne, n° 55 *bis*.)

597. Cl. Ptolemæi opus quadripartitum de apotelesmatibus et judiciis astrorum (1); — ejusdem carpus (76).

XVI s. Pap. 81 fol. (Sorbonne.) *M*.

598. Polybii Megalopolitani historiarum fragmenta lib. VI, 3-58; XVIII, 11-16; X, 19, 20, 23, 24, 27; libri X. reliquiæ quæ supersunt integræ.

XVI s. Pap. 73 fol. (Sorbonne.) P.

599. Aristotelis liber de interpretatione, cum glossis e sermonibus Drosi magistri.

XIV s. Bombyc. 104 fol. (Sorbonne.) P.

600. Carmina, lingua græca vulgari : Μέλις ἔδειξεν ἡ φύσις...

XVIII s. Pap. 115 pages. P.

601. Physica et metaphysica.

XVII s. Pap. 299 fol. (Missions-Étrangères.) P.

602. Nicephori Blemmidæ scholia in Moysis et aliorum cantica.

XVII s. Copié par Jean Tinerel de Bellérophon. Pap. (Devenu Coislin 208, 2.)

603. « Messe grecque en l'honneur de saint Denis... selon l'usage de l'abbaye de Saint-Denis-en-France. Paris, 1777, » in-8 (ms. et impr.).

XVIII s. Pap. 15 fol. et 38 pages. (S.-Germain.) *P.*

604. Marché entre particuliers pour du froment.

107-104 av. J.-C. Papyrus. 250×125^{mm}. (Letronne, n° 9.)

605. B. de Montfaucon indices ad SS. Patres græcos.

XVII s. Pap. 318 pages. (S.-Germain.) *M.*

606. Θεοτοκάριον, seu collectio hymnorum in honorem beatæ Mariæ.

XII s. Parch. 69 fol. *P.*

607. Nicetæ Choniatæ historiæ fragmentum (1); — S. Joannis Chrysostomi fragmentum homiliæ de sacerdotio (8 v°); — Josephi fragmentum de obsidione Jotapatæ (16); — Eusebii fragmentum de obsidione Thessalonicæ (17 et 103 v°); — Athenæi de machinis bellicis (18); — Bitonis de constructione bellicarum machinarum et catapultarum (25 v°); — Apollodori poliorcetica (33); — Heronis Ctesibii belopoiïca (46); — ejusdem de constructione et mensura chirobalistæ (56 v°); — Heronis liber de dioptra (62); — Philostrati fragmentum vitæ Apollonii (81); — Fragmentum de medicina : Πρὸς τὸ μὴ ἐπιθυμῆσαι γυναῖκα ἄνδρα... (83); — Aristodemi de bello Persico fragmentum (83 v°); — Excerpta ex Dionysio Halicarnasseo (88), — Polyæno (90 v°), — Dexippo (91), — Prisco (93 v°), — Arriano (94 v°), — Polybio (98), — Thucydide (102), — Eusebio de obsidione urbium variarum (103 v° et 17); — Lysiæ apologia de cæde Eratosthenis (104 et 118), — oratio de bonis Aristophanis (105), — oratio pro Polystrato (107 v° et 121); — acceptorum munerum defensio (109), — adversus frumentarios oratio (112), — oratio funebris in eorum laudem qui Corinthiis opem tulerant (120 v° et 126), — oratio de vulnere ex industria (127), — pro Callia defensio (128 v°).

X-XVI s. Parch. 129 fol. Peint. (Mynas.) *M.*

607 A. Antiquitates Byzantinæ et excerpta chronographica et cosmographica.

X s. Parch. 84 fol. (Mynas.) P.

608. Homeri Iliados libri I-IV., cum glossis (1), — et I-II, 463, cum glossis (70); — Scholia vetera in Iliadis initium : Χρύσης ἱερεὺς Ἀπόλλωνος... (110); — Æsopicæ fabulæ : Serpens et agricola, Luscinia et hirundo (142); — Homeri batrachomyomachia (143); — Antipatri Sidonii et Joannis Musuri epigrammata IV. in Homerum et Musæum (152 v°); — Musæi carmen de Hero et Leandro (153 v°); — Agapeti diaconi capita admonitionum (164 v°); — Hippocratis jusjurandum (178 v°); — Theodori Prodromi galeomyomachia, cum præfatione Aristobuli Apostolii (189 v°); — [Synesii Cyrenæi] epistolæ XLIV-LXVII. (194); — Luciani opuscula adversus indoctum (226), — de calumnia (237 v°), — de luctu (248); — S. Gregorii Nazianzeni apologeticus de fuga sua (254); — ejusdem tragœdia, Christus patiens (270); — ejusdem carmen Nicobuli patris ad filium, cum responsione (296); — Pythagoræ aurea carmina, cum interpret. latina et glossis (310); — Phocylidis carmina (314).

XVI s. Pap. 324 fol. P.

609. Bibliorum pars : Octateuchus (1); — Regum libri IV. (125 v°); — Paralipomenon libri II. (182 v°); — Esdræ libri II. (209); — Nehemias (219); — Macchabæorum libri III. (224); — Josephi liber de Macchabæis (251); — Esther (257 v°); — Judith (261 v°); — Tobias (268).

XIV s. Bombyc. 671 fol. G. — (Les nos 609-692 viennent de M. Mynas.)

610. Psalterium et cantica.

XI s. Parch. 271 fol. Peint. P.

611. Evangelia IV., cum scholiis.

XI s. Parch. 396 fol. M.

612. Evangelia IV., cum scholiis.

Copié en 1164. Parch. 376 fol. Peint. P.

613. S. Joannis Chrysostomi liturgia.

XIV s. Parch. Rouleau. 7m,390mm. M.

614. Photii, CP. patriarchæ, nomocanon (1); — Canones apostolorum et conciliorum Nicæni, Ancyrani, Neocæsariensis, Gangrensis, Antiocheni, Laodiceni, Constantinopolitani sub Theodosio, Ephesini, Chalcedonensis, Sardicensis, Carthaginiensis, Trullani, Nicæni secundi, Constantinopolitani primi et secundi (58); — Dionysii Alexandrini ad Basilidem epistola (169); — Petri Alexandrini canones (170 v°); — S. Gregorii Neocæsariensis epistola canonica (175 v°); — S. Athanasii epistola ad Amunem monachum (177); — ejusdem epistolæ xxxix. festivalis fragmentum (178 v°); — S. Basilii ad Amphilochium epistolæ canonicæ tres (180), — fragmentum epistolæ ad Amphilochium, de Encratitis (191), — ad Diodorum Tarsensem (191 v°), — ad Gregorium presbyterum (193), — ad Chorepiscopos (193 v°), — ad episcopos subditos (194 v°), — fragmentum cap. xxvii. et xxix. de S. Spiritu, ad Amphilochium (195); — S. Gregorii Nysseni ad Letoium epistola canonica (197); — Excerpta e carminibus S. Gregorii Nazianzeni (202); — Timothei Alexandrini responsa (202 v°); — Theophili Alexandrini allocutio cum Theophania die Dominica inciderit (204); — ejusdem commonitorium quod accepit Ammon (204); — ejusdem epistolæ ad Aphyngium, de catharis (205), — ad Agathum episcopum (205 v°), — ad Menam episcopum (205 v°); — S. Cyrilli Alexandrini ad Domnum epistola canonica (205 v°); — ejusdem epistola ad episcopos Libyæ et Pentapoleos (206 v°); — Gennadii, CP. patriarchæ, encyclica (207 v°); — Epistola de modo recipiendi hæreticos ad catholicam ecclesiam redeuntes : Τινὰ διελέχθη... (209 v°); — S. Athanasii Alexandrini epistola ad Rufinianum episcopum (220); — Justiniani imp. novella lxxvii. (210 v°); — Index novellarum Justiniani quæ cum sacris canonibus consentiunt (211 v°); — Justiniani novella ad Epiphanium, de episcopis et clericis (214 v°); — Theodosii et Valentiniani, Justiniani, Leonis et Anastasii imp. constitutiones civiles xxiii. cum ecclesiasticis canonibus consonantes (229); — Collectio eorum quæ dicta sunt in Codice, Digestis, Institutionibus et Novellis de episcopis, clericis, etc. (267); — Tituli III. e Novellis de episcopis, clericis, etc. (300).

X s. Parch. 316 fol. *M.*

615. Origenis philocalia.

XIV s. Parch. 198 fol. M.

616. S. Gregorii Thaumaturgi oratio ad Origenem (2); — Origenis contra Celsum libri VIII. (20); — Origenis ad martyrium exhortatio (345).

Copié en 1340 par le moine Lucas. Parch. 367 fol. M.

617. Θεολογικὸν Θωμα δε Ἀκουΐνο ὑπὸ Δημητρίου τοῦ Κυδώνη ἐξελληνισθέν.

XVI s. Pap. 300 fol. M.

618. Epitaphium metricum Gennadii in monasterio Vatoped. (1); — De computo (1 v°); — Georgii Scholarii quæstiones theologicæ cxxxvi. in S. Thomam Aquinatem (9); — ejusdem contra Plethonis dubitationes de Aristotele libri II. (99).

XV s. Pap. 196 fol. P.

619. Acta synodi Constantinopolitanæ a. 1450. (2); — Marci Eugenici capita theologica LVI. adversus Latinos (70); — ejusdem epistola ad Scholarium (93 v°), — encyclica ad omnes ubique terrarum degentes (95), — apologia instante ejus obitu (100), — novissima verba, cum responsione Scholarii (101), responsio duplex ad Latinos de purgatorio (103), — orationes duæ de beatitudine sanctorum (113).

Copié en 1686 par Alexandre ὁ ἐκ Τρίκκης. Pap. 141 fol. P.

620. [Georgii *Hamartoli*] historiarum compendium (4); — Anonymi capita theologica xxxv. : Ἡ κτίσις καὶ ἡ ταύτης συνοχή... (141); — Photii, CP. patriarchæ, fragmentum de processione Spiritus sancti (183) ; — Anonymi de eodem capita duo : Ἐπὶ μὲν τῶν ἄλλων ἁπάντων... (184); — S. Joannis Damasceni homilia in sabbatum sanctum (185); — Nicetæ Sidensis tractatus de numero septem (187); — ejusdem orationes duæ adversus Romanos de processione Spiritus sancti et de azymis (209 v°); — Nicetæ Dadybri et philosophi interpretatio in S. Gregorii Nazianzeni epitaphia xii. in S. Basilium (268); — Methodus inveniendi lunam (271); — Germani, CP. archiepiscopi, homilia in annunciationem beatæ Virginis (274 v°).

XV s. Pap. 274 fol. P.

621. Maximi Margunii et aliorum epistolæ (1); — Emmanuelis epigramma adversus quemdam Græcos vituperantem (305).

XVII s. Pap. 306 pages. *M.*

622. Basilii, Constantini et Leonis impp. prochiron legum (1); — Synodi Nicænæ decretum de Paschate (140 v°); — Synagoge novellarum de rebus ecclesiasticis (144).

X s. Parch. 190 fol. *P.*

623. Ecloga et synopsis librorum LX. Basilicorum, alphabet. (1); — Novellæ Romani senioris, dictante Cosma magistro (204 v°); — Novellæ Constantini Porphyrogeniti (207); — Nicephori novella νομοθεσία (211); — Novella Romani senioris : Παλαιὸς νόμος... (212 v°); — Constantini Porphyrogeniti novellæ de rebus militaribus (215); — Tabula graduum cognationis (217); — Anonymi epistola theologica : Περὶ τῶν ἀναξίως ἱερατευόντων... (217 v°).

XI s. Parch. 218 fol. *M.*

624. Ἐξήγησις τῶν Ῥωμαϊκῶν ἀγωγῶν ἑλληνιστὶ κατ' ἀλφάβητον.

XIV s. Bombyc. 17 fol. *M.*

625. Nomimon in XIII. titulis (1 v°); — Lexicon juris lat.-græc. (28 v°); — Basilii, Constantini et Leonis impp. prochiron legum (30 v°); — Leges colonariæ (123 v°); — Novella Alexii Comneni de contractu matrimoniali (131); — ejusdem responsio ad Nicolaum Curopalatam de provocationibus (135); — Michaelis Attaliotæ synopsis juris titulis XL. (137); — Lex militaris ex Rufi tacticis (181 v°).

XIV s. Bombyc. 188 fol. *P.*

626. Synopsis Basilicorum, ordine alphabetico, A-K, e cod. Paris. 1351.

XIX s. (Copie de Mynas.) Pap. 170 fol. *P.*

627. Basilii, Constantini et Leonis impp. prochiron legum in L. titulis (3); — Michaelis Pselli synopsis legum, versibus politicis (196); — S. Joannis Chrysostomi sermonis fragmentum (216).

XIV s. Bombyc. 217 fol. *P.*

628. Athanasii Emeseni epitome novellarum, e cod. Paris.

1381. (1); — Constitutiones imperatoriæ ad jus canonicum pertinentes, e cod. Paris. 1258. (139).

XIX s. (Copie de Mynas.) Pap. 158 fol. P.

629. Theophili protospatharii tractatus de urinis (1); — ejusdem tractatus de excrementis (9 v°); — Variantes lectiones in eumdem, e cod. Paris. 2220. (33); — Scholia Stephani in tractatum de urinis (43); — Theophili liber de pulsibus (45); — Nicephori Blemmidæ, vel Maximi, opusculum de urinis (56); — Galeni tractatus de pulsibus (59); — Rufi Ephesii opusculum de vesicæ renumque morbis, e cod. Paris. 2288. (65); — ejusdem tractatus de appellationibus partium corporis humani (72); — E Sorani scriptis de vulva et muliebri pudendo (91); — Ex Lyco de eodem (94 v°).

XIX s. (Copie de Mynas.) Pap. 94 fol. M.

630-632. Aetii Amideni synopsis rerum medicinalium. [N°⁵ 630, lib. I; 631, lib. VI-XII.; 632, lib. XIII-XVI.]

XIV-XI-XIX s. Bombyc., parch. et pap. 38, 294 et 349 fol. M.

633. Variantes lectiones in Aretæi Cappadocis de morbis acutis, e codd. Paris. 2186, 2187, 2202, 2220, 2334, 2888 et 2889.

XIX s. (Copie de Mynas.) Pap. 263 fol. M.

634. Galeni tractatus de sectis, ad eos qui introducuntur (2 v°), — de elementis (19), — de temperamentis (22), — de facultatibus naturalibus (23 v°); — de ossibus, ad eos qui introducuntur (28), — therapeuticorum ad Glauconem libri II. (39), — de cataplasmate (64), — de tumoribus præter naturam (65), — ars medica (75); — De urinis ex Hippocrate et Galeno (103); — Galeni tractatus de urinis (112), — de probis et pravis alimentorum succis (117), — de attenuante diæta (133), — de alimentorum facultatibus libri III. (142); — Symeonis Sethi de eodem argumento, alphabet. (216); — Galeni therapeuticorum libri XIV., cum scholiis (257).

XIV s. Bombyc. 438 fol. M.

635. Galeni dialectica (3 v°); — ejusdem πρὸς Γαῦρον, περὶ τοῦ πῶς ἐμψυχοῦνται τὰ ἔμβρυα (12); — Timæi Locrensis liber de anima mundi (25); — Theophylacti Simocattæ epistolæ ali-

quot (31); — Pythagoræ methodus inveniendi futura (38 v°);
— De modo scribendi litteris argenteis et aureis : Λαϐών ἄργυ-
ρον καθαρόν... (41); — Nomina prophetarum, apostolorum, Hebræorum qui libros scripserunt, et nomina librorum utriusque
Testamenti (42); — De versionibus græcis S^æ. Scripturæ
(42 v°); — Nicodemi hieromonachi Pachomio Dozaræ epistola,
1624. (44); — S. Joannis Damasceni definitiones philosophicæ
(49 v°).

XIII-XIX s. Pap. 74 fol. *M.*

636. Galeni de paratu facilibus medicamentis libri III. (3);
— Excerpta medica (119); — Esdræ prophetæ opusculum de
diebus criticis (134).

XVI s. Pap. 142 fol. *P.*

637. Meletii monachi liber de natura hominis (7); — Veterum medicorum fragmenta de excrementis : Οἱ παλαιοὶ τῶν
ἰατρῶν... (37 v°); — Theophili liber de excrementis (40); —
ejusdem liber de urinis (44); — Joannis, Prisdrianensis episcopi, de urinis (50); — Lexicon botanicum : Ἅλας ἀμμωνιακὸν
τὸ τζαπάρικον... (55); — Petosiris epistola ad regem Nechepso
(59); — Aristotelis liber de mundo (60); — Hippocratis sententiæ de vita et morte (65); — Rufi quæstiones medicæ (65 v°);
— Excerpta medica, inter quæ Aetii fragmentum de cepha-
lalgia : Ἐγκέφαλός ἐστι λευκός... (67 v°); — Anonymi opusculum de febri : Εἴπωμεν οὖν τὰς διαφοράς... (75); — Symeonis
Sethi tractatus de alimentorum facultatibus (80 v°).

XV s. Pap. 91 fol. *M.*

638. Joannis Dicecetæ Constantinop. de medicina libri VI.-
X., cum notis arabicis.

XV s. Parch. et pap. 154 fol. *P.*

639. Vincentii Damodi physiologia.

XVIII s. Pap. 306 fol. *M.*

640. Adamantii Nemesii liber de natura hominis.

XVI s. Pap. 41 fol. *P.*

641. Nemesii liber de natura hominis.

XVIII s. Pap. 112 pages. *P.*

642. Aristotelis de cælo libri IV., cum scholiis (1); — ejusdem de generatione et corruptione libri II., cum scholiis (38 v°); — ejusdem de meteoris liber primus (58); — Alexandri Aphrodisiensis commentarii in Aristotelis meteorologicorum libros II-IV. (74); — Aristotelis metaphysicorum libri XIV. (142); — Michaelis Ephesii scholia in Aristotelis metaphysica (224).

XIV s. Bombyc. 318 fol. *M.*

643. Aristotelis physicorum libri VIII. (1); — ejusdem de generatione et corruptione libri II., cum scholiis (155).

XIV s. Bombyc. 185 fol. *M.*

644. Porphyrii isagoge in Aristotelis categorias (1); — Aristotelis categoriæ (10), — de interpretatione (26), — analytica priora (39 v°), — analytica posteriora (145), — topica (218 v°), — de sophisticis elenchis (336).

XIV s. Bombyc. 400 fol. *P.*

645. Commentarius in logicam Aristotelis : Οὐ μόνον καλῶς...

XVIII s. Pap. 258 fol. *P.*

646. Aristotelis rhetorica ad Alexandrum.

XVII s. Pap. 91 fol. *P.*

647. Eugenii Bulgarici hierodiaconi elementa metaphysicæ.

Copié en 1782 par Joachim de Crète. Pap. 529 pages. *M.*

648. Adnotationes in Eugenii [Bulgarici] logicam.

XIX s. Pap. 205 pages. *P.*

649. Alexandri Mavrocordati synopsis rhetoricæ.

Copié en 1786. Pap. 136 pages. *P.*

650. De cylindro, cono et sphæra theoremata : Α τοῦ κύκλου, ΑΓΒΔ... (1); — Trigonometrica ex diversis auctoribus, præsertim ex abbate Maria : Ἡ τριγωνομετρία μετρική... (75); — Algebra : Ἡ ἄλγεβρα (ἡ λέξις ἐστίν ἀραβική)... (175).

XVIII s. Pap. 348 fol. *P.*

651. Cl. Ptolemæi magnæ constructionis excerpta (2); — Procli Diadochi astronomicarum hypotyposium excerpta (19); — Cl. Ptolemæi tetrabiblon (26); — ejusdem carpus (33 et 42); — Hephæstionis Thebani apotelesmata (39).

XVI-XIV s. Pap. 43 fol. *P.*

652. Pythagoræ aurea carmina, cum Hieroclis commentario (2) ; — Isaaci Argyri methodus geodæsiæ, accedit Patricii theorema (40) ; — Homeri batrachomyomachia (42) ; — Hesiodi scutum Herculis (48) ; — Hesiodi theogonia, cum scholiis (49), — et commentario Joannis Galeni [Pediasimi] (74) ; — Scholia in Arati phænomena : Ἄρατος ὁ ποιητὴς γένει μέν... (93 v°) ; — Choricii rhetoris oratio funebris Mariæ matris Marciani, episcopi Gazæ, et Anastasii, episcopi Eleutheropolis (128) ; — De metris : Τὸ ἰαμβικὸν μέτρον... (130) ; — Arati phænomena et prognostica (131) ; — Methodus multiplicandi : Καθ' ἑτέραν μέθοδον... (148) ; — Maximi Planudis et Nicolai Rhabdæ ars calculatoria secundum Indos, cum Isaaci Argyri (?) additionibus (149) ; — Nicolai Rhabdæ arithmetica ad Georgium Khatzyce, cum Palamedis tabulis (154 v°) ; — Isaaci Argyri et [Demetrii] Cydonii problemata (158 et 160 v°) ; — Manuelis Moschopuli tractatus de inveniendis numeris quadratis (161) ; — Nicolai Artavasdi Rhabdæ quæstiones arithmeticæ (165) ; — Joannis Pediasimi fragmentum de Herculis laboribus (166) ; — Calendarium (168 v°) ; — Aristotelis politicorum libri VIII. (169) ; — ejusdem œconomicorum libri II. (265 v°) ; — Joannis Philoponi tractatus de usu astrolabii (273) ; — Ammonii [Nicephori Gregoræ] methodus conficiendi astrolabum (281) ; — Anonymi methodus conficiendi astrolabum : Λάβοντες κύκλους... (286 v°) ; — Hermetis Trismegisti iatromathematica ad Ammonem Ægyptium (291).

XV s. Pap. 296 fol. P.

653. Constantini Manassis chronicon versificatum (5) ; — Nicephori Constantinop. chronographia compendiaria (190).

XVI s. Pap. 197 fol. P.

654. « Notices sur les peuples qui ont envahi le bas-empire, tirées de différents mss. des couvents d'Orient, » e Constantini Manassis historia (1) ; — Tableau chronologique des peuplades qui ont envahi l'Europe et l'Asie, depuis 88 après J.-C. » (72) ; — Κυρίλλου Λαυριώτου historia politica et ecclesiastica, ab Alexio Comneno ad a. 1809. (92) ; — Στίχος διηγηματικὸς περί τινος νεανίου ἐπὶ βασιλέως Μεεμέτη (219) ; — Hermetis Trismegisti de significationibus terræ motuum (220 v°) ; —

Sibyllæ oneirocriticon, versibus iambicis (221 v°); — Methodii Καυσοκαλυβίτου fragmentum de diæta hominis (224 v°); — Notices et extraits de manuscrits grecs (226 v°), — parmi lesquels : Catalogues des bulles et mss. des monastères de Xeropotamos, 1766. (232 et 239), — de Xénoph (236), — de Simopétra (252), — de S. Denys (256 v°), — de Castamonite (266), — de Chilantari (274).

XIX s. (Copie de Mynas.) Pap. 299 fol. *M.*

655. Aristophanis Plutus, cum vita auctoris, et Jo. Tzetzæ scholiis (1); — Fragmentum de Homero : Διδάσκαλος Ὁμήρου... (31); — Excerpta meteorologica : Εἰς τρία ἔτεμνον οἱ παλαιοί... (32 v°); — Aristidis orationum fragmenta, cum scholiis (34); — Aristotelis fragmentum de mundo (67); — Michaelis Pselli dialectica et grammatica (68); — Ammonii commentarius in Porphyrii isagogen (73); — De dialectica : Ἰστέον δὲ ὅτι οἱ ὁρισμοί... (70); — Joannis Itali methodus synoptica dialecticæ (85 v°); — De sophisticis elenchis : Τρισκαίδεκα τρόποι... (93); — Theodori Ptochoprodromi scholia in Aristotelem, initio mutila (97); — ejusdem dialogus : Ξενέδημος ἡ φωναί... (100).

XIV s. Bombyc. 104 fol. *M.*

656. Homeri Iliadis libri II, 158—V., cum scholiis (1); — Dionysii Catonis disticha, a Maximo Planude græce versa, cum scholiis (69); — Libanii declamationes XIII. (83); — Plutarchi liber de virtute et vitio (171).

XV s. Pap. 172 fol. *P.*

657. Origines Constantinopolitanæ : Πάτρια Κωνσταντινουπόλεως. Ἱστορία φέρεται...

XIII s. Bombyc. 36 fol. *P.*

658. [Isaaci Tzetzæ] scholia in Lycophronis Cassandram : Τοῖς τῶν ποιητικῶν βίβλων... (1); — Interpretatio canonum ecclesiasticorum, lingua græca vulgari (14); — Matthæi Camariotæ compendium rhetoricæ (66).

XVII-XVI s. Pap. et parch. 67 fol. *P.*

659. S. Cyrilli Alexandrini lexicon (1); — Lexicon Stephani et Theodoreti, et aliorum lexicographorum Cassiani et Longini in Octateuchum (110 v°); — Lexicon in libros Regum

(114); — Lexicon in librum Job (115); — Lexicon in epistolas S. Pauli (116); — Lexicon medicum et botanicum (120); — Lexicon in cl. Psalmos (121 v°); — Lexicon alterum in cl. Psalmos (124 v°); — Fragmentum lexici botanici (125); — Joannis Philoponi collectio vocum quæ pro diversa significatione accentum diversum accipiunt (125); — Anonymi lexicon : Ἀφεγγεῖς μὴ ἔχοντας φέγγος... (127 v°); — Anastasii, Antiochiæ archiepiscopi, capita philosophica (130 v°); — Lexicon in S. Dionysium Areopagitam (132 v°); — Lexicon in V. et N. Testamenti libros (135); — S. Joannis Damasceni quæstiones theologicæ de divinitate Christi et incarnatione (151); — Excerpta theologica (155 v°), — inter quæ fragmentum catecheseos S. Theodori Studitæ, ad Nicetam protospatharium (162 v°); — Interpretatio vocum theologicarum : Τὴν ἡμέραν... (165 v°); — S. Cyrilli Alexandrini lexicon (171).

XIII-XV s. Parch. et pap. 185 fol. P.

660. Platonis Phædrus (1) ; — Synesii liber de regno, ad Arcadium (31), — Dio (43), — encomium calvitii (53), — Ægyptius, seu de providentia (62), — ad Pæonium, de dono astrolabii (77 v°), — de insomniis (79 v°), — concio in laudem Anysii (88), — homiliæ duæ (89); — Æschinis orationes tres, cum argumentis, scholiis, et vitis Æschinis ab anonymo et Apollonio grammatico (94); — [Manuelis Moschopuli (?)] de XII. Christi discipulis, Herculis labores, et Aenigmata (159); — Anonymi fragmentum theologicum : Τὴν ἀρχὴν ἄνθρωπος διὰ τοῦτ' ἐπὶ συνετικίαν... (160).

XIV s. Bombyc. 161 fol. P.

661. Anonymi opusculum de grammatica, initio mutilum (1); — [Manuelis Moschopuli] fragmentum (5); — Apophthegmata sapientum, cum scholiis (24); — Manuelis Moschopuli lexicon vocum atticarum (32); — Anonymi lexicon vocum atticarum : Αἰχμάλωτον ποιῶ καὶ αἰχμάλωτος... (103).

XV s. Bombyc. 160 fol. P.

662. [S. Cyrilli Alexandrini] lexicon (3); — Lexicon vocum S. Gregorii Nazianzeni (251); — Lexicon vocum Hesiodi (254); — Michaelis Pselli versus politici de grammatica (254); — Marcelli Sidetæ medicina ex piscibus (257 v°); —

[Nicetæ] Serrensis versus (258); — [ejusdem] fragmenta de grammatica et metris (258 v°); — Lexicon vocum epistolarum S. Pauli (263) ; — Nicetæ Serrensis fragmentum de Deorum nominibus (265); — Fragmentum lexici (266); — Nicephori Constantinop. chronographia, usque ad a. 976. (267); — Notitia archiepisc. et episcopatuum Orientalis ecclesiæ (271).

XIV s. Bombyc. 275 fol. P.

663. Homeri batrachomyomachia (1); — Homeri Iliadis epitomes fragmenta librorum I-V., VII., X-XII., XVII-XX., XXII-XXIV. (5); — Hesiodi theogoniæ fragmentum (69 et 52); — ejusdem scutum Herculis (75).

XI s. Parch. 77 fol. P.

664. Apollonii grammaticæ interpretatio, Sebasto Trapezuntio auctore (1); — Constantini Harmenopuli lexicon (161); — Epigrammata in decem menses (210 v°); — Anonymi de metris : Τρία εἰσιν ἐκ τῶν πολλῶν μέτρα... (211 v°); — Anonymi prosodia : Πρὶν ἂν ἡμεῖς ποιήσωμεν... (216); — Meletii Iberitæ canones utiles grammaticis (231).

Copié (en partie) en 1742 par le moine Matthieu. Pap. 254 fol. P.

665. Anonymi chronographia, usque ad imp. Michaelem VI., initio mutila (1); — Anonymi opusculum de vita et doctrinis Mahumeti, initio mutilum (160).

XVI s. Pap. 169 fol. P.

666. Procli Diadochi commentariorum in Platonis Timæum libri III-V.

XIV-XV s. Bombyc. 349 fol. P.

667. « Catalogue [alphabétique] des manuscrits de la bibliothèque du couvent de Vatopède, Mont Athos. »

XIX s. (Copie de Mynas.) Pap. 19 fol. P.

668. Bibliorum excerpta de Christo, initio mutila (1); — Platonis Crito (19 v°); — ejusdem Phædo (25 v°); — ejusdem fragmentum Cratyli (33); — Excerpta S. Maximi de variis dubiis Scripturæ (33 v°).

XI s. Parch. 43 fol. P.

669. Juliani imperatoris epistolæ LXIII. — A la suite : « Éloge de la pomme et du nombre six... extrait du ms. 352

(S)... par M. A. J. H. Vincent, » *impr*. (*Revue de Philologie*, II, 200.)

XIX s. Pap. 56 fol. P.

670. Scholia in Hermogenis rhetoricam, initio mutila; inter quæ fragmentum Lacharæ sophistæ.

XI s. Parch. 192 fol. M.

671. Maximi Planudis prolegomena in rhetoricam (1); — Aphthonii progymnasmata (3 v°); — Hermogenis rhetorica (30 v°), — de inventione (92), — de formis oratoriis, cum scholiis (139).

XV s. Pap. 177 fol. M.

672. Chrysanthi, S. Sepulchri archimandritæ, historia Sinarum imperii a Tartaris subacti (1); — Siberiæ descriptio : Ἡ τοῦ Σιμπηρίου... (85).

Copié en 1693. Pap. 101 fol. P.

673. Cl. Ptolemæi geographiæ fragmenta librorum I. et VII.

XV s. Pap. 28 fol. P.

674. Rhetoricæ enchiridion : Διὰ νὰ ὁμιλήσω... (1); — Nomina imperatorum, regum et patriarcharum : Ὁ μὲν Πομπήϊος..., s. xv. Bombyc. (18); — De syntaxi : Γραμματική ἐστι τέχνη... Copie de Mynas (27); — Excerpta theologica, s. xiii. Parch. (55); — Menses Attici (58).

XIII-XIX s. Pap. 59 fol. P.

675. Monachorum monasterii Vatopediani ad M. Mynam epistolæ duæ, 1841. (2); — Fragmentum philosophicum, s. xv, Bombyc. (8); — Catalogus codd. mss. bibliothecæ Vatopedianæ (10); — Gennadii homilia de sacramentali corpore Domini (39); — Catalogus codd. mss. monasterii Esphigmeni in monte Atho (53 et 123); — Michaelis Pselli characteres epistolici (67 v°); — Theodosii Corydalei epistola (82); — Catalogus codd. mss. monasterii Caracalæ in monte Atho (91); — Epistola a monachis in monte Atho ad imp. Michaelem Palæologum scripta, ne græcam cum latina ecclesiam reconciliaret, s. xvii. (104); — Fragmentum historiæ montis Atho, ubi de cæde monachorum a Latinis facta (115); — Nili, Thessa-

Ionicensis archiepisc., homilia contra Latinos (118); — Ex epistola S. Maximi ad Marinum Cyprium, s. xvi. (122 v°); — Apollonii Alexandrini de syntaxi, et vita (155); — Catalogus codd. mss. Lauræ [S. Athanasii] in monte Atho (168); — Observatio astronomica de cometa, Alexandriæ, 1744. (172); — Catalogus codd. mss. classicorum Lauræ (205); — Problemata rhetorica, s. xvii. (220); — Προθεωρία declamationis Libanii sophistæ, qua cæcus adolescens, de parricidio suspectus, contra novercam se defendit, s. xv. (239); — Theogonia Græcorum (265); — Joannis Ducæ carmina, s. xiv. Bombyc. (267); — Catalogus codd. mss. monasterii Dochiarii in monte Atho (271); — Catalogus codd. mss. bibliothecæ gymnasii et monasterii τῶν Βλατέων Thessalonicens. (287); — Fragmentum lexici, s. xiv. (298).

XV-XIX s. (Copié, en partie, par Mynas.) Pap. 303 fol. P.

676. Vita rhetorum : Θεμίστιος ῥήτωρ... (1); — Scholia in Synesii orationem de regno (5); — Ἀφορισμοὶ παρεμβεβλημένοι, sectio viii., s. xviii-xix. Pap. (39); — Proverbia extraneorum sapientum: Ἀβυδηνὸν ἐπιφόνημα..., s. xiv. Bombyc. (41); — Scholia in secundum librum Aristotelis analyticorum : Διδάξας ἡμᾶς ἐν τῷ προτέρῳ... (59); — Lexicon botanicum : Ἀβρότονον..., s. xix. (75); — Excerpta historica et geographica : Ἦν τις φησιν ἀττικὰ γραῦς..., s. xiv. Bombyc. (83); — De monasterio Esphigmeni in monte Atho (97); — Ἡ χρυσόβουλλος γραφὴ τοῦ αὐθέντου Ἰωάννου Βόδα, μεταφρασθεῖσα κατὰ λέξιν παρὰ τοῦ Θεοφυλάκτου λογοθέτου (98); — Fragmentum historiæ Cantacuzenorum, s. xviii. (102); — Onomatopœia partium corporis humani, cum duobus figuris : Τὸ κρανίον, τὸ ἁπαλόν... (105); — Nomina lxxii. linguarum (107 v°); — Commentarius in Apocalypsin : Ὅτι μετὰ τὸ συγγράψασθαι... (109); — Versus sibyllæ Erythrææ de Christo (110 v°); — Πατρώνυμος πατέρων ὕμνος. Αἰνέσωμεν δὴ ἄνδρας ἐνδόξους..., s. xiv. Bombyc. (111); — Fragmentum actorum SS. Thyrsi, Lucii et Callistrati, Luciæ, Philemonis, Apollonii, Hypatii et sociorum, s. xii. Parch. (113); — Excerpta theologica, s. xvi. (114).

XII-XIX s. Parch., bombyc. et pap. 117 fol. P.

677. Michaelis Pselli de quatuor mathematicis scientiis,

1670. (1); — Nicephori Callisti Xanthopuli nomina imperatorum et patriarcharum Constantinop., s. xv. (38); — Methodus arithmetica : Μέθοδος δι' ἧς εὑρίσκεται... (43); — Fragmentum catalogi cujusdam (46) ; — Τὰ λεγόμενα ἐπὶ τῶν ἀδυνάτων. — Δημοσθένους. Ταῦτα λέγειν αὐτόν..., s. xvii. (49); — Εὐχὴ εἰς ψυχορραγοῦντα (52); — Fragmentum lexici biblici : Ἀδλεψία καρδίας ἀπόρρωσις... (56) ; — Excerptum S. Joannis Chrysostomi in parabolam fici, s. xv. Bombyc. (59); — Theophylacti, Bulgariæ archiepiscopi, epistola ad Nicolaum diaconum, s. xvii. (61).

XV-XVII s. Pap. 62 fol. P.

· 678. S. Basilii Cæsariensis epistolæ xxii-xl., s. x. Parch. (1); — Vita Æschinis et scholia (17) ; — Excerpta e diversis codicibus, manu Mynæ, s. xix. Pap. (45); — Joannis Eugenici monodia de expugnatione C. P., s. xv. Pap. (115); — Fragmentum theologicum, s. xiii. Parch. (119); — Fragmenta medica (122); — Heliæ philosophi scholia in Aristotelis priorum Analyticorum librum I., s. xiii. Bombyc. (131 v°); — Commentarius in logicam, s. xviii. (140); — Anonymi de grammatica et orthographia : Τὸν βουλόμενον γράμματα μαθεῖν..., s. xv. Bombyc. (143); — Fragmentum de computo (147 v°); — Lexicon botanicum : Ἀεὶ ζωὸν τὸ ἀμάραντον... (150); — Canonis fragmentum, s. xv. Bombyc. (160); — Κήρωσις Ἑρμοῦ εἰς ποίησιν σελήνης, s. xix. (161).

X-XIX s. Parch. et pap. 161 fol. P.

679. Scholia in Homeri Iliadem, s. xi. (1); — Scholia in Hesiodum, s. xii. Parch. (22) ; — Manuelis Moschopuli scholia in Homerum, s. xiv. Bombyc. (25); — Iliadis fragmenta (I, 486-539; II, 136-190), s. xii.

XI-XIV s. Parch. 58 fol. P.

680. Constantini Logothetæ et Panteleemonis Ligaridii epistolæ tres (1); — Païsii, Rhodii metropolitæ, historia montis Sinæ, 1629, versibus politicis (10); — Troparium secundum alphabetum, poema Nectarii Hierosolymit. (62 v°); — Canticum in Lazari resurrectionem (64); — Disticha moralia, alphabetice : Ἄνθρωπε πῶς ἀποκοτᾶς... (66); — Disticha alphabetica in beatam Virginem : Ἄνοιξον δέωμε ἀγνῆ... (68);

— Alia disticha : Ἐδῶ διαλέγεται ὁ χάρος μὲ τὸν ἄνθρωπον. Ἄρχοντες ἀγρηκήσατε... (69); — Alia disticha de morte (71 v°).

XVII s. Pap. 73 fol. P.

681. Definitiones catholicæ et apostolicæ fidei ex S. Clemente et aliis patribus (2); — Physiologi fragmenta (4); — Galeni de generatione (6); — Excerpta theologica (7); — Sententiæ virorum illustrium (9 v°); — Versus de Constantinopoli : Βύζαντος αὐλή ἐστι... Copié en 1298. (9 v°); — Gennadii epistolarum fragmenta (12); — Fragmenta theologica, s. xv. (23); — Anonymi lex evangelica in epitomen : Δεῖνον σῶν λατρειῶν... (51); — Anonymi epistolæ ad Theophylactum, Polyeuctum et Theodorum patriarchas, s. xiv. Bombyc. (59); — S. Dorothei abbatis doctrina I., s. xv. Copié par le moine Pachome. Bombyc. (65); — Threnæ de Constantinop. capta, initio mutilæ, s. xvi. (74); — Ammonii excerpta de philosophia (80); — Dialogus inter imperatorem et patriarcham, s. xv. Bombyc. (87); — De vita monastica fragmentum, initio mutilum, s. xvi. (95).

XIII-XVI s. Pap. 110 fol. P.

682. Chronographi fragmenta usque ad Theophilum (829-842), de imperatoribus Romanis et CP., de imperatricibus, patriarchis CP., Antiochenis, Alexandrinis et Hierosolymitanis, ex Eusebio (2); — Joannis [Antiocheni] chronologiæ universalis excerptum (9); — De Nabuchodonosoris icone fragmentum, s. x-xi. Parch. (16); — Fragmentum magnæ constructionis Ptolemæi (24); — Procli Diadochi fragmentum hypotyposis astronomicarum positionum (25); — Fragmentum de lunaribus eclipsibus (29); — Heronis geometricæ definitiones (33); — Nicolai Artavasdi fragmenta metrologica (34); — Hermetis Trismegisti de significationibus terræ motuum (34 v°); — Joannis Pediasimi fragmentum de VII. planetis, s. xvi. (35); — Jo. Bapt. Camotii commentarius in Aristotelis metaphysica (43); — Collatio cod. Paris. 1940. cum Aldina editione Aristotelis metaphysicorum, auctore M. Myna (81); — Damascii commentarius in Hippocratis aphorismos (85); — Lexici medici fragmentum, s. xi. Parch. (130).

X-XIX s. Parch. et pap. 131 fol. M.

683. Oribasii, Aetii et Galeni fragmenta, s. XVIII. (1 v°); — Theoria medica de structura corporis humani : Ἀλλὰ τὸν μὲν ἀκριβῆ..., s. xv. (5); — Hesiodi Opera et dies, cum scholiis et vita, s. XVI. (12); — Nicephori, Vatoped. monachi, epistola de Myna, 1843. (24); — Fragmentum de cosmographia, s. XVI. (26); — Fragmenta theologica (28); — Versus acrostichi de Christo :... Σάρκα παρὴν κρῖναι... (32); — Diogenis narratio de septem sapientibus, s. XVI. (32 v°); — Fragmenta medica, s. XVII. (33); — De urinis, e Persicis medicis : Δεῖ γινώσκειν ὅτι ὅταν ἐστι... (55); — Aetii de symptomatibus urinarum, s. XVI. (55 v°); — Magni sapientissimi opusculum de differentiis urinarum (58 v°); — De dialectica : Τί δηλοῖ τοὔνομα τῆς φιλοσοφίας..., s. XVII. (60).

XV-XVIII s. Pap. 76 fol. P.

684. [Galeni (?)] de remediis facile parabilibus (5 v°); — Fragmentum de phlebotomia (35); — Neophyti hieromonachi Prodromini lexicon botanicum (38); — Matthæi Cantacuzeni imp. orationes de scientiæ amore (43 v°), — et de tribus animæ viribus (56); — S. Cyrilli opusculum de metricis nominibus (66); — De coloribus in pictura : Ὅταν θέλεις νὰ ἱστορίσῃς... (68); — Patriarcharum græcorum acta varia (71); — Vitæ Græcorum modernis temporibus illustrium, s. XVIII. (81); — Tractatus astronomicus : Ἔστιν δὲ καὶ ἐναίατος οὐρανός... (89); — Fragmentum philosophicum (98 et 114); — Epicteti enchiridion, s. xv. Bombyc. (103); — Historia Stavrak Oglou spatharii, 1792. (126); — Damasceni Studitæ liber de natura animalium (136); — Euripidis Hecuba, s. xv. (152); — Fragmentum theologicum (186); — Georgii Zegabeni opusculum de septem vocalibus (187 v°); — Heraclii imp. calendarium astronomicum (195 v°); — Chartæ variæ (196 v°); — Metropolium et archiepiscopatuum notitia (200 v°); — Interrogationes (201 v°); — Commentarius in Pater noster (202); — Fragmentum chymicum (205); — Oraculum de Constantinopoli : Βίζαντος αὐλή ἐστι... (207); — Alphabeta astronomica novem (207 v°); — Iatrosophium ex Galeno, Hippocrate et aliis : Ἐγὼ Γαληνὸς πεπειραμένος... (211); — De alleluia (227); — Remedia varia (227 v°); — Fragmentum asceticum : [Λόγος κθ'.] Ἰδοῦ λοιπὸν καὶ ἡμεῖς..., s. xv. Parch. (233).

XV-XVIII s. Pap. 240 fol. P.

685. Origenis fragmenta, s. x. Parch. (2) ;. — S. Joannis Theologi de Bibliis excerpta (7); — S. Joannis Damasceni de zodiaco excerpta (8); — Nomina mensium hebraïcorum (8); — Fragmenta chronologica (9); — De Mitylene fragmentum (12); — Damasi papæ confessio catholicæ et apostolicæ fidei (12 v°); — Theodori Balsamonis oratio de presbyteris (13 v°); — Commentarius in Psalmos, scr. M. Mynas (15).

XVI-XIX s. Pap. 24 fol. P.

686. Photii, CP. patriarchæ, synopsis decem Aristotelis categoriarum (2); — ejusdem de Spiritu sancto disciplina arcana, s. xv. Pap. (10); — Fragmentum juris græco-romani de matrimonio, s. xi. (18); — S. Gregorii Nazianzeni orationis in laudem Cæsarii fratris fragmentum, s. xii. (29); — Fragmentum lectionarii, s. xi. Onc. (34 et 36); — Fragmentum de S. Joanne Baptista, s. ix. Onc. (35); — Fragmentum indicis theologici tractatus, s. xi. (38); — Plutarchi vitæ Alexandri cap. iv-xxi., s. xii. (40); — Fragmentum theologicum, s. xiv. (48); — Capita moralia quinque, s. xi. (51); — S. Isidori Pelusiotæ epistolæ xii., s. xii. (58).

IX-XV s. Parch. 59 fol. M.

687. Fragmenta philosophica, s. x. (1); — Fragmentum commentarii in logicam Aristotelis, s. xii. (3); — Fragmentum lectionarii, s. xiii. (11 et 15); — Historia naufragæ mulieris, s. xiii. Parch. (14 et 38); — Apographum chartæ Gerasimi, patriarchæ Constantinop., 1797. (17); — Index mss. bibliothecarum montis Atho, s. xix. Pap. (20); — Lexicon : Ἀρχὴ σὺν Θεῷ τῶν συντάξεων. Ἀγορανομῶν..., s. xiv. Bombyc. (22); — Constantini Mynæ præfatio ad novam editionem Apollonii Dyscoli de pronomine, Berolini, 1813. (31); — S. Gregorii Nazianzeni oratio in laudem Macchabæorum, s. xi. Parch. Peint. (34); — Fragmentum de Spiritu sancto, s. xii. (45).

X-XIX s. Parch. et pap. 48 fol. M.

688. Eutecnii sophistæ paraphrasis in Oppiani halieuticorum libros III-V. (2); — ejusdem paraphrasis in Oppiani ixeuticorum libros I-II. (23 v°); — Hippocratis vita, Sorano Ephesio auctore (39); — Prolegomena progymnasmatum : Ῥήτωρ ἐστὶν ἀνήρ... (43).

XVI s. Pap. 46 fol. P.

689. Varia de Alexandro, s. xv. Parch. (1); — Fragmentum commentarii in Psalmos, s. xii. Parch. (4); — Fragmentum de hæresibus (7); — Eclogæ sermonum Photii adversus recentes Manichæos, s. xv. Bombyc. (18 v°); — Fragmentum de musica (30 v°); — S. Joannis Damasceni fragmentum de nominibus trium personarum Sæ. Trinitatis (30 v°); — Georgii Lapithæ fragmentum de fidei articulis, s. xv. Bombyc. (30 v°); — Verba sapientum de Deo (31 v°); — Certificat de moralité, 1781. (32); — Remedia varia, s. xviii. Pap. (32 v°); — Fragmenta theologica et liturgica, inter quæ nomina duodecim apostolicarum ecclesiarum (33); — Philostrati ad Aspasium epistola (37); — Notæ theologicæ (37); — Dionysii Periegetæ fragmentum, s. xvi. Pap. (37 v°); — Fragmentum homiliæ (39); — Secundini epistolarum fragmentum, 1462. (41); — Dionysii, CP. patriarchæ, charta, a. 1467. (43); — Georgii Chrysococcæ opusculum de astronomia Persarum, s. xv. Pap. (15); — Homerica (52); — Joannis Tzetzæ allegoriæ Iliadis liber I. (53); — Josephi antiquitatum librorum XII-XIII. breviarium (64); — Zonaræ historia romana abbreviata, s. xiv-xv. Bombyc. (81); — Varia de grammatica (105); — Historia legum (108); — Fragmentum theologicum (111); — Excerpta e S. Basilio (111 v° et 113); — Aristotelis ὅροι ἑνώσεως (112); — Philosophorum prophetiæ de Christo (112 v°); — Musarum nomina (113); — Theodosii Judæi, sub Justiniano, testimonium de Christi divinitate (113 v°); — Aristotelis liber de virtute et quæstiones philosophicæ (118); — Atticorum mensium nomina, s. xv-xvi. (122 v°).

XII-XVIII s. Parch. et pap. 122 fol. P.

690. Ethica ex Isocratis oratione ad Demonicum (14); — Sententiæ septem sapientum et apophthegmata varia : Πάντων μέτρον ἄριστον... (18); — « Ex Alexandri physicis » (25 v°); — Alexandri magni apophthegmata et varia de eo : Ἀλέξανδρος ὁ τῶν Μακεδόνων βασιλεὺς πληρώσας... (28 v°) ; — Georgii Pisidæ carmina varia (32) ; — Symeonis Metaphrastæ versus secundum alphabetum (65 v°) ; — Constantini Pselli versus (70) ; — Juliani Parabatæ versus heroïci (73 v°) ; — Sententiæ versibus ïambicis, alphabetice : Ἀνὴρ δίκαιος πλοῦτον... (73 v°) ; — Versus theologici : Οὐ παραλήψῃ ἀκοήν... (75) ; — Nicetæ philosophi versus (75 v° et 116) ; — Aenigmata parva : Εἴ τις μυθήσει... (76 v°) ; — Interrogationes : ...Τί σοφία ; Τοῖς προσπίπτουσι... (79) ; — Aenigmata cum interpretatione : Ἄνδρ' ἐμὸν εἷλεν... (79) ; — Cosmæ monachi canones et odæ (82) ; — Cyriaci, Chonicnsis metropolitæ, disticha secundum alphabetum (106 v°) ; — Ignatii versus in Adam (107) ; — Eustathii Κανίκλη [Basilii Megalomitis] ænigma in κοντοπέκτην (108) ; — Epitaphium Mauricii imp. : Ἄδ' ἐγὼ ἡ τριτάλαινα... (108) ; — Nicolai Patricii versus (108) ; — Leonis, Sardium metropolitæ, disticha (108 v°) ; — Joannis Geometræ odæ (109) ; — Michaelis τῇ καλῇ ψώρα πλέκοντος versus (112 v°) ; — Vita metrica Sᵃᵉ. Mariæ Ægyptiacæ, auctore Joanne Commerciario (113) ; — Methodii patriarchæ versus (117) ; — « Philosophia de anima : Ὅτι πρῶτον ἀπάντων... » (118 v°) ; — Oneirocritica : Ἄνθραξι βαίνειν... (123 v°) ; — Moralia et theologica per interrog. et respons. (133) ; — Theophylacti Simocattæ epistolæ (138) ; — Aenigmata et epigrammata : Τετρασύλλαβόν εἰμι... (144 v°) ; — Epitome eclogarum SS. Joannis Chrysostomi, Joannis Theologi, Basilii et Joannis Climaci, Plutarchi, Aristotelis, Isocratis, Democriti, Clitarchi, Platonis, Socratis, Demonactis, Diogenis et Menandri (145) ; — Oracula et dicta de Deo Hermetis, Aristotelis, Solonis, Thucydidis, Chilonis, Plutarchi, Antiochi Colophonii, Apollinis ad Jasonem et Delphis, Platonis (148) ; — Luciani dialogi quinque mortuorum (148 v°) ; — Philogelos, ex Hierocle et Philagrio (151 et 178 v°) ; — Aesopi fabulæ et vita (155) ; — Aenigmata : Ἠδ' ἐμὴ ἐν χθονί... (183) ; — Synaxarium heroïcum monostichum, proferens nomen sancti cujuscumque diei, etc. : Ὑψιβάτης Συμεών... (183 v°) ; — S. Gregorii Nazianzeni sententiæ tetrastichæ (190) ; — ejusdem sententiæ acrostichæ (192) ; — [Nonni] explicatio historiarum, quarum meminit S. Gregorius Nazianzenus in oratione in sancta lumina (192 v°), — in oratione funebri S. Basilii (195), — et contra Julianum (198) ; — S. Maximi capita diversa cii. (213); — Patria Constantinopolis : Χρὴ γινώσκειν... (224) ; — De sanctis septem synodis : Ἡ πρώτη ἁγία... (242 v°) ; — Excerpta ex interpretationibus SS. PP. de verbo Job (244) ; — S. Joannis Damasceni fragmentum de lumine et igne solis, lunæ et astrorum (244) ; — Numerus librorum V. Testamenti (245) ; — Homeri batrachomyomachia (245) ; — Phocylidis carmina (247); — De verbis χαίρειν et ὑγιαίνειν, ex Timone Luciani (248 v°) ; — Septem sapientum prophetiæ de Christo : Προφήτευσον ἡμῖν προφῆτα... (248 v°) ; — Joannis, Euchaïtorum metropolitæ, ïambi (249) ; — Computus lunaris : Δεῖ γινώσκειν τὸν ψηφίζον... (249) ; — Methodus Paschatis inveniendi (249 v°) ; — SS. Maximi et Joannis Chrysostomi excerpta varia (250) ; — De prophetis V. Testamenti : Βούλομαι γνωρίσαι σοι (251) ; — Epigrammata et epitaphia sacra et profana, initio mutila (254) ; — Joannis Diaconi opusculum contra eos qui de cultu sanctorum dubitant (255 v°).

XII s. Parch. 258 fol. P.

691. Orationes ex historia Thucydidis excerptæ.

XVI s. (Copié par Ange Vergèce.) Parch. 318 pages. P.

692. Symeonis Sethi Cylile et Dimne.

Copié en 1586 par Constantin, notaire. Pap. 92 fol. P.

693. Isaaci Syri sermones ascetici.

VIII-IX s. Parch. 78 fol. Onciale. M.

694. Grammatica græca, per interrog. et respons.

XVIII s. Pap. 139 fol. P.

695. Anonymi logica.

XVIII s. Pap. 97 fol. P.

696. Astrologica varia, inter quæ ars Danielis prophetæ (19).

XVIII s. Pap. 77 fol. P.

697. S. Basilii homiliæ in eos qui irascuntur (1), — in illud Lucæ : Destruam horrea mea (17), — in illud Deuteronomii : Attende tibi ipsi (32), — ad adolescentes de legendis gentilium libris (53) ; — S. Gregorii Nazianzeni oratio in Julianum exæquatorem (81), — in Macchabæos (97), — in Christi nativitatem (113), — in obitum Cæsarii fratris (137), — apologeticus minor (163); — Themistii philosophi oratio de amicitia (233), — de imperatoris audiendi cupiditate (257), — adhortatoria ad philosophiam (271).

XVII s. Pap. 285 fol. P.

698. Scholia in orationes Isocratis ad Demonicum (1), — ad Nicoclem de regno (25), — in Demosthenis Olynthiacas (91), — in Synesii orationem de regno (130), — in Homeri Iliadis libros I-III. (219), — in S. Gregorii Nazianzeni carmina moralia (299).

XVIII s. Pap. 333 fol. P.

699. Scholia in canones ad sacram liturgiam spectantes (1), — in orationem S. Basilii ad adolescentes, de legendis gentilium libris (61), — in S. Gregorii Nazianzeni orationem contra Julianum (97), — et orationem funebrem Cæsarii fratris (121).

XVIII s. Pap. 271 fol. P.

700. Vitæ sanctarum Euphrasiæ (34), — et Irenes (80); — Prochori diaconi liber de miraculis S. Joannis Theologi (136); — Vitæ SS. Alexii (245), — Xenophontis Syncletici (259), — Joannis Calybitæ (281 v°), — Philareti (301 v°), — Charalampii (339 v°), — Theophili œconomi (368).

Copié en 1630. Pap. Fol. 34-380 P.

701. Menæum decembris.

Copié en 1549 par Cyrille de Naupacte. Pap. 448 fol. P.

702. Michaelis Pselli et SS. Patrum excerpta varia theologica et interrogationes, inter quæ : Interpretatio in epistolam D. Pauli ad Philippenses (14); — Nemesii liber de natura hominis (43 v°); — S. Joannis Chrysostomi homilia de patientia (55 v°); — Varia de computo (67).

XV-XVI s. Pap. 412 fol. P.

703. Itinéraire de M. Trézel en Morée, dans l'année 1829.

XIX s. Pap. (Devenu Nouv. acq. franç. 1849.)

704-708. Diplomatum græcorum cxxiv. ad varia græca monasteria pertinentium collectio.

1593-1798. Parch. et pap. 124 fol. A.

709. Menæum decembris, januarii et februarii.

XIV s. Bombyc. 303 fol. *G.*

710. « Catalogi bibliothecæ regiæ pars secunda complectens codices mss. græcos, 1740. », in-fol., cum notis mss. C.-B. Hase.

XIX s. Pap. 626 et xlvii pages. *G.*

711. « Supplément aux racines greques. »

XVII s. Pap. 12 fol. *G.*

712. Georgii Pachymeris paraphrasis in Aristotelis metaphysica.

XVI s. (Copié par Pierre Vergèce.) Pap. 47 fol. (Gaignières.) *M.*

713. « Meleagri Gadareni aliorumque anthologiæ poetar. epigrammata continua serie connexa. »

XVIII s. Pap. 92 fol. (Bouhier.) *M.*

714. Cession de terrain à deux frères, gardiens des ibis sacrés ; tablette de cèdre, 27 lignes.

II s. (?) 245/83^{mm}. (Dépt. des Médailles, Invent. égypt., n° 1893.)

715. Contrat de vente entre particuliers.

114 av. J.-C. Papyrus. 12 fol. 160/485^{mm}. (Pap. Casati; Letronne, n° 5.)

716. Contrat de vente.

154 av. J.-C. Papyrus. 200/295^{mm}. (Letronne, n° 17.)

717. Fragmenta quatuor græco-coptica de rebus ecclesiasticis.

I s. (?) Papyrus. 420/205^{mm}. (Dubois.)

718. Tessère gréco-égyptienne : CAPAΠ-ξβ'... 6 lignes. 120/70^{mm}. (II s. p. C. (?).)

719. Reçu de contributions, sur ostracon, à Syène, an XIII de Marc-Aurèle. 11 lignes. 90/80^{mm}.

720. Tessère : Hormastus ; an III de Marc-Aurèle, 15 lignes. 80/70^{mm}.

721. Tessère : Hermæus ; 6 lignes. 60/75^{mm}.

722. Tessère : Domitius ; 7 lignes. 40/50^{mm}.

723. Tessère, en copte, fragment de pierre ; 9 lignes. 60/80^{mm}.

724. Tablette de bois : Ροσέ, filia Psemonthis ; lettres gravées, 7 lignes. 170/95^{mm}.

725. Tablette de bois. (*C. I. G.*, n° 4970. — 718-725. Cf. K. Wessely, ap. *Wien. Studien*, 1885, p. 72 ss.) 155/90^{mm}.

726. Fragmenta mss. : Ἐκ τῆς πρὸς Ἑβραίους ἐπιστολῆς. Κδ'. Ἡ πρώτη ἀρετὴ καὶ πᾶσα... (1) ; — [S. Isidori Pelusiotæ] epistolæ quædam (11) ; — Fragmenta theologica (13).

XII-XVI s. Parch., bombyc. et pap. 37 fol. Palimps. P. — (Les n°s 726 à 757 viennent de M. Mynas.)

727. Philostrati liber de gymnastica (1) ; — Galeni πρὸς Γαῦρον περὶ τοῦ πῶς ἐμψυχοῦνται τὰ ἔμβρυα (21) ; — Scholia in Hermogenis rhetoricam : Ἐκέκτηντο ἀλλ' οὐκ ἐπ' ὀλέθρῳ... (49) ; — Galeni tractatus de ossibus ad eos qui introducuntur (71).

XIX s. (Copié par Mynas.) Pap. 86 fol. P.

728. M. Mynæ catalogus codd. mss. græcorum e Græcia allatorum.

XIX s. Pap. 115 fol. P.

729. Carmina militaria Græcorum, 1821. (1) ; — « Chants patriotiques de Rigas » (54).

XIX s. Pap. 107 fol. P.

730. Miscellanea ad recentiorem Græciæ historiam spectantia.

1821-1824. Pap. 367 fol. G.

731. Epistolæ diversorum ad M. Mynam.

1811-1859. Pap. 389 fol. G.

732. M. Mynæ epistolæ, et varia ad ejus vitam pertinentia.

XIX s. Pap. 247 fol. G.

733. Journal des voyages en Grèce de M. Mynas (1840-1851).

XIX s. Pap. 218 fol. P.

734. M. Mynæ notæ in Origenis philosophumena (1) ; — [N° 739.] Miscellanea de philosophia et dialectica (89) ; —

[N° 740.] Miscellanea de re medica (132); — [N° 741.] Collationes et notæ variæ (168).

XIX s. Pap. 364 fol. G.

735. Antiquitates Macedonicæ, notæ M. Mynæ.

XIX s. Pap. 82 fol. P.

736. M. Mynæ observationes in librum Philostrati de gymnastica.

XIX s. Pap. 111 fol. M.

737-738. M. Mynæ miscellanea de grammatica et rhetorica.

XIX s. Pap. 434 fol. (1 vol.) G.

739-741. M. Mynæ miscellanea de philosophia et dialectica, — de re medica, — collationes et notæ variæ.

XIX s. Pap. (Réunis au n° 734.)

742. Fragments du Télémaque de Fénelon et traité de logique de Dumarsais, traduits en grec par M. Mynas.

XIX s. Pap. 166 fol. P.

743-744. « Georges Scholarius, surnommé Gennadius, contre les doutes de Pléthon sur Aristote, » *impr.*, avec notes de M. Mynas.

XIX s. Pap. 178 et 257 fol. P.

745. Mémoire sur le diagramme de Platon, par M. Mynas.

XIX s. Pap. (Réuni au n° 749.)

746. Lamberti Bos antiquitates græcæ.

XIX s. Pap. (Réuni au n° 749.)

747. Elementa algebræ.

XIX s. Pap. 181 fol. G.

748. M. Mynæ notæ in Babrii fabulas.

XIX s. Pap. 88 fol. M.

749. M. Mynæ excerpta ex Mœride Atticista (1), — ex Herodiano (10); — « Sur Homère, extrait de Bitaubé, avec quelques réflexions par M. Mynas, 1827. » (35) ; — Lettre de M. Mynas au Dr Pariset sur les quarantaines, 1846. (55); — M. Mynæ excerpta ex Josephi antiquitatibus (58); — [N° 750.] Grammatica linguæ græcæ (61); — [N° 751.] M. Mynæ excerpta ex Apollonio Dyscolo (197); — Excerpta metrica (232 v°), — theologica (245); — [N° 752.] « Grammatica gallica τοῦ Βαλλύ » (259); — [N° 745.] Mémoire sur le diagramme de Platon, par M. Mynas (368); — Traduction de quelques odes de Pindare par M. Mynas (429); — [N° 746.] Lamberti Bos antiquitates græcæ (439).

XIX s. Pap. 482 fol. G.

750-752. M. Mynæ excerpta grammatica.

XIX s. Pap. (Réunis au n° 749.)

753. Miscellanea ad recentiorem Græciæ historiam spectantia.

Copié en 1821-1824. Pap. (Réuni au n° 730.)

754. M. Mynæ notitia codd. mss. et librorum impressorum. Thessalonicæ, 1842. (1); — Catalogi et excerpta codd. mss. biblioth. Montis Atho (13); — Photii, CP. patriarchæ, epistola ad Michaelem principem Bulgariæ (209); — Alexandri Mavrocordati quæstionum theologicarum solutiones (228); — ejusdem προοίμια πράξεων πατριαρχικῶν (238); — « Formule de l'avis que l'église grecque donne ou envoie à un archevêque de sa nomination » (252 v°); — Ἐπεισόδιος θεωρία περὶ τῶν ἐν φιλοσοφίᾳ αἱρέσεων (261); — Lettre de recommandation des moines du mont Athos pour M. Mynas, 1844. (275); — Hieroclis fragmentum (277); — Astrologia medicinalis : Καθὲ τὰ ἐν τῷ ζῳδιακῷ... (281); — Juris græco-romani fragmenta (289); — Rose des vents (312).

XVIII-XIX s. Pap. 312 fol. M.

755. Index scriptorum græcorum (1); — Collectanea juris græco-romani (5); — Chronologia ab Adamo usque ad Joannem Palæologum (37); — Series patriarcharum (41 v°); — Notitiæ metropolium, archiepiscopatuum et episcopatuum (46); — Lexicon juris græco-romani (54); — Catalogus codd. mss. qui Constantinopoli, in bibliotheca patriarchæ Hierosolymitani, asservantur (69); — Descriptio codicis ad jus græco-romanum pertinentis (81); — Catalogus codd. mss. monasterii S. Joannis Baptistæ Serrensis (90); — Notitiæ aliquot codd. monasterii Sᵃᵉ. Trinitatis (94); — Historia monasterii Esphigmeni in monte Atho (100); — Cornelii Celsi fragmentum περὶ ἰατρικῆς (123); — M. Mynæ epistolæ duæ, 1840. (124); — Fragmentum juris græco-romani (126 v°); — M. Mynæ fragmenta philosophica (127); — M. Mynæ epistolæ tres (129); — Extrait de la *Gazette médicale*, 8 juillet 1837, p. 424. (135); — S. Zaguræ ad M. Mynam epistola (137).

XIX s. Pap. 137 fol. *M.*

756. Dialogi græci : Περὶ ἐπισκέψεως. Χαῖρε, καλὴ ἡμέρα... (1); — Notes diverses de M. Mynas sur la langue grecque (26); — Σημειώματα διάφορα καὶ λέξεις, ἔτι δὲ καί τινα τῶν Ἱπποκράτους (53); — Varia de medicina (71); — Josephi ad Georgium epistola metrica, in Naxo (81); — Carmen militare (83); — Τῷ Νεοφύτῳ Δούκᾳ ἢ τοῖς Ἕλλησι πραγματικὸς β΄ (85); — Varia de bello Græcorum, a. 1821. (107); — Scholia in Lycophronis Alexandram (119); — Ciceronis rhetoricæ ad Herennium versio græca (133); — De mensibus, diebus et metris (141); — M. Mynæ epistola, 1834. (149); — Σημειώσεις εἰς τὸν Ἱπποκράτην (151); — Σημειώσεις Ὁμηρικαί (159); — Notæ in Apollonium Alexandrinum de syntaxi (171), — in Aeschinem (177); — M. Mynæ scholia in Pindarum (189); — Simmiæ Rhodii ovum metricum (191 v°); — Chronologia scriptorum græcorum, ex marmore Pario (193); — Excerpta rhetorica (197); — « Observations... sur les noms des vases grecs » (209); — Anacreontis versus, ex Hephæstione (217); — Anatomicæ isagoges liber I. : Ἐξ ὧν τὰ φυσικὰ ὄντα... (221); — M. Mynæ epistola, 1839. (229).

XIX s. Pap. 230 fol. *M.*

757. « Georges Scholarius, surnommé Gennadius, contre les doutes de Pléthon sur Aristote, » *impr.*, avec notes de M. Mynas.

XIX s. Pap. LIX et 219 pages. *P.*

758. Evangeliarium.

XII s. Parch. 111 fol. Peint. *M.*

759. Georgii, Nicomediensis metropolitæ, oratio in hæc verba : Stabant juxta crucem Jesus mater illius et soror matris (1); — Vita S. Païsii, auctore Joanne Colobo (106); —

S. Joannis Damasceni [Joannis, S. Sabæ monachi,] historia Barlaami et Joasaphi (221).

XII s. Parch. 238 fol. P.

760. S. Basilii homiliæ XXI-XXIV.

XII s. Parch. 31 fol. M.

761. Formulæ actorum græcæ, ad jus Byzantinum accomodatæ.

XVII s. (Copié par Saumaise.) Pap. 13 fol. (Delamare.) M.

762. Euripidis Hecuba.

XVIII s. Pap. 12 fol. P.

763. S. Basilii epistolæ (1); — S. Gregorii Nazianzeni epistolæ (165 v°).

XI s. Parch. 211 fol. P.

764. Galeni fragmenta (1); — Εἰδήσεις ἰατρικαὶ διάφοροι. Ὅτε γεγένηταί τινι... (12); — Galeni liber de remediis paratu facilibus (37), — therapeutica, ad Glauconem (121), — de alimentorum facultatibus libri III. (151).

XIV s. Bombyc. 203 fol. M.

765. Galeni tractatus de ossibus ad eos qui introducuntur.

XVII s. Pap. 27 fol. M.

766. Anonymi scholia aliquot in librum I. προῤῥητικῶν Hippocratis.

XVI s. (Copié par Christophe Auer.) Pap. (Réuni au n° 768.)

767. Explanatio eorum quæ dicta sunt ab Aristotele in Nicomacheis ethicis : « Τῆς φιλοσοφίας εἰς δύο... » (1); — Excerpta ex Aristotelis politicis (25); — Capita aliquot de variis animæ facultatibus, initio mutila (28).

XV-XVI s. Pap. 35 fol. P.

768-772. [Andronici Rhodii] paraphrasis ethicorum Nicomacheorum Aristotelis lib. I. et II. (2); s. xv. (Copié par Arsène de Monembasie.) — [N° 769.] Antiochi, monachi lauræ S. Sabæ, pandectes sacræ Scripturæ (27); s. xv. — [N° 770.] Joannis Camateri poema de zodiaco (51); s. xvii. — [N° 771.] Quæstiones de concordia evangelistarum (78); s. xv. — [N° 772.] Caloioannis chartophylacis epistola ad Macarium protosyncellum Thessalonicensem (81); s. xvii. — [N° 766.] Anonymi scholia aliquot in librum I. προρρητικῶν Hippocratis (82), s. xvi. (Copié par Christophe Auer.)

XV-XVII s. Pap. 83 fol. M.

773. Eusebii Cæsariensis commentaria in Psalmos I-CXII. (2); — Vita S. Epiphanii, Constantiensis Cypri episcopi, auctore Joanne, ejus discipulo (155); — Polybii, Rhinocurorum, episcopi, reliqua vitæ S. Epiphanii (177 v°); — ejusdem epistola ad Sabinum, episcopum Constantiensem, et Sabini epistola ad eumdem (149 v°); — S. Joannis Damasceni homilia I. in nativitatem beatæ Mariæ (199), — in transfigurationem Domini (206); — S. Joannis Damasceni [Andreæ, Cretensis episcopi,] orationes II. et III. in natalem Deiparæ (218); — S. Joannis Damasceni fragmentum de draconibus (234); — S. Epiphanii, Cypri episcopi, fragmentum de paradiso (236); — ejusdem opusculum de xii. gemmis (237); — S. Joannis Chrysostomi fragmentum de indumento presbyteri (238 v°); — S. Joannis Damasceni dialectica (240); — ejusdem oratio, versibus anacreonticis (290); — Vita S. Basilii, auctore Amphilochio Iconiensi (292); — Eusebii Cæsariensis commentarius in Esaiam (317); — Theodoreti Cyrensis interpretatio in Esaiam (348).

XVI s. Pap. 390 fol. (S.-Germain.) G.

774-775. Psalterii fragmenta, s. xv. (1). — [N° 775.] Fragmenta theologica, inter quæ fragmentum vitæ SS. Joannis Scholastici et Joannis Climaci, s. xiii. (27).

XIII-XV s. Bombyc. et parch. 33 fol. P.

776. « Apollodori Atheniensis grammatici bibliotheces, sive de Deorum origine libri III., Bened. Ægio Spoletino interprete. Ex officina Commeliana, 1599, » in-8°, avec notes mss. de Cl.-G. Bachet de Meziriac.

XVII s. Pap. 331 fol. P.

777-780. Cl.-G. Bachet de Meziriac excerpta ex variis mss. et scriptoribus græcis.

XVII s. Pap. 620, 709, 842 et 748 pages. P.

781-785. Cl.-G. Bachet de Meziriac annotationes in Plutarchum. — [N° 784.] « La vie d'Alexandre le Grand (1); — Comment il faut nourrir les enfants (65); — Comment on pourra discerner le flatteur d'avecque l'ami (82); — De la pluralité d'amis (112); — De la fortune (115); — De l'envie et de la haine (121); — Comme on pourra recevoir de l'utilité de ses ennemis (127); — Corrections et adnotations sur la traduction de la vie d'Alcibiade faite par Amiot » (138).

XVII s. Pap. 718, 372, 122 pages, 152 et 114 fol. P.

786. Cl.-G. Bachet de Meziriac notæ in Apollodorum.

XVII s. Pap. 486 fol. P.

787-795. Lud. Kusteri miscellanea. Excerpta ex mss. — [N° 788.] Index auctorum a Suida laudatorum. — [N° 789.] Notæ, alphabetice. — [N° 790.] Miscellanea. — [N° 791.] Index auctorum in Eustathium. — [N° 792.] Index auctorum a Plutarcho laudatorum. — [N° 793.] Index in Galenum. — [N°ˢ 794-795.] Excerpta varia.

XVII s. Pap. 139, 149, 147, 155, 187, 171 pages et 167 fol. P.

796. Philonis Byzantii opusculum de septem miraculis mundi, e cod. Vaticano, cum versione latina Lucæ Holstenii.

XVII s. Pap. 15 fol. P.

797. J. Boivin notæ in aliquot codices græcos.

XVII s. Pap. 12 fol. G.

797 A. J. Boivin catalogus codicum mss. græcorum Bibliothecæ regiæ, a n. 1801 ad n. 2187.

XVII-XVIII s. Pap. 519 fol. *M*.

797 B. J. Boivin catalogus codicum mss. græcorum Bibliothecæ regiæ, a n. 1801 ad n. 2002, 2.

XVII-XVIII s. Pap. 768 pages. *M*.

797 C. J. Boivin catalogus codicum mss. græcorum Bibliothecæ regiæ, a n. 1801 ad n. 2805.

XVII-XVIII s. Pap. 580 fol. *M*.

798. « Excerptum ex codd. mss. Colbertinis » (1); — Notitia codicis Slusiani (21); — Catalogue de la bibliothèque des Basiliens de Messine (23); — Index codd. mss. græcorum monasterii Cryptæ Ferratæ (59); — « Bibliotheca J. C. Grimani patricii Veneti (67); — Bibliotheca archiepiscopi Græcorum Venetiis (68); — Bibliotheca Montis Cassini (71); — Bibliotheca card. Ottoboni (77); — Bibliotheca Barberina (93); — Catalogus mss. SS. Remigii (95 et 111) — et Dionysii Rhemensis (108); — Index mss. bibliothecæ S. Taurini [Ebroicensis] » (117); — Notæ bibliographicæ in S. Athanasium (118); — « Catalogue des ouvrages de l'histoire Bysantine, traduits par le P. Combefis (135); — Catalogus codd. mss. Regiorum et Colbertinorum, in quibus exstant S. Athanasii opera » (138).

XVII s. Pap. 152 fol. (S.-Germain.) P.

799. Notitia codicis Vaticani Nicephori Gregoræ, n° 1086. (2); — Notitiæ mss. ex bibliotheca Reginæ in Vaticana (7), — ex bibliotheca Vaticana (10), — ex bibliotheca Colbertina (12); — Catalogus codd. mss. lauræ S. Athanasii in monte Atho (18); — Catalogus codd. mss. græcorum bibl. Regiæ, sub Henrico IV., e schedis D. Ballesdens (29); — Fragmentum catalogi mss. græcorum biblioth. Mediceo-Laurentianæ (55); — Index codicis cujusdam poemata S. Gregorii Nazianzeni continentis, s. xv. (65); — Index Photii Bibliothecæ, s. xvi. (67); — Catalogus librorum græcorum impressorum (71).

XVII s. Pap. 178 fol. (S.-Germain.) M.

800. Lectionarium.
XIV s. Bombyc. 115 fol. P.

801. Psalterium.
XV s. Pap. 150 fol. P.

802. Psalterium.
XV s. Bombyc. 180 fol. P.

803. Euchologium.
XV s. Bombyc. 56 fol. M.

804. Hirmologium.
XV s. Bombyc. 96 fol. M.

805. Lectionarium.
XIII s. Parch. 63 fol. Palimps. M.

806-807. Fragmenta Synaxarii (1), — et Canonarii (8).
XIV-XIII s. Parch. 24 fol. P.

808. Martyrologii fragmentum.

XIV s. Parch. 29 fol. *M.*

809-811. C.-B. Hase descriptio codd. mss. græcorum Vaticanorum Parisiis delatorum (cum indice, cod. 844).

XIX s. Pap. 282, 279 et 248 fol. *P.*

812. Notæ bibliographicæ in scriptores græcos.

XIX s. Pap. 547 fol. *P.*

813. Miscellanea critica græca, a Falconet collecta.

XVIII s. Pap. 45 fol. (Falconet.) *M.*

814. Catalogue des mss. grecs des petits fonds : Sorbonne, N.-Dame, S.-Victor, Missions-Étrangères, entrés à la Bibliothèque nationale.

XIX s. Pap. 129 fol. *P.*

815. S. Joannis Damasceni tractatus de cantu ecclesiastico (1); — Manuelis Lampadarii de arte musica (21).

XVII s. Pap. 77 fol. (Mynas.) *P.*

816. Heronis Alexandrini opusculum de dioptra, e cod. Paris. 2430.

XIX s. Pap. 89 fol. *P.*

817. Heronis Byzantii geodæsia, e cod. Barocc. 169. (1); — ejusdem liber de machinis bellicis, ex eodem codice (43).

XIX s. Pap. 75 fol. *M.*

818. S. Joannis Damasceni tractatus de cantu ecclesiastico (1); — Manuelis Lampadarii tractatus de arte musica [e cod. Paris. suppl. 815.] (40).

XIX s. Pap. 156 fol. *P.*

819. Maximi Planudis ars calculatoria secundum Indos (1); — Didymi Alexandrini opusculum de marmoribus variisque lignis [e cod. Paris. 2475.] (118); — Nicolai Artavasdi compendium arithmeticæ (128); — Isaaci Argyri scholion in primam figuram descriptæ in plano habitationis [Ptolemæi] (154); — De XII. ventis, versibus politicis et prosa : Ἄνεμοι δώδεκα εἰσί... (165).

XIX s. Pap. 171 fol. *P.*

820. Nicolai Artavasdi compendium arithmeticæ.

XIX s. Pap. 67 fol. P.

821. Joannis Palæologi imp. diploma pro Jo.-Jac.-Paulo de Morellis, priore artium Florentiæ, 1439. (gr.-lat.).

XV s. Parch. 2 fol. G.

822. Sophronii, Hierosolymitani episcopi, oratio in Sᵃ. Theophania (1); — S. Joannis Damasceni oratio in nativitatem Domini (37); — Versus politici in nativitatem Christi (103); — Fragmentum homiliæ in passionem Christi (105); — Preces ad Virginem (155).

XVI-XVII s. Pap. 156 pages. P.

823. Antiquitatum et scripturarum præcipue græcarum specimina æri vel lapidi incisa, cum notis mss. C.-B. Hase.

XIX s. Pap. 23 fol. A.

824. Martyrium Sᵉ. Barbaræ.

IX s. Parch. 10 fol. Onc. M.

825. Menologium.

XIV s. Parch. 70 fol. P.

826-828. M. Mynæ lectiones variantes in Synesium.

XIX s. Pap. 1638 pages. (Mynas.) M.

829. Variantes lectiones in V. Testamentum, e cod. Coislin. 1. et codd. Regiis.

XVII s. Pap. 92 fol. M.

830. S. Barnabæ apostoli epistola catholica, edita a R. P. D. Hugone Menard, O. S. B.; præmittitur D. Lucæ d'Achery epistola ad Matth. Molé, 1644.

XVII s. Pap. 250 pages. (S.-Germain.) M.

831-832. Fr. Combefisii apparatus in editionem operum SS. Joannis Chrysostomi et Gregorii Nazianzeni; insunt; [Nº 831.] Epistola D. Martène ad D. Louvard (260); — [Nº 832.] Diatribe de sacris diptychis (1); — Catalogus codd. mss. bibliothecæ Slusianæ (30); — Varia de S. Joanne Chrysostomo (42); — Fr. Combefisii ad D. Du Cange epistolæ quinque (62); — Commentaire sur Scymnus de Chio (84).

XVII-XVIII s. Pap. 273 et 266 fol. M.

833. S. Joannis Chrysostomi liturgia.

XVIII s. Pap. 9 fol. (S.-Germain.) *M*.

834. Evangeliarium.

XII s. Parch. 90 fol. Peint. *M*.

835. Fr. Guyet etymologiæ græcæ et latinæ.

XVII s. Pap. 284 fol. *M*.

836. Excerpta Bigotiana. Mœridis Atticistæ voces atticæ (1); — [Julii Pollucis interpretamenta] (21); — Excerpta ecclesiastica (42); — Alexandri Aphrodisiensis fragmentum περὶ πυρετῶν (91); — « Subscriptiones epistolarum Gennadii, » e cod. Florent. (103); — Excerpta e S. Nilo, etc. (114); — Glossarium latino-græcum [Codex Laudunensis] (132); — « Notæ ad Tertullianum de pallio (146); — Cassiodori de institutione divinarum scripturarum variantes, e cod. Fontenetensi » (153); — Isaaci Vossii epistola ad Andr. Rivetum de Ignatii epistolis, cum Blondelli observationibus (161).

XVII s. Pap. 179 fol. *P*.

837. Excerpta Bigotiana. Collectanea de ponderibus et mensuris (1); — Inscriptiones latinæ (24); — Appendix ad martyrologium Romanum in usum ecclesiarum provinciæ Rothomagensis, opera Joannis Prevotii » (26); — Excerpta e chronicis Rothomagensibus (36); — « Briefve chronique des abbés de Saint-Ouen » (40); — Apographum diplomatis Caroli VI^{ti}., 17 aug. 1388. (62); — « Modus tenendi Parliamentum » (65); — « Jugement du card. de Richelieu sur quelques capitaines de son temps » (72); — Autobiographie de J.-J. II de Mesmes (75); — Palladii dialogus de vita S. Joannis Chrysostomi, gr.-lat. (77); — Martyrium S. Bonifacii (189); — Passio SS. Probi, Tarachi et Andronici (208); — Catalogus scriptorum ecclesiasticorum græcorum chronologicus (216).

XVII s. Pap. 228 fol. *G*.

838. Excerpta Bigotiana, e scriptoribus ecclesiasticis (1); — Épitaphe de J.-B. Cotelier, *impr.* (96).

XVII s. Pap. 216 fol. *M*.

839. B. de Montfaucon variæ lectiones in V. Testamentum (1); — Index verborum græco-hebraïcus, Στε-Ω (83).

XVII s. Pap. 111 fol. (S.-Germain.) *P*.

840. B. de Montfaucon index græco-hebraïcus verborum V. Testamenti, A-Στα.

XVII s. Pap. 113 fol. (S.-Germain.) P.

841. Excerpta ex Athenæi Deipnosophistarum libris XV. (1); — Plutarchi de inundatione Nili fragmenta (203).

XV s. Parch. 203 fol. Peint. (Sedan.) M.

842. Scholia in S. Gregorii Nazianzeni apologeticum de fuga in Pontum, e cod. Escor. Ψ, I, 11. (1); — Dialogus SS. Basilii et Gregorii Nazianzeni, e cod, Escor. R, II, 2. (9); — Dubia et solutiones S. Gregorii Nazianzeni, e cod. Escor. Υ, III, 19. (11); — Scholia in homilias S. Gregorii Nazianzeni, e cod. Escor, Ψ, III, 3. (15); — Epistola S. Basilii ad Constantinum imp., ex eodem cod. (23); — Scholia in S. Gregorii Nazianzeni laudationem funebrem S. Athanasii, ex eodem cod. (29); — Index eorum quæ in catalogo codd. mss. græcorum bibl. Escorialensis Franc. Perezii Bayerii pertinent ad D. Gregorium Nazianzenum (59).

XVIII s. Pap. 69 fol. M.

843. Heronis Alexandrini spiritalia.

XVII s. Pap. 17 fol. M.

844. Index alphabeticus notitiarum codd. mss. græcorum bibliothecæ Vaticanæ Parisiis delatorum (supra codd. 809-811.), auctore C.-B. Hase.

XIX s. Pap. 84 fol. M.

845. Glossarium græco-barbarum, ex versibus politicis Theodori Ptochoprodromi; e schedis Laporte du Theil.

XVIII-XIX s. Pap. 88 fol. M.

846. Indices varii in Anthologiam græcam.

XVII s. Pap. 272 pages. P.

847-849. P.-D. Huet apparatus in editionem commentariorum Origenis in sacram Scripturam (autogr.).

XVII s. Pap. 317, 237 et 164 fol. P.

850. Variantes lectiones in Platonis opera, e cod. Reg. 2087. [nunc 1087.] (1); — Notæ in Platonem (32); — « Corrections de quelques endroits du texte d'Eschine » (45); — Excerpta e libro Damascii de primis principiis, e cod. Reg. 2127. [nunc 1989.] (48).

XVIII s. Pap. 49 fol. P.

851. Phrynichi ecloge vocum atticarum, cum notis F. Sevin (2); — Notæ in Mœridem Atticistam (125); — Notæ in Thomam Magistrum (188); — Stoeberi epistola ad Sevinum, 1756. (278); — Nomination de F. Sevin à l'abbaye de La Frenade (280).

XVIII s. Pap. 280 fol. P.

852. Numismatum græcorum figuræ.

XIX s. Pap. 11 fol. G.

853. Tabulæ geographicæ ad M. Fourmont iter græcum pertinentes.

XVIII s. Pap. 51 fol. G.

854-855. M. Fourmont collectio inscriptionum atticarum et græcarum.

XVIII s. Pap. 343 et 358 fol. G.

856. Tabulæ geographicæ ad M. Fourmont iter græcum spectantes.

XVIII s. Pap. 118 fol. G.

857. Excerpta ex Apollonio Alexandrino (1); — Notæ philologicæ (41); — Epistolæ variorum ad Jo. Capperonnier (71); — Inscriptiones latinæ tres (102); — Brunckii epistolæ tres (104).

XVIII s. Pap. 111 fol. G.

858. Leonis Diaconi historia, ed. C.-B. Hase (autogr.).

1819. Pap. 362 fol. G.

859. C.-B. Hase fragmenta ex Draconte Stratonicensi, Joanne Grammatico, Joanne Laurentio Lydo de ostentis, Myron Costin historia Moldaviæ, ex codd. Reg.

XIX s. Pap. 324 fol. G.

860. C.-B. Hase miscellanea de Lydo et aliis.

XIX s. Pap. 138 fol. P.

861-862. Cl. Capperonnier apparatus in Photium.

XVIII s. Pap. 168 et 207 fol. M.

863. Collationes codd. Vatican. in Fl. Josephi archæologiam judaïcam.

XVII s. Pap. 100 fol. *M.*

864. Picturæ in libro Cosmæ Indopleustæ de topographia Christiana, e cod. Laurentiano.

XVIII s. Pap. 36 fol. *P.*

865. Fragmentum Nicetæ Choniatæ, e cod. Bodleiano (1); — Excerpta poetica e codd. Regiis (15); — E Porphyrio περὶ τοῦ ποσοῦ (24); — Theodori grammatica (37); — « Remarques sur les manuscrits grecs », par J.-B. Cotelier (autogr.) (45).

XVII s. Pap. 45 fol. *P.*

866. Georgii Gemisti Plethonis excerpta adversus librum pro dogmate Latinorum (1), — et de deorum generatione (6 v°).

XVII s. Pap. 14 fol. (Huet.) *P.*

867. Περὶ τῶν τοῦ δοκησισόφου Κάϊν ἐγγόνων καὶ ὡς μετανάστης γίνεται, e cod. Vatic. n° 381. (1); — Philonis Judæi quædam, cum collatione cod. Palat. 152. (39).

Copié en 1729. Pap. 49 fol. *P.*

868. Xenophontis anabaseos Cyri collationes, e codd. Reginæ 987, 990, 143 et 96, manu Hier. Amati (1); — Correctiones in latinam Xenophontis de venatione interpretationem (87); — Xenophontis Cyropædiæ collationes, e codd. Paris. 1635. et 1639. (99).

XIX s. Pap. 110 fol. *G.*

869. Timæi sophistæ lexicon vocum Platonicarum, e cod. Sangerm. (1); — Fragmentum lexici, e cod. Coislin. 345. (17); — Scholia in Platonem, e cod. Reg. 2087. (19); — Aeschinis collationes (60); — Excerpta e Gennadii codicibus (72); — Zonaræ epistola, e cod. Reg. (112); — Notæ in Apollonium Pergæum (114); — « Remarques sur le style des commentateurs et des scholiastes grecs » (121); — « Mémoire sur Peregrin le Cynique, » par J. Capperonnier (202); — « De græcæ linguæ præstantia oratio » (225); — D. Jacobi Græci oratio in Alexandrum Mavrocordatum, latine (252).

XVIII s. Pap. 257 fol. *M.*

870. Notæ in S. Joannem Chrysostomum (1); — Descriptio cod. antiquissimi S. Joannis Chrysostomi (28); — Notæ in Theodoretum (51); — Collatio cod. Rhemensis S. Hippolyti de Antichristo (100); — Index codd. S. Joannis Chrysostomi (112); — Index vitarum sanctorum (114); — Notæ in Theodorum Studitam (122), — in S. Nilum (150), — in Patres apostolicos (173), — in S. Gregorium Nazianzenum (230); — Index codd. græcorum Vaticanorum S. Gregorii Nazianzeni (232); — Jacobi Pererii, Turonensis medici, adversaria in S. Gregorium Nazianzenum (268); — Fragmenta varia (301).

XVIII s. Pap. 339 fol. (S.-Germain.) *M.*

871-874. Apparatus in Eusebii historiam ecclesiasticam.

XVIII s. Pap. 389, 303, 248 et 87 fol. (S.-Germain.) *M.* et *P.*

875. Variorum epistolæ ad B. de Montfaucon, cum speciminibus palæographicis (1); — Excerpta ad Palæographiam græcam spectantia (26); — Notæ ad Diarium italicum B. de Montfaucon pertinentes (122); — « Inscriptiones Corcyrenses, ex dono Apostoli Zeni, Venetiis, 1701. » (149); — Tournefort, inscriptiones græcæ (181); — Excerpta codicum et collationes (203); — « Oratio in laudem linguæ græcæ » (260); — « Abrégé de la grammaire grecque » (264).

XVIII s. Pap. 275 fol. (S.-Germain.) *M.*

876. B. de Montfaucon apparatus in editionem S. Athanasii.

XVII s. Pap. 154 fol. (S.-Germain.) *M.*

877. Excerpta e vitis sanctorum, inter quæ passio SS. Tarachi, Probi et Andronici, cum versione latina D. Jacobi Lopin (16); — Vita S. Stephani junioris, auctore Stephano, CP. diacono, eodem interprete (38).

XVII s. Pap. 155 fol. (S.-Germain.) *M.*

878. Fragmenta lexici græci (1); — Notæ variæ (63); — S. Joannis Chrysostomi de compunctione libri II., latine (104).

XVII-XVIII s. Pap. 112 fol. (S.-Germain.) *M.*

879. S. Joannis Chrysostomi expositiones in Psalmos, græce et latine, opera B. de Montfaucon.

XVII s. Pap. 266 fol. (S.-Germain.) *P.*

880. « Passio SS. Tarachi, Probi et Andronici, » græce et latine, opera E. Bigot.

XVII s. Pap. 128 fol. *P.*

881. Notæ et collationes in Georgii Syncelli chronicon, opera D. Antonii Pouget.

XVII s. Pap. 65 fol. (S.-Germain.) *M.*

882. Appendix ad bibliothecam Coislinianam. Anonymi de draconibus, Οὐροβόρος (1); — de synodo Nicæno (10).

XVII s. Pap. 19 fol. (S.-Germain.) *M.*

883. Isidori Characeni mansiones Parthicæ (3); — Xenocratis opusculum de piscibus; copiés en 1652 par P.-D. Huet (7); — Excerpta ex epistolis Oldenburgii ad Leibnitzium et Bernardi, biblioth. Oxon., ad P. Quesnel, 1673. (15); — Epistola Roberti Scott, bibliop. Londin., ad P.-D. Huet, 1673 (17); — Vettii Valentis opusculum περὶ μεσουρανημάτων (19); — Origenis epistola ad Africanum, manu E. Bigot (42 et 49).

XVII s. Pap. 63 fol. (Huet.) *M.*

884. Anthemii tractatus de admirabilibus machinis, cum collationibus.

XVIII s. Pap. 22 fol. *M.*

885. Excerpta e Polybii historiæ libb. XVII. et X. (1 et 15), — et Περὶ Μηδίας. Ἔστι τοίνυν ἡ Μηδία... (11 et 23), e cod. Bisuntino.

XVII s. Pap. 24 fol. *M.*

886. Anthologiæ græcæ ineditæ, F. Guyet manu exaratæ, fragmentum.

XVII s. Pap. 93 fol. *M.*

887. Novellæ constitutiones aliquot impp. Constantinopolitanorum ; inest Eustathii de hypobolo.

Copié en 1565. Pap. 14 fol. (Delamare.) *M.*

888. Fr. Guyet, etymologiæ græcæ et latinæ.

XVII s. Pap. 98 fol. *M.*

889. Nectarii, Hierosolymit. patriarchæ, in D. Claudium et Calvinistas epistola, 1672. (1); — Meletii Pigæ, Alexandrini patriarchæ, epistola de sacris mysteriis, 1593. (12); — Dio-

nysii, CP. patriarchæ, epistola de sacris mysteriis, 1672. (20);
— Ephemerides ann. 1687. et 1702. (35).

XVII s. Pap. 36 fol. *M.*

890. Epistolæ viginti, a. 1729-1736, ad iter Fourmontianum spectantes (1); — Joannis et Nicolai Chalcocondylorum epistola ad Linguet, 1750. (39); — Ali-Pacha epistolæ duæ, a. 1812-1814. (42).

XVIII-XIX s. Pap. 46 fol. *M.*

891. Jo. Capperonnier notæ in Aeschyli Prometheum (1), — et in Sophoclis Trachinias, Ajacem flagelliferum, Electram et Oedipum tyrannum (3); — ejusdem lexicon Sophocleum, A-E (124).

XVIII s. Pap. 192 fol. *P.*

892. Ruhnkenii ad Jo. Capperonnier epistolæ octo (1); — Ed. Rowe Mores epistolæ duæ (16), — Ja. Moor duæ (20 et 36); — Ὁ ψαλμὸς ρμε΄, αἴνεσις τῷ Δαυίδ. Glasguæ, excudebant R. et A. Foulis, 1756, in-32, *impr.* (22); — Henrici Gally, Reiskii, Schwebelii et Fourmontii epistola una ad Cl. Capperonnier, a. 1718-1768. (38); — Cl. Capperonnier ad Fourmontium epistola, 1726. (46).

XVIII s. Pap. 47 fol. *P.*

893. Index alphabeticus in Anthologiam græcam Chardonis de La Rochette.

XIX s. Pap. 1248 fol. *M.*

894-897. Jo. Capperonnier lexicon Sophocleum.

XVIII s. Pap. 5193 fol. *M.*

898-900. C.-B. Hase index alphabeticus scriptorum et operum in codd. græcis Vaticanis Parisiis delatis.

XIX s. Pap. 825 fol. *M.*

901 et A. « Chronique de Morée, copie faite sur les deux mss. de Paris et Copenhague, par N. Landois, » avec notes.

XIX s. Pap. 406 et 232 fol. *P.*

902. Theodori Prodromi versus in V. et N. Testamentum (1); — ejusdem commentarius in Homeri Iliadis libros I. et II (152).

Copié en 1797-1798. Pap. 226 fol. *P.*

903. Evangeliarium.

XII s. Parch. 278 fol. P.

904. Theophylacti, Bulgariæ archiepiscopi, commentarius in IV. Evangelia.

XII s. Parch. 199 fol. M.

905. Evangeliarium.

Copié en 1055. Parch. 255 fol. Peint. M.

906. Actus apostolorum.

XII s. Parch. 48 fol. P.

907. Georgii Gemisti Plethonis responsio ad ea quæ Scholarius in Aristotelis defensionem objecerat (1); — ejusdem opusculum de virtute (104); — ejusdem oratio funebris in matrem imperatorum (124); — Attici tractatus de differentia Aristotelicæ, Mosaïcæ et Platonicæ philosophiæ (133); — Porphyrii sententiæ ad intelligibilia ducentes (161); — Bessarionis ad Georgium Gemistum epistola (189); — Gemisti ad Bessarionem epistolæ duæ (196); — Georgii Gemisti liber de Platonicæ atque Aristotelicæ philosophiæ differentia (212); — Index auctorum qui in Bibliotheca Photii recensentur (265).

XVI s. (Copié par Christophe Auer.) Pap. 280 pages. P.

908. Contrat de vente.

592 ap. J.-C. Papyrus. 410/350^{mm}. (Letronne, n° 21 bis.)

909. Contrat de vente.

599 ap. J.-C. Papyrus. 495/350^{mm}. (Letronne, n° 21 ter.)

910. Fragment de papyrus grec-démotique.

III s. (?) ap. J.-C. Papyrus. 260/358^{mm}.

911. Evangelium S. Lucæ, gr.-arab.

Copié en 1043 par Euphemios clerc et lecteur. Parch. 315 fol. (Saint-Sépulcre.) P.

912. Homeri batrachomyomachia, cum glossis (1 v°); — De Herculis laboribus, cum glossis : Τὸν ἐν Νεμέα ... (18 v°).

XV s. Copié par Demetrius Byzantius. Parch. 23 fol. P.

913. S. Gregorii Nazianzeni orationes duæ in sanctum Pascha (1), — in novam Dominicam (31 v°), — in Pentecosten (40 v°), — in Macchabæos (54), — in Cyprianum fratrem

(66 v°), — in Julianum exæquatorem (81), — in Christi nativitatem (92 v°), — in laudem S. Basilii (105), — in sacra lumina (171 v°), — in sanctum baptisma (186), — in Gregorium Basilii magni fratrem (227 v°), — in laudem S. Athanasii (234), — de pauperibus caritate complectendis (260 v°), — valedictoria coram cl. episcopis (292), — in patrem tacentem propter plagam grandinis (313).

XII s. Parch. 330 fol. (S. Sépulcre.) P.

914. Evangelia IV.

XII s. Parch. 319 fol. Peint. M.

915. S. Joannis Chrysostomi liturgia.

XIV s. Parch. Rouleau. 4^m,225^{mm}. P.

916. Vitæ SS. Procopii (1), — Panteleemonis (24 v°), — Callinici (38), — Eudocimi (42 v°), — Anatolii, CP. archiepiscopi (49 v°), — Pauli Latrensis (58 v°); — S. Gregori Nysseni oratio de deitate Filii et Spiritus sancti (95 v°); — [Theodori Daphnopatæ] oratio in S. Joannis Baptistæ manum allatam Antiochia (105); — Ὑπομνήματα τῶν ιϛ΄ προφητῶν. Τῆς τοῦ λαοῦ διαιρέσεως... (120).

XI s. Parch. 120 fol. M.

917. Octoechus.

XV s. Pap. 185 fol. P.

918. Octoechus.

XV s. Pap. 213 fol. P.

919. Canones evangeliorum (1); — Capita S. Matthæ evangelii (5); — Synaxarium evangeliorum (5 v°); — Argumentum in depositionem Deiparæ : Δεῖ εἰδέναι ὅτι τὰ γεγονότα... (10 v°); — Interpretationes hebraïcorum nominum in evangelium Matthæi : Ἀμιναδάβ, λαοῦ μου ἑκουσίου λαός... (11 v°); — Argumentum in evangelium Matthæi (12 v°); — S. Maximi excerpta de Evangeliis : Ὅτι ἡ τῶν εὐαγγελίων συγγραφή... (13 v°).

XIII s. Parch. 19 fol. P.

920. Varia chronologica : quomodo partiri oporteat litteras alphabeti in tres partes ἰσόψηφα (1); — de cyclo solari et lunari, indictione, inveniendo Paschate, tempore, ventis et diebus criticis (2), — in quorum margine chronicon Calabro-Siculum,

a. 827-982. (1 v°-3); — S. Gregorii Thaumaturgi oratio πρὸς φυλακτήριον ψυχῆς καὶ σώματος (20).

X s. Parch. 22 fol. (Jésuites.) P.

921. Anonymi regulæ lunares, ex Ptolemæi magna syntaxi : Ἐπεὶ δὲ καὶ ἐν τῇ συντάξει...

XIV s. Parch. 11 fol. Palimps. P.

922. Damascii Diadochi [Damasceni] in Parmenidem Platonis dubia et solutiones, e cod. Marc. Venet. CCXLVI.

XIX s. Pap. 129 fol. *M.*

923. « Animadversiones et emendationes in Hesychium (1); — Notæ quædam Eduardi Bernardi ad Hesychium (7); — Emendationes quædam in lexic. Hesychii, auctore Stephano Joh. Stephanio (11); — Συλλογὴ emendationum in Hesychii lexicon » (12); — Lettre sur Hesychius, 1715. (30).

XVII-XVIII s. Pap. 30 fol. *M.*

924. Pauli Æginetæ excerptum de differentia et causa ægritudinum (1); — Philostrati epistolæ amatoriæ (30 et 40); — Fac-simile d'une lettre de Marc Musurus à Jean Grégoropoulos (44); — Lettre de Schweighæuser au libraire Renouard (45).

XV-XVI s. (Copié, en partie, par César Strategos.) Pap. 46 fol. (B. Rhenanus.) *M.*

925. C.-B. Hase prolegomena inedita in Dionysium Periegetam, e cod. Reg. 2772. (1); — Lettre de C.-B. Hase à Dureau de La Malle (8); — Excerptum ex Joannis grammatici Alexandrini scholiis in Nicomachi Geraseni introductionem arithmeticam (9).

XIX s. Pap. 10 fol. P.

926. Anonymi historia Trojana, idiomate vulgari : Ἄρξομαι διηγήματα τῆς Τρωάδος...

XVII s. Pap. 33 fol. P.

927. Evangelia IV. (7), — cum brevi Synaxario, s. XVI. (174).

XIII s. Parch. et pap. 199 fol. Peint. P.

928. Anonymi historiæ e V. Testamento : Ἀρχὴ τοῦ παλαιοῦ. Πρὸ πάντων καὶ συμπᾶσι... (1); — Interrogationes theologico-morales : Εἰ παρήλλακται ἡ οὐσία... (128 v°).

XVI s. Pap. 138 fol. P.

929-966. Papiers de G. d'Ansse de Villoison : « Recherches historiques et critiques sur la vie et sur les ouvrages de l'impératrice Eudocie » (1); — Notes et extraits pour un glossaire de la langue grecque (131). — 187 fol. G.

[N° 930.] « Mémoire pour servir à l'histoire des monastères du Mont-Athos, par le P. Braconnier » (1); — « Inscription trouvée à Pergame » (26); — « Extrait d'un mémoire sur Rhodes, par M. Mille » (27); — Extraits de lettres de F. Sevin au comte de Maurepas et autres relatives à la recherche des mss. grecs en Orient (30 v°); — « Description de l'île de Crète » et de différentes villes et îles de la Grèce (36); — Copies et extraits de lettres de Fourmont (54); — « Plan du voyage que le sieur Savary propose de faire dans l'Égypte, dans l'Arabie et dans l'Asie-Mineure » (69); — « Remarques sur le Mont-Athos, inscriptions de Stampalie, de Tiné et de Nanfi » (76); — Observations sur le génie du grec vulgaire (85); — « Recherches historiques sur les Jeux Néméens » (97); — « Extrait de la relation d'un voyage littéraire fait à Venise et notice des principaux mss. grecs qui y ont été découverts, » par Villoison (102); — Notes diverses et extraits (122); — « Estratto dalla pirretologia del Dr Demetrio Coidan » (235). — 240 fol. G.

[N° 931.] Notes bibliographiques. — 228 fol. G.

[N° 932.] Notes et extraits divers (1); — « Observationes ad analogiam linguæ græcæ tuto sed feliciter indagandam » (151); — Lettre de C.-T. de Murr, 1785. (185); — « Mémoire des observations que l'on peut faire dans les voyages de Levant, remis à M. Galland, lors de son voyage, par M. Colbert » (190); — « Observations faites par M. de Monceaux dans les voyages qu'il a faits au Levant » (198 v°); — « Tables de divers monumens et restes d'antiquité que l'on voit à Athènes » (211); — « Relation d'une mission du P. Braconnier à la Cavalle et dans l'île de Thasse » (222); — « Discours sur les momies » (227). — 232 fol. M.

[N° 933.] Notes et extraits divers : Remarques sur l'orthographe et le dialecte alexandrins (14); — Fragment d'une version latine de Daniel (39); — Notes sur la mission de Villoison à Venise (49). — 88 fol. M.

[N° 934.] Notes et extraits de livres imprimés, relatifs à la linguistique. — 170 fol. M.

[N° 935.] Notes critiques sur les Olympiques de Pindare (1); — « Extrait des recherches historiques sur les Jeux Néméens » (163); — « Remarques critiques sur différents passages corrompus d'auteurs grecs et latins » (172); — Variæ lectiones in Phurnutum (197); — Notes bibliographiques relatives à la Paléographie (269); — « Mémoire instructif pour Mgr l'évêque du Puy » au sujet d'une nouvelle édition des traités apologétiques des auteurs ecclésiastiques (279); — Notes du voyage en Grèce de Villoison (289). — 331 fol. M.

[N°s 936-939.] Notes et extraits divers de livres imprimés. — 293, 240, 209 et 219 fol. P.

[N°s 940-941.] Apparatus ad Cornutum et ad theologiam physicam stoïcorum. — 432 et 197 fol. P.

[N° 942.] Cornutus, de natura Deorum, avec notes et variantes. — 77 fol. P.

[N° 943.] Correspondance et minutes de lettres de Villoison. — 130 fol. P.

[N° 944.] Lettres de Villoison à Fauris de S. Vincent. — 20 fol. P.

[N° 945.] Cahier de devoirs latins de Villoison. — 142 fol. P.

[N°s 946-960.] Collection d'extraits relatifs à la géographie, à l'histoire et à l'archéologie grecques pour servir de matériaux au voyage en Grèce de Villoison. — 51, 401, 548, 501, 423, 369, 250, 363, 485, 452, 588, 412, 534, 470 et 517 fol. P.

[N°s 961-965.] Catalogue de la bibliothèque de Villoison. — 254, 299, 337, 369 et 165 fol. P.

[N° 966.] Notes bibliographiques et extraits divers. — 156 fol. P.

XVIII s. Pap.

967-988. Papiers de La Porte du Theil : [N°s 967-968.] Apparatus in Æschylum. — 169 et 206 fol. G.

[N°s 969-970.] Notices et extraits de mss. grecs : Notes sur Eschyle (1); — Theodori Prodromi poema, e cod. Paris. 1310. (53); — Notice et extraits du ms. grec 2075. de Paris (75). — 230 et 261 fol. G.

[N° 971.] Notes et extraits divers : « Mémoire de M. Dutheil concernant l'élection d'un bibliothécaire de l'Institut national » (27); — Notice sur Henri Rantzaw (40); — Procès-verbal de la remise aux Bénédictins des mss. de Bossuet (100); — Notice sur les lettres de S. Athanase de Constantinople (107); — Notice sur les mss. grecs 2419. et 2502. de Paris (158); — Oraison funèbre de Théolepte d'Alexandrie, par Nicéphore Grégoras (235). — 278 fol. G.

[N° 972.] Notice du ms. grec 3764. de Paris et notices et extraits divers. — 163 fol. G.

[Nos 973-976.] Notices et extraits de différents manuscrits. — 262, 247, 124 et 239 fol. G.

[N° 977.] « Réflexions sur une inscription trouvée à Alep » (1); — « Explication d'une médaille palmyrénienne » (6); — « Inscriptions palmyréniennes » (13); — « Inscriptions de Sparte, » de l'Attique et autres, copies d'inscriptions de Fourmont (25); — « L'Apocalypse de S. Jean expliquée, ouvrage posthume de feu M. Fourmont l'aîné, publié par le sr Le Roux des Hautesrayes » (77); — Notes relatives au travail de M. Ameilhon sur l'inscription de Rosette (170); — « Mémoire sur les tragédies d'Alcmœon et sur le poème intitulé Alcmœonide » (214). — 239 fol. G.

[Nos 978-980.] Notes et extraits divers. — 149, 143 et 233 fol. G.

[N° 981.] Notices de quelques mss. grecs de la Bibliothèque nationale, avec notes paléographiques, etc. — 248 fol. G.

[N° 982.] « Notes chronologiques sur l'histoire des Athéniens. » — 148 fol. G.

[N° 983.] Traduction de diverses tragédies d'Euripide (1); — Notes sur Plutarque (72); — Traduction du De amicitia de Cicéron (145). — 159 fol. G.

[N° 984.] Æschyli Agamemnon, avec traduction et notes. — 224 fol. G.

[N° 985.] Æschyli VII. adversus Thebas, avec traduction et notes. — 174 fol. G.

[N° 986.] Æschyli Eumenides et notæ in Choephoras. — 127 fol. G.

[N° 987.] Æschyli Persæ et Prometheus vinctus, avec traduction. — 181 fol. M.

[N° 988.] Æschyli Supplices, avec traduction. — 99 fol. *M.*

XVIII s. Pap.

989. « Palæographia græca, opera D. Bernardi de Montfaucon. Paris, 1708, » in-fol., avec notes mss. de Villoison et lettres de recommandation de différents patriarches grecs.

XVIII s. Pap. ix fol. xxix, 574 pages et 38 fol. *G.*

990. Notice des manuscrits et papiers de Villoison, par C.-B. Hase.

1806. Pap. 64 fol. *P.*

991-999. « Pappi Alexandrini collectionum mathematicarum libri octo, nunc primum græce editi... a Jos.-Herm. Eisenmann. »

XIX s. Pap. 200, 164, 163, 134, 280, 196, 177, 294 et 205 fol. *G.*

1000. Fragmenta mss. : Pars vitæ S. Clementis Alexandrini, s. x. (1); — Fragm. Psalterii, s. xiv. Parch. (6); — Vaticinia, a. 1624-1630. (7); — [Herodiani] opusculum de verbis in μι desinentibus (8); — Demetrii Moschi Laconis poema de Helena et Alexandro (20); — Νέος ῥαψάκης. Μίαν διαστολὴν καὶ ἅπαξ... (27); — Fragmenta varia, s. xvii-xix. (41).

XI-XIX s. Parch. et pap. 49 fol. (Mynas.) *P.*

1001. Fragmenta mss. : S. Joannis Chrysostomi (?) catecheticus sermo brevis in Pascha (1); — Martyrii sanctarum Metrodoræ, Nymphodoræ et Menodoræ fragmentum, s. xii. Parch. (2); — Fragm. commentarii in epistolas Pauli, s. xiv. Bombyc. (4); — Homeri Odysseæ fragmentum, s. xv. (Copié par Demetrius Byzantius.) (13).

XII-XV s. Parch. et bombyc. 14 fol. *M.*

1002. Fragmenta mss. : Ex Joannis Moschi gerontico (1); — Fragmenta homiliarum, prima incipit : Εἰ θέλοντες μεῖναι... (22); — S. Gregorii Nazianzeni homilia I. in sanctum Pascha et in tarditatem (30); — S. Ephræmi Syri sermo in meretricem (35); — S. Epiphanii, Cypri. archiep., sermo in ramos palmarum (36 v°).

XI-XIII s. Parch. 37 fol. Palimps. Onc. *M.*

1003. Notices des manuscrits du Supplément grec, par C.-B. Hase et E. Miller.

XIX s. Pap. 476 fol. *P.*

1004. Fragmenta mss. : Hemerologium mensium diversorum populorum (1); — Julia ad Ovidium, gr. vulg. (13); — « Histoire universelle de la musique, par J.-N. Forkel. Sur la musique des Grecs modernes » (22); — Aegidii Menagii idyllium, Thyrsis et Corydon, cum Demetrii Ammiralli epigrammate (34 v°); — « Inscription grecque de Smyrne envoyée à M. Cuper » (37); — Fragment d'un carnet de Bigot (41); — Τοῦ Boivin ἀνακρεοντικά » (43); — J. Boivin, épigrammes diverses (45); — Vers grecs de J. Bjœrnstæhl » (68); — Fragments divers (71).

XVII-XVIII s. Pap. 76 fol. P.

1005. Copie par M. Letronne des notes de Samuel Bochart sur le traité de Philostorge, Aristote de mundo, Diodore de Sicile, Théocrite et Nonnus, et liste des ouvrages avec notes mss. de Bochart que possède la bibliothèque de Caen (1); — Fragments divers, parmi lesquels une vie d'Alexandre Mavrocordato, gr. vulg. (19), — et Photii CP. amphilochia (27).

XVII-XIX s. Pap. 69 fol. G.

1006. Nectarii, Hierosolymitani patriarchæ, in D. Claudium et Calvinistas epistola, 1672. (1); — Parthenii, CP. archiepiscopi, confessio orthodoxæ fidei, 1662. (10); — Dionysii, CP. patriarchæ, epistola de sacris mysteriis, 1672. (19); — Lettre de remercîments du ministre de Lionne à l'archevêque du Mont-Sinaï, 1649. (28).

XVII s. Pap. 28 fol. M.

1007-1009. B. de Montfaucon lexicon græcum.

XVIII s. Pap. 183, 336 et 203 fol. (S.-Germain.) M.

1010. Autobiographie de Cl. Capperonnier (1); — Cl. Capperonnier, « de græcæ linguæ præstantia et usu » (4), — « Observations sur la grammaire grecque » (14), — « Excerpta philologica e variis bibliothecis mss. » (56), — « Ἀνθολογία ποικίλη sententiarum et verborum. »

XVIII s. Pap. 84 fol. P.

1011. S. Joannis Chrysostomi homiliæ XXXVII. in Matthæum.

XI s. Parch. 305 fol. M.

1012. Vita et miracula SS. Cosmæ et Damiani (1); —

S. Andreæ Cretensis orationes duæ in nativitatem beatæ Mariæ (16 v°); — S. Joannis Damasceni sermo in nativitatem beatæ Mariæ (29 v°); — S. Andreæ Cretensis sermo in exaltationem sanctæ crucis (36 v°); — S. Joannis Chrysostomi encomium in sanctam crucem (45 v°); — ejusdem in S. Joannem evangelistam (50); — Leonis imperatoris encomium S. Demetrii (55); — Michaelis Syncelli encomium in SS. Dei archangelos et angelos (61 v°); — Georgii, chartophylacis magnæ ecclesiæ, encomium in Præsentationem Deiparæ (79); — ejusdem in eamdem, cum in templo a suis parentibus triennio oblata est (86 v°); — Germani, CP. archiepiscopi, encomium in Deiparam, quando in S. Sanctorum oblata est (101 v°); — Anonymi sermo, initio mutilus (106); — S. Joannis Chrysostomi homilia in Abrahamum et Josephum (112 v°); — ejusdem homilia in S. Philogonium (124); — S. Athanasii Alexandrini oratio in descriptionem beatæ Mariæ (132); — S. Gregorii Nysseni oratio in nativitatem Domini (138 v°); — S. Joannis Chrysostomi homiliæ duæ in Epiphaniam (146); — S. Gregorii Neocæsariensis sermo in Epiphaniam (157); — Theodori Daphnopatæ homilia in S. Joannis Baptistæ manum allatam Antiochia (162); — Cosmæ Vestitoris oratio de translatis S. Joannis Chrysostomi reliquiis (174); — Joannis, Euchaïtarum metropolitæ, encomium in tres hierarchas SS. Basilium, Gregorium Nazianzenum et Joannem Chrysostomum (182); — S. Athanasii Alexandrini oratio in Purificationem beatæ Mariæ (193 v°).

XII s. Parch. 200 fol. *M*.

1013. « Fragmenta comicorum græcorum, pars altera; e biblioth. Th. Canteri. »

XVII s. Pap. 226 fol. (S.-Germain.) *M*.

1014. Lettres, papiers et notes diverses d'Athanase de Byzance (Athanasius Rhetor).

Copié en 1629-1635. Pap. 425 fol. (S.-Germain.-Coislin.) *G*.

1015. Ἐκ τῶν πραχθέντων ἐν Κωνσταντινουπόλει περὶ Ἀγαπίου καὶ Βαγαδίου... et fragmenta varia SS. Patrum. (Cf. Coislin. 154.)

XVI s. Pap. 30 fol. (S.-Germain.-Coislin.) *G*.

1016. Menæum, mart. 31-aug. 31. (1); — S. Joannis Chrysostomi liturgiæ fragmentum (173).

XV s. Pap. 176 fol. *M.*

1017. Sticherarii fragmentum.

XIV s. Parch. 7 fol. (S.-Germain.-Coislin. anc. 190.) *M.*

1018. « Opuscula varia de excellentia sacrorum mysteriorum et de modo accedendi ad sacram synaxim » (1); — Expositio psalmorum brevis, ex monast. Cryptoferrat., exscripsit D. Joannes Guillot » (75).

XVII-XVIII s. Pap. 91 fol. (S.-Germain.) *M.*

1019. « Synaxarium monasterii Cryptæ-Ferratensis, exscriptum e codice ms. dicti monasterii a D. Joh. Guillot. »

XVII-XVIII s. Pap. 223 fol. (S.-Germain.) *M.*

1020. S. Basilii epistolæ cxcvi.

XI s. Parch. 258 fol. (S.-Germain.-Harlay.) *P.*

1021. S. Basilii epistolæ variæ.

XIII s. Parch. 129 fol. Palimps. (S.-Germain. - Coislin. anc. 288.) *P.*

1022. Democriti physica et mystica (1); — Synesii philosophi in librum Democriti scholia (13).

XVII s. Pap. 21 fol. (S.-Germain.) *P.*

1023. Epicteti enchiridion (1), — cum Simplicii commentariis (15).

XV s. Pap. 186 fol. (S.-Germain.) *P.*

1024. Theocriti idyllia ix. (4), — præcedit ejus vita (1).

XV s. Pap. 52 fol. (S.-Germain.) *P.*

1025. « Index [alphabeticus] quorumdam librorum nondum editorum, qui sunt in bibliotheca Escorialis. »

XVII s. Pap. 75 fol. *M.*

1026. Lettres, papiers et notes diverses d'Athanase de Byzance (Athanasius Rhetor), 1615-1616; parmi lesquels différents commentaires sur Pythagore (67), — Jamblique (80), — le Parménide (254) — et le Timée de Platon (400).

XVII s. Pap. 542 fol. (S.-Germain.-Coislin. anc. 384.) *P.*

1027. Lettres, etc. d'Athanase de Byzance, 1615-1616.

XVII s. Pap. 522 fol. (S.-Germain.-Coislin. anc. 385.) *P.*

1028. « Collecta ex Pindari Olympiis, Pythiis, Nemeïs, Isthmiis et cæterorum octo lyricorum poetarum... operibus. Lutetiæ, a. 1589. » (1); — « Selecta ex 10. Senecæ tragœdiis... Turonis, 1589. » (82); — Extraits divers d'auteurs anciens et d'ouvrages modernes (100).

XVI s. Pap. 220 fol. P.

1029. Glossæ græco-latinæ.

XVI-XVII s. Pap. 82 fol. P.

1030. Lettres et extraits divers d'Athanase de Byzance (Athanasius Rhetor) (1); — Extraits de lettres de Londres, 1643-1644. (137).

XVII s. Pap. 161 fol. (S.-Germain. - Coislin.) *M.*

1031. Preces ante et post communionem dicendæ (1); — Matthæi peccatoris versus ad beatam Virginem (30); — Homiliæ in singulis diebus septimanæ sanctæ : Leonis, CP. presbyteri, in magna secunda feria (32); — S. Joannis Chrysostomi in decem virgines (40); — ejusdem in Jobum (47); — ejusdem in parabolam talentorum (55); — ejusdem de meretrice et pharisæo (66); — S. Ephræmi Syri in meretricem (73); — S. Joannis Chrysostomi in Judæ proditionem (84); — Georgii Nicomediensis in magnam Parasceven (98 v°); — S. Epiphanii, Cypri episcopi, in Christi sepulturam (122).

XIV s. Copié par Philippe τοῦ Σιδεροπράτου. Bombyc. 140 fol. (S.-Germain.) P.

1032. Preces variæ (1); — S. Hippolyti sermo de Antichristo (62); — Anastasii Sinaitæ homilia in Psalmum VI. (102); — S. Basilii preces seu exorcismi (124); — Psalterium, cum Canticis (151).

XV s. Bombyc. 274 fol. (S.-Germain.) P.

1033. Synesii opusculum de insomniis, cum Nicephori Gregoræ scholiis.

XV s. Bombyc. 74 fol. (S.-Germain.) P.

1034. Constantini Manassis chronicon, versibus politicis (1); — Series imperatorum CP. (165); — Series patriarcharum CP. (166 v°); — Theodori Prodromi versus ad Manuelem

Comnenum (169); — Hilarionis monachi versus ad eumdem imperatorem (176).

> Copié en 1364. Bombyc. 191 fol. (S.-Germain.) P.

1035-1036. Fragments de manuscrits.

> XI-XIX s. Parch. et pap. 41 et 29 fol. M.

1037. Simplicii commentarius in physica Aristotelis.

> XVI s. Pap. 112 fol. M.

1038. S. Athanasii ad Marcellinum epistola de interpretatione Psalmorum (1); — De Ptolemæo Philadelpho : Πτολεμαῖος ὁ Φιλάδελφος ἐπικληθείς... (5 v°); — S. Gregorii Nazianzeni versus : Τῶν ἐθνικῶν βιβλίων... (8 v°).

> XVI s. (Copié par Christophe Auer.) Pap. 8 fol. P.

1039. Ovidii Metamorphoseon libri, cum scholiis, e gallico in neo-græcam linguam versi a Joachimo Pario, tomis II.

> XVIII s. Pap. 731 pages. P.

1040. Meletii Pigæ, Alexandrini patriarchæ, epistolæ CCXI. (1); — S. Joannis Chrysostomi epistola ad imperatricem Eudociam : Ὁ μὲν Θεὸς πάσης... (375).

> Copié en 1801 par Théophile de Lybie. Pap. 376 pages. P.

1041. Sapphus reliquiæ (odæ tres, epigrammata duo).

> XVII s. Pap. 8 fol. P.

1042. Nicolai Spatharii hodœporicon per Siberiam et descriptio ejus regionis. 1675.

> XIX s. Pap. 393 pages. M.

1043. Anonymi poema de casu Belisarii, idiomate vulgari : Ὦ θαυμαστὸν παράδοξον...

> XVII s. Pap. 23 fol. P.

1044. Epistolæ Græcorum recentiorum, inter quos : Michaelis Pselli characteres epistolici XXXIV. (9), — Theodosii [Theophili] Corydallei (25), — Joannis Caryophylli (34, etc.), — Eugenii Ætoli (34 v°), — Constantini Guliani (59), — Andreæ Licinii (62), — Constantini Ducæ (64), — Bartholomæi Heracleensis (66 v°), — Pachomii Philipponis (68), — Joannis Comneni (74), — Michaelis Caryophylli (83), — Jacobi Gabrielopuli (84), — Churmuzii Byzantii (87); — Hymni et epigrammata acrosticha, initio mutila : Κυρία πάντων... (114

XVII s. Pap. 148 fol. P.

1045. Michaelis Pselli paraphrasis Iliados Homeri.

XV s. Copié par Bartolomeo Comparini. Pap. 280 fol. P.

1046. Petri Lampadarii et Danielis, protopsaltæ magnæ ecclesiæ CP., hymni ecclesiastici, cum notis musicis.

Copié en 1795 par Anastase. Pap. 242 fol. P.

1047. Petri [Lampadarii], protopsaltæ magnæ ecclesiæ CP., hirmologion (2) ; — præmittitur Chrysanthi Madytensis epigramma (1 v°).

Copié en 1807. Pap. 100 fol. P.

1048-1073. Henrici Stephani Thesaurus græcæ linguæ, ed. C.-B. Hase, G. et L. Dindorf; ms. original de l'édition Didot, 1831 et ss. (A-K.).

XIX s. Pap. 26 volumes. A.

1074. Pauli epistolarum fragmenta, e cod. Atho.; accedunt ejusdem cod. tabulæ photographicæ 18. fragmentorum Kioviensium, Mosquensium, Petropolit. et Taurinensium. (Cf. cod. Coislin, 202.)

VI s. Parch. 10 fol. Onciale. M.

1075. Excerpta Bigotiana. Catalogi mss. græcorum « bibliothecæ cardinalis Mazarini (1), — mss. bibliothecæ J.-A. Thuani, 1617. (37), — bibliothecæ mss. abbatiæ S. Petri Gemmeticensis, quem an. 1656. confecit R. D. D. Maurus Benetot » (68) ; — « Catalogue des mss. de l'église de S. Pierre de Beauvais, 1664, par M. Joly, chanoine de N.-D. de Paris » (98) ; — « Mss. de l'Escurial » (103) ; — « Index mss. S. Audoeni Rotomagensis, 1673. » (119).

XVII s. Pap. 173 fol. P.

1076. Evangelia IV., cum Eusebii canonibus et catena ex SS. PP. operibus collecta.

XI s. Parch. 465 fol. Peint. M.

1077. Inscriptiones græcæ et latinæ Asiæ minoris, Atticæ, Thraciæ, Siciliæ, etc. (1) : — « Inscriptionum antiquarum a

Grutero omissarum supplementum..., authore Jacobo Spon... Lugduni Gallorum, 1674. » (73).

XVIII s. Pap. 81 fol. G.

1078. Dictionnaire grec-français, rédigé par Alexandre Thurot. Tome I. (A-Δ.)

XIX s. Pap. 617 fol. M.

1079. Inscriptiones græcæ variæ (beaucoup de ces copies et estampages sont de la main de M. Mynas) (1) ; — Inscriptions grecques de Salonique recueillies par Germain, 1747. (81).

XIX-XVIII s. Pap. 91 fol. G.

1080. Evangelia IV.

XVI s. Pap. 332 fol. P.

1081. Lectionarium.

X-XI s. Parch. 253 fol. Onciale. M.

1082. S. Gregorii Nazianzeni sermones duo in Pascha et in tarditatem (1), — in novam Dominicam (21), — in Pentecosten (26 v°), — in plagam grandinis (36 v°), — in Macchabæos (49 v°), — in S. Cyprianum martyrem (58 v°), — in Julianum exæquatorem (68 v°), — in Theophaniam (77 v°), — oratio funebris in S. Basilium (87 v°), — in sancta lumina (138 v°), — in sanctum baptisma (150), — in S. Gregorium Nyssenum (181 v°), — in laudem S. Athanasii (186 v°), — in præsentia CL. episcoporum (207 v°), — de pauperibus caritate complectendis (224), — de theologia orationes I. et II., fine mutila (249).

XII s. Parch. 274 fol. M.

1083. Evangelia IV., fine mutila.

XI s. Copié par Michel. Parchemin. 179 fol. P.

1084. Ordo vespertini officii (1) ; — S. Joannis Chrysostomi liturgia (11) ; — S. Basilii liturgia (52) ; — Liturgia præsanctificatorum (84) ; — Officia varia (100) ; — Rituale (155).

XVI s. Pap. 264 fol. P.

1085. Canones Apostolorum (a can. 53.) et Conciliorum (1); — Dionysii Alexandrini epistola ad Basilidem (114 v°) ; — Petri Alexandrini canones (117) ; — S. Gregorii Thaumaturgi epistola canonica, initio mutila (122) ; — S. Athanasii epistola ad Amunem monachum (123) ; — ejusdem epistolæ xxxix. festivalis fragmentum (124 v°) ; — S. Basilii ad Amphilochium epistolæ canonicæ tres (126), — fragmentum epistolæ ad Amphilochium (139 v°), — epistolæ ad Diodorum Tarsensem (140), — ad Gregorium presbyterum (142), — ad chorepiscopos (142 v°), — ad episcopos subditos (143 v°), — fragmentum cap. xxix. de S. Spiritu (144) ; — S. Gregorii Nyssseni ad Letoium epistola canonica (144) ; — S. Gregorii Nazianzeni versus de V. et N. Testamento (149 v°) ; — Amphilochii Iconiensis versus de eodem (150) ; — S. Gregorii Nazianzeni versus de x. plagis Ægypti (151) ; — Timothei Alexandrini responsa canonica (151 v°) ; — Theophili Alexandrini allocutio cum Theophania die dominica inciderit (153) ; — ejusdem commonitorium quod accepit Ammon (153 v°) ; — ejusdem epistolæ ad Aphyngium de catharis (154 v°), — ad Agathum episcopum (154 v°), — ad Menam episcopum (155) ; — S. Cyrilli Alexandrini ad Domnum epistola canonica (155) ; — ejusdem epistola ad episcopos Libyæ et Pentapoleos (156 v°) ; — Gennadii, CP. patriarchæ, epistola encyclica (157) ; — Epistola de modo recipiendi hæreticos ad catholicam ecclesiam redeuntes (160) ; — S. Athanasii epistola ad Rufinianum (160 v°) ; — Justiniani imp. novella lxxvii. (162) ; — Index novellarum Justiniani, quæ cum sacris canonibus consentiunt (163) ; — Justiniani imp. novellarum capita selecta lxxxvii., quæ cum sacris canonibus consentiunt (166 v°) ; — Justiniani et Leonis impp. constitutiones civiles xxiii., cum ecclesiasticis canonibus consentientes, fine mutilæ (183) ; cum scholiis, uncialibus litteris.

X s. Parch. 216 fol. Peint. *M.*

1086. Photii, CP. patriarchæ, nomocanon, cum scholiis (1) ; — S. Pauli apostoli constitutiones de ecclesiasticis canonibus (62) ; — De VII. œcumenicis conciliis : Χρὴ γινώσκειν ὅτι... (64) ; — Canones Apostolorum et Conciliorum (66 v°) ; — Dionysii Alexandrini epistola ad Basilidem (212 v°) ; — Petri Alexandrini canones (215) ; — S. Gregorii Thaumaturgi epistola canonica (221) ; — S. Athanasii epistola ad Amunem monachum (223) ; — ejusdem epistolæ xxxix. festivalis fragmentum (225) ; — S. Basilii ad Amphilochium epistolæ canonicæ tres (226 v°), — fragmentum epistolæ ad Amphilochium (240 v°), — epistolæ ad Diodorum Tarsensem (241), — ad Gregorium presbyterum (243), — ad chorepiscopos (244), — ad episcopos subditos (244 v°), — fragmentum cap. xxvii. et xxix. de S. Spiritu (245 v°) ; — S. Gregorii Nysseni ad Letoium epistola canonica (247 v°) ; — S. Gregorii Nazianzeni versus de V. et N. Testamento (253 v°) ; — Amphilochii Iconiensis versus de eodem (254) ; — Timothei Alexandrini responsa canonica (255 v°) ; — Theophili Alexandrini allocutio cum Theophania die dominica inciderit (257) ; — ejusdem commonitorium quod accepit Ammon (257 v°) ; — ejusdem epistolæ ad Aphyngium de catharis (259), — ad Agathum episcopum (259), — ad Menam episcopum (259) ; — S. Cyrilli Alexandrini ad Domnum epistola canonica (259 v°) ; — ejusdem epistola ad episcopos Libyæ et Pentapoleos (260 v°) ; — Gennadii, CP. patriarchæ, epistola encyclica (261 v°) ; — Epistola de modo recipiendi hæreticos ad catholicam ecclesiam redeuntes (264 v°) ; — S. Athanasii epistola ad Rufinianum (265) ; — Justiniani imp. novella lxxvii. (266); — Index novellarum Justiniani, quæ cum sacris canonibus consentiunt (267) ; — Justiniani imp. novellarum capita selecta lxxxvii., quæ cum sacris canonibus consentiunt (270 v°); — Alexii Aristeni scholia in synopsim canonum, fine mutila, s. xvi. (287).

XI s. Parch. 333 fol. *M.*

1087. Manuelis Malaxi nomocanon, cap. dcxliii. (1) ; — Decem Dei præcepta (217 v°) ; — De septem donis S. Spiritus, donis Adami et mortalibus peccatis (218) ; — Capita varia de monachis (218).

XVI s. Pap. 222 fol. *P.*

1088. Michaelis Glycæ epistolæ xxxvi.
Copié en 1596 par Métrophane de Zanthe. Pap. 264 fol. *P.*

1089. De allegoria : Ἀλληγορία ἐστὶ λέξις... (A); — Anonymi capita de nuptiis prohibitis et non : Περὶ γάμων κεκωλυμένων... (4) ; — Anonymi interrogationes et responsiones de processione S. Spiritus e solo Patre : Αἰχμάλωτοι παρ' αἰχμαλώτῳ... (9);

— S. Athanasii epistolæ variæ, cum interpretatione (17); — Joannis Costometri, Chalcedonensis metropolitæ, opusculum de tribus oblationibus mysticis (20); — Michaelis Syncelli Hierosolymitani libellus de fide orthodoxa (24); — De septem œcumenicis synodis, etc. (26); — Anonymi collectio canonum apostolorum et conciliorum ad res ecclesiasticas pertinentium, cum interpretatione : Οἱ πρώτως προσιόντες... (27); — Concilii a. 1209. habiti, Manuele Cyritze chartophylace, sententia (121 v°); — Georgii Zigabeni opusculum de septem vocalibus (124).

XVI s. Pap. 132 fol. P.

1090. S. Gregorii Nazianzeni carmina varia (6); — præmittuntur ejusdem carmen paræneticum alphabet. (1 v°), — index codicis (2), — Gregorii Bulgariæ et Nicolai Malaxi epigrammata in S. Gregorii Naz. carmina (5); — S. Basilii epistola XLIII., ad Gregorium fratrem, de divina essentia et hypostasi (213); — Vita Stauracii Malaxi, Naupliensis, auctore Joanne Zygomala (221); — Theodori Abucaræ dialogi varii et epistola de orthodoxa fide (237); — Aristotelis de anima libri II., initio mutili (266); — De mensuris et ponderibus (297 et 341 v°); — Nomina episcoporum Naupliensium et Argivorum (297); — Formulæ epistolarum patriarcharum metropolitarum, episcoporum, etc. (298 et 306); — Ordo thronorum, sub Andronico Palæologo imp. (304 v°); — Philonis Judæi fragmentum (313 v°); — Georgii Lecapeni epistolæ xiv. (314); — Anonymi versus in SS. Apostolos : Ἑταῖροι Πέτρον... (342 v°); — Maximi Planudis versus in templum S. Andreæ, etc. (343).

XVI s. Pap. 346 fol. P.

1091. Anonymi grammatica græca : Ἔστον τὰς νὰ παρακινηθῶ... (1); — Herodiani opusculum de schematibus (138); — Joasaphi [Joannis Cantacuzeni imp.] contra sectam Mahometicam apologiæ IV. (154); — ejusdem contra Mahometem orationes IV. (233 v°); — Marci Eugenici, Ephesini metropolitæ, fragmenta duo (270 v°).

XVI s. Pap. 273 fol. P.

1092. Fragmenta varia : Psalmi CVI, 42-CVII, 10, unciali charact., s. VIII. (1); — Lectionarii Evangeliorum fragmenta, unciali charact., s. ix. (2); — Sticherarii pars (4); — Octoechi fragmentum (10); — Chronici brevioris fragmentum a Constantino VI. Porphyrogenito usque ad Nicephorum Phocam (21); — Psalmorum fragmenta, etc. (24).

VIII-XVI s. Parch. et pap. 30 fol. Palimps. *M.*

1093. S. Joannis Nesteutæ didascalia monialium et castigationes pro singulis peccatis, e cod. Coislin. 364. (1); — ejusdem canonarium, ex eodem cod. (11 v°); — S. Maximi prologus « in principio scholiorum super S. Gregorium Nazianzenum » (30); — « Ex ms. Euchologiis variæ orationes, a Georgio Coresio Chiensi ad P. F. Jacobum Goar transmissæ » (35) ; — Constantini Porphyrogeniti de thematibus occiduæ partis Orientalis imperii fragmentum [ed. 1609, in-8] (44); — F. Michaelis Lequien epistolæ iv., latine (60); — Index homiliarum S. Joannis Chrysostomi (69) ; — Cl. Capperonnerii excerpta varia (75); — Notitiæ aliquot codd. mss. græcorum Vatican. (130);— Trois lettres de Villoison à Millin (136); — M. Mynas, papiers divers (145).

XVII-XIX s. Pap. 184 fol. *M.*

1094. Portulanus Mediterranei maris, lingua græca vulgari.

XVI s. Copié par Nicolas Bourdopoulos de Patmos. Parch. 1 fol. *A.*

1095. Homeri Ilias, cum scholiis (25); — præmittuntur vita Homeri : Ὅμηρος ὁ ποιητὴς τίνων... (1) — et de Homero: Περισσὸν μὲν ἴσως... (1 v°); — ejusdem hymni i-iii, v-xxv, xxvii-xxxiii. et epigrammata duo (225); — Callimachi Cyrenæi hymni (245 v°); — Orphei hymni (258 v°); — Procli Lycii hymni (274); — Homeri batrachomyomachia (276 v°).

XV s. Pap. 280 fol. (S.-Pierre de Pérouse. —Ashburnham, Libri, 1198.) *M.*

1096. Lectionarium Evangeliorum (2); — accedit Synaxarium (261).

Copié en 1070 par Pierre γραμματικὸς de l'école de Chalcopratie, de CP. Parch. 329 fol. Peint. *P.*

1097. Indicis pars mss. græcorum Nicolai cardinalis Rodulphi ; scripsit Matthæus Devaris. Tabulæ photogr. e cod. C. 46 bibl. Vallicellanæ Rom.

XVI s. Pap. 12 fol. *P.*

1098. Dioscoridis de materia medica libri VI. (Venetiis, Aldus, 1518, in-4), cum collationibus et notis mss. Angelii Vergetii et Ranconeti.

XVI s. Pap. 12 fol. et 235 pages. *P.*

1099. Papyrus d'Achmîm : Hesiodi, Euripidis et Homeri scholiastæ fragmenta. [*Sitzungsb. d. Akad. d. Wissensch. zu Berlin*, Phil. hist. Classe, 1887, p. 807-820.]

IV-V s. Papyrus. 5 fol. *P.*

1100. Rôles d'impôts d'une province d'Égypte.

V.I s. Bandes de cuir. 4 fol. *A.*

MANUSCRITS GRECS

CONSERVÉS DANS DIVERS FONDS

DE LA

BIBLIOTHÈQUE NATIONALE

* [Latin 6251.] Andronici Rhodii [Heliodori Prusæi] paraphrasis libri V. Aristotelis ethicorum ad Nicomachum (198); — Julii Africani stratagematum excerpta (224); — Polybii fragmentum e libro XVIII., de militia Romanorum (232).

XVI s. Pap. Fol. 198-235. (Colbert. 5087.) *P.*

* [Latin 6252.] Herodoti historiarum liber I., cum interpretatione et notis Isaaci Casauboni.

Copié en 1601 par Isaac Casaubon. Pap. 139 fol. (Dupuy.-Reg. 6673.) *P.*

* [Latin 7651.] Glossarium latino-græcum.

IX s. Parch. 219 fol. (Dupuy.-Reg. 5479.) *M.*

* [Latin 7652.] Glossarium latino-græcum. (Copie du précédent.)

XVI s. Pap. 360 pages. (Colbert. 1224.) *M.*

* [Latin 7653.] « Glossarius latino-græcus, cum vetustiss. codice ms. S. Germani Parisiensis collatus. » (Autre copie.)

XVI s. Pap. 153 pages. (Reg. 2752, 5.) *M.*

* [Latin 7654.] « De grammatica græca pauca » (1); — Lexicon latino-græcum (25).

XVII s. Pap. 172 fol. (Delamare.-Reg. 2837, 2.) *M.*

* [Latin 7683.] « Claudii Salmasii glossæ latino-græcæ » et « excerpta ex veteribus glossis ».

XVII s. Pap. 47 fol. (Delamare.-Reg. 6116, 4.) *P.*

* [Latin 8181.] Aristophanis Equites, cum versione et notis Isaaci Casauboni, 1602.

XVII s. Pap. 118 fol. (Dupuy.-Reg. 6553.) P.

* [Latin 8232.] Arati phænomena.

Copié en 1488 par Jean Rhosos. Parch. Fol. 91-130. (Dupuy.-Reg. 6150.) P.

* [Latin 8451.] Aristophanis Equites, cum interpretatione et notis Isaaci Casauboni (4); — « In Anthologiam Is. Casauboni notæ, 1602. » (137). — Cf. ms. lat. 8452.

Copié en 1602 par Isaac Casaubon. Pap. 241 fol. (Dupuy.-Reg. 6674.) P.

* [Latin 8709.] Cl. Salmasii excerpta varia, de mensuris et ponderibus, chronologica, grammatica, arithmetica, etc., e codd. mss. Bibliothecæ Regiæ; præmittitur index.

XVII s. (Copié par Cl. Saumaise.) Pap. 145 fol. (Delamare.-Reg. 5174, b. b.) M.

* [Latin 8789.] Scholia in Constantini Harmenopuli promptuarium juris civilis.

Copié en 1602. Pap. Fol. 240-281. (Dupuy.-Reg. 6548.) P.

* [Latin 11358.] « Poetici conatus Joh. Rodolphi Wetstenii Basiliensis, » 1662-1675. (gr.-lat.).

XVII s. Pap. 207 fol. (Suppl. latin. 1320.) P.

* [Latin 16707.] Phocylidis carmina (gr.-lat.).

XV s. (Copié par Georges Hermonyme.) Parch. 21 fol. (Sorbonne.) P.

* [Français 1315.] Geoponicorum, jussu Constantini Porphyrogeniti collectorum, libb. XX. index (28); — præmittitur versio gallica (1).

XVI s. Pap. 47 fol. (Reg. 7473.) M.

* [Collection Dupuy, 284.] « Variæ lectiones in IIII. Evangelistas et Acta apostolorum, ex vetustissimo codice Cantabrigiensi » [cod. Bezæ], a Pa. Junio descriptæ, 1624.

XVII s. Pap. 23 fol. M.

* [Collection Dupuy, 902.] Epicteti manuale.

XVI s. Pap. 39 fol. P.

* [Albanais, 1.] Lexique grec-moderne-albanais, copié par Marc Botzaris, 1809. (25); — Grammaire et vocabulaire

grec-moderne-albanais (137); — « De la langue albanaise ou schype » (227); — « Vocabulaire français-schype » (230).

XIX s. Pap. Pages 25-244. (Pouqueville.-Anc. Suppl. grec, 251.) P.

* [Arménien, 9.] Actus apostolorum, Epistolæ catholicæ, Pauli epistolæ et Apocalypsis; initio et fine mutila (gr.-armen.).

XII s. Parch. 323 fol. (Bigot.-De Mesmes.-Reg. 2247, 2.) M.

* [*Imprimés*, Réserve, Inv. *E, 3.] S. Basilii scholia in Aristotelis ethica ad Nicomachum [in marginibus ed. Venet. 1498, fol.].

XVI s. (Copié par Constantin Palæocappa.) Pap. 93 fol. Peint. (Colbert. 1955.) M.

* [*Imprimés*, Réserve, J. 185.] Dionysii Halicarnassei de Thucydidis historia judicium. (Venetiis, Aldus, 1559, in-4°; fol. 1-16 impressa.)

XVI s. Pap. 40 fol. P.

* [*Imprimés*, Réserve, Te. 138, 27.] Orphei carmen de lapidibus, cum scholiis, præmittitur Demetrii Moschi argumentum (1 v°); — Anonymi opusculum de plantis: Τοὺς πυρέσσοντας τὸ χαμαίμηλον... (21); — Neophyti, monachi Prodomici, tractatus de plantis ad curandos morbos idoneis, alphabet. (25); — Galeni lexicon botanicum (31 v°); — Περσικά. Κακούλι, τὸ κάγχρυον... (35 v°); — Ἀντιβαλλόμενα. Ἐν Ἀλεξανδρείᾳ φησίν... Ἀντὶ ἀκανθίου... (36); — De ponderibus et mensuris (41); — Cleopatræ excerpta de eodem, etc. (41 v°); — Dioscoridis fragmentum de mensuris et ponderibus (44 v°).

XV s. Pap. 45 fol. (Fontebl.) M.

* [*Imprimés*, Réserve, Y. 503.] Anthologia epigrammatum (Florentiæ, 1494, in-4°), cum scholiis mss. Arsenii, Monembasiæ archiepiscopi, et Joannis Francisci Asulani.

XV-XVI s. Pap. vi fol. et 544 pages. (Fontebl.-Reg. 3343.) P.

INVENTAIRE SOMMAIRE

DES MANUSCRITS GRECS

DES

BIBLIOTHÈQUES DE PARIS

BIBLIOTHÈQUES DE PARIS

1. Bibliothèque Mazarine. . . . . 21 mss.
2. — de l'Arsenal. . . . . 17 —
3. — de Sainte-Geneviève. . . . . . 12 —
4. — de l'Institut. . . . . 2 —
5. — de l'Université. . . . . 4 —
6. — de la Faculté de médecine. . . . . 3 —
7. — de l'École des langues orientales. . . . 5 —
8. — de l'Imprimerie nationale. . . . . . 1 —
9. Archives nationales. . . . . 12 —
10. Musée du Louvre. . . . . 1 —

                                                                               78 mss.

MANUSCRITS GRECS
DES
BIBLIOTHÈQUES DE PARIS

AUTRES QUE LA BIBLIOTHÈQUE NATIONALE[1]

BIBLIOTHÈQUE MAZARINE

1 [208]. Epistolæ et Evangelia (gr. et lat. litt.) pro festis nativitatis Christi, Dedicationis ecclesiæ, Paschatis, Pentecostis et S. Dionysii.

XV s. (Copié par Georges Hermonyme.) Parch. 24 feuillets. (Abbaye de S.-Denis.) *M.*

2 [588]. S. Cyrilli [Georgii Pisidæ] opus sex dierum.

XVI s. (Copié par Ange Vergèce.) Pap. 75 pages. *P.*

3 [611]. Synesii Cyrenæi calvitii laus (1), — Dio (35), — Aegyptius, sive de providentia libri II. (76), — de dono astrolabii, ad Pæonium (134), — de insomniis (143), — de regno (179), — epistolæ (223), — homilia I. (381), — homilia II. in pervigilio natalis Domini (382), — constitutio, sive elogium Anysii (383); — Amasidis ad Polycratem epistola [Herodot., III, 40.] (384); — Lysidis Pythagorici epistola ad Hipparchum (385).

XIV s. Bombyc. 386 pages. (Institution de l'Oratoire.) *P.*

4 [611 A]. Epistolæ Phalaridis (1), — Bruti (41), — Apollonii (51 v°), — Pythagoræ ad Hieronem una (63 v°), — Ana-

---

[1]. Le numéro mis entre crochets est la cote réelle du manuscrit dans chacune des bibliothèques qui suivent.

charsidis (64), — Aeschinis rhetoris (66 v°), — Chionis (75 v°), — Euripidis (86 v°), — Diogenis (90 v°), — Cratetis (97), — Lysidis ad Hipparchum una (99), — Melissæ una (100 v°), — Myiæ una (101), — Theanus (102), — Musonii ad Pancratidem una (105), — Platonis (108); — Platonis definitiones (146 v°); — De hoc quod dicitur, aut Plato Philonem sequitur aut Philo Platonem : Ὁ Θεὸς οὐ δικάσας... (149 v° et 189); — Epistolæ Heracliti (151), — Hippocratis (159 v°), — Dionysii sophistæ Antiocheni (176 v°); — Callinici Petræi in patria Romæ (183); — Adriani sophistæ declamationum fragmenta quatuor (183); — De Cleonne et Aristomene, ex Diodoro Siculo, VIII, 10-12. (186 v°); — Dionis Chrysostomi epistolæ (188 v°).

XVI s. Parch. 190 fol. (Institution de l'Oratoire.) P.

5 [725]. Missale, e liturgia S. Joannis Chrysostomi.

Copié en 1663 par Acacius, hiéromoine. Pap. 19 fol. (Séminaire de S.-Magloire.) P.

6 [727]. Liturgia S. Joannis Chrysostomi (gr.-lat.).

XV s. (Copié par Georges Hermonyme.) Parch. 72 fol. Peint. P.

7 [1228]. Aristotelis de anima libri III. (1); — Anonymi epilogus [prolegomena] in Aristotelis libros de anima : « Τῶν περὶ ψυχῆς... » (48 v°); — Themistii paraphrasis librorum Aristotelis de anima (52); — Cleomedis circularis doctrinæ de sublimibus libri II. (113); — Aristotelis de mundo (179); — Aristotelis de virtutibus et vitiis (192 v°); — Aristotelis definitio virtutum et vitiorum, ex Moralibus (196).

Copié en 1450 par Charitonyme Hermonyme. Pap. 200 fol. (Institution de l'Oratoire.) P.

8 [1231]. Aphthonii sophistæ progymnasmata (1); — Hermogenis ars rhetorica (31), — de inventione oratoria (84 v°), — de formis oratoriis (124 v°), — de eloquentia methodus (192 v°); — Theophrasti characteres I-XV. (201); — Isocratis adversus sophistas oratio (205); — Diogeniani vulgaria proverbia (209); — Posidippi et Metrodori epigrammata duo (221 v°); — Cassiæ præcepta moralia (222); — Diogenis responsa (222).

XV s. Pap. 222 fol. (Institution de l'Oratoire.) P.

9 [1232]. Plutarchi de virtute et vitio (1), — quomodo quis suos in virtute sentire possit profectus (5 v°), — de capienda ex inimicis utilitate (19), — de amicorum multitudine (28 v°), de his qui sero a numine puniuntur (35), — de fortuna (65), — de tuenda sanitate præcepta (69), — præcepta gerendæ reipublicæ (91), — de curiositate (132), — qua quis ratione se ipsum citra invidiam laudare possit (145), — de cohibenda ira (158), — de tranquillitate animi (176), — de vitioso pudore (197 v°), — de fraterno amore (212); — Libanii sophistæ ad Anatolium epistola DLI. (235).

XIV s. Bombyc. et pap. 236 fol. P.

10 [1233]. Epicteti manuale [cap. VI-LXXIX.] (1); — Simplicii commentarius in Epicteti manuale (20).

XVI s. Pap. 217 fol. (Institution de l'Oratoire.) P.

11 [1234]. Simplicii commentarius in Epicteti manuale.

XV-XVI s. (Copié par Georges Grégoropoulos.) Pap. 280 fol. (Institution de l'Oratoire.) M.

12 [1235]. Michaelis Apostolii proverbiorum centuriæ XXI. (1); — Pedanii Dioscoridis alexipharmaca et theriaca (104); — Xenophontis memorabilium libri IV. (146).

XV s. (Copié par Michel Apostolios et Bartolomeo Comparini.) Pap. 198 fol. (Institution de l'Oratoire.) P.

13 [1297]. Procopii Cæsariensis de bello Persico libri II. (1), — de bello Vandalico libri II. (95 v°), — de bello Gothico libri I. initium (172 v°).

XVI s. Pap. 172 fol. (Institution de l'Oratoire.) P.

14 [1298]. Athenagoræ Atheniensis apologia, vel legatio pro Christianis.

XVI s. Pap. 66 pages. (Institution de l'Oratoire.) P.

15 [1310]. Philonis Judæi vita Moysis.

XIII s. Bombyc. 34 fol. P.

16 [1387 c]. Missa in octava S. Dionysii Areopagitæ [p. 1-34 de l'édit. de 1777, in-12, avec musique notée].

XVIII s. Parch. 12 fol. (Abbaye de S.-Denys.) A.

17 [1388]. « Missa græco-latina pro octava sanctorum martyrum Dionysii Areopagitæ, Rustici et Eleutherii. »

XVIII s. Pap. 34 fol. (Abbaye de S.-Denys.) G.

18 [2077]. « Ἑλληνικά. Græcanica, hoc est ex variis authoribus græcis excerpta. »

XVII s. Pap. 435 fol. P.

19 [2148 A]. S. Athanasii expositio symboli et fidei (1 v°); — Josephi Bryennii de divina operatione et de lumine in monte Thabor (3 v°), — disputatio Deum esse simplicem et omnis compositionis expertem (5 v°), — de adversis et cur eveniant (7), — de processione Spiritus sancti (7 v°); — Marci Eugenici epistola ad Georgium Scholarium gratulatoria quod a Latinis desciverit (14), — professio fidei (15), — ad Latinos responsio de igne purgatorio (18), — epistola encyclica de synodo Florentina non suscipienda (23 v°); — Gennadii de igne purgatorio libri II. (27), — summaria responsio ad objectiones Latinorum circa purgatorium (52), — breve scriptum adversus Latinorum opinionem (60), — de angelis adversus sententiam Argyropuli (61); — Theophanis, Mediæ metropolitæ, quod anima non ab humano semine oritur sed a Deo ipso infunditur (64 v°); — Gennadii ad Theophanem epistola de anima rationali (70), — fragmentum e lib. I. de anima (82 v°), — homilia de sacramentali corpore Domini nostri Jesu Christi, cum latina interpretatione (86 et 98), — apologia pro Christianorum religione ad Mohammedem II. (108), — animadversiones ad Josephum monachum in librum Gemisti Plethonis (120 v°), — ad eumdem tractatus tertius de prædestinatione (131 v°); — Eclogæ e variis Gregorii Palamæ capitibus (141); — Gregorii Cyprii liber adversus Beccum, CP. patriarcham, quem in Latinorum castra transivisse criminatur (152); omnia e codd. Regiis 1327, 1292, 1294 et 364.

XVII s. (Copié par F. Combefis.) Pap. 152 fol. P.

20 [2374]. « Τοῦ μακαριωτάτου... Νεκταρίου πρὸς τὰς προσκομισθείσας θέσεις παρὰ τῶν ἐν Ἱεροσολύμοις φρατόρων διὰ Πέτρου τοῦ αὐτῶν μαΐστορος περὶ τῆς ἀρχῆς τοῦ πάπα ἀντίρρησις... » Copie de l'impr. à Jassy, 1682, in-fol.

XVIII s. Pap. xii-217 pages. P.

21 [2503]. « Platonis divini philosophi florilegium, Caroli de Henaut... opusculum, ... propria manu, anno 1712. » (1); — « Bibliotheca Attica polyanthea, sive pulchra quævis et selecta e græcorum libris, Caroli de Henaut... opusculum... ». (1).

Copié en 1712. Pap. 171, 172 et 166 fol. P.

BIBLIOTHÈQUE DE L'ARSENAL

22 [8400]. Octateuchus, Regum libri IV. et Paralipomen. libri II, cum scholiis.

XIV s. Bombyc. 339 fol. (Hurault.-Carmes.) M.

23 [8401]. S. Gregorii Nazianzeni opera omnia. Basileæ, J. Hervagius, [1550], in-fol., avec notes mss. datées de 1629.

Pap. M.

24 [8402]. Platonis omnia opera... Basileæ, J. Valderus, 1534, in-fol., avec notes mss.

Pap. (Abbaye de Royaumont.) M.

25 [8403]. Omnia Themistii opera... Alexandri Aphrodisiensis libri II. de anima et de fato I. Venetiis, Aldus, 1534, in-fol. — Jo. Grammatici Philoponi commentarius in lib. III. Aristotelis de anima... Venetiis, B. Zanettus, 1535, in-fol., avec notes mss.

Pap. (Sorbonne.) M.

26 [8404]. Oratorum veterum orationes... (S. l.), H. Stephanus, 1575, in-fol., avec notes mss.

Pap. (Grands-Augustins.) M.

27 [8405]. Euclidis elementorum liber I ... Basileæ, J. Hervagius, 1533, in-fol., avec notes mss.

Pap. (Collège de Louis-le-Grand.) M.

28 [8406]. Diophanti Alexandrini arithmeticorum libri VI. (1), — et de numeris polygonis lib. I. (280 v°).

XVI s. (Copié par Pierre Vergèce.) Pap. 313 pages. (Rohan-Soubise, 3703.) M.

29 [8407]. Psalterium (1); — Cantica et hymni (gr.-lat.)

(55 v°); — Orphei, Sibyllæ, Apollinis, Hesiodi, Mercurii Trismegisti testimonia et vaticinia de Christo (gr.-lat.).

IX s. (Copié par Sedulius Scotus.) Parch. 66 fol. (Abbaye de S.-Nicolas-des-Prés de Verdun, puis S.-Germain-des-Prés.) P.

30 [8408]. Theodori Mopsuesteni commentarius in XII. Prophetas minores.

XVIII s. (Copié par Antonine Senecas.) Pap. 217 fol. P.

31 [8409]. Evangelia IV.

XI s. Parch. 109 fol. (Séminaire de S.-Magloire.) P.

32 [8410]. Actus et Epistolæ apostolorum.

XII s. Parch. 189 fol. (Séminaire de S.-Magloire.) P.

33 [8411]. Plutarchi vitæ parallelæ... Venetiis, Aldus, 1519, in-fol., avec notes mss. de Jacques Amyot.

Pap. (Oratoire.) M.

34 [8412]. Homeri Ilias (I-VII, 37), ... cura Ob. Giphanii. Argentorati, Th. Rihelius, (s. d.), in-8, avec notes mss.

Pap. M.

35 [8413]. Georgii Gemisti Plethonis excerpta geographica.

XVI s. (Copié par Ange Vergèce.) Pap. 26 fol. Peint. (Augustins déchaussés.) P.

36 [8414]. Hymni in honorem beatæ Mariæ, alphabetice.

XV s. (Copié par Georges Hermonyme.) Pap. 19 fol. (Séminaire de S.-Magloire.) P.

37 [234]. S. Basilii epistolæ XXIII-CCCLX.

XI s. Parch. 276 fol. (Jésuites d'Anvers.) P.

38 [814]. « Aristotelis de virtutibus, nec non epistolæ Themistoclis et Platonis, Georgio Hermonymo Spartano interprete, » (gr.-lat.).

XV s. (Copié par Georges Hermonyme.) Parch. 23 fol. (Barnabites.) P.

BIBLIOTHÈQUE DE SAINTE-GENEVIÈVE

39 [Ao. 1, in-8]. « Horologium arabico-græcum ad usum Christianorum Armenorum. »
XVI s. Bombyc. 231 fol. P.

40 [Ao. 1 *bis*, in-8]. Odæ, stichera, troparia, etc. cum notis musicis; initio et fine mutila; præmittitur brevis tractatus de musica ecclesiastica (fol. 1-3).
XVII s. Pap. 443 fol. P.

41 [Ao. 2 et 2 *bis*, in-8]. Novi Testamenti libri omnes. E theatro Sheldoniano, 1675, in-8, avec notes mss. (2 vol.). — Pap. *M.*

42 [Ao. 2 *bis*, in-fol.]. Hieroclis de providentia (1); — Maximi Tyrii oratio quid Deus sit ex Platonis sententia (27), — an liceat eum ulcisci qui nobis injuriam intulerit (34), — quo discrimine adulator ab amico separetur (38 v°); — Origenis excerpta varia [ed. Paris., 1619, Philocaliæ cap. 25, 20, 22, 13-15 et 19.] (43); — Nemesii excerpta varia [ed. Oxon., 1671, cap. 39-41, 29-34, 42, 44, 35 et 38.] (131 v°).
XVI s. (Copié par Constantin Palæocappa.) Pap. v-170 fol. G.

43 [Ao. 7, in-fol.]. Polybii historiarum excerpta lib. VII-XIX. (1), — Περὶ Μηδίας [lib. X.] (142).
XVI s. Pap. 142 fol. *M.*

44 [Ao. 34, in-4]. Evangelia IV., cum synaxario.
Copié en 1283. Parch. 241 fol. Peint. P.

45 [Ao. 35, in-4]. S. Pauli epistolæ (1); — Epistolæ catholicæ VII. (110 v°).
XVI s. Parch. 132 fol. Peint. P.

46 [Ao. 36, in-4]. Euripidis Hecuba (4) — et Orestes (55 v°); — præmittitur Euripidis vita (1).
XIV s. Bombyc. 123 fol. P.

47 [Ao. 37, in-4]. Manuelis Phile poema de animalium proprietate.
Copié en 1566 par Ange Vergèce. Pap. 63 fol. Peint. P.

48 [E. 51, in-fol.]. Diplome de Parthenios, patriarche de CP., donnant pouvoir à Athanase Rhéteur de prêcher l'Évangile et d'administrer les sacrements dans le patriarchat de CP

1644. Parch. Bulle de plomb. Rouleau.

49 [Suppl. R. 710², in-4]. Theophili Corydallei commentarius in Aristotetis de anima libros III.

XVIII s. Pap. 460 pages. *P.*

50 [Suppl. R. 1. 268 *bis*, in-4]. « Patris Athanasii Rhetoris, Aristoteles suam de immortalitate animæ sententiam explicans, » gr.-lat.

Copié en 1641 par Athanase Rhéteur. Pap. 71 fol. *G.*

BIBLIOTHÈQUE DE L'INSTITUT DE FRANCE

51 [6, fol.]. Anastasii Nicæni [Sinaïtæ] quæstiones et responsiones de variis argumentis (1); — S. Gregorii Nysseni oratio catechetica magna (43); — ejusdem oratio in illud Pauli I. Cor., xv, 28 : « Quando sibi subjecerit omnia, » etc. (95 v°); — ejusdem oratio ad eos qui castigationes ægre ferunt (109 v°); — S. Joannis Chrysostomi homilia II. ad Antiochenos (117).

XVI s. Copié par André Darmarius. Pap. 132 fol. *M.*

52 [3, 4°]. Evangelium secundum Joannem.

XV s. (Copié par Georges Hermonyme.) Pap. 67 fol. (Ant. Moriau.) *P.*

BIBLIOTHÈQUE DE L'UNIVERSITÉ

53 [T. II. 23]. S. Cyrilli Alexandrini thesaurus de sancta et consubstantiali Trinitate (5); — Excerpta ex epistolis et operibus S. Cyrilli (127); — S. Athanasii Alexandrini de incarnatione Dei Verbi (186); — ejusdem epistolæ IV. ad Serapionem episcopum (204) ; — Liberii papæ ad S. Athanasium et S. Athanasii ad Liberium contra hæresim Apollinarii epistolæ (209) ; — S. Athanasii epistola ad Adelphium contra Arianos (209 v°); — ejusdem homilia in annunciationem Deiparæ (212); — ejusdem excerpta varia (216 v°); — Eclogæ ex operibus S. Basilii magni (220); — S. Gregorii Theologi excerpta (225); — S. Joannis Chrysostomi homilia de Spiritu sancto (228); — ejusdem excerpta (233 v°); — S. Maximi confessoris excerpta (236) ; — S. Justini martyris expositio orthodoxæ fidei (237 v°) ; — S. Basilii magni epistola LXIV. (242); — Theodori Grapti ex libro de inculpata Christianorum fide (244).

Copié en 1424 par Silvestre Syropoulos. Bombyc. 267 fol. *M.*

54 [T. IV. 15]. Octoechus. Venetiis, Chr. Zanettus, 1543, in-8, avec notes mss.

Pap. (Collège de Louis-le-Grand.) *M.*

55 [L. IV. 4]. Dionysii Periegetæ orbis descriptio. Parisiis, J. L. Tiletanus, 1538, in-8, cum interpretatione Jac. Tusani.

XVI s. Pap. (Collège de Laon.) *M.*

56 [L. IV. 6]. Euclidis optica. (S. l. n. d.), in-4°, cum notis mss.

XVI s. Pap. 48 pages. (Collège de Louis-le-Grand.) *M.*

BIBLIOTHÈQUE DE LA FACULTÉ DE MÉDECINE

57 [14]. Hippocratis lexicon (1) ; — Fragmentum de urinis (12); — Oribasii de ligamentis et machinamentis chirurgicis, ex Heraclide Ephesio [lib. XLVIII.] (18); — Rufi Ephesii de appellationibus partium corporis humani (58); — Anonymi versus : Ἦν Ἀσκληπιάδης πόλλων... (71) ; — Galeni commentarius in Hippocratis libros III. de humoribus, e cod. Coislin. 163. (73).

XVII s. Copié par P. Reneaulme. Pap. 252 pages. *M.*

58 [76]. Aetii Amideni rerum medicinalium libri IX-XVI.

(1); — Anonymi synopsis de pulsibus (603); — Excerpta ex Africano de ponderibus et mensuris (609).

XVI-XVII s. Pap. 612 fol. *M.*

59 [145]. Oribasii ad Eustathium filium synopseos medicæ libri IX., e cod. Paris. 2188.

Copié en 1841-1842. Pap. 786 fol. *P.* [1].

BIBLIOTHÈQUE DE L'ÉCOLE DES LANGUES ORIENTALES VIVANTES

60 [Q. III, 53]. Ἰάκωβος Ῥίζος Νερουλός, Κορακιστικὰ, ἡ διόρθωσις τῆς Ῥωμαίκης γλώσσης, κομῳδία εἰς τρεῖς πράξεις διῃρημένη.

XIX s. Pap. 47 fol. *P.*

61 [Q. IV, 52]. Ποιήματα Ἰακώβου Ῥίζου τοῦ Ῥαγκαβῆ. — Ἐρωτικά (1), — Βακχικά (57), — Ποιήματα διάφορα (78), — Πατριωτικά (123), — Καταδίκη Φθόνου καὶ Ἔριδος, δρᾶμα εἰς τρεῖς πράξεις (145). — A la suite, autre copie de cette dernière pièce.

XIX s. Pap. 209 et 46 pages. *P.*

62 [Q. V, 59]. « Dictionnaire grec moderne-français, par F.-D. Dehèque. Paris, 1825, » in-16. (Exemplaire interfolié avec additions mss.) — On a relié au commencement et à la fin deux lettres de C.-B. Hase, 21 juill., 24 oct. 1824.

XIX s. Pap. 682 et κγ′ pages. *P.*

63-64. C.-B. Hase, lexicon vocum Platonicarum.

XIX s. Pap. 2 liasses. *P.*

BIBLIOTHÈQUE DE L'IMPRIMERIE NATIONALE

65 [In-8, 498]. Aristotelis Politicorum libri VIII.

XVI s. (Copié par Ange Vergèce.) Parch. 331 fol. *P.*

---

1. La bibliothèque de la Faculté de médecine de Paris, possède aussi, sous le n° 283, deux cartons de papiers scientifiques et littéraires du Dr Charles Daremberg († 1872), pour lequel la copie du manuscrit 145 a été exécutée.

ARCHIVES NATIONALES

66 (K. 17, n° 6). Lettre d'un empereur de Constantinople adressée à un roi carolingien [Montfaucon, *Pal. gr.*, p. 266; J. Tardif, *Monuments historiques*, p. 75. — Un calque dans les papiers de Montfaucon, Bibl. nat., ms. lat. 11909, fol. 169-170.]
   VIII s. (?) Papyrus. 1^m,50 sur 0^m,33.

67 (AB. xix, 137). Leviticon, sive rituale Templariorum (3); — Joannis evangelium [*Bull. Soc. hist. Paris*, 1885, p. 38] (25).
   XVIII s. Parch. 58 pages. G.

68-77 (M. 829-838). Papiers du Père François Combefis. Copies de textes grecs, la plupart tirées de mss. de la Bibliothèque du roi, traductions, notes et extraits divers.

68 (M. 829). Psellus, Léon Diacre, S. Maxime, Syméon Magister, S. Jean Damascène, etc. « Patriarchi CP. latini ritus. »

69 (M. 830). Constantin Porphyrogénète, Michel Glycas, Jean le Lecteur, Léon Diacre. Notes sur les Conciles. Ordo thronorum.

70 (M. 831). « Scriptores ordinis Prædicatorum; » cahier in-4°, autographe, contenant la copie des premières pages de l'ouvrage du P. Quetif. — Vies de Saints. Eusèbe, Exposition sur le Cantique des Cantiques, traduction. Ordo thronorum.

71 (M. 832). Différents traités de Jean Damascène. Notes sur divers chroniqueurs byzantins. Opuscules de S. Justin. Traduction de S. Nicéphore de CP. Opuscules de S. Grégoire de Néocæsarée, Jean, prêtre, S. Grégoire de Nysse, Tatien, Jacques, moine, Euloge d'Alexandrie, Germain, patriarche de CP., S. Cyrille de Jérusalem, Léon le Sage, et extraits du recueil de Legationibus.

72 (M. 833). S. Jean Damascène, S. Basile de Césarée. « Annales Arsacidarum. » Vies de Saints.

73 (M. 834). S. Maxime. Extraits divers. Notes du P. Michel Lequien.

74 (M. 835). « Réformation de l'église anglicane. » — « Mémoire sur la confirmation et l'ordination de l'église anglicane. » — Copies, notes et extraits de S. Jean Damascène.

75 (M. 836). S. Basile, lettres. Germain, patriarche de CP. Lexique grec-hébreu.

76 (M. 837). S. Jean Damascène. Amphilochius.

77 (M. 838). Symeon Magister, S. Athanase, Nicolas Cabasilas, Grégoire Palamas, S. Jean Chrysostome, S. Basile de Séleucie, etc.

XVII s. Papier. Liasses non classées.

MUSÉE DU LOUVRE

78 [Ivoires, A, 53]. S. Dionysii Areopagitæ de cælesti hierarchia (7), — de divinis nominibus (55 v°), — de ecclesiastica hierarchia (174), — de mystica theologia (205), — epistolæ (212), cum scholiis; — accedit Manuelis Chrysoloræ nota a. 1408. (237).

XIV s. Parch. 237 fol. Peint. Rel. ivoire. (Abbaye de S.-Denys.) *M.* [1].

---

[1]. On conserve au Musée du Louvre un certain nombre de papyrus grecs, de tessères et de tablettes; le texte d'une partie de ces documents a été publié par Letronne et Brunet de Presle, *Les papyrus grecs du Musée du Louvre et de la Bibliothèque impériale*, Paris, 1866, in-4° (*Notices et extraits des mss.*, t. XVIII, II° partie). Plusieurs de ceux qui ont été acquis depuis ont fait l'objet de différentes notices de MM. E. Egger et W. Frœhner dans la *Revue archéologique*, de M. E. Revillout dans la *Revue égyptologique* et l'*Annuaire des études grecques*, de M. U. Wilcken dans les *Sitzungsberichte* de l'Académie de Berlin, de M. Ch. Wessely dans les *Denkschriften* de l'Académie de Vienne, etc.

INVENTAIRE SOMMAIRE

DES MANUSCRITS GRECS

DES

BIBLIOTHÈQUES DES DÉPARTEMENTS

BIBLIOTHÈQUES DES DÉPARTEMENTS

Agen.	1 mss.	Report. . . .	58 mss.
Albi.	1 —	Mâcon (Académie). . .	1 —
Amiens.	1 —	Marseille.	3 —
Arras.	1 —	Montpellier.	15 —
Bayeux.	1 —	Narbonne.	1 —
Besançon.	17 —	Orléans.	1 —
Bordeaux.	1 —	Perpignan.	1 —
Bourges.	1 —	Poitiers.	3 —
Caen.	10 —	Reims.	2 —
Carpentras. . . .	3 —	Rennes.	2 —
Chartres.	4 —	Rouen.	2 —
Épernay.	1 —	Saint-Mihiel. . . .	1 —
Évreux.	6 —	Toulouse.	1 —
Laon.	1 —	Tours.	1 —
Lille.	1 —	Troyes.	1 —
Lyon.	8 —	Vitry-le-François. . .	3 —
A reporter. . .	58 mss.		96 mss.

MANUSCRITS GRECS

DES

BIBLIOTHÈQUES DES DÉPARTEMENTS[1]

BIBLIOTHÈQUE D'AGEN

1 [20]. Homeri batrachomyomachia (3) ; — [Theodori Prodromi] galeomyomachia (20) ; — Dionysii Catonis disticha moralia, a Maximo Planude græce versa (43) ; — Pythagoræ aurea carmina (68) ; — Phocylidis sententiæ (73) ; — Solonis philosophi fragmenta (85 v°) ; — Aristophanis Plutus, et vita (93) ; — Euripidis Hecuba, et vita (164) ; — Anonymi opusculum de affectionibus vocabulorum, tropis, dialectis, etc. : Εἰσὶ δὲ καί τινα πάθη... (238) ; — Anonymi tractatus de syntaxi : Ἰστέον δὲ ὅτι ὀκτώ εἰσι... (246 v°).

XVI s. Pap. 252 fol. (Jésuites d'Agen.) *P.*

BIBLIOTHÈQUE D'ALBI

2 [71]. Theodori Gazæ grammaticæ introductionis liber I.

XV s. (Copié par Georges Hermonyme.) Pap. 63 fol. (Chapitre de la Cathédrale d'Albi.) *P.*

---

1. Le numéro mis entre crochets est la cote réelle du manuscrit dans chacune des bibliothèques qui suivent.

BIBLIOTHÈQUE D'AMIENS

3 [109]. Anonymi lexicon Novi Testamenti : « Ἄνδρα, virum, accus. 5 decl... »

XVII s. Pap. 295 fol. (Abbaye de S.-Martin-aux-Jumeaux.) P.

BIBLIOTHÈQUE D'ARRAS

4 [970]. Evangelia IV. (5), — cum duplici synaxario (1 et 228).

Copié en 1360 par Jean (?). Pap. 241 fol. (Abbaye de S.-Vaast d'Arras.) P.

BIBLIOTHÈQUE DE BAYEUX

5 [Titres, 8]. Acte d'union des églises grecque et romaine au concile de Florence, 1439. (gr.-lat.) Expédition faite pour Zanon de Castillon, évêque de Bayeux.

XV s. Parch. 520 sur 640^{mm}. (Cathédrale de Bayeux.)

BIBLIOTHÈQUE DE BESANÇON

6 [1]. Diodori Siculi bibliothecæ historicæ libri XI-XV.

XVI s. Pap. 272 fol. (Granvelle.-Abbaye de S.-Vincent de Besançon.) M.

7 [2]. Dionis Cassii historiæ romanæ epitome, auctore Xiphilino.

XVI s. Copié par Jean..... Pap. 201 fol. (Granvelle.-Abbaye de S.-Vincent de Besançon.) M.

8 [3]. Dionis Cassii historiarum romanarum quæ supersunt.

XVI s. Pap. 193 fol. (Granvelle.-Abbaye de S.-Vincent de Besançon.) M.

9 [4]. Polybii historiarum librorum VII-XVIII. reliquiæ.

XVI s. Pap. 167 fol. (Granvelle.-Abbaye de S.-Vincent de Besançon.) M.

10 [5]. Jamblichi Chalcidensis de secta Pythagorica libri IV.

Copié en 1548 par Jean Mavromate. Pap. 190 fol. (Granvelle.-Abbaye de S.-Vincent de Besançon.) *M.*

11 [6]. Procli Diadochi in primum Platonis Alcibiadem commentarius.

XVI s. Pap. 123 fol. (Granvelle.-Abbaye de S.-Vincent de Besançon.) *M.*

12 [7]. Theophrasti liber de sensu (1); — Eutecnii sophistæ paraphrasis in Oppiani ixeutica (24).

XVI s. Pap. 46 fol. (Granvelle.-Abbaye de S.-Vincent de Besançon.) *M.*

13 [8]. Sexti Empirici Pyrrhonianarum hypotyposeon libri III. (1); — Hermetis Trismegisti Pœmander (101); — Justini philosophi et martyris confutatio quorumdam dogmatum Aristotelis (135); — Eunomii impii apologia quam confutavit Basilius magnus (141); — Hermiæ philosophi irrisio gentilium philosophorum (151 v°); — SS. Basilii et Gregorii Theologi dialogus (154 v°); — Theophylacti Simocattæ dialogus problemata physica eorumque solutiones complexus (156).

XVI s. Pap. 164 fol. (Granvelle.-Abbaye de S.-Vincent de Besançon.) *M.*

14 [9]. Sexti Empirici adversus mathematicos et philosophos libri XI.

XVI s. Pap. 323 fol. (Granvelle.-Abbaye de S.-Vincent de Besançon.) *M.*

15 [10]. Polyæni stratagematum libri VIII.

XVI s. Pap. 138 fol. (Granvelle.-Abbaye de S.-Vincent de Besançon.) *M.*

16 [11]. Ptolemæi magnæ constructionis liber I.

XVI s. Pap. 342 fol. (Granvelle.-Abbaye de S.-Vincent de Besançon.) *M.*

17 [12]. Epicteti manuale.

XVI s. Pap. 32 fol. (Abbaye de S.-Vincent de Besançon.) *P.*

18 [161]. S. Cyrilli Alexandrini de adoratione et cultu in spiritu et veritate libri XVII.

XVI s. Pap. 325 fol. (Granvelle.-Abbaye de S.-Vincent de Besançon.) *M.*

19 [162]. Theodoreti Cyrensis interpretatio in XIV. epistolas Pauli.

XVI s. Pap. 262 fol. (Granvelle.-Abbaye de S.-Vincent de Besançon.) *M.*

20 [45]. Liturgia SS. Basilii, Gregorii Nazianzeni et Joannis Chrysostomi græco-arabica [in usum Melchitarum].

XVII s. Pap. 201 fol. (Abbaye de S.-Vincent de Besançon.) *P.*

21 [41]. Praxapostolus, cum notis musicis.

XIII s. Parch. 141 fol. (Granvelle.-Abbaye de S.-Vincent de Besançon.) P.

22 [44]. Evangeliarium, cum notis musicis.

XI s. Parch. 210 fol. (Granvelle.-Abbaye de S.-Vincent de Besançon.) P.

BIBLIOTHÈQUE DE BORDEAUX

23 (2386). Gelasii Cyziceni actorum concilii Nicæni commentarius, libris III. (1); — S. Athanasii epistola de Dionysio Alexandrino, de eo quod cum Ario non senserit (85); — ejusdem epistola encyclica contra Arianos ad episcopos Ægypti et Libyæ (99 v°).

XVI s. Pap. 116 fol. (Arnauld de Pontac.) M.

BIBLIOTHÈQUE DE BOURGES

24 [322]. Anonymi progymnasmata : Ἀλέξανδρος ὁ Μακεδών..., etc., éd. E. Cougny, *Premiers exercices oratoires*, Paris, 1863, in-8. (1); — Hermogenis progymnasmata (12 v°).

XV s. Pap. 18 fol. M.

BIBLIOTHÈQUE DE CAEN

25 [298]. Anonymi poema de Sodomorum incendio : Μῆνιν ἐγὼ ὑψιβρεμέτου... (gr.-lat.)

XVII s. Pap. 17 fol. P.

26 [444]. Anonymi prooemium in Arati phænomena : Τὴν μὲν δεῖξιν... (1); — Vita Arati : Ἄρατος πατρὸς μέν ἐστι... (8); — Anonymi enarratio singularum cæli constellationum : Ἄρκτος ἡ μεγάλη... (9 v°). — Copie du ms. Barocci 119, fol. 113-130.

XVII s. Pap. 27 fol. (Université de Caen.) P.

27 [445]. Anonymi tractatus de accentibus [ex Herodiani prosodia] (1); — Theodosii (?) prologus in Herodiani prosodiam (7 v°); — Herodiani prosodia, in epitomen redacta a Theodosio (9).— Copie du ms. Barocci, 179.

XVII s. Pap. 75 fol. (Université de Caen.) P.

28 [446]. Nicetæ Chalcopratensis fragmenta de re grammatica (1); — ejusdem regulæ de orthographia (3); — Georgii Chœrobosci fragmentum de figuris poeticis (9); — Vocum aliquot explicatio, ex Psello (14); — Constantini Harmenopuli lexici excerptum (20); — Glossarii fragmentum : Ἄγρωστις, βοτάνη τις... (25); — Lexicon vocum latinarum (33); — Georgii Chœrobosci orthographia in epitomen, alphabet. (35); — Anonymi tractatus de quantitate : Τὸ θήρ ὀνοματικόν... (50); — Anonymi regulæ de orthographia : Σμήγω τὸ καθαίρω... (53); — Epimerismi : Οἱ Ἴωνες ἡνίκα ὕφεσιν... (54); — Eclogæ e scriptoribus sacris et profanis collectæ : Ἀχώρ, τὸ πιτυρῶδες... (57); — Porphyrii interpretatio περὶ τοῦ Κνάξ. ζβί. χθύ. πτίς. φλεγμῶ. δρόψ. (66); — Timothei grammatici Gazæ fragmentum de quadrupedibus (67); — Excerpta varia de re grammatica : Ὁ ἀλὲφ ἑρμηνεύεται μάθησις... (67); — Variæ lectiones ad Hephæstionis enchiridion, e cod. Barocci 165. (81); — Excerpta alia, inter quæ nomina magnorum fluviorum et S. Joannis Damasceni fragmentum de mensibus Romanis (90); — Porphyrii de prosodia libellus (97); — Georgii Chœrobosci excerptum de prosodia (109); — Diomedis scholastici commentarius in Dionysii Thracis artem grammaticam (111); — Scholia [Theodosii in Dionysii Thracis artem grammaticam] (125); — Vita Dionysii Thracis (125); — ejusdem et Georgii Chœrobosci fragmenta (129). — Copie des mss. Barocci 68, 64, 50, 165 et 116.

XVII s. Pap. 134 pages. (Université de Caen.) P.

29 [447]. Theodoriti grammatici liber de spiritibus (1); — Tryphonis excerpta, de significatione τοῦ ὡς (18); — Περὶ γεωγραφικοῦ πίνακος. Ὁ τῆς οἰκουμένης πίναξ... (24). — Copie du ms. Barocci 68, fol. 39 et 123.

XVII s. Pap. 27 fol. (Université de Caen.) P.

30 [448]. Herodiani excerpta de re grammatica. — Copie du ms. Barocci 119, fol. 87-94.

XVII s. Pap. 19 pages. (Université de Caen.) P.

31 [449]. Epitome de hæresibus, e S. Epiphanio (1); — Tryphonis libellus de passionibus dictionum et tropis (4); — Excerpta varia grammatica, e codd. Baroccianis (7 et 27); — Herodiani tractatus de numerorum notis apud veteres (23); — ejusdem fragmentum de accentibus adverbiorum, etc. (33); — De mensibus Ægyptiorum dodecastichon : Σεπτέβριος. Πρῶτος Θώθ ἐδάη... (38) ; — Nomina mensium Romanorum, Ægyptiorum, Macedonum, Cappadocum, Græcorum, Hebræorum, Bithynorum et Cypriorum (38). — Copie des mss. Barocci 76, 84, 125, 68.

XVII s. Pap. 39 pages. (Université de Caen.) P.

32 [450]. Theognosti grammatici canones orthographiæ. — Copie du ms. Barocci 50, fol. 1-107.

XVII s. Pap. 55 fol. (Université de Caen.) P.

33 [451]. Scholia in Aristophanis Lysistratam. — Copie du ms. Barocci 38, fol. 63-84 v°.

XVII s. Pap. 21 fol. (Université de Caen.) P.

34 [452]. « Petri Cortonæi Utinensis varia carmina græca. Venetiis, Jo. Gryphius, 1555. » — Copie de l'imprimé.

XVII s. Pap. 46 fol. (Université de Caen.) P.

BIBLIOTHÈQUE DE CARPENTRAS

35 [11]. Evangeliarium.

IX s. Parch. 277 fol. Onciale. (Peiresc.) M.

36 [75]. Rituale monasticon.

Copié en 1574. Pap. 115 fol. P.

37 [120]. Jesu Christi epistola (1); — Vita S. Euphrosyn magiri (20); — Anonymi narratio ascetica : Διηγήσατό τις γέρων ὅτι ἱσταμένου... (38) ; — Ἀκολουθία εἰς ψυχορραγοῦντα (43); —

Miracula S. Demetrii (71); — Miracula S. Nicolai (113); — Miracula S. Georgii (183); — Narratio S. Macarii Ægyptii (239).

XVI s. Pap. 266 pages. P.

BIBLIOTHÈQUE DE CHARTRES

38 [Durand, 827]. Ὁδηγὸς τῶν ζωγράφων, ὡς πρὸς τὴν ἐκκλησιαστικὴν τάξιν ξυνέγραψε Διονύσιος ἱερομόναχος ὁ ἐκ Φουρνᾶ τῶν Ἀγράφων, κατὰ τὸ ͵αυνη΄. Κωνσταντῖνος Σιμωνίδης εὗρεν εἰς Ἄθων ὄρος, κατὰ τὸ ͵αωμ΄, μαρτίου ιε΄, καὶ ἀντέγραψε...

Copié en 1840 par Constantin Simonides. Pap. 268 fol. P.

39 [Durand, 828]. Ἑρμηνεία τῆς ζωγραφικῆς. Copie de l'ouvrage de Denys τῶν Ἀγράφων.

XIX s. (Copié par Paul Durand.) Pap. 409 pages. P.

40-41 [Durand, 825-826]. Fragmenta variorum codicum mss. palimpsesta, e laura S. Athanasii in Monte Atho, a P. Durand collecta.

Vol. I, art. 1-12. — 1 (fol. 1-8) et 8 (fol. 1-16) ex eodem codice quo Bibl. nat. cod. Suppl. gr. 480, dicta SS. PP. continens : S. Joannis Chrysostomi homilia in novam Dominicam (6); — pars vitæ S. Pachomii (9); — pars vitæ S. Thomæ (16). — 2 (fol. 1-8). Matthæi evangelium, III-XIII. et series nominum Mitylinæorum (s. XVI). — 3-4 (fol. 1-16). S. Joannis Chrysostomi homilia in sanctum Pascha. — 5 (fol. 1-2). S. Joannis Chrysostomi homilia in annunciationem Deiparæ. — 6 (fol. 1). Pauli ep. II. Corinth., VIII, 13-IX, 4. — 9 (fol. 1). Lucæ evangelium, VI, 11-22. — 10-11 (fol. 41-48 et fol. 1-6). Octoechi et Sticherarii fragmenta, cum notis musicis. — 12 (fol. 1-3). Versus morales anonymi.

Vol. II, art. 1-9. — 1 (fol. 1-14) et 5 (fol. 1-6). Octoechi fragmenta, cum notis musicis. — 2 (fol. 1-9). Evangeliorum fragmenta palimps. et preces aliquot, S. Ephræmi una. — 3 (fol. 1-3). Lectionarii Evangeliorum fragmenta, unc. — 4 (fol. 1-4). Psalmi LXIII, 1-LXVII, 7. — 6 (fol. 1-6); vol. I, 7 (fol. 7-14); 4 (fol. 15). Fragmenta dialectica et ascetica. — 7 (fol. 16-21). S. Anastasii Sinaïtæ quæstiones 195-203. — 8 (fol. 1) et 9 (fol. 1-4). Fragmenta theologica, unc. et minusc.

IX-XV s. Pârch. et pap. 62 et 69 fol. Palimps. Onc. P. et M.

BIBLIOTHÈQUE D'ÉPERNAY

42 [3]. Psalterium Davidis (1); — Officium beatæ Mariæ (1); — Catechismus fidei Christianæ (161).

XVII s. Pap. 348 et 220 pages. P.

BIBLIOTHÈQUE D'ÉVREUX

43 [1]. S. Hippolyti demonstratio de Christo et Antichristo (152); — S. Anastasii Sinaïtæ quæstio xcvi. (170); — S. Gregorii Nazianzeni homilia de pauperibus caritate complectendis (176); — S. Basilii homilia adversus irascentes (220); — ejusdem homilia de invidia (230); — ejusdem homilia in illud Lucæ : Destruam horrea mea (238); — ejusdem homilia in illud : Attende tibi ipsi (247 v°); — ejusdem homilia in Christi nativitatem (258 v°); — ejusdem homilia ad baptismum hortatoria (268); — ejusdem homilia in reliqua Psalmi xiv. et contra fœneratorem (280 v°) ; — Methodus Paschatis inveniendi (295).

XV s. Bombyc. Fol. 152-296. (Duperron.-Abbaye de S.-Taurin d'Évreux.) P.

44 [2]. S. Cyrilli Alexandrini in Joannem commentarii libb. XI-XII. fragmenta (1); — ejusdem contra Julianum libri VI. fragmenta (17); — ejusdem anathematismus xi. (21).

XVII s. Pap. 24 fol. (Duperron.-Abbaye de S.-Taurin d'Evreux.) P.

45 [3]. Joannis Euchaïtensis oratio in tres hierarchas SS. Basilium, Gregorium Nazianzenum et Joannem Chrysostomum (1); — Palladii diaconi de vita S. Joannis Chrysostomi dialogi excerptum (12 v°); — S. Joannis Chrysostomi epistolæ variæ cxii. (14); — S. Cyrilli Alexandrini epistola xxxvi., ad Acacium episcopum, de hirco emissario (156); — Nicolai Methonensis excerpta de S Spiritus processione (164); — ejusdem synopsis de eodem, ad Photium (169); — Philothei, CP. patriarchæ, oratio in tres hierarchas (174); — Theodori, Trimithuntis episcopi, homilia de vita et exilio S. Joannis Chrysostomi (196); — Vita S. Joannis Chrysostomi (211); — Synodus illegitima [ad Quercum] contra S. Joannem Chrysostomum [Photii Biblioth. cod. 59.] (302); — Innocentii I. papæ ad Arcadium imp. epistola de exilio S. Joannis Chrysostomi (304); — S. Cyrilli Alexandrini de adoratione et cultu in spiritu et veritate liber II. (308); — ejusdem glaphyrorum in Genesim liber I., fine mutilus (321).

XVII s. Pap. 327 fol. (Duperron.-Abbaye de S.-Taurin d'Évreux.) *M.*

46 [4]. S. Cyrilli Alexandrini commentarius in Joannis evangelium.

Copié en 1607 par Jean de Sainte-Maure. Pap. 1093 pages. (Duperron.-Abbaye de S.-Taurin d'Évreux.) *M.*

47 [5]. Acta concilii CP., sub Mena patriarcha, contra Severum, Zooram, Petrum et Anthimum (1); — Epigrammata duo in cardinalem Perronium (314).

XVII s. Pap. 314 pages. (Duperron.-Abbaye de S.-Taurin d'Évreux.) *M.*

BIBLIOTHÈQUE DE L'ÉVÊCHÉ

48 [*]. Gelasii Cyziceni historia concilii Nicæni (1); — Theodori Rhaïthuensis meditatio de incarnationis mysterio (41); — S. Anastasii Antiocheni de orthodoxa fide sermones V. (44); — Acta concilii Chalcedonensis (61); — De sanctis canonibus : Τὸ τῶν ἱερῶν καὶ θεῖον... (252).

XVI s. Pap. 318 fol. (Cardinal de Bourbon. — Abbaye de S.-Taurin d'Évreux.) *M.*

BIBLIOTHÈQUE DE LAON

49 [444]. Glossarium græco-latinum [*Notices et extraits des mss.* XXIX, II; et *Corpus glossariorum latinorum*, vol. II (1888)].

IX s. Parch. 318 fol. (Notre-Dame de Laon.) *M*.

BIBLIOTHÈQUE DE LILLE

50 [1]. Psalterium Davidis.

Copié en 1581. Pap. 249 fol. (Dominicains de Lille.) *P*.

BIBLIOTHÈQUE DE LYON

51 [51]. S. Basilii homiliæ XVII. in Psalmos (1), — in ebrietatem et luxum (130), — in illud Lucæ : Destruam horrea mea (137 v°), — de S. Spiritu (145 v°), — de fide sive trinitate (147 v°), — contra Sabellianos, Arium et Anomœos (150 v°), — encomium prædecessoris sui [Eusebii] (157 v°), — in Lucæ evangelium et in Annam (158 v°); — in illud Deuteronomii : Attende tibi ipsi (162), — quod Deus non est auctor malorum (170), — in principium Proverbiorum (179), — epistola LXI. fratribus et episcopis occidentalibus (192 v°), — de invidia (193 v°), — de ira (199 v°), — adhortatio de abdicando sæculo (206), — ex libro VIII. de pœnitentia (214), — in divites (215 v°), — tempore famis et siccitatis (224), — in XL. martyres (232 v°), — in Gordium martyrem (238 v°), — in Barlaamum Antiochenum (245), — in S. Mamantem (247), — in Christi nativitatem (251), — exhortatio ad baptismum (257), — homiliæ fragmentum (265).

XI s. Parch. 266 fol. (Jésuites de Lyon. *M*.

52 [52]. Θεοτοκία απολυτικά ψαλλόμενα εν όλω ενιαυτώ (1); — Michaelis␟Pselli iambi in virtutes et vitia (15); — De septem vitiis capitalibus (18); — Monitio ad novitium monachum : Ἀρχὴν ἀγαθήν... (20); — Isaaci abbatis sermo ad novitios monachos, ex interpretatione Dionysii Studitæ (24); — S. Basilii oratio de exercitatione monastica, quo se debeat pacto excolere et ornare monachus, ex Demetrii Studitæ interpretatione (28 v°); — ejusdem epistola prima de vita in solitudine degenda (45); — S. Maximi capita theologica centum, initio mutila (61); — ejusdem expositio fidei in epitome (96 v°); — Schema de sancta Trinitate (97 v°); — Interrogationes variæ : Πέσοντας διαβόλου πῶς γέγραπται... (98); — Excerpta e novo Paradiso (122); — SS. Basilii et Gregorii Nazianzeni dialogus (128); — SS. Epiphanii et Dionysii Alexandrini sententia de paradiso (131 v°); — Theodoreti, Cyri episcopi, Nemesii, etc., excerpta et interrogationes de rebus theologicis (134); — Nicephori monachi liber de custodia cordis (148); — Διδασκαλία Χριστιανική... ὑπὸ τὸν Π. Ἰάκωβον Λεδέσμαν. Venetiis, 1609, in-8°, *impr.* (168); — Ὀκτώηχος. Venetiis, 1516, in-8°, *impr.* (184).

XVI-XVII s. Bombyc. et pap. 215 fol. (Jésuites de Lyon.) P.

53 [53]. Octoechus (1); — Horologium (205).

XIV s. Parch. 237 fol. (Jésuites de Lyon.) P.

54 [54]. Preces variæ pro processione (1); — Canones in honorem beatæ Mariæ (12); — S. Joannis Chrysostomi preces in epitome (54); — Formulæ epistolarum patriarcharum, etc. (62).

XVI s. Pap. 104 fol. (Jésuites de Lyon.) P.

55 [316]. S. Gregorii Nazianzeni orationes, cum Nicetæ Heracleensis metropolitæ commentariis, in Pascha duæ (1), — in novam Dominicam (105 v°), — in Pentecosten (130), — in Macchabæos (169 v°), — in laudem Cypriani martyris (205), — in Julianum exæquatorem (228), — in Christi nativitatem (250 v°), — in laudem S. Basilii (280 v°), — in sanctum baptisma (371), — in sancta lumina (402), — ad S. Gregorium Nyssenum (469 v°), — in S. Athanasium (480 v°), — in præsentia CL. episcoporum (524 v°), — de pauperibus caritate complectendis (567), — in plagam grandinis (613 v°).

XVI s. Pap. 648 fol. (Jésuites de Lyon.) M.

56 [542]. Andreæ Cretensis oratio in S. Nicolaum Myrensem (1); — Leonis Sapientis imp. oratio de eodem (4); — Georgii Nicomediensis oratio in conceptionem ac nativitatem beatæ Mariæ (11 v°); — Basilii Seleuciensis [Georgii Nicomediensis] laudatio in conceptionem Sæ. Annæ (20 v°); — S. Joannis Chrysostomi homilia in Abrahamum et Josephum (29 v°); — ejusdem homilia in Abrahamum patriarcham (39); — ejusdem homilia de beato Philogonio (46); — S. Athanasii homilia in descriptionem beatæ Mariæ (55); — S. Joannis Chrysostomi homiliæ duæ in Christi nativitatem (60 v°); — S. Gregorii Nysseni homilia de eodem (76); — Leonis Sapientis imp. oratio de eodem (86); — S. Joannis Damasceni oratio de eodem (92); — S. Basilii Seleuciensis oratio in annunciationem beatæ Mariæ (102 v°); — S. Gregorii Nysseni oratio de deitate Filii et Spiritus sancti (114); — ejusdem oratio in S. Stephanum protomartyrem (122); — Leonis Sapientis imp. oratio de eodem (130); — S. Basilii Seleuciensis oratio de infantibus ab Herode occisis (136 v°); — S. Joannis Chrysostomi homilia in sanctum baptisma (141); — ejusdem homiliæ duæ in sancta Theophania (148); — Procli, CP. patriarchæ, sermo de eodem (153); — S. Gregorii Antiocheni sermo de eodem (155); — Leonis Sapientis imp. oratio de eodem (158); — Theodori Daphnopatæ homilia in S. Joannis Baptistæ manum allatam Antiochia (159); — Cosmæ Vestitoris oratio de translatis S. Joannis Chrysostomi reliquiis (172); — Joannis, Euchaïtensis metropolitæ, oratio in tres hierarchas SS. Basilium, Gregorium Nazianzenum et Joannem Chrysostomum (179 v°); — S. Athanasii homilia in occursum Domini (192); — S. Cyrilli Hierosolymitani homilia de eodem (202 v°); — S. Amphilochii Iconiensis oratio III. de eodem (206); — S. Joannis Chrysostomi homilia de eodem (212); — Vita S. Alexii (216); — Germani, CP. patriarchæ, sermo in annunciationem beatæ Mariæ (226 v°); — S. Gregorii Neocæsariensis sermo II. de eodem (239); — Abrahami, Ephesini episcopi, homilia de eodem (246); — Andreæ Cretensis sermo de eodem (250 v°); — S. Joannis Chrysostomi homiliæ duæ de eodem (262 v°); — Theodori Quæstoris oratio in S. Georgium martyrem (272); — Andreæ Cretensis sermo de eodem

(275 v°); — Martyrium S. Georgii (289); — Vita S. Germani, CP. archiepiscopi (316 v°); — Vita SS. Constantini imp. et Helenæ, et inventio sanctæ crucis (332 v°); — Encomium S. Cyrilli, Alexandrini episcopi (368); — Vita S. Methodii, CP. patriarchæ, fine mutila (384 v°).

XII s. Parch. 385 fol. (Jésuites de Lyon.) *M.*

57 [1486]. Ciceronis dialogus de senectute, a Theodoro Gaza græce versus.

XV s. Pap. 41 pages. (Jésuites de Lyon.) *M.*

58 [1594]. Lexicon vocum usitatiss. gr.-russ. (1); — Joannicii et Sophronii Lichudarum grammaticæ libri III, gr.-russ. (1).

XVIII s. Pap. 8 et 124 fol. *P.*

BIBLIOTHÈQUE DE L'ACADÉMIE DE MACON

59 [*]. Βιργίλιος εἰς Ἑλλάδα φωνὴν κατὰ λέξιν τε καὶ διὰ στίχων ἡρωϊκῶν μεταπεφρασμένος ὑπὸ Ἰωάνν. B**, τοῦ πάρος ἐν Πεσσουλάνῳ διδασκάλου. — Bucolica (3); — Georgica (39); — Æneidos libri I-VI. (121); — Ἐπεισόδιον τὸ ἀπὸ τῆς Αἰνηΐδος, I, 176, Νῖσος καὶ Εὐρύαλος (308).

XIX s. Pap. 319 fol. *M.*

BIBLIOTHÈQUE DE MARSEILLE

60 [Aa. 1]. Thucydidis historiæ libri VIII. (6); — præmittitur Marcellini opusculum de vita Thucydidis (2).

XV s. Pap. 151 fol. (Chartreuse de Marseille.) *P.*

61 [Eb. 101]. Imitationis Jesu Christi libri IV.

XVII s. Pap. 190 pages. (Capucins de Tarascon.) *P.*

MUSÉE ARCHÉOLOGIQUE

62 [*]. Isocratis oratio II. ad Nicoclem, § 1-30.

IV s. (?) Papyrus. 8 fol. *P.*

BIBLIOTHÈQUE DE MONTPELLIER

(ÉCOLE DE MÉDECINE)

63 [73]. Leonis VI. imp. novellæ constitutiones cxii. (1); — Anonymi exercitatio de nudis pactis [*Jus gr.-rom.*, II, 192-202] (74 v°).

XV s. Pap. 81 fol. (Bouhier.) *M.*

64 [120]. Syriani Philoxeni commentarius in Aristotelis metaphysicorum libros II. (1); — ejusdem commentarius in ejusdem dubia circa mathemata et numeros in libb. XI. et XII. metaphysicorum (36 v°); — ejusdem fragmentum de providentia (118).

XV s. Parch. 119 fol. (Hurault.-Bouhier.) *M.*

65 [122]. S. Gregorii Nysseni liber de virginitate, initio mutilus (1); — ejusdem oratio quinta in Christi resurrectionem (35), — adversus Apollinarem, ad Theophilum, Alexandrinum episcopum (37 v°), — in ordinationem suam (42), — in Christi resurrectionem orationes duæ (47 v°), — oratio funebris in S. Meletium, Antiochiæ episcopum (75), — in laudem XL. martyrum orationes duæ (82), — encomium in S. Stephanum protomartyrem (94 v°), — oratio funebris in Placidam [Placillam] imperatricem (104 v°), — in Christi ascensionem (112 v°), — in Christi nativitatem (115), — in sancta lumina (128), — oratio II. de pauperibus carite complectendis (140), — vita et encomium S. Ephræmi Syri (150), — contra Manichæos (167), — in Salomonis Ecclesiasten homiliæ VIII. (169).

XVI s. Pap. 234 fol. (Bouhier.) *M.*

66 [123]. Constantini Lascaris epitome octo partium orationis (A); — Tryphonis opusculum de affectibus vocabulorum (68); — Anonymi opusculum de verbis anomalis, A-Δ : Ἄζω, ὅθεν ἀόριστος... (70 v°).

XVI s. Pap. 72 fol. (Bouhier.) *M.*

67 [124]. Athenæi liber de machinis bellicis (1); — Bitonis liber de constructione bellicarum machinarum et catapultarum (7 v°); — Suidæ excerptum : Ἐμβελές (9 v°).

XVI s. Pap. 9 fol. (Albani.) *M.*

68 [127]. Juliani imp. Misopogon (1); — Theophrasti characteres (19); — Themistii Basanistes, seu philosophus (33); — ejusdem oratio in patrem (46); — Juliani imp. oratio in Solem, ad Sallustium præfectum (50).

Copié en 1540 par Valeriano Albini. Pap. 64 fol. (Pelicier.-Jésuites de Montpellier.) *M.*

69 [143]. [Julii Pollucis] interpretamenta (1); — Anonymi glossarium græco-latinum : Ἄρξασθαι, Incipite... (29 v°). — Copie du ms. 306, fol. 139-222.

XVII s. Pap. 33 fol. (Bouhier.) *M.*

70 [306]. [Julii Pollucis] interpretamenta (139); — Anonymi glossarium græco-latinum : Ἄρξασθαι, Incipite... (213); — accedunt missa Paschatis, lat. litteris (138 v°), — et Symbolum fidei, duplex (211 v°).

IX s. Parch. Fol. 139-222. (Bouhier.) *P.*

71 [337]. Scholia in Aristophanis Plutum (1), — Nebulas (49), — Ranas (118); — Nicetæ Heracleensis catena in beatum Job, latine, initio mutila (2).

XVI s. Pap. 138 pages et 166 fol. (Pithou.-Oratoire de Troyes.) *P.*

72 [405]. Εὐαγγέλια τῶν ἁγίων παθῶν (1); — Θρῆνος τῆς ὑπὲρ ἁγίας Θεοτόκου, λεγωμένος τῇ ἁγίᾳ καὶ μεγάλῃ παρασκευῇ (44); — Ἐξήγησις περὶ τῆς ἐξορίας τοῦ Ἀδὰμ καὶ Εὔας καὶ περὶ τῆς ἑαυτῶν μεταστάσεως. Αὕτη ἡ διήγησις τῶν πρωτοπλάστων... (49); — Διήγησις περὶ τῆς ζωῆς καὶ θανάτου καὶ τῆς φιλοξενίας τοῦ δικαίου Ἀβραάμ... Ἔζησε δὲ Ἀβραάμ... (61); — Hymni in honorem beatæ Mariæ (83); — Εὐχὴ ἐν τῇ ἀνομβρίαν (91); — Εὐχὴ τοῦ μεγάλου Βασιλείου ἐπὶ χειμαζομένων ὑπὸ πνευμάτων ἀκαθάρτων (93); — Κρίσις Δανιὴλ τοῦ προφήτου [Daniel, XIII] (99); — Narratio de Antichristo : Κατὰ τὴν Θεόλεκτον φωνήν... (105); — Ἀλφάβητος παρενετικὸς καὶ ψυχοφελὲς περὶ τοῦ ματαίου κόσμου τούτου. Ἄνθρωπε, πάσχης καὶ θαρρῆς... (116); — Κλαυμὸς σαρκὸς πρὸς ἡδίαν ψυχῆς. Πῶς κάθη, πῶς ἀμεριμνᾶς... (121); — Lamentatio incarcerati, versibus politicis : Καὶ ἀρχίζω ὡς διὰ τὴν φιλακήν... (123); — Ἑρμήνεια τοῦ κὴρ Στεφάνου τοῦ Σαγγλήκει περὶ τῆς νύκτας τὰ γήρτσματα (141); — Ἑρμήνεια τοῦ [κὴρ Στεφάνου τοῦ] Σαγγλήκη πέρη τὰ ζαρία τοῦ πέγνηδίου (145 v°); — Ἑρμήνεια περὶ τῆς πόλητικὲς τὰ καμώματα (150 v°).

XV-XVI s. Copié par Noel de La Brŏ. Pap. 154 fol. (Bibl. d'Auxerre.) *P.*

73 [415]. Joannis Crastoni Placentini lexicon latino-græcum.

XV s. (Copié par Georges Hermonyme.) Pap. 183 fol. (Bouhier.) P.

74 [422]. Cornuti [Phurnuti] liber de natura Deorum (1); — Palæphati liber de incredibilibus (30 v°).

XV s. Pap. 47 fol. (Bouhier.) P.

75 [429]. [Demetrii Triclinii] scholia in Sophoclis Ajacem flagelliferum.

XVI s. Pap. 74 fol. (Bouhier.) P.

76 [446]. Evangelia IV. (26); — cum duplici synaxario (1 et 253), — Eusebii canonibus et epistola ad Carpianum (17 v°).

Copié en 1346 par Grégoire. Bombyc. 259 fol. (Bouhier.) P.

77 [455]. Athenæi liber de machinis bellicis (1); — Bitonis liber de constructione bellicarum machinarum et catapultarum (24); — Heronis [Alexandrini] liber de constructione et mensura chirobalistæ (41); — Heronis Ctesibii belopœïca (50).

XVII s. Pap. 83 pages. (Bouhier.) P.

ARCHIVES MUNICIPALES DE NARBONNE

78 [*]. Diplôme de Jean Ier Paléologue confirmant les privilèges accordés aux habitants de Narbonne par son père, Andronic III. Vers 1346 (gr.-lat.).

XIV s. Parch. 180 sur 360 millim.

BIBLIOTHÈQUE D'ORLÉANS

79 [3]. Menses Atheniensium (2); — Vita Libanii rhetoris (8); — Libanii epistolæ variæ (10); — S. Gregorii Nazianzeni carminum metaphrasis poetica (103); — Libanii et S. Basilii epistolæ mutuæ IX. (203).

XVI s. Pap. 206 fol. (Prousteau.) P.

BIBLIOTHÈQUE DE PERPIGNAN

80 [63]. Catena SS. PP. in Lucæ evangelium, IX, 58 ad finem.

Copié en 1552 par Jean Murmuris. Pap. 549 pages. (Jésuites d'Anvers.) *M.*

BIBLIOTHÈQUE DE POITIERS

81 [61]. Novum Testamentum. [Copie de l'édition de R. Estienne, Paris, 1550, in-fol.]

XVII s. Pap. 646 fol. (Jésuites de Poitiers.) *M.*

82 [25]. S. Basilii regulæ monasticæ brevius tractatæ fragmenta.

IX s. Parch. 3 fol. (Monteil.) *M.*

83 [118]. Olympiodori commentarius in Platonis Gorgiam.

XVI s. Pap. 136 fol. *M.*

BIBLIOTHÈQUE DE REIMS

84 [E. 291/252]. Collectanea theologica, cum Constantini Palæocappæ epistola dedicatoria Carolo cardinali Lotharingo (lat.) : « Theodoriti, episcopi Cyrensis, explicationes et dissolutiones dubiorum divinæ Scripturæ, quæ in Levitico, Numeris, Deuteronomio, Jesu Nave et Judicibus inveniuntur » (5) ; — « Beatissimi Hippolyti, papæ Romani et martyris, demonstratio Jesu Christi servatoris nostri, ex divinis Scripturis, et Antichristi » (92); — S. « Gregorii [Neocæsariensis] de anima ad Tatianum » (119); — [Nicetæ] Choniatæ et aliorum excerpta de anima (123) ; — « Sancti Anastasii, patriarchæ Antiocheni, de providentia » (133); — « Sancti Joannis Damasceni, quod Deus non est causa malorum » (141 v°); —

« Maximi, philosophi christiani, de materia quod [non] sit ingenita, neque malorum causa » (142 v°); — « Origenis, de eo quod quæ bona sunt, et quæ mala, quodque alia suscipiuntur voluntate nostra, alia vero non nostra voluntate contingunt... » (149 v°); — S. « Joannis Damasceni, cur Deus præsentiens et præcognoscens homines peccatores et nullam pœnitentiam acturos eos creavit » [de fide orthodoxa, IV, 22] (156); — « Origenis, ut nullus eo offendatur in legendis divinis, quod, cum obscurum sit, intelligi non potest » (156 v°); — « ejusdem, de iis quæ in divina Scriptura videntur habere aliquid lapidis offensionis, vel petræ scandali » (158).

XVI s. Copié par Constantin Palæocappa. Pap. 159 fol. (Abbaye de S.-Rémi de Reims.) *A*.

85 [J. 733/732]. Euripidis Hecuba, initio mutila (1), — Orestes (13), — Phœnissæ (32 v°).

XIII-XV s. Bombyc. et pap. 45 et xii fol. (Abbaye de S.-Rémi de Reims.) *P*.

BIBLIOTHÈQUE DE RENNES

86 [258]. Pindari Olympia, Pythia, Nemea et Isthmia.

Copié en 1708 par Dom Lobineau. Pap. 262 pages. (Abbaye de S.-Mélaine de Rennes.) *P*.

87 [259]. Theocriti idyllia xxxvi. (1), — et epigrammata xx. (134); — Simmiæ Rhodii [vel Theocriti] securis et alæ (140); — Dosiadæ ara (142).

XVIII s. (Copie de Dom Lobineau.) Pap. 142 pages. (Abbaye de S.-Mélaine de Rennes.) *M*.

BIBLIOTHÈQUE DE ROUEN

88 [Or. 1]. S. Joannis Chrysostomi in Matthæi evangelium homiliæ XLIV. priores.

XV s. Pap. 293 fol. (Jean de Pins.-Cathédrale de Rouen.) *M*.

89 [U. 1]. Confessions de foi des églises orientales, envoyées de Constantinople, par le marquis de Nointel, en 1671. (Gr.-lat.)

XVII s. Pap. 53 fol. (B.-H. de Fourcy.-Abbaye de S.-Wandrille.) *G.*

BIBLIOTHÈQUE DE SAINT-MIHIEL

90 [57]. « Grammatica fabularum Æsopi explicatio. » — Copie de l'édit. des Fables d'Esope, Bâle, Froben, 1534, in-8°.

XVI s. Pap. 1123 pages. (Abbaye de Saint-Mihiel.) *P.*

BIBLIOTHÈQUE DE TOULOUSE

91 [802]. Thucydidis historiæ libri I-IV, 76. (7); — præmittuntur vita Thucydidis (1), — epigrammata duo in Thucydidem (2), — Dionysii Halicarnassei de iis quæ Thucydidi propria sunt (2 v°).

XV s. (Copié par Jean Rhosos.) Pap. 118 fol. *M.*

BIBLIOTHÈQUE DE TOURS

92 [980/955]. Constantini Porphyrogeniti collectaneorum et excerptorum liber L. de virtute et vitio.

XI s. Parch. 333 fol. (Peiresc.-Abbaye de Marmoutiers.) *M.*

BIBLIOTHÈQUE DE TROYES

93 [1699]. Psalterium, cum canticis.

XV s. (Copié par Jean Rhosos.) Parch. 148 fol. (Pithou.-Oratoire de Troyes.) *P.*

BIBLIOTHÈQUE DE VITRY-LE-FRANÇOIS

94 [118]. Notes diverses sur l'Anthologie grecque, par P. Herbert.

XIX s. Pap. 15 cahiers. *M.*

95 [127]. Prosodie grecque de Wellerus.

XIX s. (Copie de P. Herbert.) Pap. 10 fol. *M.*

96 [*]. Notes de Villoison sur la Paléographie grecque de Montfaucon. — Copie de Ph. Lebas (n° 2214 du Catalogue de vente, 1860).

XIX s. Pap. 168 pages. *M.*

BIBLIOTHÈQUE DE M. LE MARQUIS DE ROSANBO

97 [24]. S. Gregorii Nysseni in Ecclesiasten homiliæ VIII. (gr.-lat.).

XVI s. Pap. 66 fol. (Pithou.) *M.*

98 [87]. Michaelis Attaliotæ promptuarium juris (1); — Constantini Porphyrogeniti novella I., Alexii Comneni novella I., Michaelis Cerularii epistola de matrimonio prohibito (42 v°).

XVI s. Pap. 50 fol. (Pithou.) *M.*

99 [274]. Photii, CP. patriarchæ, Bibliothecæ index et codd. I-XCIII.

XVI s. Pap. 93 fol. (J.-F. Asulan.-Pithou.) *M.*

100 [275]. Photii Bibliothecæ fragmenta (1); — Patria CP., secundum Hesychium (9); — Nicephori, CP. patriarchæ, chronographiæ in epitome fragmentum (13); — De interpretibus sanctæ Scripturæ : A'. Πρὸ τετρακοσίων... (13 v°); — Leonis Sapientis ordo thronorum (14); — Attici Platonici disputationum adversus Aristotelem fragmenta [Eusebii præpar. evang. XV, 4-9 et 12-13] (18 v°); — Indicis codd. græcorum bibliohecæ Vaticanæ excerpta (30) ; — Indicis codd. S. Antonii in Castello Venet. excerpta (34) ; — Arbor consanguinitatis (35 *bis*) ; — Michaelis Attaliotæ fragmentum (36) ; — Methodii, CP. patriarchæ, constitutio de iis qui abnegarunt, secundum diversas personas et ætates (38) ; — Joannis VIII. papæ ad Photium, CP. patriarcham, epistola (40) ; — Juliani imp. epistolæ IV. (42) ; — S. Gregorii Nazianzeni ad Nicobulum epistola (44).

XVI s. Pap. 45 fol. (Pithou.) *M*.

101 [283]. Platonis Cratylus, initio et fine mutilus (1) ; — ejusdem de legibus libri IX-XII., initio et fine mutili (10) ; — ejusdem Epinomis (150 v°) ; — ejusdem Phædon, initio et fine mutilus (15).

XVI s. Pap. 156 fol. (Pithou.) *M*.

102 [286]. Galeni de compositione medicamentorum per singula loca liber X.

XVI s. Pap. Fol. 90-300. (Pithou.) *M*.

103 [289]. Agapeti, CP. diaconi, capita admonitoria cum expositione.

XVI s. Pap. 31 fol. (Pithou.) *M*.

104 [293]. Hephæstionis enchiridion de metris (1) ; — Demetrii Triclinii opusculum de metris (39 v°).

XVI s. Pap. 40 fol. (Pithou.) *M*.

105 [296]. Pæanii metaphrasis Eutropii breviarii historiæ Romanæ.

XVI s. Pap. 49 fol. (Pithou.) *M*.

106 [322]. « Manuelis Comneni decretum de verbis Christi : *Pater major me est*, excerptum ex tabella lapidea ...in æde Sophiana, ...quam Solimus sultanus tolli jussit a. 1568. » (1) ; — Tableau cabalistique : Θ καὶ α, τὸ α νικᾷ, θ καὶ δ... (14 v°) ; — Juliani imp. epistolæ IV. (18) ; — S. Joannis Chrysostomi homilia in Macchabæos (29) ; — ejusdem homilia in SS. Juventinum et Maximinum (33) ; — Manuelis Chrysoloræ comparatio veteris et novæ Romæ (37).

XVI s. Pap. 44 fol. (Pithou.) *P*.

107 [370]. Euclidis catoptrica.

XVI s. (Copié par Ange Vergèce.) Pap. 18 fol. (Pithou.) P.

108 [401]. Julii Pollucis onomasticon, libris X. (1) ; — Stephani Byzantii ethnicorum quæ supersunt (137); — Dionysii Alexandrini orbis descriptio (280) ; — Eustathii Thessalonicensis commentarius in Dionysii Alexandrini orbis descriptionem (305).

XV s. Pap. 397 fol. (Pithou.) M.

ADDENDA

SUPPLÉMENT GREC, t. III, p. 340 :

1101. Boetii de consolatione philosophiæ libri V, ex versione et cum paraphrasi Maximi Planudis (2) ; — præmittitur Boetii vita : Βοήτιος ὁ σοφὸς ἦν... (1) ; — Ciceronis somnium Scipionis, ex interpr. Maximi Planudis (71) ; — Macrobii Ambrosii commentariorum libri II. in somnium Scipionis, eodem interprete (75 v°) ; — accedunt figuræ zodiaci (162), et terræ (163) ; — Pythagoræ lyra octachordos (163 v°) ; — Maximi Planudis versus heroïci in Ptolemæi geographiam (164) ; — Menses Macedonum, Ægyptiorum, Hebræorum et Atheniensium (165) ; — Figura tetrachordi (165 v°).

XIV s. Bombyc. 166 fol. (Jésuites d'Agen.) *M.*

1102. Philodemi de rhetorica fragmenta; Herculanens. papyrorum apographa.

XIX s. Pap. 45 fol. *M.*

1103. Oppiani Cynegeticorum libri IV.

Copié en 1775 par R. F. Brunck. Parch. 42 fol. *M.*

1104. S. Joannis Chrysostomi homiliæ xxxvi-xliv, in Genesim, initio et fine mutilæ.

XI s. Parch. 46 fol. *G.*

1105. Evangelia matutina XI.

XVI s. Copié par Ambroise, hiéromoine τῶν Ἀνδρῶν. Pap. 10 fol. *M.*

1106. Fragments de papyrus (5 pièces). *M*.

1107-1113. Photographies des *Oxford Fac-similes* des papyrus d'Herculanum, offertes à la Bibliothèque nationale par « The Oxford Philological Society ».

XIX s. Pap. 91, 177, 122, 102, 96, 212 et 38 fol. *P*.

1114. « Ex Nili, archiepiscopi Thessalonices, tractatu de primatu papæ et de ecclesiarum orientalium et occidentalium schismate. »

XVII s. Pap. 10 fol. *M*.

1115. Λειτουργία καθημερινή.

Copié en 1819 par M. Dehèque. Pap. 17 fol. *P*.

1116. Symeonis, Thessalonicensis archiepiscopi, dialogus adversus omnes hæreses (4); — Anonymi commentarius in Cebetis tabulam : Ὦ λαοί, ἡμεῖς... (34); — Blasii, magni rhetoris magnæ ecclesiæ, responsum ad interrogantes : Ποῦ δεῖ τίθεσθαι τὴν μερίδα τῆς παναγίας ἐν τῇ ἱερᾷ προσκομιδῇ (46); — S. Pachomii ascetica præcepta (79); — S. Basilii epistola ad Theodoram canonicam (84 v°); — ejusdem sermo asceticus (88); — S. Symeonis theologi fragmentum (90); — S. Maximi confessoris capita de charitate (91); — Capita SS. PP. [Palladii] de patientia et humilitate (92); — Psalterium (95); — Historia sancti et regalis monasterii Iberorum in Monte Atho (355); — Officium beatæ Mariæ τῆς Πορταϊτήσας in monasterio Iberorum (375).

Copié en 1678 et 1680 par Païsios, prohigoumène d'Iviron. Pap. 378 fol. *P*.

1117. Lexique grec moderne-russe : Ἀβάτης, клеветникъ...

XVIII s. Pap. 94 fol. *P*.

1118. « Index librorum domini Antonii Eparchi Corcyræi ; receptus die 15 februarii 1537. » — Photographies des fol. 213-215 du ms. Vatican. 3958.

XIX s. (Copie d'Antoine Éparque.) Pap. 3 fol. *M*.

1119. Notitia episcopatuum sedi CP. subnixorum, cum episcoporum nominibus et titulis eorumdem, circa a. 1730, ex schedis d'Anville.

XVIII s. Pap. 14 fol. P.

1120 (1-2). Philonis Judæi tractatus de eo, quis rerum divinarum hæres sit (1); — ejusdem tractatus de sacrificiis Abel et Caïn (56); — accedunt fragmenta duo Evangeliorum secundum Matthæum et Lucam (90); — ed. V. Scheil.

VI s. (?). Papyrus. 93 pages. *M*.

1121-1122. « Catalogue des manuscrits grecs contenus dans le Supplément », par E. Miller et C. Wescher.

XIX s. Pap. 315 et 138 fol. G.

1123-1124. « Inventaire des peintures et autres ornements des manuscrits grecs de la Bibliothèque nationale, » par H.-L. Bordier (1879).

XIX s. Pap. 2 vol., 925 pages. *M*.

1125-1127. « Catalogue des miniatures des manuscrits grecs de Paris, » par H.-L. Bordier.

XIX s. Pap. 3 vol., 764 pages et 135 fol. Peint. *M*.

1128. Evangelia IV, initio et fine mutila.

XII s. Parch. 260 fol. P.

1129. Peintures des manuscrits grecs de la Bibliothèque nationale; dessins, calques, aquarelles, faits par ou pour H.-L. Bordier.

XIX s. Pap. 73 fol. Peint. G.

1130-1134. Caroli de Henaut collectanea : 1130-1131. « Apis Heliconis florilegula. » — 1132. « Horti Adonidis expurgati. » — 1133. « Liber precum. » — 1134. « Verba Verbi, hoc est verba D. N. Jesu-Christi... »

Copiés en 1711-1712 par Charles de Hénaut. Pap. 119, 119, 86, 111 et 202 fol. P.

1135. Petri Lampadarii, Meletii Sinaitæ, etc. hymni, cum notis musicis.

XVIII s. Pap. 291 fol. P.

1136. Petri Lampadarii, Danielis protopsaltæ, etc. hymni, cum notis musicis.

XIX s. Pap. 196 fol. P.

1137. Petri, protopsaltæ Byzantini, et Petri Lampadarii hymni, cum notis musicis.

XVIII s. Pap. 108 fol. P.

1138. Jacobi et Petri protopsaltarum, etc. hymni, cum notis musicis.

XVIII s. Pap. 342 pages. P.

1139. Petri Lampadarii hymni pro festis Dominicis et B. Virginis, cum notis musicis.

Copié en 1782, par Pierre, domesticos de la Grande Église. Pap. 81 fol. P.

1140. Balasii, presbyteri et nomophylacis, Petri Lampadarii, etc. hymni, cum notis musicis.

XVIII s. Pap. 266 pages. P.

1141. Cosmæ monachi canones in varias festivitates, cum glosis (1); — Versus in Phocylidem, cum scholiis in ejusdem sententiis (122); — Expositio aureorum verborum Pythagoræ (133); — S. Joannis Chrysostomi sermonis de prece explanatio (137), — et sermonis ejusdem in Eutropium (149); — Homeri batrachomyomachiæ explanatio (161); — Æsopi fabularum explanatio (176); — Propositiones aliquot Calvinistarum (208); — Βρυενίσου capitum 35. de hæresibus apud Latinos excerpta (225).

XVIII s. Pap. 228 fol. P.

1142. Leçons élémentaires d'astronomie géométrique et physique, par l'abbé de La Caille, traduites en grec par Joannikios.

XIX s. Pap. 581 pages et planches. P.

1143. Hymnus in honorem B. Mariæ, cum glosis : Ἀδέτω σοι, δέσποινα... (1); — Anonymi sermo moralis : Ὦ πρακτινὲ τῆς ἀρετῆς... (21); — S. Gregorii Nazianzeni commentarius de vitæ viis (37); — S. Basilii homilia in Psalmum I. (61); — S.

Gregorii Nazianzeni sermo in nativitatem J. C. (85); —ejusdem sermo in Pascha (98); — De propheta Abbacuc (120); — S. Gregorii Nazianzeni homiliæ in sancta lumina (171), — in sanctum baptisma (203), — de fuga in Ponto (375), — de sacerdotio (461), — omnia cum Danielis Ceramei Patmii commentario ; — ejusdem epistolæ, cum Danielis Ceramei Patmii commentariis (569); — Cosmæ monachi canones, cum glosis (1047).

XVIII s. Pap. 1143 pages. P.

1144. Manuelis Chrysoloræ gnomica monosticha (3); — Sermo panegyricus in Justinianum imp. (65); — Isocratis sermones : Plataïcus (81) ; — ad Nicoclem, de regno (109), — ad Demonicum (139), — in laudem Evagoræ (164), — Panathenaïcus (207), — Panegyricus (467); — Demosthenis Olynthiacæ I. et III. (623 et 651); — Plutarchi præcepta de sanitate tuenda (721); — Xenophontis de Cyri expeditione libri II (749); — Gnomica varia (847); — omnia cum Danielis Ceramei Patmii explanatione.

XVIII s. Pap. 864 pages. P.

1145. Nomimon, cap. 258, a Manuele Malaxo Thebis collectum, a. 1698.

Copié en 1698 par le hiérodiacre Callinique. Pap. 242 fol. P.

1146. Lexicorum græcorum collectio. — Hymnorum quorumdam vocum explicatio (2); — Joannis Philoponi de diversa significatione vocum accentum diversum accipientium (35); — Lexicon vocum in Demosthenis Philippicis occurrentium (40 v°); — Stephani, Theodoreti, Cassiani, Longini lexica V. et N. Testamenti (54); — S. Cyrilli Alexandrini lexicon (82); — Dionysii Thracis ars grammatica; præcedit vita : Διονύσιος ὁ Θρᾷξ ὁ τὴν τέχνην... (175); — Explicationes vocum aliquot (182).

Copié en 1562. Pap. 189 fol. P.

1147. Carolias, poema in honorem regis Galliæ, Caroli X, auctore Minoïde Myna.

XIX s. Copie de M. Mynas. Pap. 83 pages. *M.*

1148. Astronomici et astrologici scriptores, inter quæ :

Apollonii Tyanensis apotelesmata (36); — Eudoxi Cnidii hiemis prognostica (82); — Tabula astrologica a. 1396 (94); — Chronica a. 1292-1358. (135 v°); — Orphei σεισμολόγιον (140 v°); — Hermæ Trismegisti βροντολόγιον (147 v°).

XVI s. Pap. 231 fol. (Pélicier, n° 55; Jésuites de Clermont, n° 283; Meerman, n° 283). P.

1149. Longi pastoralium de Daphnide et Chloe libri IV.

XVIII s. Pap. 333 pages. P.

1150. Vocabularia latino-græcum et græco-latinum: « Deus ὁ Θεός; imperator, ὁ βασιλεύς... »

XV s. Parch. 16 fol. P.

1151. Προσκυνητάριον τῆς ἁγίας πόλεως Ἱερουσαλήμ. — Ἀκούσατε πάντες οἱ εὐσεβεῖς...

Copié en 1692 par le hiéromoine Charitos. Pap. 38 fol. Peint. P.

1152. [Theodosii Zygomalæ] historia politica Constantinopoleos, ab a. 1391. ad a. 1574. (ed. M. Crusius, *Turcogræcia*, p. 1-43).

Copié en 1578. Pap. 88 pages. P.

MANUSCRITS GRECS DANS DIVERS FONDS DE LA BIBLIOTHÈQUE NATIONALE, p. 341-343.

* [Latin 3282.] S. Isidori Pelusiotæ epistola: Οὐκ οἶδε κόρος... (20); — Series imperatorum CP. (20); — Series patriarcharum CP. (22); — Versus in S. Demetrium : Ἔκλεψε λοῖπος... (23 v°); — Phavorini fragmentum (23 v°); — De variis ætatibus, de nive, grandine, tonitru, terræ motibus, etc. (24); — Sophronii, Hierosolymit. patriarchæ, versus anacreontici de Hierosolymorum expugnatione (26); — Leonis [Sapientis] imp. versus alphabetici de futuro judicio (27 v°); — S. Gregorii Magni Dialogorum fragmentum (29); — S. Maximi fragmentum de triginta aureis quos Judas in proditionem Christi accepit (29 v°); — Narratio de interfectis in monte Sina monachis, auctore Nilo monacho (32); — ejusdem sermo in Albianum monachum,

e cod. 1053 (61); — S. Gregorii Nazianzeni orationis in præfectum irascentem fragmentum (65).

XVII s. (Copié en partie par Jean de Sainte-Maure.) Pap. Fol. 19-65. (Teller. Rem. 55.-Reg. 5935.) *M.*

* [Latin 7049]. « Simeonis Sethi Magistri Antiocheni volumen de alimentorum facultatibus juxta ordinem literarum digestum, ex bibliothecæ Mentelianæ mss. codd. emendatum, auctum et latina versione donatum... a Martino Bogdano, Drisna Marchico... 1657. » (Gr.-lat.; autogr.)

XVII s. Pap. 9 et 59 pages. (Mentel.-Reg. 6542.) *P.*

* [Français 6107-6108.] « Tome second de la guerre saincte contenant les choses faictes par les François... en Judée et en Syrie soubs les regnes des roys Baudouin I et II..., par Yves [Le] Duchat, Troien, poete et historien grec du Roy. » (Livres V-VIII ; grec-français.)

XVII s. Pap. 215 et 341 fol. (Reg. 10530, 4 et 3.) *P.*

* [Français 9467.] Papiers de Ducange. — Chronici Alexandrini collationes (1); — Versus in honorem Eudociæ Augustæ, e cod. 922 (13) ; — S. Epiphanii, episcopi Cypri, de SS. Apostolis, e cod. Reg. (14); — « Ex chronico ms. Symeonis Logothetæ » (17 et 25); — S. Hippolyti de LXX. Apostolis, e cod. Reg. (20); — Joannis Antiocheni excerpta de temporibus et mundi creatione, e cod. 1630 (27) ; — Miniatures d'un ms. rapporté d'Athènes par Spon et Wheler, représentant différents personnages de la famille des Comnène (35); — « Adagia [neograeca] collecta a R. P. Hermodoro Rhegio » (38); — « Notæ mathematicæ, astronomicæ, ponderum et mensurarum, » in *Glossario græco* impressæ (45); — Abbreviationes græcæ, « ex Angelo Politiano » (54) ; — Fragmenta varia (55).

XV-XVII s. Pap. 58 fol. (Suppl. français 1202.) *P.*

* [Français 12889.] S. Basilii excerpta varia.

XVII s. (Copié en 1655-1658 par Jean Racine.) Pap. 46 fol. (Suppl. français 5148.) *P.*

* [Suppl. Arménien 67.] Recueil d'attestations et confessions de foi, obtenues par le marquis de Nointel, ambassadeur à CP., de différents évêques grecs. (1671.)

XVII s. Pap. 98 fol. (Saint-Germain-des-Prés.) A.

* [Suppl. Arménien 105.] Lexicon græco-armenum radicum verborum (1), — nominum (11), — adverbiorum, etc. (24).

XIX s. Pap. 25 fol. P.

* [*Imprimés*, Réserve, Te. 131, 1.] Μιλιαρίου κατασκευή. Μιλιαρίου κατασκευή ὥστε ἐπὶ κειμένου ζωδαρίου... (4); — « De veritate et antiquitate artis chemicæ,... per Robertum Vallensem. » Paris, 1564, in-16 (17); — « Pselli dissertatio ad patriarcham D. Michaelem [Cerularium] de modo auri conficiendi; Fed. Morellus, interpres regius, latine vertit. — An. Sal. 1622, prid. kal. febr. » (116); — Menandri rhetoris de divisione causarum in genere (178).

XVII s. Pap. 272 pages. (Anc. T. 4002.) P.

MANUSCRITS GRECS DES BIBLIOTHÈQUES DE PARIS

BIBLIOTHÈQUE DE SAINTE-GENEVIÈVE, p. 353.

42 *bis* [Ao. 3, in-8°]. Ἡ Ἰωνιάς, odarum collectio, neo-græce.

XIX s. Pap. iv-86 fol. P.

42 *ter* [Ao. 4, in-8°]. Aristotelis (?) Ἄνθος τῶν χαρίτων, cap. 35. : Ἀγάπην καλοθελήαν... (1); — Constantini τοῦ Εὐφροσύνου narratio de azymis, CP. a. 1449. (122); — Alexandri (?) historia de J. C. et eversione Jerusalem, fine mutila : Ἐγεννήθη τὸ κατὰ σάρκα ὁ κύριος... (136).

Copié en 1497. Pap. 143 fol. P.

BIBLIOTHÈQUE DE LA SOCIÉTÉ BIBLIQUE DE FRANCE, p. 358.

78 *bis* [*]. Evangelia IV, cum synaxario.

XII s. Parch. 309 fol. Peint. M.

MANUSCRITS GRECS DES DÉPARTEMENTS

AMIENS, p. 362.

3 *bis* [*Lescalopier*, 55 (3194)]. Κάνων ἁγιωτάτου πατρὸς Βενεδίκτου.
XVII s. Pap. 109 fol. P.

MARSEILLE, p. 373.

61 *bis* [Eb. 395]. S. Joannis Chrysostomi liturgia (1); — S. Basilii liturgia (95); — S. Gregorii Nysseni liturgia præsanctificatorum, fine mutila (133).

XIV-XVI s. Parch. et pap. 144 pages. P.

SAINT-BRIEUC, p. 379.

89 *bis* [95-96]. « Ωρολογίον ἐλλυνίκον ἀπὸ τοῦ σοφωτάτου γεγραμματισμένου δ' Ηρακλεος [τ]οῦ Κυεβριακου εὐγραφεν τῶδε κυρίω κυρίω Ἰακωβῳ [τ]ῷ καλλοστῷ ἱππάστη βαρῶνι δὲ Τρέγομμαρ δὺ Λοῦπ δε Λυζάνδρεν ἕτερά δε, ͵αψ'. 15. »

Copié en 1715. Parch. 293 et 403 fol. G.

TROYES, p. 379.

92 *bis* [1204]. Menæum martii-augusti.
XV s. Bombyc. 410 fol. (Bouhier.) *M.*

93 *bis* [*Incunables.*] Anthologia epigrammatum (Florentiæ, 1494, in-4°). cum scholiis mss. Marci Musuri, manu Arsenii, Monembasiæ archiepiscopi. (Cf. Bibl. nat., Rés. Y. 503).

XV-XVI s. Pap. vi fol. et 544 pages. (Pithou.-Oratoire de Troyes.) P.

VIRE, p. 379.

93 *bis* (124). Himerii sophistæ declamationes iv-xii. (2); — Severi Alexandrini ethopœiæ v, iv, vi, vii, ii. (26).

XVII s. Pap. 30 fol. P.

Juin 1896.

ERRATA

Page XXI, MELOT, *lisez* : 10 septembre.
— XXXVIII, *supprimez* : Cyriaque Pizzicolli *et* Cyrille hiéromoine.
— XL, *ajoutez* : Georges (XIII-XIV s.); *Suppl.* 642.
— XLVI, *ajoutez* : *Michel Papadopoli* (1253); ms. 1571.
— LIV, *supprimez* : 1164. Suppl. 612.
— LXXI, *lisez* : 2585 = 1804.
— LXXII, *lisez* : 2657.
—. XCII, TRICHET DU FRESNE, *lisez* : 2 = 808 et 37 = 1181.
Nos 6, *lisez* : XI-XII s.
— 81, *lisez* : Copié en 1092 par Nicéphore.
— 118, *lisez* : Copié en 1291.
— 130, *ajoutez* : Pap.
— 148, *lisez* : XV s.
— 154, *lisez* : Procopii (125).
— 159, *lisez* : de historia (327).
— 240, *lisez* : 322 pages.
— 266, *ajoutez* : Pap.
— 273, *lisez* : XI s.
— 281, *ajoutez* : Onc.
— 301, *ajoutez* : Parch.
— 390, *ajoutez* : Apocalypsis B. Mariæ (168 et 1).
— 396, *ajoutez* : Oribasius ad Julianum (462 v°).
— 400, *lisez* : (143 v°) *et* Comnena (171).
— 410, 411, *lisez* : S. Basilii liturgia.
— 416, *lisez* : Copié en 1567.
— 434, *lisez* : Joannis Zonaræ epitome historiarum, lib. I-III, 12 (381).
— 435, *lisez* : de vita contemplativa (163 v°); — Paschalion, ab a. 1382. (174).
— 441, *lisez* : (Mazarin.-Reg.).
— 448, *lisez* : Copié par Andronic Lepentrenos.
— 453, 457, *ajoutez* : Pap.
— 472, *ajoutez à la fin* : Du Fresne.
— 475, *lisez* : Serapionem (413 v°).
— 478, *lisez* : Michaelis monachi canon (269).
— 497, *lisez* : Copié en 966.
— 502, *lisez* : S. Athanasii sermo de officiis Christiani hominis (502).
— 510, *ajoutez* : de Gregorio Basilii fratre (72).

Nos 522, *lisez* : fol. 365, 393, 414, 445, 470 v°, *au lieu de* : : 325', etc. *et à la fin* : 471 fol.
— 524, *lisez* : Gregorio (321).
— 528, *ajoutez* : Manuelis Phile versus (1 et 3).
— 529, *lisez* : Copié en 1020 par Théophane.
— 550, *lisez* : XIV s.
— 575, *supprimez* : Palimps.
— 598, *lisez* : Copié en 1049.
— 630, *lisez* : homiliæ in Genesim.
— 648, *lisez* : XI s., *au lieu de* : Copié en 1051.
— 653, *lisez à la fin* : G.
— 655, *lisez* : XI s.
— 663, *lisez* : homiliæ in Matthæum (150 v°).
— 716, *supprimez* : Mazarin.
— 736, *lisez* : Godefridi Thilmanni « metaphoræ ».
— 760, *lisez* : vita (74).
— 771, *lisez* : Chrysostomi (71 v°) *et* (101).
— 776, *lisez* : bonus, *etc.* (118).
— 817, *lisez* : Gazæ (287 v°).
— 854, *ajoutez* : S. Maximi confessoris capita de eodem (132 v°); — SS. Irenæi Lugdunensis, Clementis Alexandrini, Alexandri Alexandrini, Eustathii Antiocheni, Gregorii Nysseni, Cyrilli Alexandrini, Synesii, Diadochi, Photices episcopi, Anastasii Antiocheni, Nemesii Emeseni, Maximi, Justini martyris et Sophronii Hierosolymit. excerpta (134); — De sibylla (159).
— 857, *lisez* : liber IV.
— 860, *lisez* : calumniatores (194).
— 862, *lisez* : Copié en 1558.
— 881, *ajoutez* : Martyrium S. Andreæ (282).
— 887, *lisez* : Gennadii, initio et fine mutilum, foliis 25, 37-41 avulsis (26).
— 921, *lisez* : (165 v° et 91).
— 929, *lisez* : Philippi Solitarii versus (561).
— 969, *lisez* : Maximi [Planudis] (314 v°).
— 970, *ajoutez* : Theoctisti et Arsenii Studitarum versus (473 v°).
— 989, *lisez* : duabus (1).
— 990, *lisez* : Copié en 1029.
— 996, *lisez* : XIII s.
— 997, *supprimez* : Palimps.
— 998, *lisez* : Nicephori [Nicetæ] Paphlagonis (136).
— 1001, *lisez* : Copié (en partie).
— 1020, *supprimez* : Martyrium S. Abibi (290).
— 1031, *ajoutez* : cum versione turcica (63).
— 1037, *lisez* : Zosimæ (287 v°); *et* 1091 (135).
— 1038, *lisez* : Synesii concio (145 v°).
— 1039, *lisez* : Michaelis Pselli commentarius (176).
— 1111, *lisez* : Papisci et Philonis (29).

Nos 1148, *ajoutez* : Arsenii Monembasiæ epigramma (68 v°).
— 1162, *ajoutez* : S. Charitonis confessoris exhortatio ad ejus discipulos (118).
— 1163, *lisez* : Joasaphi (23).
— 1171, *lisez* : mortui (271 v°).
— 1180, *lisez* : Martyrium S. Bacchi junioris (132).
— 1181, *lisez* : Vita S. Nicephori, Milesii episcopi (197 v°).
— 1198, *lisez* : lugendum (50).
— 1209, *lisez* ; XIV s.
— 1232 A, *lisez* : XIV s. (Souscr. recopiée.)
— 1238, 1240, 1241, *lisez* : Acindyni.
— 1259, *lisez* : Venetis (345 v°).
— 1270, *ajoutez* : Anonymi epimerismi (225).
— 1276, *lisez* : alienas (65).
— 1283, *lisez* : Nicolai Cabasilæ... (1) ; — ejusdem expositio.
— 1295, *lisez* : Maximum [Sophianum] (1) ; — *ajoutez* : Interpretatio in tetrastichon : Θεὸς τὸ διττόν... (8 v°); — SS. Basilii et Athanasii fragmenta (21) ; — Anni ab origine mundi (29); — Interrogationes et responsiones theologicæ Christiani cujusdam ad S. Athanasium (29).
— 1305, *lisez* : Copié en 1533 par Nicolas Sophianos.
— 1309, *lisez* : Demonstrationes physicæ. Περὶ Θεοῦ. Πᾶν τὸ ὂν ἐνεργεία... (1).
— 1310, *lisez* : 444 fol.
— 1318, *lisez* : Copié (en partie).
— 1325, *lisez* ; S. Cyrilli Alexandrini epistola (152).
— 1326, *lisez* : ecclesiasticis (138).
— 1329, *lisez* : 381 pages.
— 1355, *lisez* : unus (330 v°).
— 1369, *lisez* : Nicephori (199).
— 1372, *lisez* : Armenorum (61).
— 1377, *lisez* : excerpta (417).
— 1377 B, *lisez* : Copié en 1659.
— 1389, *lisez* : preces (1 v°) ; — Hermodori [Lestarchi] epistola ad Matthæum [Devarim], a. 1533. (358).
— 1394, *supprimez* : Copié, etc.
— 1403, *ajoutez* : Clementis epitome de gestis S. Petri, §§ 114-117 et 135-138 (A v° et r°).
— 1427, *lisez* : XI-XII s.
— 1428, *lisez* : Tyanei (185).
— 1431, *ajoutez* : Parch.
— 1436, *lisez* : libri I-X.
— 1448, *lisez* : Vita S. Theodosii (63).
— 1452, *lisez* : Sebasteni (89 v°).
— 1453, *lisez* : abbatissa Sergia (210).
— 1454, *ajoutez* : Martyrium S. Demetrii (142); — Miraculorum SS. Samonæ, Guriæ et Abibi fragmenta (179).

ERRATA

Nos 1479, *lisez* : Babylæ (45).
— 1485, *ajoutez* : Vitæ S. Abramii fragmenta (48); — Vita S. Jacobi apostoli (58); — Vita S. Gregorii Agrigentini, initio mutila (121).
— 1496, *ajoutez* : Martyrium SS. Indæ et Domnæ.
— 1510, *lisez* : patrati (272).
— 1512, *ajoutez* : Finis vitæ Sæ Pelagiæ (105); *et* : Martyrium SS. Marciani et Martyrii (254).
— 1521, *lisez* : Eudoxii (68); *et* : Vita beatæ Mariæ, ex Epiphanio monacho (79 v°).
— 1540, *lisez* : Commentarius de S. Thoma apostolo (126 et 1); *et* : Vita et conversatio S. Jacobi monachi (18 v°).
— 1541, *ajoutez* : Martyrium SS. Samonæ, Guriæ et Abibi (346).
— 1556, *lisez* : nunc Suppl. gr. 824.
— 1559, *lisez* : Mardarii (128 v°).
— 1589, *lisez* : Basilii Porphyrogeniti imp. menologium.
— 1607, *lisez* : Eustathii (141).
— 1617, *lisez* : Menæum martii-augusti.
— 1630, *lisez* : Anonymi catalogus (45 v°); *et* Libya (195 v°).
— 1631, *lisez* : ὁμίχλη (143 v°).
— 1634, *ajoutez* : Pap.
— 1637, *lisez* : Nicephori Callisti Xanthopuli catalogus (224).
— 1657, *ajoutez* : Heraclidæ Pontici de rebus publicis fragmenta (211).
— 1671, *lisez* : Titus Quintius Flamininus (145).
— 1709, *lisez* : Theophanis.
— 1721, *supprimez* : [Georgii Cedreni].
— 1741, *ajoutez* : Phœbammonis scholia de figuris rhetoricis (115 v°); *et* : Longini opusculum de inventione (268 r°).
— 1779, *lisez* : Nic. Chalcondylæ (8); — præmittitur vita Nic. Chalcondylæ, auct. Joanne Cyzico (1).
— 1788, *lisez* : Splenii [Plinii (?)] (238 v°).
— 1790, *ajoutez* : Notitia episcopatuum Andronici II. (794).
— 1843, *lisez* : Aphrodisiensis (209).
— 1863, *lisez* : versum (92 v°).
— 1921 *et* 1930, *lisez* : (Medic.-Reg.).
— 1949, *lisez* : μακροβιότητος (303 v°).
— 2005, *lisez* : Ἑωσφόρον (328).
— 2027, *lisez* : Salomonis (233).
— 2083, *lisez* : (Medic.-Reg.).
— 2091, *lisez* : [Theophanis Nonni] de diæta (86); — ejusdem liber secundus, etc.
— 2097, *lisez* : Copié en 1484.
— 2138, *lisez* : ὄρους (1).
— 2153, *lisez* : Sorani de morbis mulierum (218) *et* [Actuarii] excerpta (435).
— 2164, *supprimez* : de salibus (213).
— 2194, *lisez* : Anonymi collectio medica, cap. 376. : Α΄. Σκευασία ἡ θεριακή. Τὸ μέτρον αὐτῆς... (405).

ERRATA

Nos 2204, *lisez* : medicinalium (43).

— 2219, *ajoutez* : Theophili et Stephani de febrium differentia (82 v°); — Hippocratis prognostica (103 v°).

— 2220, *lisez* : vel Maximi (106).

— 2228, *lisez* : de clysteribus (57 v°); *et* Hippocratis aphorismos (95).

— 2236, *lisez* : Joannis archiatri (1).

— 2239, *lisez* : versum (1).

— 2243, *lisez* : ejusdem collectio medica (104).

— 2256, *lisez* : (145), *au lieu de* : (195), *et* (565 v°), *au lieu de* : (559 v°); Hermetis, *au lieu de* : Anonymi (582).

— 2270, *lisez* : Aetii Amideni liber XVI. de morbis mulierum (177).

— 2276, *lisez* : Teuthram (199).

— 2286, *ajoutez* : Hippocratis prognostica (147 v°), *et lisez* : Collectanea (155 v°).

— 2294, *lisez* : Pauli Æginetæ fragmenta libri VII, 2-3, 25, 107-114. (1); — De mensuris, etc.

— 2296, *ajoutez* : Stephani Atheniensis scholia in Hippocratis prognostica (131 v°).

— 2293, 2300, *ajoutez* : Pap.

— 2303, *lisez* : [Theophanis Nonni], *au lieu de* : Anonymi (91 et 110 v°).

— 2309, *lisez* : γινώσκειν (41).

— 2314, *lisez* : Alexandri Tralliani therapeuticon libri varii, mutili (1), *et* Cæsareæ (345 v°).

— 2315, *ajoutez* : lingua græca vulgari (291 v°).

— 2316, *lisez* : Joannis archiatri (51 v°), *et* iatrosophium (348).

— 2321, *lisez* : [Rufi Ephesii] fragmentum, etc. (1).

— 2342, *lisez* : 129 v°, 131, 187, *au lieu de* 130, 130 v°, 188.

— 2383, *lisez* : Galeni fragmentum de medice dictis in Platonis Timæo (27).

— 2387, *lisez* : XVI s. (Copié par Jean de Sainte-Maure.)

— 2413, *lisez* : Copié en 1498.

— 2436, *lisez* : chirobalistæ (10 v°).

— 2452, *lisez* : Manuelis Bryennii (66).

— 2460, *lisez* : P. de Fermat « notata quædam ad Manuelem Bryennium » (206).

— 2490, *lisez* : ποιεῖται (56).

— 2500, *lisez* : 1456. (263 v°).

— 2505, *lisez* : Alexandri Alexandrini [Aphrodisiensis].

— 2508, *lisez* : Georgii Lecapeni epistola (260 v°).

— 2607, *lisez* : Manuelis Moschopuli schedographiæ libri I-III, mutili.

— 2652, *lisez* : Anonymi opuscula (115).

— 2671, *ajoutez* : Hippocratis aphorismi, cum scholiis (234).

— 2712, *lisez* : Sophoclis vita (115).

— 2720, *lisez* : Vatatzæ (85 v°).

— 2750 A, *lisez* : Νὸν (89).

— 2763, *lisez* : Musæi (130 v°).

Nos 2803, *lisez* : Christum (221).
— 2806, *supprimez à la fin* : J.-A. de Thou.
— 2830, *lisez* : Copié (en partie) en 1535.
— 2832, *lisez* : Chalcondylam (152).
— 2951, *lisez* : declamaret (277 v°).
— 2954, *lisez* : dixerat (119).
— 2992, *lisez* : Tyanei (185).
— 3027, *lisez* : Euclidis isagoge harmonica (16).
— 3041, *lisez* : [Christophori] Mitylenæi (105).
— 3064, *lisez* : Excerpta e catalogo alphab. bibl. Vaticanæ (70); *et ajoutez* : apud Antonium Eparchum (82).
— 3067, *lisez* : 104, *au lieu de* : 114, *et* Ferrigi (267).
— 3069, *lisez* : Copié en 1483-1494.

Coislin 12, *lisez* : ἔστι (4 v°).
— 34, *lisez* : scevophylacem Sæ Deiparæ, de receptione hæreticorum (202 v°).
— 60, *lisez* : Copié en 1344.
— 121, *lisez* : Vita S. Joannis evangelistæ... (101) : — Ciryci (128); — Joannis Thessalonicensis (144 v°). — Copié en 1342.
— 136, *supprimez* : [Georgii Cedreni].
— 162, *lisez* : [Athanasii Rhetoris] eversio.
— 187, *supprimez* : Onciale.
— 211, *lisez* : Photii prologus in Nomocanonem (53 v°); — Anonym opusculum de septem conciliis generalibus : Χρὴ γινώσκειν ὅτι ... (57 v°); — Canones apostolorum et conciliorum (60).
— 221, *lisez* : Hirmologion.
— 229, *ajoutez* : auj. à la Bibl. de l'Université de Moscou, *ainsi que le ms. Coislin* 342.
— 261, *lisez* : accedunt vitæ S. Gregorii Agrigentini fragmenta, auctore Leontio monacho (1).
— 303, *lisez* : Betylii episcopi (187 v°), *et ajoutez* : Pauli Helladici epistola (232 v°).
— 335, *lisez* : Nicephori Blemmidæ de urinis (3).
— 383, *ajoutez* : Vita S. Theodosii (21 v°).

Supplément 32 et 33, *lisez* : Menæa.
— 208, *lisez* : 45 et 19 fol.
— 446, *lisez* : [Uribasii] remedia, etc. (35 v°).
— 472, *lisez* : Μουζάλωνα (61 v°).
— 487, *lisez* : Notaræ, archimandritæ.
— 503, *lisez* : 124 pages.
— 600, *ajoutez* : et turcica.
— 612, *lisez* : XII s.
— 642, *lisez* : Copié par Georges.
— 684, *lisez* : Joannis archiatri de remediis (5 v°).

Supplément 687, *lisez* : Aristotelis metaphysicorum fragmenta (1); — Joannis Philoponi comment. in Aristotelis analytica priora fragmenta (3); — Clementis Romani homiliæ XII. fragmenta (14 et 38).
— 764, *lisez* : [Theophanis Nonni] collectio medica (44); — Galeni ad Glauconem, etc.
— 799, *lisez* : sub Carolo IX. (29).
— 824, *ajoutez* : Acta SS. Matthiæ et Andreæ (3); — Miraculum SS. Samonæ, Guriæ et Abibi (10 v°).
— 916, *lisez* : S. Gregorii (95 v°).
— 919, *lisez* : S. Matthæi (5).
— 929, *lisez* : Recherches.
— 1028, *lisez* : 220 pages.
Paris, 19, *lisez* : Midiæ (64 v°).
— 30, *lisez* : Antoine Senecas.
Départements, 100, *lisez* : bibliothecæ (30).

DERNIÈRES ADDITIONS

AUX

MANUSCRITS DU SUPPLÉMENT GREC

Les dernières feuilles du présent volume étaient tirées lorsque la Bibliothèque nationale a fait l'acquisition, dans les premiers mois de 1897, de l'importante collection de manuscrits grecs qu'avait réunie, au cours de sa longue carrière et de ses missions en Espagne, à Constantinople et au Mont-Athos, feu Emm. Miller († 1886). Ces manuscrits, dont les plus anciens, en onciale, remontent au viii° siècle, et qui contiennent d'importants morceaux d'auteurs classiques, forment aujourd'hui soixante-neuf volumes, classés sous les n°˚ 1155 à 1223 du Supplément grec. En attendant la publication prochaine d'une description détaillée de cette collection, on a cru devoir en ajouter ici la notice sommaire, et les titres de ces manuscrits ont pu encore être compris dans l'index général alphabétique.

Novembre 1897.

1153. « Dictata v. cl. Jacobi Gronovii, græcæ linguæ... professoris in Academia Leidensi, in Σοφοκλεους Αιαντα μαστιγοφορον, aº Christi 1708. »

XVIII s. Pap. 245 pages interfoliées. P.

1154. « Le Panégyrique, ou Éloge d'Athènes, par Isocrate, texte grec revu... par E. P. M. Longueville. — Paris, 1817, » in-12, avec notes mss.

XIX s. Pap. xxii-264 pages. P.

1155-1223. Collection de soixante-neuf mss. grecs acquis en 1897 des héritiers de feu Emm. Miller († 1886).

1155. Fragmenta mss., unciali charactere : Evangelia [W^i et ^{k}], Lectionaria Evangeliorum [Gregory, nᵒˢ 352-360] (1); — Psalmi 75-77 (34) ; — S. Andreæ Cretensis homiliæ in Lazarum et in festum Palmarum (35); — Evagrii, Scetensis monachi, rerum monachalium rationes (38) ; — S. Joannis Damasceni sacra parallela (41); — S. Joannis Thessalonicensis homilia in dormitionem beatæ Mariæ (45); — Vita S. Gregorii, Agrigentini episcopi, auctore Leontio, S. Sabæ monacho; cf. Coislin. 261 (47); — Germani CP. homilia in dormitionem beatæ Mariæ (49); — Amphilochii Iconiensis homilia in S. Basilium (51); — S. Joannis Damasceni hymni (57).

VIII-XI s. Parch. 49 fol. G.

1156. Fragmenta mss. : S. Basilii Seleuciensis homilia in duos cæcos (1); — Theodoreti Cyrensis commentarius in Amos et in Abdiam prophetas (3) ; — Anonymi commentarius in Psalmos 24-27 (5); — S. Ephræmi Syri opuscula duo de his qui animas ad impudicitiam pelliciunt et de abstinendo ab omni consuetudine perniciosa (11) ; — Aristotelis historiæ de animalibus libri VI. pars (13); — Joannis Philoponi commentarii in Aristotelis priora analytica lib. II. et III. pars (15); — Sexti Empirici Pyrrhonianarum institutionum libri III. pars (21); — Pauli Æginetæ medici lib. V. et VI. pars (23); — alia ejusdem fragmenta lib. III. insunt in cod. Coislin. 8 (1 et 283); — Theodori lectoris et Joannis Ægeatæ historiarum pars (26).

IX-XI s. Parch. 29 fol. G.

1157. Psalmi et Cantica, cum catena commentariorum ex operibus SS. PP. Athanasii, Basilii, Cyrilli, Didymi, Eusebii, Gregorii Nyss., Hesychii, Joannis Chrysostomi et Theodoreti; initio et fine mutila.

XI s. Parch. 153 fol. G.

1158. Georgii Cedreni historiarum compendium [ed. Bonn, I, 13-II, 618].

XIII s. Pap. 224 fol. M.

1159. Miscellanea : Universalis historiæ usque ad J. C. synopsis (1) ; — Ægidii Menagii notæ et conjectanea in M. Antonini de vita sua libros XII. (8) ; — Anonymi « notæ ad Sexti Empirici hypotyposes » (18) ; — Collationes codd. Vatican. 52 et 1017 Apollodori Atheniensis, et cod. Vat. 118 Oppiani (19 et 27) ; — Heracliti ad Hermodorum epistola, e cod. Matrit. N. 19 (42) ; — Dionis Nicæni [Demetrii Triclinii] περὶ τοῦ ἐντὸς τῆς σελήνης ὡρωμένου μέλανος (48) ; — S. Benedicti regulæ procemium et in eumdem hymni (54) ; — Joannis Phocæ Syriæ, Phœniciæ et Palæstinæ descriptio (62).

XVII-XIX s. Pap. 69 fol. G.

1160. Cl. Capperonnerii apparatus in Photii Bibliothecam [cf. Suppl. gr. 861-862].

XVIII s. Pap. 165 fol. G.

1161. Theodori Prodromi commentarius in Aristotelis analytica posteriora (1) ; — præcedit vita Pindari, auctore Thoma Magistro (A).

XIV s. Pap. 40 fol. M.

1162. Michaelis Pselli liber de quatuor mathematicis disciplinis.

XIV s. Pap. 22 fol. M.

1163. Menandri, Apsinis, Longini, Minuciani vel Nicagoræ, et Aristidis opuscula rhetorica [ed. Walz, t. IX].

XVIII s. Pap. Fol. 36-90, 76 et 17 fol. M.

1164. Philostrati Imaginum lib. I. cap. 27-31 (1) ; — Marci Antonini imp. commentariorum excerpta, cum scholiis (3 v°

et 14 v°); — Anthologiæ epigrammatum pars, cum scholiis (4); — Epicteti enchiridion (22); — D. Catonis disticha moralia (27); — Zenobii epitome Tarrhæi et Didymi proverbiorum, Claudii Casilonis, Didymi, Zenodori, Suetonii et Aristophanis Byzantii opuscula [ed. Miller, *Mélanges*, p. 349-436] (30).

XIV s. Pap. 48 fol. *M*.

1165. Julii Africani Cesti.

XVI s. (Copie de Jacques Diassorinos.) Pap. Fol. 127-180. *M*.

1166. Παρεκβολαὶ ἐκ τῶν στρατηγικῶν παρατάξεων περὶ τοῦ ὁποῖον εἶναι δεῖ τὸν στρατηγόν.

XVI s. (Copie de Nic. de la Torre et J. Diassorinos.) Pap. 19 fol. et fol. 71-104. *M*.

1167. Homerici centones [ed. H. Stephanus, 1578, p. 1-64].

XIV s. Pap. 11 fol. *M*.

1168. « Anthologia inedita, » ex apographo Fr. Guyeti transcripta (1); — « Chronologie de la vie de Pythagore, composée par Loÿd » (72 v°); — « Liste de tous les noms propres qui se rencontrent dans les lettres de Cicéron » (81).

XVIII s. Pap. 101 fol. *M*.

1169. Evangelium Nicodemi (1 v°); — Pontii Pilati epistola ad Tiberium imp. de J. C. (39); — Joannis Chrysostomi versus de anima et corpore (47).

Copié en 1685, par Daniel. Papier. 48 fol. *P*.

1170. S. Joannis Damasceni canones in Theogoniam et Theophania.

XVI s. Pap. 12 fol. *P*.

1171. Hymni, cum notis musicis.

XVII s. Pap. 65 fol. *P*.

1172. Hymni, cum notis musicis.

Copié en 1684, par Cosmas, au monastère d'Iviron. Pap. 80 fol. *P*.

1173. Origenis fragmentum de hæresibus (1); — Africani de Susannæ historia (31).

XVII s. Copie de P.-D. Huet. Pap. 36 pages. *P*.

1174. S. Joannis Damasceni dialectica (1); — ejusdem expositio accurata fidei orthodoxæ (59).

XIV s. Pap. 153 fol. P.

1175. Nonni Panopolitæ enarratio historiarum profanarum quarum S. Gregorius Nazianzenus meminit in orationibus in sancta Lumina, in S. Basilium et adversus Julianum duobus (1); — S. Gregorii Nazianzeni poemata aliquot (23); — Niphonis dialogus ad monachum (27).

XIII s. Copié par Georges. Pap. 29 fol. P.

1176. S. Antonii præcepta de moribus hominum (1); — S. Macarii capita ascetica CL. (18); — ejusdem epistolæ CXLVIII. ad diversos (26).

XIV s. Pap. 62 fol. P.

1177. Anonymi epistolæ ad magnum Logothetam, ad episcopum Prienes, ad Demetrium Thessalonicensem, ad Isaacum Ephesi proedrum, ad Agathonem monachum Coresi, etc.

XV s. Pap. 10 fol. P.

1178. Phacrasis protostatoris narratio disputationis Gregorium Thessalonicensem inter et Nicephorum Gregoram. — Cf. Coislin 100, fol. 226.

XV s. Pap. 19 fol. P.

1179. Justiniani imp. Novellæ quæ cum sacris canonibus consentiunt (1); — Photii, patriarchæ CP., collectio canonica, per interrog. et respons. (32 v°); — Eustratii Nicæni revocatio errorum in suos adversus Armenios libros, a. 1117 (33); — Nicetæ Serrensis sermo apologeticus (37).

XIII s. Pap. 44 fol. P.

1180. Arsenii, Corcyrensis archiepiscopi, oratio in laudem Sæ Barbaræ (1); — S. Joannis Damasceni oratio in eamdem (12); — Officium S^{æ} Barbaræ (35).

XVI s. Pap. 41 fol. P.

1181. Προσκυνητάριον τῆς ἁγίας πόλεως Ἱερουσαλὴμ καὶ πάσης Παλαιστίνης, .., παρὰ τοῦ ... ἀρχιμανδρίτου τοῦ ἁγίου Τάφου κυρίου Συμεὼν τυπωθέν. Ἐν Βιέννε τῆς Ἀουστριάς, 1749 (texte gravé, avec figures).

XVIII s. Pap. 56 pages. P.

1182. Vita S. Cosmæ, monasterii τοῦ Ζωγράφου [†1423] (5); — præmittitur narratio miraculorum apud Caryas in Monte Atho (1).

XVI s. Pap. 16 fol. P.

1183. Joachimi, Anastasitæ monachi, geographia e Strabone sumpta.

XVI s. Pap. 80 fol. P.

1184. Christophori de'Buondelmonti libri insularum Archipelagi cap. 40-61.

XVI s. Pap. 16 fol. P.

1185. Procopii Cæsariensis historia arcana, initio mutila [cap. 6] (1); — Pythagoræ, S. Basilii excerpta et varia de nummis, vermibus, montibus, arboribus, cruce (62 v°).

XIV s. Pap. 64 fol. P.

1186. Michaelis Glycæ annalium fragmenta et excerpta.

XIV s. Pap. 16 fol. P.

1187. Anonymi [Troïli?] prolegomena philosophiæ [Cramer, *Anecd. Paris.*, IV, 389] (1); — Definitiones fidei catholicæ: Πρὸ δὲ ἀκριβεστέραν παράδοσιν ... (21 v°).

XIV s. Pap. 23 fol. P.

1188. Anonymi περὶ τοῦ μὴ δεῖν ἐπ' ἀλλήλους τρέπειν τοὺς φίλους. Οὔτ' ἀνδρὸς ὁπωσοῦν λόγου... (1); — Ἀλάτιον τοῦ ... εὐαγγελιστοῦ Λουκᾶ, ὃ συντηρεῖ τὸν ἄνθρωπον μέχρι γήρους... (3 v°); — Joannis Eugenici fragmentum et proverbia varia (4); — additur imago Joannis V. Palæologi imp. (4 v°).

XV s. Pap. 15 fol. P.

1189. Cleomedis circularis doctrinæ de sublimibus libri I. fragmenta.

XIV s. Pap. 7 fol. P.

1190. Opuscula theologica et cosmographica: Ἄβροχος καιρὸς ποταμὸν καταβιβάζει... (1); — Varia astronomica, de luna, astris, mensuris, etc. : Περὶ μέτρων δηλαδὴ τόπου. Δάκτυλος πρῶτος... (3 v°).

XV s. Pap. 14 fol. P.

1191. Opuscula theologica et astrologica : Quæstiones et responsiones theologicæ variæ e dictis SS. PP. excerptæ. Ἐρώτησις Βασιλείου καὶ ἀπόκρισις Γρηγορίου Διαλόγου, πάπα Ῥώμης. Τί τὸ ξύλον... (1); — S. Cyrilli Alexandrini opusculum de metris (34 v°); — Brontologium et Brontoscopium (37 et 42 v°); — Collectanea cosmographica et astrologica, initio mutila (47); — Prognosticon dierum lunæ secundum Esdram prophetam (59 v°); — Zodologium secundum Ægyptios (65).

XVI s. Pap. 84 fol. P.

1192. Anonymi lexicon, versibus : Μάθε καὶ χρῆσιν... [*Ann. Ét. gr.*, 1874, VIII, 253] (1); — Georgii Zygabeni lexicon poeticum (19 v°); — Georgii Chœrobosci de octo orationis partibus finis (22); — Versus Theodosii grammatici et Manuelis Moschopuli (24); — Georgii Chœrobosci commentarius in Psalmos I-III. (41); — Etymologicon in epitome : Δικαιοσύνη γίνεται παρὰ δίκαιος... (61).

XV s. Pap. 67 fol. P.

1193. Anonymi opusculum de phlebotomia : Διήγησις φλεβοτομίας. Ἡ κεφαλὴ τοῦ ἀνθρώπου .. (1); — S. Joannis Damasceni, vel Nicephori Blemmidæ, opusculum de phlebotomia (6); — Lexicon botanicum, Α-Θ : Ἀρνόγλωσσον τὸ πεντάνευρον... (8); — Galeni de antidotis excerpta (17); — De ponderibus et mensuris : Ὁ σταθμὸς βάρει μετρούμενος... (28 v°); — Formulæ et definitiones variæ de re medica (44 v°).

XVI s. Pap. 51 fol. P.

1194. Etymologicum græcum, fine mutilum : Πίτυλος, κτυπητής, φαντασιοσκόπος...

XV s. Pap. 128 fol. P.

1195. Anonymi lexicon : [Ἀβουλία,] ἄνοια, μωρία, ἄγνοια. Ἀβούλως, ἀφρόνως, ἀμαθῶς... (1); — Dionysii Thracis artis grammaticæ fragmenta (76 v°).

XV s. Pap. 94 fol. P.

1196. Notæ in Thomam Magistrum, Mœrin Atticistam et Phrynichum, auctore Fr. Sevin.

XVIII s. Pap. 51, 44 et 18 fol. P.

1197. Aphthonii sophistæ progymnasmata (1); — Hermogenis ars rhetorica, libris IV. (25 v°).

XV s. (Copié par Manuel Gregoropoulos.) Parch. 246 fol. P.

1198. Joannis Tzetzæ opusculum de metris [Cramer, *Anecd. Oxon.*, III, 302] (1); — Georgii Arabis scholia de metris (20 v°).

XIV s. Pap. 23 fol. P.

1199. Anthologiæ epigrammatum pars, cum scholiis.

XIV et XVI s. Pap. 27 fol. P.

1200. Aristæneti epistolæ amatoriæ (1); — Annæ Comnenæ testimonium de Constantino Porphyrogenito (29); — Theophylacti, Bulgariæ archiep., institutio regia, ad Constantinum Porphyrogenitum (29); — ejusdem epistolæ LXXV. (41).

XVII s. Pap. 73 fol. P.

1201. Carnet de poche de Bernard de Montfaucon, contenant les incipit et explicit de différents ouvrages imprimés dans la *Byzantine* du Louvre.

XVII s. Pap. III-47 fol. P.

1202. Fragmenta manuscriptorum : Sententiæ Democriti, Epicteti, etc. [ed. Walz, *Arsenii violetum*, p. 494] (1); — Manuelis Moschopuli schedographiæ fragmentum (7); — Æsopi fabulæ tres (10); — Constantini Manassis compendium chronicum, v. 1173-1457 (13); — Dioscoridis, etc. fragmenta (16); — Michaelis Acominati Choniatæ epistolæ ad Joannem, Naupactæ archiep. (18); — S. Basilii homiliarum fragmenta (20); — Nota emptionis cujusdam libri a Joanne Eugenico, anno 1421 (40); — Leonis Sapientis imp. versus de CP. [scr. ab Angelo Vergetio] (41).

XIV-XVI s. Pap. et parch. 41 fol. *M.*

1203-1211. « *Thesaurus græcæ linguæ*, ab Henrico Stephano construetus,..., ediderunt C.-B. Hase, etc. — Parisiis, 1831-1865; » cum notis mss. Emm. Miller.

I, 1 (1203). A-'Αλώρυτος. — I, 2 (1204). "Αμ.α-"Αωτος. — II (1205). B-Δ. — III (1206). E. — IV (1207). Z-K. — V (1208). Λ-O. — VI (1209). Π-P. — VII (1210). Σ-T. — VIII (1211). Υ-Ω et Appendix.

XIX s. Pap. 8 tomes en 9 vol. in-fol. G.

1212-1213. « *Glossarium ad scriptores mediæ et infimæ græcitatis*,... auctore Carolo Du Fresne, domino Du Cange. — Lugduni, 1688; » cum notis mss. Emm. Miller.

I (1212) A-Π. — II (1213). P-Ω.

XIX s. Pap. 2 vol. in-fol. G.

1214-1218. Matériaux d'un supplément au *Thesaurus græcæ linguæ* de H. Estienne et au *Glossarium græcitatis* de Du Cange, réunis par Emm. Miller.

XIX s. Pap. Fiches classées alphabétiquement dans cinq cartons. P.

1219-1220. Theodori Prodromi carmina; apographum ab Emm. Miller cod. gr. Nani 281 biblioth. S. Marci Venetiarum.

XIX s. Pap. 570 et 445 feuillets. P.

1221. Epistolæ recentiores patriarcharum et abbatum (1665-1817), lingua græca vulgari (1); — Catalogus librorum græcorum in Monte-Atho (15), — Descriptio monasterii Xeropotami in Monte-Atho (17); — Epistolæ variæ ad Joannem Cout-Mas (Tzani), (1813-1820), lingua græca vulgari (19).

XVII-XIX s. Pap. 36 fol. P.

1222. Typicum monasterii Strumpitzæ, in Macedonia; apographum Emmanuelis Miller.

XIX s. Pap. 69 fol. P.

1223. Notices des manuscrits grecs de la Bibliothèque royale de Madrid, pour faire suite au tome I du Catalogue d'Iriarte, par Emm. Miller.

XIX s. Pap. 64 fol. P.

*[*Nouv. acq. franç.* 4520.] « Glossaire grec-romaïque et albanois, d'après W.-M. Leake, *Research. in Greece*, part I[st], pp. 293 seqq., » par Gustave Fallot.

XIX s. Pap. 168 fol. P.

www.ingramcontent.com/pod-product-compliance
Lightning Source LLC
Chambersburg PA
CBHW071855230426
43671CB00010B/1351